LA RAISON ET SON DIEU

ÉTUDE SUR LA THÉOLOGIE KANTIENNE

DU MÊME AUTEUR
À LA MÊME LIBRAIRIE

KANT, *L'unique argument possible pour une démonstration de l'existence de Dieu*, introd., trad. et notes de Robert Theis, Paris, Vrin, 2001.

« Le moment humien dans la critique kantienne de l'argument physico-théologique » dans *Les sources de la philosophie kantienne aux XVIIe et XVIIIe siècles. Actes du 6e congrès de la Société d'études kantiennes de langue française*, éd. par R. Theis et L.K. Sosoe, Paris, Vrin, 2005, p. 125-133.

« Science et système » dans *Kant. La science, les sciences. Actes du 9e Congrès de la Société d'études kantiennes de langue française*, éd. par S. Grapotte et M. Lequan, Paris, Vrin, 2011.

BIBLIOTHÈQUE D'HISTOIRE DE LA PHILOSOPHIE

NOUVELLE SÉRIE

Fondateur : Henri GOUHIER Directeur : Jean-François COURTINE

LA RAISON ET SON DIEU

ÉTUDE SUR LA THÉOLOGIE KANTIENNE

par

Robert THEIS

Ouvrage publié avec le concours du Fonds National de la Recherche du Luxembourg

PARIS

LIBRAIRIE PHILOSOPHIQUE J. VRIN

6, Place de la Sorbonne, V^e

2012

Imprimé en France
ISSN 0249-7980
ISBN 978-2-7116-2403-4

www.vrin.fr

« Gott ist doch kein wahn »
(*Réflexion* 6220)

AVERTISSEMENT

ŒUVRES DE KANT

Les références aux œuvres de Kant seront faites en indiquant d'abord la pagination dans l'édition de l'Académie (*Kant's Gesammelte Schriften*, hrsg. von der Königlich-Preußischen Akademie der Wissenschaften zu Berlin u. Nachfolger, Berlin, Walter de Gruyter, 1910 *sq.*), le tome en chiffres romains, la page en chiffres arabes, précédés de la sigle Ak., ensuite – sauf indication contraire – celle de l'édition des *Œuvres philosophiques* dans la collection de la « Bibliothèque de la Pléiade », le tome et la page respectivement en chiffres romains et arabes, précédés de la sigle OP.

CFJ	*Critique de la faculté de juger*
CRPrat.	*Critique de la raison pratique*
CRP	*Critique de la raison pure*
Dissertation	*De la forme et des principes du monde sensible et du monde intelligible*
Feuilles détachées	*Feuilles détachées se rapportant aux progrès de la métaphysique*
Forces vives	*Pensées sur la véritable évaluation des forces vives*
Grandeurs négatives	*Essai pour introduire en philosophie le concept de grandeurs négatives*
Histoire générale	*Histoire générale de la nature et théorie du ciel*
MM	*Métaphysique des mœurs*
Nova dilucidatio	*Nouvelle explication des premiers principes de la connaissance métaphysique*
Op. post.	*Opus postumum*
Progrès	*Quels sont les progrès de la métaphysique en Allemagne depuis le temps de Leibniz et de Wolff ?*

Prolégomènes	*Prolégomènes à toute métaphysique future qui pourra se présenter comme science*
Qu'est-ce que s'orienter ?	*Qu'est-ce que s'orienter dans la pensée ?*
Recherche sur l'évidence	*Recherche sur l'évidence des principes de la théologie naturelle et de la morale*
Réflexion	*Reflexionen aus Kant's handschriftlichem Nachlaß*
Religion	*La religion dans les limites de la simple raison*
Rêves d'un visionnaire	*Rêves d'un visionnaire expliqués par des rêves métaphysiques*
Unique argument	*L'Unique argument possible pour une démonstration de l'existence de Dieu*

ŒUVRES DE GOTTFRIED WILHELM LEIBNIZ

Les références aux œuvres de Leibniz seront faites d'après l'édition de C.I. Gerhardt, *G.W. Leibniz, Die philosophischen Schriften* (1885), (repr. Hildesheim, Olms 1978). On citera le titre, suivi de la lettre G avec indication du volume en chiffres romains, de la page en chiffres arabes.

ŒUVRES DE CHRISTIAN WOLFF

Les références aux œuvres de Wolff seront faites d'après l'édition dirigée par Jean École, *Christian Wolff, Gesammelte Werke*, Hildesheim, Olms, 1962 *sq.* La première section comporte les œuvres en langue allemande; la seconde l'œuvre latin. On citera la section en chiffres romains, le volume en chiffres arabes.

Anmerckungen	*Anmerckungen über die vernünfftigen Gedancken von Gott, der Welt und der Seele des Menschen, auch allen Dingen überhaupt* (I 3)
Ausführliche Nachricht	*Ausführliche Nachricht von seinen eigenen Schrifften die er in deutscher Sprache von den verschiedenen Theilen der Welt-Weißheit herausgegeben* (I 9)
Cosmologia	*Cosmologia generalis, methodo scientifica pertractata* (II 4)
Discursus praeliminaris	*Discursus praeliminaris de philosophia in genere* (II 1.1.)
Métaphysique allemande	*Vernünfftige Gedancken von Gott, der Welt und der Seele des Menschen, auch allen Dingen überhaupt* (I 2)

Philosophia prima	*Philosophia prima, sive Ontologia, methodo scientifica pertractata* (II 3)
Theologia naturalis I	*Theologia naturalis, methodo scientifica pertractata. Pars prior* (II 7.1. et 7.2.)
Theologia naturalis II	*Theologia naturalis, methodo scientifica pertratata. Pars posterior* (II 8)

ŒUVRES DE CHRISTIAN AUGUST CRUSIUS

Les références aux œuvres de Crusius seront faites d'après l'édition dirigée par Giorgio Tonelli *Die philosophischen Hauptwerke* I-IV, Hildesheim, Olms, 1964 *sq.*

De usu	*Dissertatio philosophica de usu et limitibus principii rationis determinantis vulgo sufficientis* (IV)
Entwurf	*Entwurf der nothwendigen Vernunft-Wahrheiten* (II)

INTRODUCTION

L'étude qu'on propose ici porte sur le discours théologique dans la *philosophie théorique de Kant*. Elle repose sur le *constat* que d'un bout à l'autre de son évolution philosophique, Kant était préoccupé par la question de Dieu, et ceci non point au titre d'un simple *parergon*. Non seulement que la question de savoir si et comment et dans quelle mesure la proposition "Dieu est" comme position absolue est possible, constitue, comme le pense M. Heidegger, l'aiguillon secret qui meut toute la pensée de la *Critique de la raison pure* ainsi que les principales œuvres postérieures à celle-ci [1], non simplement que le « thème théologique [...] se tient au cœur du criticisme » comme l'affirme G. Ferretti [2], ou que « la philosophie critique culmine dans la théologie » d'après le mot de M. Wundt [3], ce thème – de la certitude « datur Deus » dans un des premiers écrits [4] à l'affirmation « Il y a un Dieu » dans les dernières liasses de l'*Opus postumum* [5] – demeure *constamment* présent à l'esprit de notre auteur.

Par "discours théologique" nous entendons d'une part la question de l'affirmation de l'existence de Dieu et du statut épistémique d'une telle affirmation, cela dans les différents contextes (ontologique, cosmologique, transcendantal, moral) dans lesquels elle s'inscrit, d'autre part la question du concept de Dieu. Nous n'entendrons donc pas l'expression au sens large d'une "philosophie de la religion" telle qu'on la retrouve par exemple dans les *Leçons d'éthique* ou dans l'écrit sur *La Religion dans les limites de la simple raison*.

1. *Cf.* M. Heidegger, « Kants These über das Sein » dans *Wegmarken*, Frankfurt, Klostermann, 1967, p. 283.

2. G. Ferretti, *Ontologie et théologie chez Kant* (1996), Paris, Beauchesne, 2001, p. 10.

3. M. Wundt, *Kant als Metaphysiker*, Stuttgart, Ferdinand Enke, 1924; réimpr. Hildesheim, Olms, 1984, p. 434.

4. Cf. *Nova dilucidatio*, Ak. I 395; OP I 124.

5. *Op. post.*, Liasse 1, Ak. XXI 25.

À travers cette étude, nous poursuivons une *intention systématique* qui porte sur la *fonction* de l'affirmation théologique dans l'ensemble de la philosophie dite théorique de Kant et dans la genèse de cette philosophie. À ce propos, nous entendons clarifier comment se conçoit dans cette philosophie le *fondement*. Cette question du fondement, du *Grund*, est celle dont nulle philosophie systématique ne peut faire l'économie, car c'est dans la confrontation avec elle que la pensée est confrontée à ses propres possibilités, mais aussi à ses limites.

Que ce soit au début de son parcours, dans le cadre de ses tentatives de reconfigurer une ontologie "dogmatique" ou de relire la philosophie de la nature et la cosmologie de type wolffien à la lumière des découvertes newtoniennes, ou plus tard, dans le cadre de l'élaboration du projet de la philosophie transcendantale, nous tenterons de montrer que c'est l'affirmation théologique qui assure cette fonction fondatrice, et cela en dépit de toute rupture épistémologique. C'est dans le contexte de cette *épistèmè* de la fondation que s'inscrit alors aussi la réflexion kantienne sur le *concept* de Dieu. Celle-ci prendra une double trajectoire – complémentaire par ailleurs : elle sera d'abord une réflexion dans le sillage du passage de l'affirmation de l'existence de Dieu à celle de l'idée de Dieu ; ensuite sur une réflexion concernant la configuration interne de ce concept dont une des intentions est l'épuration de toute trace d'anthropomorphisme.

Si la fonction fondatrice de l'affirmation théologique – quelle que soit par ailleurs sa forme épistémique – demeure constante au sein de la réflexion métaphysique et transcendantale, on constatera, chemin faisant, qu'elle s'élargit et s'enrichit, dans le cadre de ces mêmes réflexions d'une nouvelle dimension qui va même s'imposer finalement comme constituant l'accomplissement de la pensée transcendantale, à savoir la *théologie morale*. Dans ce contexte, la question de la fonction fondatrice de l'affirmation théologique sera liée à celle de la destination finale de l'homme.

Nous nous bornerons à ce propos, conformément à notre angle d'attaque, à retracer l'émergence de cette forme de théologie et des questions qu'elle inclut dans le seul contexte des écrits de philosophie *théorique*, mettant donc délibérément entre parenthèses leur traitement dans les écrits de philosophie *pratique*. Il s'agit là d'un *choix*, certes contestable, mais nous pensons que le cadre de la philosophie théorique, au sein duquel la considération *pratique* sur la théologie fait son apparition, est suffisamment éloquent pour en asseoir à lui seul les principales affirmations quant à leur pertinence *systématique*.

L'affirmation de la fonction fondatrice du discours théologique nous amène à une *considération d'ordre méthodologique* qui concerne donc l'organisation même de la présente étude: nous entendons procéder, en effet, dans la vérification de notre hypothèse de travail, d'une façon génétique – *entwicklungsgeschichtlich* –, suivant en cela une maxime de Kuno Fischer comme quoi comprendre Kant signifie le lire génétiquement. Il importe toutefois de ne pas se méprendre sur la signification que nous donnons à cette lecture génétique. À l'opposé de Fischer et d'une certaine *Kantforschung* du XIXe siècle, nous n'entendons pas *l'Entwicklungsgeschichte* en un sens hégélien, c'est-à-dire comme si dès les commencements de l'activité philosophique de Kant, donc depuis la fin des années 40, la première *Critique* était déjà présente à l'état latent.

Nous comprenons l'*Entwicklungsgeschichte* comme un processus ouvert, caractérisé par ce que le sociologue Norbert Elias a qualifié de « *structure du non-savoir* ». En d'autres termes, aucun penseur ne sait dès le début de son activité – et d'une activité philosophique qui s'étend sur plusieurs décennies – où sa pensée va aboutir. Il s'agit dès lors de s'imposer une sorte d'*épochè* méthodologique qui consiste à ne pas lire l'avant selon le principe herméneutique de l'après. Il s'agit là, faut-il le souligner, d'une règle de conduite; nous-même, en tant que lecteur de Kant, avons connu l'après – le Kant philosophe du criticisme – avant l'avant – le Kant philosophe dogmatique.

Notre étude entend donc montrer sous quelles formes le discours théologique issu de la raison s'articule chez Kant dans son devenir. À cette fin, nous enquêterons au *premier chapitre* (*La théologie du jeune Kant*) sur un double contexte dans lequel apparaît ce discours. D'abord celui d'une ontologie, certes revisitée, mais encore “dogmatique” telle qu'on la retrouve dans ses écrits des années 50 et du début des années 60 et qui donnera naissance à une première ontothéologie; ensuite dans le cadre d'une philosophie de la nature reposant sur les principes issus de la physique newtonienne qui conduira à reformuler le projet d'une physico-théologie et d'une cosmologie métaphysique en conformité avec ces principes[1].

Au *second chapitre* (*Vers la théologie criticiste*), nous étudierons les principales étapes du développement de la pensée kantienne au cours des

1. Dans le cadre de ce chapitre, nous reprendrons des développements déjà exposés dans notre introduction à la traduction française de l'*Einzig mögliche Beweisgrund zu einer Demonstration des Daseins Gottes*; trad. fr. *L'unique argument possible pour une démonstration de l'existence de Dieu*, Paris, Vrin, 2001.

années 60 et 70 et les conséquences qui s'en dégagent quant au statut de l'affirmation théologique. Nous y montrerons comment cette affirmation demeure fondatrice sous de nouvelles conditions, à savoir comme *hypothèse nécessaire de la raison*. Dans le cadre de ce chapitre, nous présenterons, sous la forme d'un *excursus*, les thèses kantiennes au sujet de la théologie rationnelle dans un cours professé dans la seconde moitié des années 70 (la *Métaphysique Pölitz*). Nous avons opté, en ce qui concerne la présentation de ce document, pour la forme de l'*excursus*, étant donné que le texte dont nous disposons n'est pas directement de la plume même de Kant, mais repose sur des notes d'étudiants.

Le *troisième chapitre* (*La théologie à la lumière du criticisme*) portera sur la théologie dans la *Critique de la raison pure*. On montrera d'abord comment la théorie *complète* de la raison telle qu'elle est exposée dans l'*Analytique transcendantale et* au premier Livre de la *Dialectique transcendantale* conduit de façon incontournable à l'affirmation théologique comme principe d'unité et fondement ultime de la "pensabilité". Ceci ne signifie pas que la *Critique de la raison pure* soit identifiable, en dernière instance, à une théologie philosophique, mais nous entendons mettre en lumière en quel sens le "moment théologique" est inscrit de *manière constitutive* dans la structure même de la raison telle que la conçoit Kant.

À partir de là, nous montrerons quel est le statut épistémique d'un tel discours théologique et en quel sens il *complète* le discours de la connaissance scientifique tel que le définit l'*Analytique transcendantale*. À cette fin, nous recourrons également aux développements de la *Critique de la faculté de juger* qui comblent à cet égard ce qui est resté à l'état d'esquisse dans la première *Critique* dans la mesure où ils explicitent le sens d'un discours *réfléchissant* sur les faits.

De toute cette reconstruction découle que la *critique* des preuves traditionnelles de l'existence de Dieu (preuves ontologique, cosmologique et physico-théologique) ne devient intelligible dans son intention que si elle est lue à la lumière de la *pars construens* du Premier Livre de la *Dialectique transcendantale*. Nous rejoignons sur ce point A.W. Wood qui écrit : « [...] Kant's real aim is not to destroy theology, but to replace a dogmatic theology with a critical one »[1].

Un *excursus* portera sur *La théologie dans les Leçons kantiennes des années 80 et 90*. On découvrira comment Kant introduit, tout en suivant

1. A.W. Wood, *Kant's Rational Theology*, Ithaca-London, Cornell University Press, 2009, p. 7. *Cf.* aussi, A. Boyer, *Hors du temps. Un essai sur Kant*, Paris, Vrin, 2001, p. 77 *sq.*

l'organisation du manuel dont il se sert, à savoir la *Metaphysica* de Baumgarten, les découvertes fondamentales développées dans la *Critique de la raison pure*.

Le *quatrième chapitre* (*Aspects de la théologie tardive de Kant*) traitera de plusieurs textes des années 90 et du début des années 1800. Deux angles d'attaque y prédominent: d'une part, dans les *Réflexions* couvrant les années 1790-91 à 1796-98, on retrouve des interrogations qui sont en partie décalées par rapport à l'état d'avancement de la pensée théologique de Kant dans la mesure où elles reviennent sur des questions qui ont été traitées dans les écrits antérieurs, notamment dans la *Critique de la raison pure*. Dans ces *Réflexions* il y a comme une tentative de *compléter* des aspects qui y étaient restés inaperçus ou insuffisamment clarifiés. On découvre de cette façon un Kant pour qui le dernier mot n'a pas été dit dans ses écrits publiés qui demeurent pour lui-même des champs "problématologiques" ouverts et toujours à revisiter.

D'autre part, dans les esquisses préparatoires à la *Preisschrift* du début des années 90 et dans les fragments de l'*Opus postumum* se maintiendra et se radicalisera le montage décisif d'après lequel la théologie pratico-dogmatique constitue respectivement le stade final de l'histoire même de la métaphysique et l'accomplissement de la philosophie transcendantale. L'*Opus postumum* témoigne à cet égard d'une hardiesse dont il est difficile, en raison du caractère fragmentaire de ses esquisses, d'évaluer exactement la signification et la portée. En insistant sur l'affirmation théologique au cœur même du principe moral qu'est l'impératif catégorique – « il y a un Dieu, car il y a un impératif catégorique » – Kant va au-delà du programme de la théologie morale tel qu'il l'a développé antérieurement. L'homme, en son être moral, est compris, non point comme le fondement, mais comme le *lieu de la présence de Dieu*, la manifestation de l'inconditionné à travers l'inconditionnel de la loi morale. Le « il y a un Dieu » y conduit à un sens dont l'articulation demeure toutefois inachevée.

Je tiens à remercier Jean-François Courtine de l'accueil bienveillant qu'il fait de cette étude dans la collection qu'il dirige.

CHAPITRE PREMIER

LA THÉOLOGIE DU JEUNE KANT

Dans les premiers écrits de Kant, parus dans les années 50 et au début des années 60, la question théologique apparaît dans deux contextes – ontologique et cosmologique – développés d'abord indépendamment l'un de l'autre, mais convergeant finalement quant à l'affirmation de l'existence d'un être nécessaire conçu *comme être omnisuffisant.*

LA THÉOLOGIE DES ANNÉES 1750

L'ontothéologie

Les premières esquisses théologiques de Kant se retrouvent dans sa thèse d'habilitation de 1755, la *Principiorum primorum cognitionis metaphysicae nova dilucidatio* (si l'on fait exception des ébauches élaborées en 1753-54 à l'occasion de la préparation de sa réponse à la question de l'Académie de Berlin au sujet de l'examen du système de Pope, contenu dans la proposition « tout est bien » [1]). Cet écrit se situe encore dans le sillage du paradigme philosophique dominant, à savoir le wolffianisme, même si Kant affiche déjà certaines réserves à l'égard de l'ontologie de Wolff. Que la métaphysique *ut iacet* manque de fondements solides, Kant l'avait déjà relevé dans le premier ouvrage qu'il avait publié en 1749, les *Gedanken von der wahren Schätzung der lebendigen Kräfte*. Au

1. Cf. *Réflexions* 3703-5. *Cf.* R. Theis, « Kant über den Optimismus um die Mitte der 1750er Jahre. Gottes Spur in der Welt? » dans *Vernunftkritik und Aufklärung. Studien zur Philosophie Kants und seines Jahrhunderts*, éd. par M. Oberhausen e.a., Stuttgart-Bad Cannstatt, Frommann-Holzboog, 2001, p. 351-363.

paragraphe 19, il note à propos de « notre métaphysique », par où il entend celle qui est enseignée dans les universités, qu'elle se trouve, comme beaucoup d'autres sciences, seulement sur le seuil d'une connaissance bien solide (*gründlich*); « Dieu sait quand on la verra le franchir »[1]. Il n'est pas difficile de remarquer sa faiblesse: « On trouve très souvent le préjugé comme étant la plus grande force de ses preuves »[2].

Dans la *Nova dilucidatio*, il se propose d'entreprendre un nouvel éclaircissement des premiers principes de la connaissance métaphysique, à savoir du principe de contradiction et du principe de raison suffisante.

Ce sera dans le cadre de la discussion du deuxième de ces principes qu'apparaîtra la problématique théologique. Afin d'en saisir l'enjeu, il importe, à titre préliminaire, de se tourner vers deux auteurs – antagonistes s'il en est – mais qui constituent la constellation au sein de laquelle se constitue le discours de Kant, à savoir Christian Wolff et Christian August Crusius.

La place et la signification du discours théologique dans le système de la métaphysique chez Christian Wolff

L'organisation des traités de métaphysique du XVIIIe siècle ne s'est pas faite du jour au lendemain, mais a connu une évolution au cours de laquelle s'est imposée une bipartition en métaphysique générale, appelée aussi ontologie ou philosophie première, et métaphysique spéciale, cette dernière étant divisée en trois disciplines: la doctrine de l'âme, appelée plus tard psychologie rationnelle, la doctrine du monde – la cosmologie générale – et la doctrine sur Dieu – la théologie naturelle[3]. L'*opus metaphysicum* de Christian Wolff – qu'il s'agisse de sa *Métaphysique allemande* ou de son œuvre latine – en constitue sans aucun doute l'exemple le plus imposant au XVIIIe siècle et a trouvé des imitations dans les multiples manuels de wolffiens plus ou moins fidèles aux intentions du maître.

La théologie naturelle occupe dans cette organisation du discours métaphysique une place privilégiée. Pour en saisir l'enjeu, nous allons partir d'un texte de Wolff, tiré du *Discursus praeliminaris de philosophia in genere* où il traite des différentes parties de la philosophie :

1. *Forces vives*, § 19, Ak. I 30.
2. *Ibid.*
3. *Cf.* E. Vollrath, « Die Gliederung der Metaphysik in eine metaphysica generalis und eine metaphysica specialis », Zeitschrift f. phil. Forschung, 16, 1962, p. 258 *sq.*

> *Les étants que nous connaissons sont Dieu, les âmes humaines et les corps, ou choses matérielles.* Et de fait, si nous prêtons attention à nous-mêmes, nous sommes conscients, à tout moment du temps, des choses présentes hors de nous qui excitent nos organes sensoriels; et, au vrai, chacun est conscient de lui-même. Ce qui, en nous, est conscient de soi-même se nomme *l'âme*; les autres choses, étendues, différant les unes des autres par la figure et la grandeur, que nous intuitionnons hors de nous s'appellent les *corps*. Nous admettons ainsi un double genre d'étants, *les corps* et *les âmes humaines*. Et dès que nous jugeons que les corps et les âmes humaines ne sont pas des étants par soi, c'est-à-dire [des choses] naissant et persévérant par leur propre vertu, nous admettons également un Auteur tant des corps que des âmes, par la vertu duquel l'un et l'autre genre d'étants ont été produits. Et cet Auteur des choses, dont nous accordons qu'elles existent, nous l'appelons *Dieu*. C'est pourquoi les étants que, attentifs à nous-mêmes, nous connaissons avant de philosopher sont Dieu, les âmes humaines et les corps [1].

Il est intéressant de noter, dans cet extrait, l'ordre dans lequel sont *énumérés* les différents objets de la philosophie (Dieu, ensuite les âmes humaines, enfin les choses matérielles), et l'ordre de leur *exposition*. En effet, ces deux ordres ne coïncident pas : le premier est un ordre *quoad se*, un *ordo essendi*, le second un ordre *quoad nos*, un *ordo cognoscendi*.

Dans l'ordre du *connaître*, nous passons du plus connu, à savoir de notre âme, de l'intériorité, d'abord à la transcendance de type mondain, à l'extériorité, aux corps; ensuite à la transcendance absolue, à Dieu. Dans l'ordre de *l'être*, la transcendance absolue est première dans la mesure où elle est le fondement absolu. Aussi Dieu est-il conçu comme *auteur*. La relation entre le fondement absolu et les autres êtres est pensée métaphysiquement en termes de dépendance, ultimement de *création*. Nous aurons à y revenir à propos de Kant.

1. « *Entia, quae cognoscimus, sunt Deus, animae humanae ac corpora seu res materiales*. Etenim si ad nosmetipsos attendimus, quovis temporis momento nobis sumus conscii rerum extra nos praesentium & organa sensoria nostra commoventium; quilibet vero etiam sui ipsius conscius est. Id, quod in nobis sui ipsius conscium est, dicitur *anima* : res ceterae extensae, figuris & magnitudine a se invicem differentes, quas extra nos intuemur, *corpora* vocantur. Admittimus itaque duplex entium genus *corpora* & *animas humanas*. Et quam primum statuimus, corpora & animas humanas non esse entia a se, seu propria virtute ortas & perseverantes, Autorem quoque admittimus cum corporum, tum animarum, cujus virtute utrumque entium genus fuit productum. Atque is Autor rerum, quas existere largimur, *Deus* a nobis appellatur. Quamobrem entia, quae cognoscimus ad nosmetipsi attenti, antequam philosophamur, sunt Deus, animae humanae ac corpora », *Discursus praeliminaris*, § 55, p. 28; cité d'après la traduction du *Discours préliminaire* par Th. Arnaud e.a., Paris, Vrin, 2006, p. 111 *sq*. [trad. mod.].

Dans la suite, Wolff va identifier les disciplines qui correspondent aux objets précédemment mentionnés : la théologie naturelle, la psychologie et la physique. On constate cependant que dans cet exposé, il y a *une* discipline qui est absente, à savoir l'ontologie. Dans le *Discursus praeliminaris*, Wolff n'en parle qu'au § 73. Il la définit de la façon suivante :

> *Il est* aussi *plusieurs* [choses] *communes à tout étant*, que l'on prédique autant des âmes que des choses corporelles, [qu'elles soient] naturelles ou artificielles. La partie de la philosophie qui s'occupe de l'étant en général et des affections générales des étants se nomme *Ontologie*, ou encore *Philosophie première*. C'est pourquoi on définit l'Ontologie, ou Philosophie première, comme étant la science de l'étant en général, c'est-à-dire en tant qu'il est un étant [1].

L'ontologie est considérée d'après ce texte comme une partie de la philosophie. Si Wolff n'en parle pas au § 55, c'est qu'il ne la considère pas comme le *fondement* des parties de la philosophie. Le fondement, ce sont des *étants*, l'ontologie comme discipline de ce qui est commun aux étants doit *présupposer* l'existence des étants mêmes.

L'organisation démonstrative des différentes parties de la philosophie, pour sa part, doit être telle que chacune doit recourir à des principes déjà établis antérieurement [2]. Dans cet ordre d'exposition, la théologie naturelle s'appuie sur des principes tirés de la cosmologie, de la psychologie et de l'ontologie [3]. De quoi traite-t-elle exactement ?

> Dans la Théologie naturelle, on s'occupe de l'existence, des attributs et des œuvres de Dieu [...]. S'il faut s'en occuper selon la méthode démonstrative, il faut inférer les [choses] prédiquées de Dieu à partir de principes certains et immuables [...]. Ces principes immuables, à partir desquels on conclut fermement à l'existence de Dieu ainsi qu'à ses attributs, il faut les extraire de la considération du monde ; en effet, nous argumentons de leur existence contingente à l'existence nécessaire de Dieu, au moyen d'une conséquence nécessaire, et il faut lui attribuer les attributs à partir desquels on le comprend comme l'unique Auteur du monde. C'est pourquoi, puisque la Cosmologie générale enseigne la

1. « *Sunt* etiam *nonnulla enti omni communia*, quae cum de animabus, tum de rebus corporeis, sive naturalibus, sive artificialibus praedicantur. Pars illa philosophiae, quae de ente in genere & generalibus entium affectionibus agit, *Ontologia* dicitur, nec non *Philosophia prima*. Quamobrem *Ontologia* seu *Philosophia prima* definitur, quod sit scientia entis in genere, seu quatenus ens est », *Discursus praeliminaris*, § 73, p. 34 ; trad. cit., p. 121.

2. Cf. *Discursus praeliminaris*, § 87, p. 38 *sq.* ; trad. cit., p. 128 *sq.*

3. Cf. *Discursus praeliminaris*, § 96, p. 43 ; trad. cit., p. 135 *sq.*

considération générale du monde à partir de laquelle sa dépendance à l'égard des attributs divins est rendue visible [...], la Théologie naturelle tire ses principes de la Cosmologie. Nous formons les notions des attributs divins dans la mesure où nous libérons de leurs limites les notions de ceux qui conviennent à l'âme. C'est pourquoi, puisque la connaissance de l'âme se puise dans la Psychologie [...], la Théologie naturelle extrait également ses principes de la Psychologie. Enfin, puisqu'il est au plus haut point besoin, dans les démonstrations de la Théologie naturelle, des notions générales développées dans l'Ontologie [...], celle-là n'emprunte pas moins ses principes à l'Ontologie [1].

Ce paragraphe nous apprend en premier lieu quelque chose sur les grands thèmes qui sont traités dans cette partie de la métaphysique (l'existence de Dieu, ses attributs, ses opérations); en second lieu, nous sommes informés sur l'ordre démonstratif dans lequel s'inscrit la théologie naturelle. Mais nous ne sommes pas informés directement sur le lieu *systématique* de la théologie naturelle. Pour l'être – du moins à un premier niveau –, tournons-nous vers un autre texte, à savoir celui de la Préface de la *Theologia naturalis. Pars prior*. Wolff y précise que la théologie naturelle est « le but vers lequel tendent les disciplines métaphysiques antérieures » (*scopus, ad quem tendunt disciplinae Metaphysicae anteriores)*[2]. Malheureusement, il ne précise pas la signification exacte du terme « tendere ». Nous proposons à ce sujet une interprétation *forte* qui consiste à dire que les différentes disciplines de la métaphysique trouvent dans la théologie naturelle leur *fondement* ultime.

Pour Wolff, dans la continuation de Leibniz, notre connaissance repose sur deux principes, celui de contradiction et celui de raison suffisante[3].

1. « In Theologia naturali agitur de existentia, attributis & operibus Dei [...]. Quodsi de his demonstrativa methodo agendum, ex principiis certis & immotis, quae de Deo praedicantur, sunt inferenda [...]. Immota ista principia, ex quibus existentia Dei ejusque attributa firmiter concluduntur, desumenda sunt a contemplatione mundi : ab ejus enim existentia contingente necessaria consequentia argumentamur ad Dei existentiam necessariam, & ea eidem tribuenda sunt attributa, unde intelligitur mundi unicus Autor. Quamobrem cum Cosmologia generalis mundi contemplationem generalem tradit, unde ejus dependentia ab attributis divinis sit conspicua [...]; Theologia naturalis principia ex Cosmologia petit. Notiones attributorum divinorum formamus, dum notiones eorum, quae animae conveniunt, a limitibus liberamus. Quare cum animae cognitio ex Psychologia hauriatur [...]; Theologia quoque naturalis principia ex Psychologia desumit. Quoniam denique notionibus generalibus, quae in Ontologia evolvuntur [...], in demonstrationibus Theologiae naturalis maxime opus est; eadem non minus ex Ontologia principia mutuatur », *Discursus praeliminaris*, p. 43 *sq.* ; trad. cit., p. 135 *sq.* ; *cf.* aussi, *Theologia naturalis* I, Praefatio, p. 17* ; p. 19* ; § 11, p. 13 *sq.*

2. *Theologia naturalis* I, p. 25*.

3. Cf. *Philosophia prima*, § 70, p. 47.

Dans le cadre de ce qui nous intéresse ici, à savoir l'interprétation du lieu systématique de la théologie au sein de la métaphysique, ce sera le second principe qui va retenir plus particulièrement notre attention. Comme le principe de contradiction, le principe de raison suffisante ne tolère aucune exception comme le note Leibniz dans les *Essais de Théodicée* [1].

Dans cet écrit dont il est certain que Wolff le connaissait [2], Leibniz formule le principe en question de la manière suivante :

> Il faut considerer qu'il y a deux grands principes de nos raisonnemens ; l'un est le *principe de la contradiction* [...], l'autre principe est celuy de la *raison determinante* : c'est que jamais rien n'arrive, sans qu'il y ait une cause ou du moins une raison determinante, c'est à dire quelque chose qui puisse servir à rendre raison *a priori*, pourquoy cela est existant plustost que non existant et pourquoy cela est ainsi plustost que de toute autre façon. Ce grand principe a lieu dans tous les evenemens, et on ne donnera jamais un exemple contraire : et quoyque le plus souvent ces raisons determinantes ne nous soyent pas assés connues, nous ne laissons pas d'entrevoir qu'il y en a.[...] il ne souffre aucune execpetion, autrement sa force seroit affoiblie [3].

Dans la *Métaphysique* allemande, Wolff formule le principe en question comme suit : « Tout ce qui est, [doit] avoir une raison suffisante, pourquoi il est, c'est-à-dire il doit toujours y avoir quelque chose, d'où l'on peut comprendre, pourquoi cela peut devenir actuel » [4].

L'ontologie latine l'énonce de la manière suivante : « Rien n'est sans raison suffisante pourquoi il est plutôt que non » (*Nihil est sine ratione sufficiente, cur potius sit, quam non sit*) [5].

C'est grâce à ce principe qu'est ainsi assurée *l'unité* du discours métaphysique, dans la mesure où *aucun existant* ne s'en trouve exclu et dans la mesure où c'est sur ce principe que se fonde, de façon méthodique, la *structure* de *l'opus metaphysicum* comme il a déjà été dit précédemment.

Dans ce qui va suivre, nous allons reconstruire la conception du principe de Raison chez Wolff sur la base de ses explications dans la

1. G. W. Leibniz, *Essais de théodicée*, G VI, § 44, p. 75.

2. *Cf.* S. Carboncini-Gavanelli, « Introduction » *in* G.W. Leibniz-Samuel Clarke, *Merckwürdige Schrifften ... über besondere Materien der natürlichen Religion hg. von Heinrich Köhler*, Christian Wolff, *Gesammelte Werke*, éd. par J. École, e.a, III 113, Hildesheim, Olms, 2008, p. 4* *sq.*

3. Leibniz, *Essais de théodicée*, G VI, § 44, p. 127.

4. « [...] alles, was ist, [muss] seinen zureichenden Grund haben, warum es ist, das ist, es muß allezeit etwas seyn, daraus man verstehen kann, warum es würcklich werden kan », *Métaphysique allemande*, § 30, p. 17.

5. *Philosophia prima*, § 70, p. 47.

Métaphysique allemande. Nous n'allons toutefois pas nous attarder sur la preuve ou sur *les* preuves de ce principe que Wolff élabore, étant donné qu'elles ne présentent pas d'importance pour notre propos. Tout en relevant que c'est « Monsieur de Leibnitz » qui a mis en lumière l'importance de ce principe dans sa *Théodicée* et dans sa correspondance avec Clarke, Wolff lui reproche de ne pas l'avoir démontré ; il l'a admis comme une proposition fondée dans l'expérience contre laquelle on ne peut alléguer aucun exemple[1].

C'est au § 29[2] que Wolff se tourne vers la discussion du principe en question : lorsqu'une chose A contient quelque chose en elle d'après laquelle on peut comprendre pourquoi cette chose est, alors ce qui se trouve en A est la raison (*Grund*) de B[3]. Et Wolff de continuer ainsi : A même est la cause (*Ursache*), et de B l'on dit qu'il est fondé en A.

La différence entre cause et raison n'est pas aussi évidente qu'il ne paraît. Dans ses *Remarques à propos de la Métaphysique allemande*, Wolff revient encore une fois sur la question. Il écrit :

> J'appelle ici *Grund* ce que les Français appellent *Raison*, et les Latins *Rationem*. Je n'ai pu trouver dans l'Allemand aucun mot plus adéquat par lequel j'aurais pu traduire celui de *Raison*. Il est pourtant vrai que dans notre langue nous utilisons le mot *cause (Ursache)* [...]. Le mot *Raison* ou *Ratio* est d'une portée plus générale que le mot *Causa* ou *cause (Ursache)*, et a quelque chose de plus à dire que celui-ci[4].

Pourquoi en est-il ainsi ? Les *causes (Ursachen)* concernent en premier lieu respectivement *l'existence* de quelque chose et les états d'un étant ; les *raisons* (*Gründe*) par contre concernent en outre la *vérité des propositions*. Dans la *Métaphysique allemande* Wolff développe, dans la continuation de l'introduction du concept de raison (*Grund*), une argumentation qui, sous le titre « Principe de la Raison suffisante »[5], élargit clairement la problématique de la raison en direction de la métaphysique, donc en direction de la *fondation* de l'existence de l'étant. Cette argumentation s'articule, en

1. Cf. *Métaphysique allemande*, § 30, p. 17.
2. Cf. *ibid.*, p. 15.
3. Cf. *ibid.*
4. « Grund nenne ich hier, was die Frantzosen *Raison*, die Lateiner *Rationem* nennen. Ich habe im Teutschen kein besseres Wort finden können, wodurch ich das Wort *Raison* übersetzen könte. Es ist wohl wahr, daß wir in unserer Sprache das Wort Ursache brauchen [...]. Das Wort *Raison* oder *Ratio* ist allgemeiner, als das Wort *Causa* oder Ursache, und hat etwas mehrers, als dieses, zu sagen », *Anmerckungen*, § 13, p. 26 *sq.* ; *cf.* J. École, *La métaphysique de Christian Wolff* I, Hildesheim, Olms, 1990, p. 148.
5. Cf. *Métaphysique allemande*, § 30, p. 16.

raccourci, de la manière suivante : ce à partir de quoi l'on peut comprendre pourquoi quelque chose d'autre est, c'est ce que l'on nomme sa raison (*Grund*). Là où une telle raison fait défaut, il n'y a rien d'après quoi l'on puisse comprendre pourquoi cela soit. Si par conséquent cela est, sans qu'une raison suffisante ne soit disponible, alors cela signifie que cela a tiré son origine à partir de rien. Ce qui ne peut tirer son origine de rien doit avoir une raison suffisante qui fait que cela est. Et Wolff d'ajouter : cela doit être possible en soi et avoir une cause (*Ursache*) qui peut l'amener à l'existence, « lorsque nous parlons de choses qui ne sont pas nécessaires » [1].

L'auteur énumère dans cette remarque deux conditions, qui doivent être remplies afin de comprendre pourquoi une chose non-nécessaire existe : 1) la possibilité interne, et 2) la causation c'est-à-dire le passage à l'existence, l'actualisation d'un quelque chose, ou, pour respecter la terminologie de l'Ontologie latine, d'un « *ens* » – l'« ens » étant précisément cela même qui *peut* exister, c'est-à-dire à qui l'existence ne répugne pas [2].

Or, c'est ici que s'inscrit pour la première fois, dans le cadre de l'ontologie, la perspective *théologique*, du moins dans la *Métaphysique allemande*. En effet, l'ajout « lorsque nous parlons de choses qui ne sont pas nécessaires » renvoie implicitement à un autre type de choses, qui, étant nécessaires, n'ont pas besoin d'une cause de leur existence.

Voyons donc comment se conçoit le statut de la chose nécessaire qui est le concept « minimal » de la théologie, susceptible d'être abordé dans le cadre d'une enquête purement ontologique [3] qui porte en premier lieu sur l'étant en tant qu'étant. Dans la *Métaphysique allemande*, il est dit de façon quasiment *neutre* : une chose est nécessaire lorsque ce qui lui est opposé est impossible [4]. L'ontologie latine répète la même définition [5]. Que veut dire « ce qui lui est opposé est impossible » ?

Au paragraphe 279 de l'Ontologie latine [6], Wolff donne deux exemples : dans un triangle rectangle la somme des trois angles est égale à 180 degrés. Il est impossible, que dans un pareil triangle, la somme des trois angles ne donne pas 180 degrés. Donc trois angles, que l'on prend ensemble, sont nécessairement égaux à deux angles droits. Le deuxième exemple

1. *Métaphysique allemande*, § 30, p. 16.
2. *Philosophia prima*, § 134, p. 115.
3. Il n'est donc pas tout à fait correct d'affirmer, comme le fait E. Gilson, que l'ontologie wolffienne est une ontologie sans théologie. Cf. *L'être et l'essence*, Paris, Vrin, 1987, p. 172.
4. Cf. *Anmerckungen*, § 36, p. 19.
5. Cf. *Philosophia prima*, § 279, p. 227.
6. Cf. *ibid.*

est plus intéressant parce qu'il se situe plus près de notre problématique : L'*Ens a se* (l'étant par soi ou indépendant) existe, et il est impossible qu'il n'existe pas. L'*Ens a se* existe donc nécessairement.

La différence entre les deux exemples est remarquable parce que dans le cas du triangle la nécessité repose, comme le dira Kant dans l'*Unique argument*, sur « des relations logiques entre une chose pensable et une autre, étant donné que le caractère de l'une ne peut pas être attribué à l'autre »[1], donc la nécessité n'est que de nature *logique*, tandis que dans le second exemple, ce n'est pas un attribut qui se trouve en contradiction avec un autre, mais une chose sous le rapport respectivement de l'exister, et du non-exister ; la nécessité est donc de nature *ontologique* et touche le *Dasein* même de la chose. C'est précisément cette sorte d'opposition qui constitue l'arrière-fond de la remarque de la *Métaphysique allemande*, où Wolff écrit que des choses qui ne sont pas nécessaires ont des causes qui les amènent à l'actualité (le terme d'actualité étant à entendre au sens d'existence actuelle, effective, *Wirklichkeit*).

Cela signifie en même temps que l'être nécessaire est une chose qui existe *sans être causée* et qui est donc un *ens a se*. Comment faut-il penser cela ? Plus particulièrement, cette thèse que l'*Ens a se* est sans *cause* signifie-t-elle aussi qu'il est sans *raison* ?

En vue de répondre à cette question, nous allons partir de la remarque suivante de l'Ontologie latine : « Si la raison suffisante de l'existence est contenue dans l'essence d'un être, cet être existe nécessairement et son existence est absolument nécessaire »[2].

La modalité d'être de l'*ens necessarium* est donc bien obtenue par le recours à la raison suffisante. Wolff argumente de la façon suivante : « En effet, si la raison suffisante de l'existence est contenue dans l'essence d'un être, cet être existe parce qu'il a cette essence [...], par conséquent l'existence est déterminée par l'essence [...] »[3].

Il est remarquable que l'auteur évite dans la citation précédente soigneusement la notion de cause. Il a de toute évidence reconnu le problème, mais en ce qu'il s'y dérobe, il tombe dans une nouvelle difficulté. En

1. *Unique argument*, Ak. II 77. Nous citerons cet écrit d'après la traduction que nous en avons donnée, le titre ne correspondant pas à celui de l'édition de la Pléiade : *L'unique fondement possible d'une démonstration de l'existence de Dieu* ; *cf.* notre note à ce propos, *op. cit.*, p. 193.

2. « Si existentiae ratio sufficiens in essentia entis continetur, ens necessario existit, estque existentia ejus absolute necessaria », *Philosophia prima*, § 308, p. 244.

3. « Si enim existentiae ratio sufficiens in essentia entis continetur, ens illud ideo existit, quia hanc habet essentiam [...], consequenter existentia per essentiam determinatur [...] », *ibid.*, p. 244 *sq*.

effet, il est contradictoire de parler dans le cas de l'être nécessaire d'une *cause* de son *Dasein*, parce que cela signifierait que cet être devrait exister (comme cause) pour pouvoir se conférer l'existence. Mais il est tout aussi problématique d'affirmer que la raison suffisante du *Dasein* est contenue dans l'essence et que le *Dasein* est déterminé par l'essence. Car que signifie exactement « être contenu » ? Cela veut-il dire que le *Dasein* est une partie de l'essence, une réalité à côté d'autres réalités, un prédicat, comme Kant va le dire dans *l'Unique argument* ? Dans la *Theologia naturalis* II, Wolff va en fait affirmer ceci : Dieu contient toutes les réalités qui sont compossibles, et cela au plus haut degré. Le *Dasein* au plus haut degré est l'existence nécessaire. Donc Dieu existe de manière nécessaire[1].

Mais comment accorder cette thèse de Wolff avec cette autre affirmation, suivant laquelle le *Dasein* est défini comme « complementum possibilitatis » (*complément de la possibilité*)[2] ? Si le *Dasein* est un *complément* de la possibilité, alors il lui est *ajouté* ; mais dans ce cas, il n'est précisément pas *contenu* dans l'essence. Autrement dit, il est nécessaire de faire appel à une cause pour appeler un être dans le *Dasein*, pour lui conférer le *Dasein*. Mais comment le *Dasein*, l'existence, peut-elle être ajoutée à l'être nécessaire sans en faire un être *contingent* ?

Dans la *Theologia naturalis* I se trouve une remarque qui mérite notre attention à ce propos. Après avoir montré que l'être nécessaire existe parce qu'il a en lui la raison suffisante de son *Dasein*, Wolff ajoute : « l'être nécessaire n'a pas besoin de la force d'un autre étant pour exister » (*Ens necessarium non indiget vi alterius ad existendum*)[3], pour poursuivre ensuite : « l'être nécessaire [...] existe par sa propre force, c'est-à-dire qu'il se suffit à lui-même pour exister » (*Ens necessarium* [...] *vi propria existit, seu sibimetipsi sufficit ad existendum*)[4].

Ceci constitue en fait une interprétation remarquable de la raison suffisante, dans la mesure justement où d'un côté l'existence n'est (plus) pensée comme réalité ou comme contenue d'une manière ou d'une autre dans l'être, et où d'un autre côté, l'interprétation de la raison dans le sens d'une cause est évitée.

Mais que signifie plus précisément « exister par sa propre force » ? La réponse à cette question conduit à un résultat étonnant. Nous passons sur la

1. Cf. *Theologia naturalis* II, § 21, p. 15.
2. Cf. *Philosophia prima*, § 174, p. 143.
3. *Theologia naturalis* I, § 25, p. 27.
4. *Theologia naturalis* I, § 26, p. 27.

définition de la force [1]. Au paragraphe 26 de la *Theologia naturalis* I, Wolff écrit :

> Comment quelque chose peut exister par sa propre force, nous ne pouvons pas l'expliquer distinctement. Comment quelque chose existe par la force d'autrui, cela se comprend aisément : nous faisons quotidiennement l'expérience de l'influence des causes efficientes sur leurs effets, grâce à quoi ce qui, avant n'était pas, est conduit à l'actualité [2].

Et il ajoute que nous ne pouvons véritablement savoir que *per viam negationis*, ce qui veut dire : nous pouvons dire « magis negante quam aiente sensu » ce que signifie *vi propria existere.* Il parvient alors à la conclusion : « Quand nous comprenons ce qu'est exister par la force d'autrui, nous enlevons cela de l'être qui est posé comme existant par sa propre force » [3].

L'être nécessaire a donc une sorte de position d'exception : la raison suffisante de son *Dasein* consiste dans la force de son être à exister. Cette force ne devrait être rien d'autre que la perfection même, le degré de réalité le plus élevé des qualités qui appartiennent à cet être, de façon que l'on puisse dire : « L'être nécessaire existe parce qu'il est absolument parfait ».

Dans ce qui précède, nous avons essayé de dégager, à partir d'une enquête sur les significations possibles du principe de raison suffisante, une première strate d'un discours théologique au sein de l'ontologie même. Nous avons vu que la notion centrale à ce propos est celle de l'*ens necessarium.* Afin d'en saisir les tenants et les aboutissants, nous avons déjà fait appel à des éléments doctrinaux tirés de la *Theologia naturalis*, ce qui, il est vrai, n'est pas licite du point de vue strictement méthodologique de Wolff.

Nous allons nous tourner maintenant vers les chapitres explicitement théologiques de *l'opus metaphysicum*, à savoir le dernier chapitre de la *Métaphysique allemande*, intitulé « Von Gott » [4] ainsi que l'exposé latin de la *Theologia naturalis. Pars prior*. Nous entendons montrer comment le programme théologique instruit au début du chapitre sur l'ontologie à

1. Cf. *Philosophia prima*, § 722, p. 542.

2. « Quomodo quid vi propria existat, distincte explicare minime valemus. Quomodo quid existat vi alterius, abunde intelligitur : quotidie enim experimur causarum efficicentium in effectus influxum, quo ad actualitatem perducitur, quod antea non erat », *Theologia naturalis* I, § 26, p. 27.

3. « [...] quando intelligimus, quid sit existere vi alterius, ea removemus ab ente, quod propria vi existere ponitur », *ibid.*, p. 28.

4. *Métaphysique allemande*, § 928 *sq.*, p. 574 *sq.*

propos du principe de raison suffisante en rapport avec les choses non nécessaires y trouve son accomplissement.

L'enquête sur le sens même de la théologie va nous conduire ensuite à une découverte étonnante et inattendue que Wolff n'a pas exploitée d'une point de vue systématique, mais qui conduit à repenser la thèse même de l'ontologie du possible (un point sur lequel Wolff devance en fait la position du premier Kant en matière de théologie).

Nous commencerons par nous interroger sur la définition même de la théologie naturelle. Dans le *Discursus praeliminaris*, Wolff la définit de la manière suivante :

> [...] on peut définir la Théologie naturelle comme la science des [choses] que l'on comprend comme possibles par Dieu [...] C'est pourquoi, puisqu'au nombre des choses possibles, sont aussi les [choses] qui sont inhérentes à Dieu et que l'on comprend comme pouvant se produire par lui, ce que personne ne nierait dès qu'il aurait admis l'existence de Dieu, la Théologie naturelle est la science des [choses] qui sont possibles par Dieu)[1].

La *Theologia naturalis* I reprend en substance la même définition : « La théologie naturelle est la science des choses qui sont possibles par Dieu, c'est-à-dire de ce qui lui est inhérent et que l'on comprend comme pouvant se produire par ce qui lui est inhérent »[2].

Ces définitions sont assez étonnantes dans la mesure où aucune d'elles ne mentionne ce qui semble pourtant être la première exigence d'un traité de théologie naturelle, à savoir la démonstration de l'existence de Dieu. Mais au § 4 de la *Theologia naturalis* I, Wolff explicite son propos : à la démonstration de ce qui est inhérent à Dieu (ses déterminations essentielles et ses attributs) et de ce qui est possible par lui, s'ajoute, quasiment à titre préliminaire, la *démonstration de son existence*. Il justifie cette exigence de la manière suivante :

> [...] la théologie naturelle traite de Dieu que nous ne voyons pas [...]. Voilà pourquoi, étant donné qu'en elle on affirme que Dieu existe

1. « [...] *Theologia naturalis* definiri potest per scientiam eorum, quae per Deum possibilia intelliguntur [...]. Quamobrem cum in numero possibilium etiam ea sint, quae Deo insunt & per eum fieri posse intelliguntur, quod nemo negaverit, quam primum existentiam Dei admittit; ideo Theologia naturalis est scientia eorum, quae per Deum possibilia sunt », *Discursus praeliminaris*, § 57, p. 29 ; trad. cit., p. 112 *sq.*

2. « *Theologia naturalis* est scientia eorum, quae per Deum possibilia sunt, hoc est, eorum, quae ipsi insunt, & per ea, quae ipsi insunt, fieri posse intelliguntur », *Theologia naturalis* I, § 1, p. 1.

puisqu'autrement, il n'y aurait pas de théologie si Dieu n'existait pas, l'existence de Dieu doit être démontrée [1].

Le *Discursus praeliminaris* précise, à son tour, dans la note du § 57, quels sont les autres thèmes à développer dans le cadre de la théologie naturelle : « [...] dans la théologie naturelle, on doit s'occuper des attributs et des ouvrages de Dieu » ([...] *in Theologia naturali agendum esse de attributis ac operationibus Dei*)[2]. Et Wolff de justifier pourquoi aucune mention expresse de ces thèmes n'a été faite dans la définition même de la théologie naturelle :

> [...] dans une définition ne doivent pas être contenues plus [de choses] qu'il n'en suffit pour en déduire le reste. Or, nous pouvons, à partir des [choses] que nous avons posées dans la définition de la Théologie naturelle, déduire celles qu'il y faut traiter [3].

Au § 96 toutefois – rappelant d'ailleurs le § 57 –, Wolff précisera que « dans la théologie naturelle, on s'occupe de l'existence, des attributs et des œuvres de Dieu ». Il est vrai qu'on n'a plus à faire ici à une définition de la théologie naturelle au sens strict du terme.

On sait que la *Métaphysique allemande* développe, en parfaite cohérence avec ce qui y est affirmé dès les premiers paragraphes, une argumentation théologique que l'on peut appeler « a posteriori ». Telle sera également l'approche de la *Theologia naturalis* I. Wolff y dira même qu'il n'existe qu'un seul argument – à savoir l'argument *a posteriori* – et qu'un seul argument suffit [4]. Dans la *Theologia naturalis* II, Wolff va cependant développer une deuxième preuve de l'existence de Dieu, de ses attributs etc. qu'il qualifie d'*a priori*.

Dans ce qui suit, nous reconstruirons d'abord succinctement la démarche *a posteriori* en ce qui concerne la preuve qui conduit jusqu'à l'affirmation de l'existence de Dieu et évoquerons ensuite la particularité de l'argument *a priori* sans cependant entrer dans l'épineuse question de la présence d'une double théologie dans l'œuvre latine[5].

1. « [...] Theologia naturalis agit de Deo, quem non vidimus [...]. Quamobrem cum in ea affirmetur, Deum existere, cum alias nulla esset Theologia naturalis, nisi existeret Deus ; existentia Dei demonstranda est », *Theologia naturalis* I, § 4, p. 4.

2. *Discursus praeliminaris*, § 57 note, p. 29 ; trad. cit., p. 113.

3. « Neque [...] in definitione plura contineri debent, quam ad cetera inde deducenda sufficiunt. Ex iis vero, quae in definitione Theologiae naturalis posuimus, deducere possumus, quae in eadem pertractanda sint », *ibid.*

4. *Theologia naturalis* I, § 10, p. 12.

5. *Cf.* R. Theis, « Ut scias & credas, quae sciri & credi possunt » dans *Christian Wolff*, éd. par M. Albrecht, Hamburg, Meiner, 2011.

Le point de départ de la démarche *a posteriori* réside dans l'affirmation : « Wir sind »[1]. Wolff renvoie à ce propos au § 1 de la *Métaphysique allemande* qui affirme que nous sommes conscients de nous-mêmes et des autres choses[2]. Or, tout ce qui existe a une *raison suffisante* pourquoi il existe plutôt que non. Cette raison est soit en nous soit en dehors de nous. Quelle que soit l'alternative pour laquelle on opte, l'être en question doit être nécessaire. Il existe donc un *être nécessaire*[3]. L'être nécessaire étant compris comme un être qui a en lui la raison de son existence est donc fondamentalement un *ens a se*, un être par soi et donc un être indépendant (*selbständig*) et de ce fait la raison, la cause de tout être dépendant.

Au § 108 de l'*Ausführliche Nachricht*, Wolff résume l'argument de la manière suivante :

> [...] du fait que nous existons, je conclus qu'il doit y avoir un être qui est nécessaire et que cet être nécessaire doit contenir en même temps la raison pourquoi les autres choses qui ne sont pas nécessaires, existent [4].

Or, afin d'éliminer que ni le monde ni nous-mêmes ne sommes l'être nécessaire, Wolff se propose de déduire des propriétés de ce être[5] (éternité, incorruptibilité, immatérialité, simplicité) pour en arriver à la conclusion que cet être est distinct et du monde (ainsi que de ses éléments) et de l'âme[6] et que c'est en lui que se trouve le fondement, le *Grund* de *l'actualité* de l'âme et du monde[7]. Il en arrive à la conclusion que l'être ainsi décrit est *Dieu*[8] : « So ist auch ein Gott. »[9]. Cette identification a une raison bien précise, à savoir montrer *la conformité de la réflexion philosophique avec la théologie révélée*.

S'il est vrai que la *Theologia naturalis* I procède d'une manière similaire, il n'en reste pas moins qu'il y a des nuances subtiles. Ainsi, l'encadrement conceptuel est beaucoup plus développé que dans la

1. « Nous sommes », entendu au sens de « nous existons ».

2. Cf. *Theologia naturalis* I, § 1, p. 1.

3. *Métaphysique allemande*, § 928, p. 575.

4. « [...] daraus, daß wir sind, schliesse ich, es müsse ein Wesen vorhanden seyn, das nothwendig ist und dieses nothwendige Wesen müsse zugleich in sich den Grund enthalten, warum die übrigen Dinge seyn, die nicht nothwendig sind », *Ausführliche Nachricht*, § 108, p. 298.

5. *Métaphysique allemande*, § 929 *sq.*

6. *Métaphysique allemande*, § 945, p. 583.

7. *Métaphysique allemande*, p. 583 *sq.*

8. *Ibid.*

9. *Métaphysique allemande*, § 946, p. 584.

Métaphysique allemande. Ceci concerne avant tout la problématique de l'introduction du concept même qui est posé au départ. Si la *Métaphysique allemande* avait argumenté à partir du concept de l'*ens necessarium*, la *Theologia naturalis* I précise, dans une remarque préliminaire, qu'il faut présupposer une définition nominale de Dieu : « En Théologie naturelle, il faut présupposer quelque définition nominale de Dieu » (In *Theologia naturali supponenda est aliqua definitio Dei nominalis*)[1]. Wolff concède d'ailleurs qu'il est tout à fait possible de former plusieurs définitions nominales de Dieu et qu'il est laissé à notre bon gré de choisir celle que nous souhaitons[2]. Or, la définition choisie par Wolff est celle de *l'ens a se* c'est-à-dire de l'être qui a la force de son être en lui-même[3].

Le syllogisme de départ consiste à montrer que *l'ens a se* existe nécessairement ou plus exactement : qu'il existe un être nécessaire « *Existit ens necessarium* »[4]. L'argumentation conduit ensuite, elle aussi, à identifier l'être nécessaire en question avec Dieu, en prenant soin de préciser que la définition de Dieu est telle qu'elle correspond à ce que l'Écriture Sainte en dit :

> La définition nominale de Dieu, à savoir qu'il est un être indépendant, en qui est contenue la raison suffisante de l'existence de ce monde visible, est en conformité avec l'Écriture sainte, ou est la même que l'Écriture sainte admet[5].

Cette remarque rejoint les déclarations d'intention de Wolff dans la Préface au même ouvrage où il écrit que la théologie naturelle *conduit* (*manuducat*) à la théologie révélée et qu'elle sert à la défendre[6].

Nous avons vu que Wolff définit la théologie naturelle comme la science *de ce qui est possible* par Dieu. Or, ceci présuppose son existence. Nous pouvons maintenant revenir sur cette formule et nous demander quelle en est la signification. Elle renferme en effet un aspect insoupçonné dont il faut examiner l'enjeu systématique pour l'ensemble du projet métaphysique de Wolff.

Nous remarquons que dans cette définition, la notion *ontologique* du possible est mise en relation avec Dieu. Or, cette notion du possible est la

1. *Theologia naturalis* I, § 5, p. 5.

2. Cf. *ibid.*, § 5 note, p. 5 *sq.*

3. Cf. *Theologia naturalis* I, § 26, p. 27.

4. *Theologia naturalis* I, § 24., p. 25.

5. « *Definitio nominalis Dei, quod sit ens a se, in quo continetur ratio sufficiens existentiae mundi hujus adspectabilis, est Scripturae sacrae conformis, seu eadem est, quam scriptura sacra supponit* », *Theologia naturalis* I, § 68, p. 53.

6. *Theologia naturalis* I, p. 21*.

première notion de l'ontologie. On peut donc dire que dans cette définition Wolff *fonde le fondement* de l'ontologie même. En quel sens cela est-il le cas ? Pour ce comprendre, il faut se tourner vers les remarques au sujet de *l'entendement divin*. Dans la *Métaphysique allemande*, nous lisons que Dieu se représente tout ce qui est possible et que c'est pour cette raison qu'il a un entendement[1]. L'entendement divin est considéré comme *source* de l'essence de toutes les choses[2] et de toute perfection, par où il faut entendre l'harmonie des choses[3]. Or, l'entendement divin est un entendement *en acte* conformément à l'éternité de Dieu même, être de l'essence duquel il est d'exister[4]. On est dès lors autorisé à dire que le possible en tant qu'idée dans l'entendement divin est fondé dans quelque chose d'actuel dans la mesure où l'entendement divin est l'entendement d'un être en acte.

Ceci a des conséquences systématiques pour ce qui est du fondement de l'ontologie même. L'ontologie est définie par Wolff comme « science de l'être en général, c'est-à-dire en tant qu'être » (*scientia entis in genere, seu quatenus est ens*)[5]. Cette ontologie est conçue comme une ontologie de l'être possible. Le premier concept "positif" introduit par Wolff est, comme on l'a dit, celui du possible. Le possible est précisément le *pensable* comme ce qui n'inclut aucune contradiction. On a pu dire à ce propos que l'ontologie wolffienne est une ontologie de l'être possible, ou, pour reprendre l'expression de Hans Pichler, une ontologie qui est « daseinsfrei »[6] – Étienne Gilson parlera d'une ontologie « désexistentialisée »[7].

Or, la thèse de la *Théologie naturelle*, d'après laquelle le possible a son siège, sa source dans l'entendement divin, invite – *a tergo* en quelque sorte – à repenser le statut même d'une ontologie du possible. Car, dans cette optique, ce n'est pas le possible qui est ontologiquement premier, mais l'être actuel qu'est Dieu – du moins *in ordine rerum*, c'est-à-dire précisément dans l'ordre de la fondation. Il y a dès lors dans la construction de la métaphysique wolffienne, à partir de l'ontologie du possible jusqu'à l'affirmation dans la Théologie d'un être éminemment actuel, comme

1. *Métaphysique allemande*, § 954, p. 589.

2. *Métaphysique allemande*, § 975, p. 601.

3. Il est superfétatoire d'insister ici sur la proximité de cette thèse avec celles de Leibniz (*cf.* notamment *Essais de théodicée*, G VI 6, § 20, p. 115 ; *cf.* aussi, *Monadologie*, G VI, § 38 et § 43).

4. Cf. *Theologia naturalis* I, § 46, p. 39.

5. *Philosophia prima*, § 1, p. 1.

6. H. Pichler, *Über Christian Wolffs Ontologie*, Leipzig, Dürr'sche Buchhandlung, 1910, p. 4 ; *cf.* aussi, M. Campo, *Cristiano Wolff e il razionalismo precritico* (Milano, Vita e pensiero, 1939), (repr. Hildesheim, Olms, 1980).

7. É. Gilson, *L'être et l'essence*, *op. cit.*, p. 172.

l'émergence d'une nécessité de relecture même de cette ontologie et cela dans le sens d'une véritable onto-théologie, c'est-à-dire d'une ontologie au cœur de laquelle se trouverait comme un palimpseste l'affirmation de Dieu.

Ce sera exactement à cela que va s'atteler le jeune Kant dans sa thèse d'habilitation de 1755. Toutefois, avant de nous tourner vers l'esquisse kantienne, nous allons enquêter encore sur le second auteur mentionné plus haut, à savoir Christian August Crusius dont la position au sujet du principe de raison et de ses conséquences théologiques est déterminante pour le jeune Kant.

La problématique du principe de raison déterminante chez C.A. Crusius (1705-1775)

Si avec Wolff, nous avons eu à faire à une articulation relativement homogène et continue du cadre théorique et des implications théologiques au sujet du problème du principe de raison suffisante, nous allons rencontrer avec Crusius une approche *critique* du principe en question et de l'ontologie qui lui est sous-jacente. Dès sa dissertation *De usu et limitibus principii rationis determinantis vulgo sufficientis* (1743), le ton est donné : c'est de manière critique qu'il analyse le principe en question chez Leibniz et Wolff. Quatre aspects dans cette critique retiendront notre attention : le premier concerne le fait que Crusius met en doute la validité universelle du principe. En effet, la conséquence d'une telle validité serait le *fatalisme* et l'*annulation de toute moralité*[1]. Par ailleurs, aux yeux de Crusius, ce principe n'est pas démontré. Il critique dans ce contexte les démonstrations wolffiennes de la *Métaphysique allemande* et de l'*Ontologia*[2]. En outre, ce principe n'est pas *démontrable* ni à partir du principe de contradiction ni sur la base d'exemples[3]. Enfin, il contient une ambiguïté fondamentale en rapport avec la notion même de *raison* :

> D'abord, le terme raison est incertain, car puisque la raison est ce à partir de quoi on connaît pourquoi il y a quelque chose, ce terme embrasse certainement les principes de la connaissance et de la chose, à savoir les principes de la connaissance a priori, même les principes purement idéaux, ensuite les causes agentes et aussi les autres principes déterminants qui déterminent quelque chose d'autre d'une certaine manière, non point par leur

1. *Cf.* C. A. Crusius, *De usu*, § VII *sq.*, p. 170 *sq.*
2. Cf. *De usu*, § XI *sq.*, p. 177 *sq.*
3. Cf. *De usu*, § XIV *sq.*, p. 185 *sq.*

activité, mais par leur simple existence; voire même les fins, les lois et les règles de la prudence [1].

La notion de "suffisance" renferme une ambiguïté analogue, étant donné qu'on peut l'utiliser aussi bien en rapport avec des raisons suffisantes d'ordre physique que d'ordre moral [2].

De là résulte, pour Crusius, la nécessité de réaménager l'économie des principes ou des raisons. A cet effet, il introduit la distinction entre des principes de l'existence réelle (*principia essendi vel fiendi*) physique ou de l'existence morale (*principia existentiae physicae; principium existentiae moralis* [3]), soit des principes de la connaissance (*principia cognoscendi*) [4]. Le « principium existentiae physicae », indépendant de l'intellect, est la « ratio rei » qui est, soit *cause efficiente* grâce à laquelle une chose est *produite* en dehors de l'entendement [5], soit « principium existentialiter determinans », grâce à l'existence duquel une chose est rendue possible ou impossible d'une seule et unique manière [6].

Le « principium cognoscendi » est le principe qui fonde la vérité d'une connaissance. Il est à son tour distingué en « principium cognoscendi a posteriori » et « a priori » [7]. Le premier peut consister dans l'expérience. Ainsi, qu'un certain prédicat convienne à un certain sujet, cela peut être vrai en vertu de l'expérience. Ce principe ne donne cependant lieu qu'à la connaissance de l'existence de la chose ou de l'état des choses en question. Le principe de la connaissance *a priori* peut être purement idéal ou idéal et réel. L'exemple que donne Crusius pour illustrer le premier type est celui de la définition: elle contient le principe des attributs d'une chose. La seconde modalité du principe de la connaissance *a priori* est d'être en même temps idéal et réel, donc d'être « principium cognoscendi et essendi simul » [8].

1. « [...] lubrica est primo vox *rationis*, nam quia ratio est id, ex quo cognoscitur, cur aliquid sit, comprehendit sane sub se principia cognitionis et rei, nimirum principia cognoscendi a priori, etiam mere idealia, porro causas agentes, nec non reliqua principia determinantia, quae non activitate quadam sed mere per existentiam suam aliud quiddam certo modo determinant; imo fines etiam, leges et prudentiae regulas complectitur », *De usu*, § XVI, p. 191.

2. Cf. *De usu*, § XVII, p. 192 *sq.*

3. Cf. *De usu*, § XXXVI *sq.*, p. 216.

4. Cf. *De usu*, § XXXV, p. 215; *cf.* aussi, *Entwurf*, § 34, p. 54 *sq.*

5. Cf. *Entwurf*, § 36, p. 54 *sq.*

6. *De usu*, § XXXVI, p. 216.

7. Cf. *De usu*, § XXXVII, p. 216; cf. *Entwurf*, § 35, p. 53 *sq.*

8. Cf. *De usu*, § XXXVII, p. 216.

L'*Entwurf* précise que tout principe *réel* est aussi un principe *idéal*; dans ce cas, il est principe du *quod est* (le fait d'être) et du *cur est* (le pourquoi).

Ces distinctions sont destinées, de l'avis explicite de leur auteur, à éliminer l'imprécision conceptuelle telle qu'on la trouve chez Wolff et Leibniz au sujet de la notion de la raison. C'est surtout contre la confusion entre les notions de la raison et de la cause et la tendance implicite, dans la pensée de ces auteurs, de ramener la *cause* à la *raison*, que se dresse Crusius : le *concept* d'une chose, à partir duquel un autre se laisse déduire, ne signifie pas qu'on connaît, par là-même, la *raison réelle* (*Realgrund*) de la chose représentée par le concept[1], donc sa cause.

Est-ce qu'on peut repérer, dans les développements de Crusius, des incidences de cette conception sur la notion l'être absolument nécessaire ? Dans la *Dissertatio*, la question n'est discutée que marginalement, mais cette discussion nous paraît être du plus grand intérêt quant à la formulation du problème théologique par Kant dans la *Nova dilucidatio*.

Au § 20, Crusius introduit – après avoir exposé les différentes critiques au sujet du principe de raison suffisante –, en vue de l'explication de l'action causale, ce qu'il appelle le *principium sufficientis causae* qui dit que tout ce qui commence à exister tire son origine d'un autre être qui contient une faculté et une action suffisantes de produire – l'*Entwurf* parlera plus succinctement de *force* (*Kraft*)[2]. Un tel être est appelé cause *efficiente*. L'*effet* posé, ou mieux, la position même de l'effet, est, à considérer *sous ce rapport*, comme *nécessaire*. Or, cette nécessité de l'effet en tant qu'effet ne doit pas être confondue avec une quelconque nécessité ontologique de la chose ainsi produite. Même si l'effet est nécessaire en vertu de certaines conditions dans la cause, le statut ontologique de l'effet est tel que sa non existence est pensable. L'*être nécessaire* (non pas nécessaire en tant qu'effet, mais ontologiquement nécessaire), en revanche, se définit par le fait qu'il est *impossible de penser sa non-existence* : « *Aucun être n'est nécessaire sinon celui dont la non-existence ne peut pas être pensée* »[3]. Cette définition est, à première vue, proche de celle de Wolff qui, comme on l'a vu, définit dans l'*Ontologia*, le *necessarium* comme ce dont le contraire est impossible, c'est-à-dire inclut contradiction. En l'occurrence, cela signifiait pour l'être nécessaire que sa non-existence

1. Cf. *Entwurf*, § 37, p. 56.

2. Cf. *Entwurf*, § 33, p. 51 *sq*.

3. « Nullum ens est necessarium, nisi cuius non existentia cogitari non potest », *De usu*, § XXI, p. 198.

est impossible. Pourtant, Crusius est convaincu, en dépit de cette proximité quant à la formulation, qu'il se distancie de Wolff (et de Leibniz) quant à la question de la pensée de l'être nécessaire. Où réside alors la différence ? La définition wolffienne de l'être nécessaire, tout en reposant d'abord sur le principe de contradiction, exige le recours au principe de raison suffisante pour fonder la nécessité dans sa teneur non plus logique mais ontologique. Dans ce sens on pourrait dire : l'être nécessaire est ce dont le contraire est impossible *parce que* cet être contient la raison de son existence en lui-même. Or, c'est exactement sur ce point que Crusius se sépare de Wolff et cela parce qu'il interprète le principe de raison suffisante en rapport avec l'existence d'un être en termes de « cause efficiente ». Or, en tant que tel, ce principe, appliqué à l'être nécessaire, est absurde. Dans cette optique il importe donc de repenser la nécessité de l'être nécessaire.

Nous allons voir, en analysant le problème théologique dans la première partie de la *Nova dilucidatio*, en quel sens Kant se place dans le prolongement de la position de Crusius et donc *contre* Wolff et la tradition que celui-ci représente.

La critique kantienne de l'ontothéologie wolffienne

Dans la *Nova Dilucidatio* Kant aborde, comme nous l'avons souligné précédemment, de façon critique l'interprétation wolffienne du principe de raison suffisante. Ce principe se présente à ses yeux à la fois comme principe de la connaissance et comme principe de l'être. Comme principe de la connaissance, il se formule de la manière suivante : « Rien n'est vrai sans une raison déterminante » (*Nihil est verum sine ratione determinante*)[1]. Comme principe de l'être, il porte sur l'existence des choses et est à entendre dès lors au sens d'un principe causal. Or, la thèse de Kant est de dire qu'en tant que tel, ce principe n'a pas de validité universelle, mais que seul l'existant *contingent* a besoin d'une raison absolument déterminante, l'être nécessaire par contre est le seul existant qui soit excepté de cette loi :

> Voici donc ce qui découle de cette démonstration : seule l'existence des êtres contingents a besoin de l'appui d'une raison déterminante, ce qui est unique et absolument nécessaire ne subit pas cette loi ; il ne faut pas admettre en un sens général que ce principe embrasse l'universalité de toutes les choses possibles[2].

1. *Nova dilucidatio*, Prop. V, Ak I 393 ; OP I 122.

2. « E demonstratis itaque liquet, nonnisi contingentium exsistentiam rationis determinantis firmamento egere, unicum absolute necessarium hac lege exemptum esse ; hinc non

Comme Wolff, Kant est d'avis que l'être nécessaire occupe une position d'exception, mais autrement que Wolff, qui doit donner une interprétation particulière du principe de raison afin que ce principe coïncide avec l'être nécessaire, Kant va essayer de montrer que cette position particulière implique justement que le principe de raison ne convient précisément pas à l'être nécessaire. Il en résulte que ce principe n'est pas un principe universel. Mais de cela résulte en même temps un nouveau problème, précisément celui de la refondation de l'unité du discours métaphysique mise à mal de cette manière.

La *Proposition* VI s'énonce ainsi : « Il est absurde de dire qu'une chose possède en soi-même la raison de sa propre existence » (*Exsistentiae suae rationem aliquid habere in se ipso, absonum est*)[1]. Kant fait ici allusion à la thèse wolffienne (mais aussi cartésienne) concernant l'existence de l'être nécessaire[2]. Comme nous le savons, cette affirmation est de nature apriorique dans la mesure où elle se laisse établir sur la seule base de la notion même de l'être nécessaire. Kant dira à ce propos que l'affirmation de l'existence repose dans cette argumentation sur une raison antérieurement déterminante. Dans la *Proposition* IV, il détermine celle-ci comme étant celle dont la notion précède ce qui est déterminé[3].

Dans la discussion de la *Proposition* VI[4], Kant avance en deux temps : le *premier* consiste à montrer que l'affirmation, qui veut que quelque chose possède la raison de son *Dasein* en lui-même, est absurde. Il procède ici sur la base de l'interprétation du principe de raison sus mentionnée qui consiste à identifier la « la raison de l'existence de quelque chose » (*ratio exsistentiae alicuius rei)* avec la « cause » entendue comme cause efficiente. L'influence de Crusius est évidente à ce propos. De là résulte alors l'aporie suivante : affirmer qu'une chose ait la « ratio » de son existence en soi signifierait que cette chose existe en tant que *cause de soi* avant d'être : « la même chose serait alors antérieure et postérieure à elle-même, ce qui est absurde » (*idem se ipso prius simulque posterius esset, quod est absurdum*)[5].

adeo generali sensu principium admittendum esse, ut omnium possibilium universitatem imperio suo complectatur », *Nova dilucidatio*, Prop. VIII, Corollarium, Ak. I 396 ; OP I 127.

1. *Nova dilucidatio*, Ak. I 394 ; OP I 123.

2. *Cf.* C. Wolff, *Philosophia prima*, § 308, p. 244 *sq.* ; *cf.* R. Descartes, *Meditationes de prima philosophia*, Med. V, AT VII 65 *sq.*

3. Cf. *Nova dilucidatio*, Prop. IV, Ak. I 391 *sq.* ; OP I 119.

4. *Nova dilucidatio*, Ak. I 394 ; OP I 123 *sq.*

5. *Nova dilucidatio*, Ak. I 394 ; OP I 124.

Cette critique correspond, à y regarder de près, à celle de Wolff. En effet, Wolff avait aperçu cette aporie (du moins implicitement), lorsqu'il écrivait au paragraphe 30 de la *Métaphysique allemande*[1] que les choses, qui ne sont pas nécessaires, nécessitent une cause qui les amène à la réalité. La limitation de la perspective de la *causalité* à une classe particulière d'existants peut certainement être interprétée comme indication que Wolff était conscient, pour ce qui est de l'être nécessaire, qu'une autre interprétation s'impose. Mais il n'en avait point tiré la conséquence comme quoi le principe de raison suffisante n'aurait qu'une portée limitée.

Pour Kant, en revanche, l'argument précédemment exposé, constitue la preuve que le principe de raison suffisante ne possède *pas* de validité universelle.

Le *second* temps de l'argumentation de Kant dans le corollaire de la *Proposition* VI[2] consiste à repenser la question de l'existence nécessaire sur la base des nouveaux présupposés relatifs à la validité limitée du principe de raison suffisante.

S'il est absurde qu'une chose ait la raison ait son *Dasein* en soi – tel est son argument –, alors cela signifie que ce dont on dit que cela existe de façon absolument nécessaire, n'existe pas en vertu d'une raison. Et Kant ajoute : « [...] mais parce que l'opposé est tout à fait impensable » ([...] *sed quia oppositum cogitabile plane non est*)[3]. C'est là une justification étonnante à première vue, parce qu'elle correspond assez précisément à la définition même que Wolff a donnée du nécessaire.

La *différence* avec Wolff se trouve toutefois dans la nouvelle interprétation que Kant donne, à la suite de Crusius[4], de cette justification. Il écrit : « Cette impossibilité de l'opposé constitue la raison de connaître de l'existence, mais la raison antérieurement déterminante fait alors totalement défaut »[5].

Qu'une raison antérieurement déterminante de l'existence d'un être nécessaire fasse défaut, cela résulte de la déconstruction même développée antérieurement : la notion est contradictoire et donc impossible et en conséquence, la notion de la nécessité absolue devient impensable sur cette base. Il s'ensuit qu'il faudra la concevoir autrement : l'absolument nécessaire, compris comme ce dont le contraire n'est pas pensable, n'est

1. *Cf.* C. Wolff, *Métaphysique allemande*, § 30, p. 16.

2. Cf. *Nova dilucidatio*, Ak. I 394 ; OP I 123 *sq.*

3. Cf. *Nova dilucidatio*, Ak. I 394 ; OP I 124.

4. *Cf.* C. A. Crusius, *Entwurf*, § 124, p. 201 *sq.*

5. « Haec oppositi impossibilitas est ratio cognoscendi exsistentiam, sed ratione antecedenter determinante plane caret » (*Nova dilucidatio*, Ak. I 394 ; OP I 124).

pas à qualifier d'absolument nécessaire parce que son non-être impliquerait une contradiction, mais parce que, de la position de quelque chose d'autre découle la nécessité de l'existence d'un tel être. La nécessité absolue ne se laisse établir à ses yeux que sur la base d'une raison dite postérieurement déterminante (raison de connaître). Nous allons comprendre plus loin pourquoi il en est ainsi. Kant écrit : « Cela *existe* ; il suffit de l'avoir dit et de l'avoir conçu » (*Existit; hoc vero de eodem et dixisse et concepisse sufficit*)[1].

Dans la scolie de la *Proposition* VI, Kant revient directement sur les doctrines de ceux qu'il appelle les philosophes modernes – en l'occurrence les wolffiens – au sujet de leur thèse que Dieu contient en lui-même la raison de sa propre existence.

Il dit tout d'abord, de façon quelque peu ironique : « Il paraît assez difficile à ces esprits distingués de refuser à Dieu, c'est-à-dire au principe suprême et absolu des raisons et des causes, la raison de soi-même »[2].

Ils affirment que la raison de l'existence de Dieu est « cachée en lui-même ». Or, cela est absurde, contraire à la « saine raison ». Faut-il entendre cette remarque comme une allusion à ce que dit l'argument de la *Proposition* VI ? Ce serait étonnant, car il est à supposer qu'il eût fait une allusion à cette réfutation. La suite montre qu'il vise autre chose. En fait, Kant développe ici une argumentation dans laquelle il va combiner preuve *a posteriori* et preuve *a priori* – reconstruction assez inédite, mais qui préfigure déjà les futurs développements critiques de la preuve dite cosmologique que l'on va retrouver dans *L'Unique argument* et dans la *Critique de la raison pure*.

Deux étapes sont mentionnées dans son analyse : 1) une étape *a posteriori* : sur la base du principe de raison suffisante, ces philosophes remontent la chaîne des causes jusqu'à un premier terme (une première cause) ; 2) en vertu de *l'universalité* du principe de raison suffisante, ces philosophes sont obligés de recourir à la *notion* même de Dieu (étape *a priori*) pour déterminer la raison suffisante de son existence comme nécessaire.

Or, c'est exactement ici que se trouve, aux yeux de Kant, le point problématique de la preuve de l'existence qu'il appelle « cartésienne »[3].

1. *Ibid.*

2. « Duriusculum enim bonis hisce viris quodammodo videtur, Deo ceu rationum et causarum ultimo et consummatissimo principio sui rationem denegare », *ibid.*

3. La dénomination « cartésienne » renvoie à Wolff qui, dans sa *Theologia naturalis. Pars prior*, parle de la preuve *a priori* comme de celle de Descartes, *Cf.* C. Wolff, *Theologia naturalis* I, Praefatio, p. 24*.

Celui-ci part du concept de l'*ens perfectissimum* comme *ens realissimum*, afin d'en faire dériver le *Dasein*. Kant écrit : « On se forme une notion d'un certain être, en qui se trouve la plénitude de la réalité; par ce concept, il le faut avouer, on est obligé d'accorder même l'existence à cet être ». Ensuite la démonstration se poursuit ainsi :

> [...] si dans un être quelconque, toutes les réalités ont été réunies sans distinction de degré, cet être existe. Mais si elles sont seulement conçues comme réunies, alors cet être lui-même n'existe qu'en idée. Il valait donc mieux raisonner ainsi : en formant pour nous la notion d'un être que nous appelons Dieu, nous l'avons déterminée de telle sorte que l'existence s'y trouve incluse [1].

Cette argumentation est très étonnante à première vue, car elle ne semble pas être en harmonie avec une thèse programmatique qui sera formulée au commencement de *L'unique argument*, selon laquelle le *Dasein*, « [...] n'est pas un prédicat ou une détermination d'une quelconque chose »[2], une thèse, que l'on considère généralement comme le nerf de la réfutation de la preuve *a priori* de Wolff. Aussi le point réellement important ne se situe-t-il pas en dernière instance ici, c'est-à-dire de savoir si la raison de l'existence est contenue dans le concept de Dieu, donc si l'existence est un prédicat, mais il se trouve dans la question de savoir si le « concept préconçu » (*vorgefasste Begriff*) de Dieu est *vrai*. Kant écrit donc aussi : « Si donc cette notion préconçue est vraie, il est vrai aussi que Dieu existe » (*Si vera igitur praeconcepta notio, verum quoque, illum exsistere*)[3].

L'arrière-fond de cette remarque n'est pas explicité, mais elle nous paraît s'éclairer *ex post* à partir d'une réflexion que Kant a faite dans l'*Essai pour introduire en philosophie le concept de grandeurs négatives* (1764). Nous y lisons : « L'homme peut faillir, le principe de cette faillibilité repose sur la finitude de sa nature, car si j'analyse le concept d'un esprit fini, je vois que la faillibilité en fait partie »[4].

1. « Notionem tibi formas entis cuiusdam, in quo est omnitudo realitatis; per hunc conceptum te ipsi et exsistentiam largiri oportere confitendum est » ; « [...] si in ente quodam realitates omnes sine gradu unitae sunt, illud exsistet ; si unitae tantum concipiuntur, exsistentia quoque ipsius in ideis tantum versatur. Ergo ita potius informanda erat sententia : notionem entis cuiusdam nobis formantes, quod Deum appellamus, eo modo illam determinavimus, ut exsistentia ipsi inclusa sit », *Nova dilucidatio*, . Ak I 394 *sq.* ; OP I 124 *sq.* [trad. mod.].

2. *Unique argument*, Ak II, 72.

3. *Nova dilucidatio*, Ak I 395 ; OP I 125.

4. *Grandeurs négatives*, Ak. II 202 ; OP I 300.

Ce constat conduit maintenant en fait au *point central de la critique de l'ontothéologie dans les écrits de la période précritique*. Selon Kant, l'argument ontologique traditionnel part d'un *concept préconçu* de Dieu. Le point *faible* de cet argument est ainsi la garantie de la *vérité* de ce concept. Parce que ce concept, en tant qu'il est préconçu, n'est pas suffisamment assuré dans sa vérité (puisqu'il s'agit d'un concept que l'esprit faillible de l'homme a construit), on ne peut non plus conclure avec certitude au *Dasein* de l'être correspondant à ce concept. Vue de là, la question de savoir si le *Dasein* est un prédicat ou non est à considérer comme *secondaire*. Que le *Dasein* soit un prédicat, nous ne le savons pas, et cela s'avère en définitive de peu d'importance, parce que cette question devient, au plus tard, superflue quand l'affirmation : « Es ist da » (Cela existe) ; sera tirée au clair d'une façon qui ne s'appuie *pas* sur un concept préconçu de Dieu donc sur une raison antérieurement déterminante mais incertaine.

Le véritable concept de Dieu (dans le sens d'un *ens realissimum*) n'est donc pas un concept qui puisse être présupposé dans l'ontothéologie, mais qui en premier lieu se dégage, se constitue, *après* que quelque chose aura été démontré comme étant absolument nécessaire. Cela signifie alors *e converso* : pour nous, le *Dasein* n'est pas un prédicat, mais position absolue.

La première ontothéologie de Kant

La question qu'il s'agit maintenant d'approfondir concerne *l'alternative* de Kant par rapport à l'ontothéologie traditionnelle. Nous allons tenter de reconstruire cette alternative en relation avec la question de savoir comment l'unité du discours métaphysique, remise en cause sur la base de la critique de la validité universelle du principe de raison, peut se laisser penser de façon *ontologiquement* plus radicale.

Nous voudrions pour cela partir de la *Proposition* VII de la *Nova Dilucidatio* : « Il existe un être dont l'existence précède la possibilité même et de lui et de toutes choses et dont on dit pour cette raison qu'il existe de façon absolument nécessaire. Cet être est appelé Dieu » [1].

La proposition affirme 1) l'existence d'un être qui précède a) sa propre *possibilité* et b) celle de toute autre chose ; 2) qu'un tel être est dit absolument nécessaire ; 3) qu'un tel être est appelé Dieu. Cette proposition

1. « Datur ens, cuius exsistentia praevertit ipsam et ipsius et omnium rerum possibilitatem, quod ideo absolute necessario exsistere dicitur. Vocatur Deus », *Nova dilucidatio*, Ak I 395 ; OP I 125.

constitue la première version de l'argument dont il sera dit en 1762 qu'il est l'unique possible.

La démonstration de Kant procède en quatre étapes qui sont précédées d'une remarque sur la notion du *possible*. Ce point de départ n'est sans doute pas indifférent, car en cela, l'auteur répète d'une certaine manière le geste initial de l'ontologie de type wolffien qui reste, somme toute, le discours de référence.

Cette notion du "possible" constitue en effet la notion ontologique minimale, ou plus exactement, il s'agit de la notion qui désigne le *minimum ontologique* pensable, jouxtant en quelque sorte le néant[1].

Mais qu'est-ce qui se pense, d'après Kant, en pensant le possible? L'analyse de ce point va conduire à l'affirmation suivante: la pensée du possible constitue le *principium cognoscendi* de l'existence de l'être absolument nécessaire[2]. C'est ce chemin qu'il importe de retracer. Nous demanderons donc d'abord ce que signifie « penser le possible »? Cette question doit être abordée à deux niveaux dont l'un constitue la condition de possibilité de l'autre. D'un point de vue logique (comme cela est le cas chez Wolff), le possible est le non-contradictoire. Or, parler de non-contradiction d'une notion présuppose des termes qui sont reliés; ces termes désignent des réalités. Kant dira que le possible résulte d'une comparaison[3]. Toutefois – et voilà le second niveau –, afin qu'une telle comparaison soit possible à son tour, il faut que ce qui y est pensé (les réalités) comme conjoint (relié) soit *donné*.

On voit aisément de ce qui précède que la non-contradiction constitue, certes, une condition nécessaire de la pensée du possible – et Wolff s'était arrêté ici –, mais qu'elle n'en est pas pour autant la condition suffisante. Par là-même, nous avons indiqué la direction à suivre : c'est le donné ou le *réel* en tant que constitutif du possible qui servira de *principium cognoscendi* dans la démarche ultérieure. La première étape de la démonstration proprement dite de l'existence de l'être nécessaire prend ici son point de départ. En effet, la question qui se pose est la suivante: comment fonder *d'une façon générale* ces réalités dont la conjonction non contradictoire constitue les possibles ? Celles-ci ne sauraient reposer, en dernière instance,

1. Il est remarquable que chez Baumgarten, l'exposé de la notion du possible débute par l'explication du « Nihil », cf. *Metaphysica* (1779), (Repr. Hildesheim, Olms, 1982), § 7, p. 3; chez Wolff, en revanche, par celle de l'« impossibile », cf. *Philosophia prima*, § 79, p. 62.

2. La structure de cette démarche va se maintenir jusque dans l'argumentation à propos de l'idéal transcendantal dans la *Critique de la raison pure*.

3. Cf. *Nova dilucidatio*, Prop. VII, Ak. I 395; OP I 125.

sur du possible, sinon on progresserait à l'infini, mais elles doivent être données d'une manière ou d'une autre à titre d'existant.

La *seconde* étape avance d'un pas crucial : si l'on refuse cette conclusion, à savoir que les réalités de toute possibilité sont données à titre d'existant, la conséquence en serait qu'il n'y aurait aucune possibilité : « [...] rien ne serait tout à fait possible, c'est-à-dire rien ne serait autrement qu'impossible » (*nihil omnino possibile, h.e. nonnisi impossibile foret*)[1] ; en d'autres termes, sans présupposer ces réalités comme *existantes*, il y aurait impossibilité tout court. Kant n'utilise pas le terme fort de « nihil », mais celui d'« impossibile », voulant signifier par là qu'il n'y aurait plus rien *à penser* (au sens de la liaison non-contradictoire de notions). L'impossibilité dont il est question à ce stade n'est donc pas de l'ordre du logique, mais de l'ordre de la *condition* même du logique, c'est-à-dire de ce qui rend même possible l'impossibilité logique. De là résulte que l'existence ainsi affirmée à titre de condition du réel dans la possibilité (condition du possible en tant que non-contradictoire) l'est à titre d'*existence absolument nécessaire*. Pourquoi cette conclusion s'impose-t-elle ?

Nous devons distinguer deux aspects dans la réponse à cette question. Le premier se dégage à partir de la définition même de l'absolument nécessaire, donnée au corollaire de la *Proposition* VI : ce dont on dit qu'il existe de façon absolument nécessaire n'existe pas à cause de quelque raison, mais parce que le contraire n'est pas pensable. Le contraire de l'existence, donc la non-existence n'est pas pensable *si l'on veut fonder la possibilité même*. Or, c'est là exactement ce qu'on entend par *ratio cognoscendi*. Le second niveau est de se demander si l'on peut parler à juste titre d'existence *absolument* nécessaire. L'existence ainsi affirmée, n'est-elle pas seulement une existence *hypothétiquement* nécessaire, précisément dans l'hypothèse qu'il y ait quelque chose à penser, qu'il y ait du possible ?

La *Réflexion* 3712 (à dater peut-être du début des années 1760) permet d'entrevoir la direction de la réponse : parlant de l'être absolument nécessaire, Kant affirme qu'il constitue le fondement (*Grund*) de tout en général (*überhaupt*), aussi bien de ce qui existe que de ce qui est possible. Et il ajoute : « Car, étant donné que la possibilité en général est certainement nécessaire, il s'ensuit que ce qui en contient le fondement l'est tout autant »[2]. La pensée humaine, telle semble être la pensée de Kant, est toujours et nécessairement pensée de quelque chose, elle possède, comme

1. *Nova dilucidatio*, Prop. VII, Ak. I 395 ; OP I 125.
2. *Réflexion* 3712, Ak XVII 252.

le dit une autre *Réflexion* de la même époque, des concepts fondamentaux [1]. Or, si tel est le cas, si donc la pensée en tant que telle n'est pas concevable sans qu'elle soit conçue comme pensant des réalités, il s'ensuit que la non-existence qui en constitue le fondement, n'est pas *pensable*, et donc qu'il existe quelque chose d'*absolument* (et non seulement d'*hypothétiquement*) nécessaire. La conclusion de Kant est cohérente sur la base de ces présupposés et cela en dépit du fait que la *Nova dilucidatio* ne les explicite pas.

Dans la Scolie de la *Proposition* VII, donc après avoir établi la preuve de l'existence de Dieu, Kant revient encore une fois sur ce problème comme s'il voulait en expliciter un *présupposé*. Partant du concept du triangle, il dit que l'essence du triangle n'est pas nécessaire en soi, mais que, du moment qu'on pense ce concept, il est nécessaire de penser les trois côtés comme réunis. C'est la différence entre la nécessité *absolue* et la nécessité *hypothétique*. Mais, poursuit Kant,

> comment peuvent venir à l'esprit les notions de côtés, d'espace à englober, etc., c'est-à-dire comment y a-t-il, en général, quelque chose qui soit susceptible d'être conçu et d'où résulte, par combinaison, limitation et détermination, une notion quelconque de chose pensable ; tout cela ne peut être vraiment conçu que si tout ce qui est réel dans la notion existe en Dieu, source de toute réalité [2].

La troisième étape de la démonstration dans la *Proposition* VII affirme le statut ontologique particulier de l'être ainsi posé à titre d'existence absolument nécessaire, à savoir la *réunion des réalités dans un être unique* : « Il est nécessaire en outre que cette réalité qui est de toute sorte soit assemblée dans un être unique » (*Porro omnimoda haec realitas in ente unico adunata sit necesse est*) [3]. L'enjeu de cette thèse réside dans la signification exacte de l'« omnimoda realitas », notion centrale s'il en est.

L'argumentation de Kant est assez complexe et constitue en fait le développement le plus long dans le cadre de la démonstration de la *Proposition* VII. Nous n'en retiendrons que les grandes lignes dans la mesure où elles nous permettront de comprendre le bien-fondé du passage à la quatrième étape de la démonstration.

1. Cf. *Réflexion* 3709, Ak. XVII 250.

2. « Quo autem pacto eveniat, ut cogitationi laterum, spatii comprehendendi cet. notiones suppetant, hoc est, ut sit in genere, quod cogitari possit, unde resultet postea combinando, limitando, determinando notio quaevis rei cogitabilis, id nisi in Deo, omnis realitatis fonte, quicquid est in notione reale exsisteret, concipi non posset », *Nova dilucidatio*, Prop. VII, Scholion, Ak. I 395 *sq.* ; OP I 126.

3. *Ibid.*, Ak. I 395 ; OP I 126.

Afin de dégager la thèse de l'unicité de l'être nécessaire, Kant argumente *a contrario*: à supposer que les réalités fondatrices soient réparties sur plusieurs êtres, il en résulterait que chacun d'eux serait, sous certains rapports, *limité*, étant donné qu'il contiendrait, en tant qu'existant (c'est-à-dire en tant que complètement déterminé), en dehors des réalités (qu'il faut toujours supposer comme positives) des *privations*. Or, celles-ci sont contingentes et de ce fait, rendraient contingent un tel être nécessaire[1]. De là résulte que l'être nécessaire doit être conçu de telle sorte qu'il constitue un *être infini*. Or, cette réunion des réalités infinies implique l'*unicité*. En fait, Kant ne conclut pas directement de l'affirmation de l'*ens infinitum* à l'unicité, mais construit encore une fois une argumentation indirecte qui consiste dans la fiction (le terme est sans aucun doute choisi à dessein) d'une démultiplication de l'être *infini*. Or, une telle démultiplication constitue une répétition superfétatoire du même. Il en résulte qu'il ne saurait y avoir qu'un *unique être nécessaire*.

Cette affirmation mène dès lors à la conclusion qui constitue la quatrième étape de l'argumentation: « Il existe donc un Dieu et un Dieu unique, principe absolument nécessaire de toute possibilité » (*Datur itaque Deus et unicus, absolute necessarium possibilitatis omnis principium*)[2].

Cette conclusion doit être examinée attentivement:

Kant affirme qu'il existe un *Dieu unique*. Par là, il atteint d'abord le but qu'il s'était fixé dans l'*énoncé* de la *Proposition* VII: « Vocatur Deus »[3]. Si, sur la base des remarques précédentes, la démonstration de l'unicité ne pose pas problème, l'affirmation « Datur [...] *Deus* », en revanche, est beaucoup moins évidente, étant donné que Kant n'a nulle part déduit ou développé les attributs spécifiques que sont l'intelligence et la volonté, pourtant essentiels, pour justifier le passage à l'affirmation théiste. Il y a ici une faille dans sa démonstration, laquelle va être comblée dans l'*Unique argument*.

Dieu est considéré comme « principe de toute possibilité » (*principium omnis possibilitatis*)[4]. Cette notion est précisée, à son tour, dans la scolie de la *Proposition* VII dans ce sens que Kant y parle de Dieu comme « fons », source de toute réalité[5]. Cette précision nous semble importante parce qu'elle corrobore l'affirmation que l'être nécessaire est *Dieu*. En effet, en

1. *Cf.* A. G. Baumgarten, *Metaphysica*, *op. cit.*, § 138, p. 40: « Nullae privationes sunt in ente absolute necessariae ».

2. *Nova dilucidatio*, Prop. VII, Ak. I 395; OP I 126.

3. Cf. *ibid*.

4. *Ibid*.

5. Cf. *supra*, p. 32.

tant que principe ou source, Dieu ne saurait être *identique* à la totalité des réalités ; il n'est pas la simple « omnitudo realitatis » indifférenciée, mais il la transcende en la fondant. Nous aurons à revenir sur ce point.

La démonstration de l'existence de Dieu au sens strict du terme vient ici à son terme. À en confronter le développement avec l'énoncé de la *Proposition* VII, on constate toutefois que Kant n'y a démontré qu'une partie, à savoir qu'il existe un être qui précède la possibilité de *toutes* les choses. Il n'a pas montré – tout au plus l'a-t-il fait inclusivement – que cette existence précède également sa propre possibilité. Mais en rigueur de termes, une telle thèse n'a pas beaucoup de sens et c'est bien ce que Kant semble vouloir dire quand, dans la conclusion de la scolie de la *Proposition* VI, parlant de la preuve cartésienne, critiquée dans la scolie de la *Proposition* VI, il remarque que « Dieu est le seul de tous les êtres en qui l'existence soit première, ou, si l'on préfère, en qui l'existence soit identique à la possibilité »[1]. Cela signifie que, du moment que la possibilité *coïncide* avec l'existence, la démonstration du rapport "fondationnel" de l'existence à sa propre possibilité n'a plus besoin d'être établie.

Dans la formulation de la *Proposition* VII, il est montré que la chose nécessaire qui est là et qui est tout d'abord originellement ontologique est mise au même niveau que *Dieu*. Ceci est un point à ne pas négliger : le concept de *Dieu* n'est pas originellement enraciné dans le cadre de l'onto-théologie ; il n'est pas un concept « préconçu », mais *se donne* seulement comme conclusion. Il illustre, comme Kant s'exprime dans la *Recherche sur l'évidence*, le concept étendu et déterminé de l'être absolument nécessaire[2].

La question centrale qui se pose en relation avec cette construction d'ensemble de la première ontothéologie de Kant, et qui aura justement une importante signification pour l'articulation (tardive) du discours théologique dans le contexte du concept transcendantalo-philosophique de la philosophie, est celle de sa fonction systématique.

La mise en question de l'universalité du principe de raison constitue, dans un premier temps, une rupture de l'unité du discours métaphysique. Il est vrai que chez Wolff, cette unité était formelle dans la mesure où elle permettait à la pensée un traitement univoque de l'ensemble des étants. Mais, comme nous l'avons vu, Wolff n'a pas exploité toutes les ressources

1. « Deus omnium entium unicum est, in quo exsistentia prior est vel, *si mavis, identica cum possibilitate* », *Nova Dilucidatio*, Prop. VI, Scholion, Ak. I 396 ; OP I 127 [nous soulignons].

2. Cf. *Recherche sur l'évidence*, Ak. II 297 ; OP I 244.

de sa métaphysique, n'ayant pas tiré les ultimes conséquences de fondation ontologique à partir de sa réflexion sur les attributs de Dieu.

C'est cette insuffisance que Kant corrige *de facto* en plaçant le discours théologique au cœur même de sa réflexion ontologique. Cette correction est devenue possible parce qu'il dépasse dès le point de départ une considération purement logique qui demeure fermée – du moins au départ – à une fondation ontologique.

Les explications du jeune Kant concernant le thème de la preuve *a priori* de l'existence de Dieu ne sont donc pas un *parergon*, mais constituent en fait le cœur d'une métaphysique à construire. Vu ainsi, ce n'est donc pas un hasard que la *Nova Dilucidatio* dont le thème est la nouvelle explication des premiers principes métaphysiques de la connaissance, contient alors également une confrontation critique avec l'argument ontologique traditionnel.

La physico-théologie

Le second ancrage du problème théologique dans les premiers écrits de Kant est à chercher du côté de sa philosophie naturelle et de sa cosmologie métaphysique. Il s'agit, en l'occurrence, de deux niveaux d'élaboration distincts, mais convergents quant à leurs thèses fondamentales. D'une part, c'est vers un écrit, paru sans nom d'auteur au mois de mars de l'année 1755, l'*Histoire générale de la nature et théorie du ciel*, dans lequel Kant expose ses vues sur la philosophie de la nature, qu'il faudra d'abord se tourner. D'autre part, ce sera encore une fois à la *Nova dilucidatio* qu'il faudra retourner qui, dans sa troisième partie, développe les principes d'une cosmologie métaphysique. Nous posons à titre d'hypothèse que la formulation de la cosmologie métaphysique dans la *Nova dilucidatio* se fait sous l'effet des nouvelles vues en philosophie naturelle telles qu'elles ont été développées dans l'*Histoire générale*.

*La physico-théologie de l'*Histoire générale de la nature et théorie du ciel

Il convient, à titre introductif, de s'interroger sur les intentions que Kant poursuit dans cet écrit. C'est le sous-titre de l'ouvrage qui l'indique assez clairement : « Essai sur la constitution et l'origine mécanique du système du monde, traité d'après des principes newtoniens » (*Versuch von der Verfassung und dem mechanischen Ursprunge des ganzen Weltgebäudes nach Newtonischen Grundsätzen abgehandelt*)[1]. Le but de l'écrit est double : Kant entend développer d'une part, sur la base du paradigme newtonien, une *cosmologie* (*Verfassung*), d'autre part une *cosmogonie* (*Ursprung*). La Préface présente une première description de la problématique : il s'agit de découvrir « le lien systématique qui réunit, dans toute l'étendue de l'infinité, les éléments de grande dimension de la création » et de « déduire la formation des corps célestes eux-mêmes et l'origine de leur mouvement, à partir du premier état de la nature, au moyen de lois mécaniques »[2].

Mais dès ce point de départ, l'impact théologique de ce discours cosmologique est mis en évidence. À la suite de la présentation qui vient d'être citée, Kant poursuit :

> [...] de telles perspectives semblent dépasser de beaucoup les forces de la raison humaine. De l'autre côté, la religion menace, dans une accusation solennelle, la témérité qui peut s'enhardir jusqu'à attribuer à la nature laissée à elle-même de telles conséquences, dans lesquelles on voit à bon droit la main immédiate de l'Être suprême, et elle craint de trouver dans ces considérations indiscrètes un plaidoyer du négateur de Dieu [3].

Le nouveau discours scientifique reposant sur un type d'explication purement mécaniste paraît être, à première vue, inconciliable avec le discours religieux (ou théologique) – et même, comme nous le dirons plus loin, avec certains aspects de la théorie newtonienne elle-même – d'après lequel l'action et l'intervention divines (la *Providence*) sont toujours actuelles et nécessaires en certains points de la création.

Contre ce reproche possible, Kant fait valoir, dès la *Préface*, une thèse tout aussi provocante :

> Je n'ai pas formé le dessein de cette entreprise tant que je ne me suis pas vu en sécurité en ce qui concerne les devoirs de la religion. Mon zèle a redoublé, quand j'ai vu à chaque pas se dissiper les brumes, qui paraissaient cacher des monstruosités derrière leur obscurité, et après la dispersion desquelles la gloire de l'Être suprême éclatait avec la plus vive splendeur[4].

Si donc le projet kantien de l'*Histoire générale* renferme, à côté de sa dimension proprement scientifique (la *philosophie naturelle au sens*

1. *Cf.* Ak. I 215.
2. *Histoire générale*, Ak. I 221 ; OP I 37.
3. *Ibid.*
4. *Histoire générale*, Ak. I 221 *sq.* ; OP I 38.

étroit[1]), une dimension *cosmo-théologique*, il importe d'en saisir la pointe. Elle nous paraît résider dans la réponse à la question de savoir en quel sens, l'explication scientifique de l'univers donne lieu à un « éclat » plus « vif » de la gloire de l'Être suprême. Notre thèse est de dire que Kant entend montrer que seul sur la base d'une lecture *radicalement* mécaniste de l'univers, c'est-à-dire d'une lecture tendant à éliminer jusqu'à la racine des *phénomènes* naturels en tant que tels l'intervention divine, il est possible d'accéder à un concept adéquat de Dieu conçu comme *créateur*.

Il ne saurait être question de reconstruire l'argumentation de l'*Histoire générale*, ni en sa partie proprement scientifique ni en sa partie physico-théologique. Nous n'allons en retenir que les affirmations centrales[2].

Ce sont les *Philosophiae naturalis principia mathematica* de Newton, parus en 1687, qui constituent, pour Kant, la matrice de son discours. Il en a eu connaissance par l'intermédiaire de son professeur Martin Knutzen[3]. Comme l'indique bien le titre de cet ouvrage, Newton se propose d'y exposer les principes *mathématiques* de la philosophie naturelle grâce auxquels il devient possible d'expliquer les phénomènes de la nature[4]. Or, de ceux-ci, il faut bien distinguer les *principes physiques* de la nature. Leur découverte constitue, certes, le *véritable but* de la philosophie naturelle, mais ils restent, pour l'instant, inconnaissables. Cette restriction épistémique marque l'ensemble de la démarche des *Principia* : aux Livres 1 et 2, Newton expose les principes mathématiques relatifs aux mouvements et aux forces de la nature ; au Livre 3, il en montre l'application au système du monde.

Ce qui, pour Newton, se présentait encore comme un *programme à réaliser* se lit dans l'*Histoire générale* comme une tâche réalisée. Certes, Kant est d'avis qu'on ne saurait exiger d'un ouvrage comme le sien « la plus grande précision géométrique et l'infaillibilité mathématique »[5], mais il est

1. Ce terme désigne, au XVIIe siècle, de façon générale, l'enquête sur la nature (à l'opposé de la *science* qui contient des connaissances universelles valides), *cf.* S. Shapin, *The Scientific Revolution*, Chicago London, 1998, Introduction.

2. Le lecteur remarquera que *L'Unique argument* reprend, dans sa deuxième partie, l'essentiel des thèses de l'*Histoire générale*.

3. *Cf.* B. Erdmann, *Martin Knutzen und seine Zeit. Ein Beitrag zur Geschichte der Wolfischen Schule und insbesondere zur Etnwicklungsgeschichte Kant's*, Leipzig, L. Voss, 1876 ; *cf.* H-J. Waschkies, *Physik und Physikotheologie des jungen Kant. Die Vorgeschichte seiner Allgemeinen Naturgeschichte und Theorie des Himmels*, Amsterdam, B.R. Grüner, 1987, p. 34 *sq.* Pour ce qui est de la réception de Newton dans les universités allemandes pendant la première moitié du XVIIIe siècle, cf. *ibid.*, p. 348 *sq.*

4. *Cf.* la Préface des *Principia*.

5. *Histoire générale*, Ak. I 235 : OP I 52.

convaincu d'avoir montré le chemin sur lequel la partie physique de la théorie newtonienne peut espérer à bon droit être amenée à la même perfection « à laquelle Newton a porté sa moitié mathématique » [1].

Quel est le principe qui repose à la base de l'enquête sur la constitution actuelle de l'univers et sur ses véritables causes? La réponse est d'une simplicité déroutante : la matière est, d'après Kant, liée à certaines forces fondamentales, à savoir les forces attractives et répulsives :

> Je n'ai pas appliqué [...] d'autres forces que celles de l'attraction et de la répulsion, deux forces qui sont toutes deux également certaines, également simples et en même temps également originaires et universelles. Toutes deux sont empruntées à la philosophie newtonienne [2].

À l'opposé toutefois de Newton, pour qui ces forces n'étaient pas *essentiellement inhérentes* à la matière [3], Kant soutient – et ce point aura des conséquences remarquables au niveau du problème théologique – une position qui rejoint celle de R. Cotes dans la *Préface* à la seconde édition des *Principia* (1713), d'après laquelle la gravitation est une qualité originale des corps [4]. C'est sur la base de ce postulat qu'il devient possible d'expliquer aussi bien la structure de l'univers que son origine mécanique [5], et cela précisément – mais en un sens différent par rapport à Newton – *sans* recourir à des « imaginations arbitraires » [6].

Nous n'allons retenir de cette reconstruction que les lignes essentielles dans la mesure où elles nous sont de quelque utilité pour comprendre la position du problème théologique.

Du point de vue proprement *cosmologique*, Kant affirme, en accord avec Newton d'une part, que le système solaire, c'est-à-dire le mouvement des corps célestes (planètes et comètes) autour du Soleil présuppose la force centripète ou la gravitation. À son propos, il est dit qu'elle règne « à travers tout l'espace du système planétaire [...] et qu'elle gravite vers le Soleil » [7]. D'autre part, il est d'accord avec Newton pour dire que les

1. *Histoire générale*, Ak. I 230; OP I 48.

2. *Histoire générale*, Ak. I 234; OP I 51.

3. « Attamen Gravitatem corporibus essentialem esse minime affirmo » (*Philosophiae naturalis principia mathematica*, in *Opera quae exstant omnia*, London, 1779 *sq.*, (réimpr., Stuttgart-Bad Cannstatt, Frommann-Holzboog, 1964), t. III, p. 4 (cité *Principia*).

4. Cf. *ibid.*, p. XIX.

5. *Cf.* la 1re et la 2e partie de l'*Histoire générale*.

6. *Histoire générale*, Ak. I 234; OP I 51. L'expression kantienne « willkürliche Erdichtungen » est formée par analogie avec la thèse newtonienne « hypotheses non fingo », cf. *Principia*, *op. cit.*, p. 174.

7. *Histoire générale*, Ak. I 244.

planètes décrivent des orbites elliptiques (dont un des foyers est constitué par le Soleil) telles que le rayon Soleil-planète parcourt dans le même temps des surfaces égales (ce qui correspond à la 2e loi de Kepler). Enfin, il soutient que la loi qui régit le rapport qui existe entre le Soleil et les planètes régit aussi le rapport qui existe entre les planètes et leurs lunes[1].

En revanche, Kant ne suit pas Newton sur la question des *causes* des mouvements réguliers des planètes. On sait que dans la *Scolie générale* des *Principia*, Newton soutient que ces mouvements ne résultent pas de causes mécaniques, mais d'un Être sage et puissant qui les a disposés de la façon que nous connaissons. Il écrit :

> Cette disposition admirable du Soleil, des planètes et des comètes n'a pu provenir que du dessein et de la domination d'un Être sage et puissant. Et si les étoiles fixes sont, chacune, le centre de systèmes semblables, le tout, construit selon un plan semblable, est soumis à la domination d'Un Être [...]. Et afin que les systèmes des étoiles fixes ne tombent pas les unes sur les autres à cause de la gravitation, il les a posés dans des distances infinies les unes par rapport aux autres[2].

Comme nous l'avons déjà fait remarquer plus haut, l'explication proprement scientifique en vient à sa limite là où il est question des causes *non mathématiques* des mouvements des planètes ainsi que de leur constitution systématique. C'est à ce point précis que le discours scientifique doit donc être *complété* par un discours d'un autre ordre, de type *téléologique*.

C'est contre cette thèse que Kant va objecter que l'explication mécaniste doit être appliquée rigoureusement à l'ensemble du système. Là où Newton fait intervenir – trop hâtivement aux yeux de Kant – la « main immédiate »[3] de Dieu pour expliquer la disposition des mouvements concentriques des planètes, il s'agit de rechercher encore et toujours la « main de la nature »[4].

C'est sur la base de ces données que Kant se propose d'approfondir ou d'amender une thèse qui avait d'abord été soutenue par Thomas Wright of Durham (1721-1786)[5] dans un ouvrage paru en 1750, l'*Original Theory of*

1. Cf. *ibid.*

2. « Elegantissima haecce Solis, Planetarum & Cometarum compages non nisi consilio & dominio Entis intelligentis & potentis oriri potuit. Et si stellae fixae sint centra similium systematum, haec omnia, simili consilio constructa, suberunt *Unius* dominio [...]. Et ne Fixarum systemata per gravitatem suam in se mutuò cadant, hic eadem immensam ab invicem distantiam posuerit », Newton, *Principia*, *op. cit.*, p. 171.

3. *Histoire générale*, Ak. I 221 ; OP I 39 ; *cf.* Ak. I 262 ; OP I 61.

4. *Histoire générale*, Ak. I 337.

5. Cf. *Histoire générale*, Ak. I 248 ; OP I 56.

New Hypothesis of the Universe[1] : notre système planétaire n'occupe qu'une position subordonnée dans l'univers; il n'y a aucune raison de le considérer comme « center of Inifinity »[2]. L'auteur en infère que les étoiles fixes, repérables dans une galaxie, se trouvent à leur tour – en analogie avec notre système solaire – dans un rapport systématique. La cause en est à chercher dans la gravitation (et la répulsion correspondante) qui maintient les différents soleils en équilibre. Kant en conclut qu'« on peut décrire le système des étoiles fixes à peu près au moyen du système planétaire, si on agrandit celui-ci infiniment »[3].

Ce qui d'abord avait été présenté comme une pensée dont la confirmation complète serait réservée à des générations futures[4], est finalement considéré comme une thèse bien établie :

> La forme du ciel des étoiles fixes n'a *donc* pas d'autre cause que la même organisation systématique à l'échelle supérieure que le système planétaire à une échelle plus petite, dans la mesure où tous les Soleils forment un système dont le plan de référence commune est la Voie lactée [...][5].

Dans l'*Histoire générale*, Kant avance encore d'un pas et se demande même s'il n'existe pas un rapport intergalactique régi par les mêmes causes :

> On pourrait encore conjecturer que ces systèmes supérieurs ne sont pas sans relations les uns avec les autres et qu'ils constituent, moyennant ce rapport mutuel, un système encore plus immense. En effet, on voit que les figures elliptiques de ces sortes d'étoiles nébuleuses [...] sont dans un rapport très étroit au plan de la Voie lactée[6].

Dans cette reconstruction cosmologique, c'est l'*idée d'une législation universelle*, présente en même temps que la matière, qui joue un rôle central : là, où il y a de la matière, *le principe de la disposition et de l'ordre est donné en même temps*. C'est ce postulat qui permet à Kant d'universa-

1. Kant en a connu le contenu par un compte rendu, paru dans les *Hamburgische freien Urtheile*, cf. *Histoire générale*, Ak I 231; OP I 48. *Cf.* à ce propos F.A. Paneth, « Die Erkenntnis des Weltbaus durch Thomas Wright und Immanuel Kant », *Kant-Studien*, 47, 1955-56, p. 337-349; Norriss S. Hetherington, « Sources of Kants Model of the Stellar System », *Journal of the History of Ideas*, 34, 1973, p. 461 *sq.*

2. Thomas Wright of Durham, *An Original Theory or New Hypothesis of the Universe* (1750), London-New York, Mc Donald, 1971, p. 59.

3. *Histoire générale*, Ak. I 250.

4. Cf. *Histoire générale*, Ak. I 248.

5. *Histoire générale*, Ak. I 251 (nous soulignons).

6. *Histoire générale*, Ak. I 255.

liser l'*idée de l'uniformité* et de l'appliquer également aux systèmes supra-galactiques.

Après cette présentation rapide des principaux axes de la cosmologie de l'*Histoire générale*, il nous faut dire un mot de la *cosmogonie* que Kant développe dans la deuxième partie de cet écrit et qui sera reprise, pour l'essentiel, dans la septième considération de la deuxième partie de l'*Unique argument*.

La cosmogonie kantienne repose toute entière, faut-il s'en étonner, sur les principes mêmes de sa cosmologie. La question à laquelle il importe de répondre est la suivante : comment peut-on expliquer, en présupposant les lois fondamentales inscrites dans la matière même, la genèse et la formation de l'univers. Kant envisage, à cet effet, l'hypothèse d'un "moment zéro" de l'univers, d'une sorte d'état initial de la matière, où la nature « côtoyait immédiatement la création »[1] et qui représente l'état le plus élémentaire et le plus simple qui suit le néant[2].

Or, en raison des forces essentielles, inhérentes à la matière même – l'attraction et la répulsion –, celle-ci ne doit pas être considérée comme inerte, mais comme une « source de vie »[3], ce qui veut dire qu'elle comporte une tendance à l'*organisation*. En raison de la force d'attraction se forment progressivement diverses « masses »[4] ; en raison de la force de répulsion se constitue, en revanche, la formation de mouvements circulaires.

Cette considération générale – qui correspond d'ailleurs au postulat de la Préface : « *Donnez-moi seulement de la matière, je vais avec cela vous bâtir un monde* »[5] –, Kant propose de la préciser et de la développer en s'appuyant sur l'exemple de notre système solaire. Sur la base des propriétés générales de la matière, il déduit la formation des planètes, leur disposition systématique, la direction identique de leurs mouvements autour du Soleil. En plus, il considère que c'est sur la base des mêmes propriétés fondamentales que se laisse expliquer la diversité des différentes planètes et, par conséquent, de leurs distances respectives par rapport au Soleil. Même l'excentricité de leurs révolutions – que Kant considère comme une imperfection : « une conséquence du manque dans l'effort, par lequel la nature tente de rendre parfaitement circulaires les mouvements

1. *Histoire générale*, Ak. I 263.
2. Cf. *ibid*.
3. *Histoire générale*, Ak. I 264.
4. *Ibid*.
5. *Histoire générale*, Ak. I 229 ; OP I 46.

planétaires »[1] – se laisse expliquer d'une manière satisfaisante sur la base des lois mécaniques.

Ce sont encore les mêmes principes qui ont présidé à la formation du système solaire dans son ensemble et qui permettent de rendre compte de la formation des satellites[2]. Mais ce qui vaut pour les sous-systèmes doit également valoir pour les super-systèmes. En d'autres termes, là, où il y a de la matière et aussi loin qu'il y en a, elle obéit aux mêmes lois et se constitue nécessairement selon ces mêmes lois. Kant envisage – à titre d'hypothèse – que ce processus est *inachevé*; par conséquent, l'organisation de l'univers est à comprendre comme un « achèvement successif »[3].

Cette présentation sommaire du modèle cosmologique et cosmogonique doit nous servir maintenant de toile de fond pour reconstruire la problématique théologique telle que Kant la formule dans l'*Histoire générale*.

Il ne fait aucun doute que le passage à une affirmation théologique est présent, non point à titre accessoire et comme élément retardateur, comme ont pu le penser certains interprètes[4], mais comme un élément *constitutif* du discours scientifique lui-même.

Bien plus l'*Histoire générale* doit être comprise comme sous-tendue par le souci de repenser le rapport entre une lecture scientifique conséquente et radicale selon les principes de la science newtonienne, et une lecture métaphysico-théologique de la réalité physique dans son ensemble. Cette dernière a pour nom « physico-théologie »[5]. Or, l'interprétation scientifique de la constitution du système planétaire et de sa genèse, telle que Kant la propose, semble aboutir, *théologiquement parlant, à une impasse*, à laquelle d'ailleurs il rend attentif dès la Préface :

1. *Histoire générale*, Ak. I 278.

2. Cf. *Histoire générale*, Ak. I 283.

3. *Histoire générale*, Ak. I 312.

4. Ce sont essentiellement les interprétations marxistes qui ont voulu dissocier le discours proprement scientifique de l'*Histoire générale* du discours métaphysico-théologique. Le premier constituerait, d'après eux, l'élément proprement révolutionnaire, anticipant en quelque sorte le matérialisme dialectique, tandis que le second serait une sorte de résidu bourgeois. *Cf.* par exemple, G. Klaus, « Die Frühschriften Immanuel Kants – Ihre philosophiehistorische und wissenschaftsgeschichtliche Bedeutung », in *Immanuel Kant, Frühschriften*, Erster Band, Berlin 1961 [introduction]; *cf.* aussi, M. Buhr, *Vernunft – Mensch – Geschichte. Studien zur Entwicklungsgeschichte der klassischen bürgerlichen Philosophie*, Köln, 1977, p. 61.

5. P. Laberge parle à ce propos de « théo-physique » (*La théologie kantienne précritique*, Ottawa, Éditions de l'Université d'Ottawa, 1973, p. 35 *sq.*)

> Si le système du monde, avec tout son ordre et toute sa beauté n'est qu'un effet de la matière laissée à ses lois générales de mouvement, si la mécanique aveugle des forces de la nature s'entend à se développer de façon si merveilleuse à partir du chaos et parvient d'elle-même à une telle perfection, alors la preuve qu'il y a un Auteur divin, preuve que l'on tire de la beauté de l'univers, perd toute force. La nature se suffit à elle-même; le gouvernement divin n'est pas nécessaire [1].

Cette remarque s'inscrit dans un contexte complexe qu'il convient de reconstruire brièvement. La physico-théologie traditionnelle repose sur l'affirmation de la contingence de l'ordre et de la beauté de l'univers, ce qui réclame le gouvernement divin. Newton soutenait, pour des raisons intra-épistémiques, non seulement que la disposition générale du système planétaire résulte d'une disposition divine et repose donc sur la sagesse de Dieu, mais encore que Dieu intervient occasionnellement dans le fonctionnement du système même pour en rétablir l'équilibre, toujours fragile.

La thèse d'un Dieu qui aurait créé le monde d'après un plan préétabli et qui n'interviendrait plus dans le cours de son fonctionnement, quant à elle, est proche de Leibniz et est également soutenue par Wolff. Dans la *Métaphysique allemande* par exemple[2], Wolff note que Dieu poursuit ses intentions grâce à l'essence et la nature des choses. Or, leur essence en fait des machines[3], ce qui veut dire : des êtres complètement déterminés. Ayant créé ces choses-ci et non pas d'autres afin que ces événements-ci se produisent et non point d'autres, Dieu poursuit à travers le fonctionnement mécanique et donc naturel du monde son dessein (à savoir la plus grande perfection du monde) et n'a plus besoin d'intervenir dans le gouvernement de celui-ci; en retour, celui qui explique de manière raisonnable le monde tel qu'il fonctionne, c'est-à-dire son fonctionnement mécanique, peut conclure de là à la sagesse divine[4]. En revanche, si le monde n'était pas une machine et que les événements se produiraient de façon non mécanique, on aurait à faire à du surnaturel. Dans ce cas, le monde serait à considérer, non comme l'œuvre de la *sagesse* de Dieu, mais ne serait plus que l'œuvre de sa *puissance*[5].

L'objection précédemment décrite correspond également à une thèse de la *théologie luthérienne* au sujet de la Providence divine. C'est entre autres la position soutenue par les adversaires de Wolff à Halle, et

1. *Histoire générale*, Ak. I 222; OP I 38.
2. *Cf.* C. Wolff, *Métaphysique allemande*, § 1032, p. 636.,
3. Cf. *Métaphysique allemande*, § 557, p. 336 *sq.*
4. Cf. *Métaphysique allemande*, § 1011, p. 623 *sq.*
5. Cf. *Métaphysique allemande*, § 1038, p. 638.

notamment par Joachim Lange. La Providence divine est présente dans l'ici et le maintenant. Kant parlera à ce propos de la « main immédiate de Dieu ». D'où l'insistance, dans la théologie de type luthérien, sur le *gouvernement* de Dieu. À l'opposé des luthériens, les *théologiens réformés* – Calvin et Zwingli –, davantage attentifs à la science et à l'idée d'une législation universelle de et dans la nature, rattachent la Providence divine au décret de la *création*. C'est en créant que Dieu a inscrit ses desseins dans les choses[1]. D'où l'insistance, chez les Réformés, sur le Dieu *créateur*. Or, la position de Wolff s'inscrit dans cette ligne réformée, et ce malgré le fait qu'il ait été luthérien.

En ce qui concerne maintenant Kant, il est intéressant de savoir, d'un point de vue biographique, qu'il a passé près de trois ans (1748-1751) comme précepteur dans la maison d'un pasteur *réformé*[2]. On est ainsi autorisé à supposer, nous semble-t-il, que sa position contient des éléments provenant de sources et d'horizons intellectuels différents : Knutzen, la théologie réformée, Wolff.

Comment faut-il penser la compatibilité de la physique et de la théologie, une fois qu'on a opté pour une interprétation radicalement mécaniste ?[3] Il s'agit ici de bien différencier entre plusieurs niveaux de l'écriture : il y a, d'une part, une écriture en quelque sorte directe qui opère sur la base du schéma cosmologique et cosmogonique précédemment établi[4]. Elle va aboutir à une affirmation théologique de toute première importance, à savoir que *Dieu est créateur*. Il y a d'autre part des *effets indirects* de cette écriture qui seront *négatifs* en ce qui concerne la valeur *démonstrative* du discours physico-théologique.

Analysons d'abord sur la base de quelles opérations herméneutiques Kant met en place l'argumentation physico-théologique. Il procède en deux temps : d'abord, la lecture mécaniste de l'univers est interprétée *téléologiquement*. Il est alors question de beauté, de finalité, d'harmonie, de perfection : la nature « laissée à ses propriétés générales, est féconde en fruits

1. *Cf.* à ce propos l'étude éclairante de M. Büttner, « Zum Gegenüber von Naturwissenschaft (insbesondere Geographie) und Theologie im 18. Jahrhundert. Der Kampf um die Providentiallehre innerhalb des Wolffschen Streites », *Philosophia naturalis*, 14, 1973, p. 95-123 ; ici p. 97 *sq.*

2. *Cf.* M. Kühn, *Kant. Eine Biographie*, München, Beck, 2003, p. 119.

3. Les textes essentiels à ce propos ont été réunis par J.A. Fabricius dans l'édition allemande de l'*Astro-Theology* de William Derham, parue en 1728 à Hambourg. *Cf.* pour cette référence H.-M. Barth, *Atheismus und Orthodoxie. Analysen und Modelle christlicher Apologetik im 17. Jahrhundert*, Göttingen, Vandenhoeck & Ruprecht, 1971, p. 266.

4. C'est dans la 8e partie de l'*Histoire générale* que Kant développe ce point.

qui ne sont que beauté et perfection »[1]; la « composition » des éléments du monde laisse voir en elle « perfection et beauté »[2]. En second lieu, Kant opère sur cette base le passage à l'affirmation de Dieu : « Si, dans la constitution du monde, resplendissent l'ordre et la beauté, il y a un Dieu »[3]. Cette conclusion, *d'apparence* physico-théologique, repose cependant sur une prémisse que nous n'avons pas encore précisée et qui, pour sa part, n'est plus directement de nature physico-théologique au sens étroit du terme, mais relève plutôt de la théologie naturelle, à savoir que la *cause ultime* de l'ordre réside dans la sagesse divine qui a disposé le plan de l'univers en l'inscrivant dans les propriétés essentielles de la matière[4]. Cette opération permet toutefois de conduire, à propos de Dieu, à une affirmation plus absolue que celle de la physico-théologie traditionnelle. Si celle-ci arrive, certes, à concevoir un Dieu ordonnateur, elle n'arrive pas à le penser en tant que fondement ultime et absolu[5].

Nous avons dit précédemment que le discours théologique de l'*Histoire générale* générait, à côté d'une argumentation directement « physico-théologique » (huitième section)[6], des effets *négatifs* en ce qui concerne sa valeur proprement démonstrative. En quel sens faut-il comprendre ce point ? Dans la huitième section, Kant part de l'affirmation que les lois de la nature n'ont pas de nécessité absolue, mais qu'elles la tirent précisément du fait que Dieu les a imprimées en quelque sorte dans la structure essentielle de la matière. Cette affirmation, Kant ne la prouve pas. Or, c'est sur cette présupposition que se développe l'argument « physico-théologique » tel qu'il a été présenté ci-dessus. Cela signifie que ce qui est ainsi déduit de l'ordre (à savoir l'affirmation qu'il y a un Dieu) ne l'est que parce que cela a déjà été présupposé. En d'autres termes, l'argumentation « physico-théologique », sans être circulaire au sens strict du terme, n'est démonstrative *qu'en apparence*, étant donné que ce qui est posé, à titre de conclusion (« Si, dans la constitution du monde, resplendissent l'ordre et la beauté, il y a un

1. *Histoire générale*, Ak. I 333 ; OP I 93.

2. *Histoire générale*, Ak. I 332 ; OP I 92.

3. *Histoire générale*, Ak. I 346.

4. Cette position de Kant se situe très exactement sur la ligne de Wolff. Pour celui-ci, la *Providence* réside, en dernière instance, dans le plan et l'action divines au moment de la création. Cf. *Theologia naturalis* I, § 762 *sq.*, *op. cit.*, p. 752 *sq.* ; *Theologia naturalis* II, § 388 *sq.*, p. 348 *sq.* *Cf.* M. Büttner, « Zum Gegenüber von Naturwissenschaft (insbesondere Geographie) und Theologie im 18. Jahrhundert. Der Kampf um die Providentiallehre innerhalb des Wolffschen Streites », *op. cit.*

5. Cf. *infra*, p. 89 *sq.*

6. Cf. *Histoire générale*, Ak. I 332 *sq.* ; OP I 91 *sq.*

Dieu »[1]) ne l'est qu'à la condition d'avoir été posé *auparavant* à titre de *prémisse* du raisonnement. Nous disons que l'argument n'est cependant pas circulaire en un sens strict, étant donné que la première affirmation ne relève pas, à proprement parler, d'un discours de type physico-théologique, mais précisément d'un discours du type de la théologie naturelle. Il n'en demeure pas moins que le traitement kantien de la « physico-théologique » aboutit dès cet écrit de 1755 à une *dévaluation* de sa nature proprement démonstrative.

La cosmo-théologie de la Nova dilucidatio

L'*Histoire générale* articule, sous la forme d'une « physico-théologie », une version du discours théologique qui s'inscrit dans le cadre de la philosophie naturelle. Or, cette dernière, tout en prenant pour référence la science newtonienne, ne constitue pas un discours ontologiquement neutre. L'*Histoire générale* toutefois ne développe ce discours que de façon très allusive et indirecte.

En revanche, c'est dans la troisième partie de la *Nova dilucidatio* qu'il faut en chercher la formulation explicite. Ces deux textes de 1755 s'appellent ainsi et se complètent. On peut même aller jusqu'à dire que la formulation de la conception cosmologique sur la base de principes newtoniens *exige* le réexamen et la modification de certaines thèses métaphysiques en vue d'une *cohérence* des différents niveaux où s'articule le discours rationnel.

Dès la Préface de la *Nova dilucidatio*, Kant avait annoncé qu'il allait développer dans la troisième partie deux nouveaux principes d'une importance non négligeable pour la connaissance métaphysique[2], le *principe de succession* et celui de la *coexistence*.

Le premier dit que des substances ne peuvent subir de changements que pour autant qu'elles sont « connexae », reliées avec d'autres substances ; leur dépendance réciproque détermine les changements respectifs de leurs états[3]. Le second dit que des substances finies n'entretiennent, par le fait de leur seule existence, aucune relation entre elles et que leur *commerce* n'est possible que pour autant qu'elles sont maintenues dans de telles relations réciproques par une cause commune de leur existence, à savoir l'intellect divin qui les a ainsi établies[4].

1. *Histoire générale*, Ak. I 346.
2. Cf. *Nova dilucidatio*, Ratio instituti, Ak. I 387 ; OP I 112.
3. Cf. *Nova dilucidatio*, Prop. XII, Ak. I 410 ; OP I 152.
4. Cf. *Nova dilucidatio*, Prop. XIII, Ak. I 412 *sq.* ; OP I 156 *sq.*

L'énoncé de ces deux principes est révélateur à plusieurs égards : nous y retrouvons, sans trop de difficultés, des éléments susceptibles d'être mis en relation avec les positions de l'*Histoire générale*, du moins pour ce qui est de sa partie proprement *cosmologique*. Mais nous y retrouvons un tout autre registre conceptuel : il y est question de *substances* (le terme étant pour le moins rare dans l'*Histoire générale*), d'*états de la substance*, de *dépendance*, de *changement*, de *commerce*. Or, l'analyse plus approfondie des principes en question permettra de montrer que Kant entend situer et préciser sa propre position par rapport aux discours métaphysiques dominants, mais qu'il la situe précisément en procédant à des *amendements* de sorte que les acquis de l'*Histoire générale* y deviennent viables.

Tournons-nous vers le premier des deux principes. Nous commencerons par en retracer brièvement les positions de Wolff et de Baumgarten au sujet de la notion de substance et de ses implications cosmologiques.

Pour *Wolff*, la substance est un « sujet perdurable et modifiable » (*subjectum perdurabile & modificabile*)[1]. La substance se définit donc par des éléments constants (les *essentialia* ainsi que les attributs déterminés par les *essentialia*) et variables (les modes)[2]. L'état d'une substance se définit d'après Wolff par la *coexistence* des éléments invariants et des éléments variables. Le *changement* d'état résulte du changement de ce qui est modifiable.

La question est de savoir grâce à quoi le changement d'état d'une substance est rendu possible. À cela, Wolff répond que les substances sont dotées d'une *force* (*vis*)[3]. Celle-ci peut être la raison suffisante d'une action (qui constitue un changement d'état), mais un tel changement peut également être produit grâce à la force d'une *autre* substance. On parle alors de *passion* (la substance subit un changement d'état)[4].

Comment faut-il concevoir, sur cette base, le problème de la *dépendance* des substances ? Wolff en traite expressément dans la troisième et dernière section de la deuxième partie de l'*Ontologia*, dont le titre est : « Du rapport des êtres entre eux » (*De respectu entium ad se invicem*). Le premier chapitre, à son tour, est intitulé : « De la dépendance des êtres et de leurs relations » (*De dependentia rerum earumque relatione*)[5]. Un être est dit dépendant d'un autre si la raison de ce qui lui appartient est contenue

1. C. Wolff, *Philosophia prima*, § 768, p. 574.
2. Cf. *Philosophia prima*, § 770, p. 575.
3. Cf. *Philosophia prima*, § 722, p. 542.
4. Cf. *Philosophia prima*, § 713, p. 536 *sq.*
5. *Philosophia prima*, p. 633.

dans celui-ci[1]. La notion de dépendance est ainsi définie en étroite relation avec celle de la passion[2].

Mais cette notion peut s'entendre encore en un sens causal *fort* : la cause est le principe dont dépend un être dans son existence et dans la manière d'exister tel qu'il existe[3].

Comment ces notions ontologiques générales fonctionnent-elles dans le cadre de la *cosmologie*? La *Cosmologie* est la science du monde en général – « la science du monde ou de l'univers en général » (*scientia mundi seu universi in genere)*[4] – en tant que celui-ci est un être composé et modifiable; elle repose ainsi sur l'ontologie dans ce sens qu'elle a à démontrer la théorie générale du monde sur la base des principes de l'ontologie[5].

La notion centrale de la démarche cosmologique est celle du « nexus rerum », de la connexion ou du lien entre les choses. La première section commence par l'exposé de cette notion qui commande la déduction de la notion même du monde : « Sont dits reliés entre eux ceux dont l'un contient la raison suffisante de la coexistence ou de la succession de l'autre »[6].

À regarder de près, cette définition n'est rien d'autre que l'interprétation cosmologique de la notion de « dépendance ». La connexion – voilà ce que nous apprend la définition du § 10 – doit s'entendre en un double sens : celui de la *succession*, et alors, le « *nexus rerum* » dit la *cause* : « Le lien entre les choses successives consiste dans la dépendance de l'effet de la cause efficiente et en général dans la dépendance de ce qui est causé de la cause »[7].

En un second sens, le « nexus » dit la *coexistence*, et, dans ce cas, il exprime la cause lorsqu'il est question d'un changement d'état ou, de façon plus générale, d'un « esse propter alium », c'est-à-dire d'un rapport de moyen-fin.

Cette notion du monde correspond au monde existant (« mundus adspectabilis ») qui est dès lors défini de la façon suivante : « Le monde

1. Cf. *Philosophia prima*, § 851, p. 633.

2. Cf. *Philosophia prima*, § 853, p. 634.

3. Cf. *Philosophia prima*, § 881, p. 652.

4. C. Wolff, *Cosmologia*, § 1, p. 1.

5. « La théorie du monde est [...] une application directe de ce qui a été établi dans celle de l'être en général [...] et plus particulièrement de l'être composé », J. École, *La métaphysique de Christian Wolff*, *op. cit.*, t. 1, p. 223.

6. « Ea inter se *connecti* dicuntur, quorum unum continet rationem sufficientem coëxistentiae, vel successionis alterius », *Cosmologia*, § 10, p. 9.

7. « Nexus rerum successivarum consistit in dependentia effectus a causa efficiente & in genere in dependentia causati a causa », *Cosmologia*, § 23, p. 19.

visible est la série des choses finies simultanées et successives, reliées entre elles »[1].

Tournons-nous, en deuxième lieu, vers la conception de la substance et de son interprétation cosmologique chez *Baumgarten*. Selon cet auteur, la substance est un « un être subsistant par soi » (*ens per se subsistens)*[2], dans lequel résident des *essentialia*, des attributs, des relations et des accidents[3]. L'inhérence des accidents repose sur une raison que Baumgarten appelle, comme Wolff, « vis » (*force*)[4]. Comment se conçoit selon cet auteur le changement d'état d'une substance? Comme Wolff, il admet dans la substance contingente des éléments fixes et immuables ainsi que des éléments variables. C'est leur coexistence qui constitue l'état de la substance[5]. La force qui produit le changement d'état est soit la substance elle-même, et dans ce cas, on parle d'*action* de la substance, soit une force différente de la substance, et alors, on parle de *passion*[6]. Le changement d'état, cela va de soi, est à considérer lui-même comme un accident. Baumgarten appelle l'action d'une substance sur une autre « influxus » ou « actio transiens »[7]. Celle-ci peut être comprise en un sens local ou temporel. L'action autoréférentielle est appelée « actio immanens »[8]. Si, à l'« actio immanens » d'une substance correspond une « actio transiens » d'une autre, on parle d'*influx idéal* (ou de *passion idéale*). Dans le cas d'une « actio transiens » *sans* « actio immanens », l'influx est dit *réel*. Les actions réciproques des substances selon les modalités « idéales » ou « réelles » sont désignées par Baumgarten de « nexus » ou d'« harmonia universalis »[9].

Comment Baumgarten transpose-t-il ces thèses ontologiques dans le domaine de la *cosmologie*? Le texte de la *Metaphysica* est hautement intéressant à ce propos du fait que l'auteur commence par y dresser, sous le titre « Du commerce des substances du monde » (*substantiarum mundanarum commercium*), un tableau des différentes hypothèses a cet égard[10]. La première est celle de l'*harmonie préétablie* qui soutient l'influx réciproque

1. « Mundus adspectabilis est series rerum finitarum simultanearum & successivarum, inter se connexarum », *Cosmologia*, § 55, p. 52.

2. A. G. Baumgarten, *Metaphysica*, *op. cit.*, § 191, p. 58.

3. *Ibid.*, § 195, p. 59.

4. Cf. A. G. Baumgarten, *Metaphysica*, *op. cit.*, § 197, p. 59.

5. Cf. *Metaphysica*, § 205, p. 61 *sq.*

6. Cf. *Metaphysica*, § 210, p. 63.

7. *Metaphysica*, § 211, p. 63.

8. *Ibid.*

9. *Metaphysica*, § 306, p. 92.

10. Cf. *Metaphysica*, § 448 *sq.*, p. 147 *sq.*

des substances, mais qui affirme que les modifications que subit une substance de la part d'une autre sont produites par sa propre force [1]. Dans ce sens, l'influx d'une substance sur une autre est purement idéal. La seconde hypothèse à ce propos est celle de l'*influxionisme* qui soutient une harmonie universelle résultant de l'influx *réel* des substances les unes sur les autres (appelé aussi système de l'influx physique universel) [2]. La troisième est le *système de l'occasionalisme* qui affirme qu'il n'existe aucun influx réel parmi les substances finies, mais seulement un influx réel de la substance infinie sur les substances finies [3].

Baumgarten, pour sa part, adopte la thèse leibnizienne de l'harmonie préétablie qu'il considère comme la « vera sententia » [4].

Comment se pose, devant cet arrière-fond, la problématique du « commerce des substances » chez Kant ? Comme Wolff et Baumgarten, Kant conçoit la substance comme étant constituée d'éléments invariants et d'éléments modifiables ; mais, à l'opposé de ces deux auteurs, il refuse la thèse de l'auto-modification de la substance : « [...] abandonnée à son isolement, elle est absolument immuable » (*solitario relicta, per se plane est immutabilis*) [5]. Il n'existe aucune raison interne, c'est-à-dire aucune force moyennant laquelle elle serait soumise à des changements. C'est à partir d'une réflexion sur la notion même de la substance qu'il l'établit : la substance étant un être complètement *déterminé*, il est impossible qu'un *changement*, c'est-à-dire une *succession de déterminations* (par exemple : repos/mouvement) puisse découler de ses déterminations internes. Si donc un tel changement se produit, il doit résulter d'une *connexion externe*. Mais comment fonder celle-ci ? La réponse à cette question nous amène au *fondement théologique* de la thèse kantienne. En effet, les substances finies,

> en vertu de leur seule existence, n'ont aucune relation entre elles et n'entretiennent de commerce mutuel qu'à la condition d'être maintenues par le principe commun de leur existence, l'entendement divin, conformément à leurs relations respectives [6].

1. Cf. *Metaphysica*, § 449, p. 148 *sq.*

2. Cf. *Metaphysica*, § 450, p. 149.

3. Cf. *Metaphysica*, § 452 *sq.*, p. 150 *sq.*

4. *Metaphysica*, § 463, p. 156. Erdmann (*Martin Knutzen*, *op. cit.*, p. 65 *sq.*) nous semble ne pas voir juste quand il soutient que pour Baumgarten, le système de l'harmonie préétablie n'est soutenu que « nominalement ». Voir en revanche les remarques plus judicieuses de Michel Puech, *Kant et la causalité*, *op. cit.*, p. 102.

5. *Nova dilucidatio*, Prop. XII, Ak. I 410 ; OP I 152.

6. « Per solam ipsarum exsistentiam nullis se relationibus respiciunt, nulloque plane commercio continentur, nisi quatenus a communi exsistentiae suae principio, divino nempe

Cette proposition radicalise, dans un premier temps, la *Proposition* XII en affirmant la “solitude” ontologique des substances finies : à partir de la seule considération de l’existence de substances isolées, aucune *relation* ni aucun *commerce* entre les substances ne se laisse déduire. Si donc, ontologiquement parlant, un tel commerce entre les substances de l’univers (car c’est avant tout dans une perspective *cosmologique* qu’il convient de lire la présente thèse) a lieu et s’il n’est pas explicable à partir du seul *fait* de l’existence d’une pluralité de substances, la *mise en relation* doit reposer sur un tiers dont les déterminations formelles sont telles qu’il convient de l’appeler *Dieu* :

– il doit être considéré comme la *cause* des substances finies ; Kant dit qu’il est principe général de ce qui existe[1] ou cause suprême de toutes choses[2] ;

– il doit être considéré comme cause *commune* – « communis causa »[3] –, étant donné que ce n’est qu’à cette condition que la possibilité d’une coexistence des substances est pensable ;

– il doit être considéré comme *intellect*, étant donné que la structure du commerce présuppose l’existence d’un *schème*.

Kant soutient être le premier à avoir montré que la simple simultanéité des substances ne suffit pas, à elle seule, pour fonder un *lien*. Mais quelles sont les implications de la thèse d’après laquelle le fondement d’un tel lien repose dans une cause commune conçue à titre d’*intellect*. Cette question comporte *deux* volets, convergents, il est vrai, mais qui renvoient à deux problématiques différentes.

Le premier concerne la signification de la notion de *dépendance réciproque*. Kant la comprend dans le sens d’un lien réciproque en un sens spatial. En d’autres termes, le lieu et la position des substances corporelles sont déterminés par le jeu des actions et des réactions à travers la totalité de l’espace dans lequel des corps se trouvent. Or, cette détermination réciproque se fait en vertu d’une loi fondamentale de la nature, à laquelle toute matière est soumise, à savoir la loi de la gravitation universelle (« *attractio Newtoniana* s. universalis gravitas »[4]). Or, de celle-ci, il est dit qu’elle dure constamment seulement si elle est conservée « par l’action immédiate de

intellectu, mutuis respectibus conformatae sustinentur », *Nova dilucidatio*, Prop. XIII, Ak. I 412 *sq.* ; OP I 156.

1. Cf. *Nova dilucidatio*, Ak. I 413 ; OP I 157.

2. *Nova dilucidatio*, Prop. XIII, Dilucidatio, Ak. I 414 ; OP I 158.

3. *Ibid.*

4. *Nova dilucidatio*, Prop. XIII, Usus, Ak. I 415 ; OP I 161.

Dieu » (*Deo immediate statore*)[1], et d'ajouter : « selon l'opinion même de ceux qui se déclarent disciples de Newton » (*secundum ipsam eorum sententiam, qui se Newtoni asseclas profitentur*)[2].

Cette remarque peut susciter quelque étonnement si on la compare avec les thèses de l'*Histoire générale* où il avait été dit à maintes reprises que les lois de la nature, inscrites à titre essentiel dans les propriétés de la matière, *suffisent* à rendre compte du comportement des corps et que la main immédiate de Dieu était superflue. L'idée d'une intervention divine sous quelque forme que ce soit y est exclue au nom même de la *suffisance* des lois naturelles. Dans la *Nova dilucidatio* en revanche, l'idée d'une conservation se retrouve dès l'énoncé de la *Proposition* XIII : l'intellect divin y est dit être l'origine du commerce *et* ce qui le conserve. Dans la démonstration de la *Proposition* XIII, cependant, cet aspect de la conservation passe à l'arrière-plan au profit de l'idée – plus conforme avec les vues de l'*Histoire générale* – d'après laquelle le même schème ou modèle de l'intellect divin confère l'existence *et* établit le commerce.

Si Kant revient plus loin dans son commentaire de la *Proposition* XIII sur la notion de conservation, il ne faut pas considérer ceci comme un retour en arrière, mais plutôt comme un effort de situer l'enjeu de sa propre position par rapport au discours de la métaphysique de souche wolffienne. Dans la *dilucidatio* de la *Proposition* XIII, nous retrouvons une remarque significative à cet égard. Kant y reprend l'idée du schème de l'intellect divin dont il dit : « le schème de l'entendement divin, origine des existences, est un acte permanent (on l'appelle conservation) » (*Schema intellectus divini, exsistentiarum origo, est actus perdurabilis* [*conservationem appellitant*])[3].

Il faut voir que la remarque d'après laquelle la loi fondamentale de la nature, à laquelle est sujette la matière, ne perdure que dans la mesure où Dieu la conserve immédiatement, ne se dégage pas directement des présupposés de la thèse kantienne. Sa signification ne devient compréhensible que dans le contexte de la discussion des différentes positions alternatives.

Ceci nous amène au second volet à préciser à propos des implications de la thèse de l'intellect divin conçu comme origine du commerce. Celui-ci porte sur le *positionnement* de cette conception par rapport aux modèles en présence :

1. *Ibid.*
2. *Ibid.*
3. *Nova dilucidatio*, Prop. XIII, Dilucidatio, Ak. I 414 ; OP I 158 (nous soulignons). Cette remarque est encore intéressante pour la raison qu'elle renferme l'idée d'après laquelle l'entendement divin est considéré comme un *acte* et non comme une *faculté*.

– la première conception, de type leibnizien, ne permet pas de rendre compte d'une *dépendance* réciproque des substances, parce que celles-ci, comprises comme des forces, produisent, à elles seules, toutes leurs déterminations. S'il existe, certes, un « consensus »[1], il n'existe pas, en retour, de « dépendance mutuelle » ;

– la seconde position qui est mentionnée – sans être explicitée, est celle de l'*occasionalisme* : contre la thèse des causes occasionnelles, Kant fait valoir l'*unité* de la causalité de l'acte producteur et la mise en place du *système de dépendance réciproque* ;

– la troisième position à examiner est celle des *influxionistes* : Kant se situe de toute évidence sur la ligne des théoriciens de l'influx physique. Il existe, bel et bien, une *action réelle* des substances les unes sur les autres, c'est-à-dire un commerce « par des causes réellement efficientes » (*per causas vere efficientes*)[2]. Mais ce qui, dans la thèse influxioniste *ut iacet* demeure insatisfaisant, c'est que l'origine première de l'action réciproque des substances y reste inexpliquée. C'est donc comme un *amendement* de cette position que Kant considère ses propres mises au point : « Le système ainsi établi du commerce universel entre les substances est certainement quelque peu plus satisfaisant que celui de l'influx physique généralement admis[3].

Il importe de saisir l'enjeu de cette remarque. Celui-ci se situe, si nous voyons bien, par rapport aux thèses de l'*Histoire générale*.

Nous avons pu nous rendre compte en quel sens l'*Histoire générale*, tout en se basant sur les principes de la physique newtonienne, va, sur un point central, *au-delà* du discours même de Newton en *universalisant* une lecture *mécaniste* de l'univers, et cela aussi bien en un sens cosmogonique que cosmologique. Or, une telle universalisation implique à son tour, comme nous l'avons vu, une nouvelle lecture du théologique dans le sens que nous avons indiqué plus haut. Nous voyons que cette nouvelle donne de nature physico-théologique n'est pas sans conséquences au niveau de l'infrastructure même du discours *métaphysique*. La réinterprétation de certaines catégories ontologiques et cosmologiques ainsi que des conséquences théologiques qui s'ensuivent, telles que les propose la *Nova dilucidatio* est précisément destinée à rendre compatible ce discours fondamental avec celui de l'*Histoire générale*. Nous pensons que c'est cette

1. *Nova dilucdatio*, Prop. XIII, Usus, Ak. I 415 ; OP I 161.

2. *Ibid.*

3. « Systema universalis substantiarum commercii ita informatum pervulgato illo *influxus physici* aliquanto certe est emendatius », *Nova dilucdatio*, Ak. I 415 *sq.* ; OP I 162 [trad. mod.].

exigence de compatibilité et de cohérence entre différentes strates du discours philosophique (philosophie naturelle, physico-théologie, ontologie, cosmologie, cosmo-théologie) qui se développent en partie selon des rythmes différents (et cela en raison de circonstances accidentelles) qui constitue le principe de la logique interne du discours kantien tel qu'il se présente à ce stade.

LA THÉOLOGIE DE L'UNIQUE ARGUMENT POSSIBLE POUR UNE DÉMONSTRATION DE L'EXISTENCE DE DIEU (1762)

Les développements précédents avaient pour but de mettre en place les réseaux "problématologiques" à l'intérieur desquels s'est constituée la première théologie kantienne. Pratiquement tous les éléments qui vont être développés d'une manière systématique dans l'*Unique argument* y ont trouvé leur premier traitement, même si le degré d'élaboration a pu varier d'un contexte à un autre en fonction des sujets y traités. Pourtant, l'*Unique argument* n'est pas la simple reprise de ce qui a déjà été dit à propos du problème théologique; l'écrit – le seul d'ailleurs que Kant ait exclusivement consacré à cette problématique – se veut explicitement innovateur et entend développer une *thèse*, à savoir celle qu'indique son titre : l'*unique argument possible* pour une démonstration de l'existence de Dieu.

À la fin de la Préface, Kant nous précise le plan de l'ouvrage : « L'ouvrage lui-même consiste en trois parties; la *première* expose l'argument même, la *seconde* son intérêt étendu, la *troisième*, pour sa part, des raisons pour expliquer qu'aucun autre argument pour une démonstration de l'existence de Dieu n'est possible »[1].

Dans la première partie – la pièce maîtresse en quelque sorte de l'écrit –, Kant expose donc ce qui sera appelé plus tard l'argument *ontothéologique*; la seconde partie, en revanche, traite de la *physico-théologie*, considérée ici comme présentant un « intérêt étendu » de l'argument; la *troisième*, enfin, contient une critique des preuves traditionnelles de l'existence de Dieu.

En feuilletant l'ouvrage, on est frappé par le *déséquilibre* quant à l'étendue des différentes parties : ainsi les développements de la première partie correspondent à moins de 24% de l'ensemble de l'écrit; ceux de la seconde, en revanche, à plus de 67%, tandis que la troisième partie prend près de 9%.

1. *Unique argument*, Ak. II, p. 69.

S'y ajoute un second déséquilibre ou mieux, un contraste auquel M. Campo a déjà rendu attentif[1]; il concerne le *style* de l'ouvrage. Le lecteur remarquera sans peine que l'argumentation de la première partie est extrêmement serrée et abstraite; Kant y recourt à un vocabulaire aride et difficile d'accès, tandis que la seconde partie, du moins sur des larges segments, est colorée et concrète, l'argumentation y alternant avec des exemples etc. La troisième retourne, pour sa part à un style plus abstrait. En dépit de ces différences, l'écrit est traversé par une profonde *unité* : il y va, en définitive, d'un seul et unique argument, et – la troisième partie tentera précisément d'en apporter la preuve – de *l'unique* argument *possible* pour une démonstration de l'existence de Dieu.

L'ontothéologie de l'Unique argument

La structure de l'argument ontothéologique dans *l'Unique argument* s'oriente d'un bout à l'autre d'après le modèle de l'argumentation de la *Nova dilucidatio*[2]. À l'opposé cependant de cet exposé, l'argument ne sera plus considéré comme une application spéciale d'une thèse ontologique de nature générale (à savoir celle concernant l'étendue et les limites du principe de raison suffisante), mais comme un argument développé pour lui-même ce qui donne à l'écrit l'allure d'un bloc erratique. Il est vrai que Kant précise dans la Préface que l'œuvre est le « résultat d'une longue réflexion »[3] et l'on peut se demander si l'écrit ne devait pas constituer une des parties d'un système métaphysique réformé que le jeune Kant avait l'intention d'élaborer.

1. *Cf.* M. Campo, *La genesi del criticismo kantiano*, Varese, Magenta, 1953, p. 304.

2. *Cf.* D. Henrich, *Der ontologische Gottesbeweis*, Tübingen, Mohr, 1960, p. 181; H-G. Redmann, *Gott und Welt. Die Schöpfungstheologie der vorkritischen Periode Kants*, Göttingen, Vandenhoeck & Ruprecht, 1962, p. 127; J. Schmucker, « Die Frühgestalt des kantischen ontotheologischen Argumentes in der Nova Dilucidatio und ihr Verhältnis zum « einzig möglichen Beweisgrund von 1762 », dans *Studien zu Kants philosophischer Entwicklung*, éd. par H. Heimsoeth, D. Henrich, G. Tonelli, Hildesheim, Olms, 1967, p. 39-55; *Die Ontotheologie des vorkritischen Kant*, Berlin-New York, De Gruyter, 1980, p. 62 *sq.*; R. Theis, *Gott. Untersuchungen zur Entwicklung des theologischen Diskurses in Kants Schriften zur theoretischen Philosophie bis hin zum Erscheinen der Kritik der reinen Vernunft*, Stuttgart-Bad Cannsatt, Frommann-Holzboog, 1994 p. 56 *sq.* Nous nous appuierons, dans les développements suivants, sur nos analyses dans l'ouvrage précité. K. Reich, en revanche, soutient la différence entre les deux preuves : cf. *Kants einzig möglicher Beweisgrund zu einer Demonstration des Daseins. Gottes. Ein Beitrag zum Verständnis des Verhältnisses von Dogmatismus und Kritizismus in der Metaphysik*, Leipzig, Meiner, 1937.

3. *Unique argument*, Ak. II 66.

L'existence n'est pas un prédicat, mais la position absolue d'une chose

La première considération de la première partie porte un titre programmatique : « De l'existence en général ». On peut le considérer comme l'annonce d'une option ontologique qui entend se démarquer de celle de Wolff dont l'ontologie commence, comme on le sait, par la notion du « possible ». À une ontologie du possible s'opposerait ainsi une ontologie de l'existant.

La thèse que Kant soutient à propos de l'existence est qu'elle *n'est pas un prédicat, mais la position absolue d'une chose*[1]. Par rapport à la *Nova dilucidatio*, cette thèse constitue sans aucun doute un *progrès*, dans la mesure où elle est formulée explicitement, mais il ne fait aucun doute non plus que Kant la soutient *secundum rem* depuis 1755[2].

Trois questions auront à nous occuper à ce propos : 1) quelle est la signification de cette thèse et en quel sens est-elle innovatrice ? 2) en quel sens est-elle présente dès 1755 ? 3) pourquoi cette thèse constitue-t-elle le point de départ de l'argumentation de Kant dans l'*Unique argument* ?

Ad 1. Kant ne *part* pas d'une *définition* de l'existence, mais développe précisément une argumentation qui vise à établir une telle définition. Une telle approche, signalons-le en passant, caractérise assez bien sa conception à propos de la méthode à pratiquer en philosophie[3]. La démarche, en sa partie centrale, procède en deux étapes : d'abord *négativement* en affirmant que *l'existence n'est pas un prédicat.* Cette thèse ne devient compréhensible que par rapport aux positions qui y sont visées, à savoir celles de Wolff et de Baumgarten qui sont d'ailleurs explicitement mentionnés et critiqués au numéro 3 de la première considération[4].

À propos de Wolff, il est dit qu'il a défini l'existence comme un complément (*Ergänzung*) de la possibilité[5], l'équivalent du « complementum possibilitatis ». Nous nous sommes déjà arrêtés sur la formule. En vérité, la thèse wolffienne n'est pas exempte d'imprécision. Dans la

1. Cf. *Unique argument*, Ak. II 72 *sq.*

2. *Cf.* J. Schmucker, *Kants vorkritische Kritik der Gottesbeweise. Ein Schlüssel zur Interpretation des theologischen Hauptstücks der transzendentalen Dialektik* (Abhandlungen der geistes- u. sozialwissenschaftlichen Klasse der Akademie der Wissenschaften und der Literatur, Mainz, Jahrgang 1983, Nr. 2), Mainz Wiesbaden, F. Steiner, 1983, p. 22; *cf.* R. O.M. Dell'Oro, *From Existence to the Ideal. Continuity and Development in Kant's Theology*, New York, P. Lang, 1994, p. 71 *sq.*

3. Ce sera dans la *Recherche sur l'évidence* que Kant exposera ce programme méthodologique, mais il pratique cette méthode depuis 1755, *cf.* Theis, *Gott*, *op. cit.*, p. 155 *sq.*

4. Cf. *Unique argument*, Ak. II 76.

5. Cf. *ibid.*

Métaphysique allemande, Wolff dit que l'existence, l'actualité, la *Würcklichkeit* est *Erfüllung*[1], donc *accomplissement* du possible ce qu'on peut comprendre en un sens aristotélicien comme entéléchie, le fait que le possible, en tant qu'il est ce qui *peut* exister, est parvenu à son *télos*. Dans la *Theologia naturalis*, en revanche, Wolff parle, comme on l'a déjà signalé, de l'actualité comme « realitas ».

Quelle est l'interprétation kantienne de la thèse de Wolff? On constatera qu'il ne prend guère la peine d'en approfondir l'étude : l'explication de Wolff est dite être « très indéterminée »[2] : « Si l'on ne sait pas au préalable ce qui peut être pensé sur la possibilité dans une chose, on ne l'apprendra pas grâce à cette explication »[3].

Une lecture attentive de l'*Ontologia* aurait permis à Kant de remarquer que la position de Wolff au sujet de l'existence est très proche de la sienne; il n'en reste pas moins qu'il a en vue, dès le point de départ, un *autre* problème, à savoir les implications possibles au niveau du discours *théologique*. En effet, Kant se rend compte, à juste titre, que le discours wolffien contient une *indétermination* à propos de l'existence, laquelle devient précisément virulente à propos de la démonstration *a priori* de l'existence de Dieu. Ceci ressort très clairement d'une remarque faite au point 1 où il présente précisément sa propre thèse d'après laquelle l'existence n'est pas du tout un prédicat ou une détermination d'une chose possible :

> Cependant, on se sert de l'expression "existence" comme d'un prédicat [Kant adopte ici la terminologie crusienne plutôt que la wolffienne] et on peut le faire en toute sécurité et sans crainte d'erreur tant qu'on ne se propose pas de déduire l'existence de concepts simplement possibles, *comme on a coutume de le faire lorsqu'on veut démontrer l'existence absolument nécessaire*[4].

En d'autres termes, dès ce point de départ, Kant nomme l'enjeu de la discussion : *l'intellection de l'existence absolument nécessaire*.

Le second auteur dont il discute la position à propos de l'existence est Baumgarten. La position de celui-ci au sujet de l'existence est présentée comme suit : « Baumgarten allègue la détermination interne complète en tant qu'elle complète ce qui est resté indéterminé par les prédicats inhérents à l'essence ou qui en découlent, comme ce qu'il y a de plus dans l'existence

1. C. Wolff, *Métaphysique allemande*, § 14, p. 9.
2. *Unique argument*, Ak. II, p. 76.
3. *Ibid.*
4. *Unique argument*, Ak. II 72 (nous soulignons).

que dans la simple possibilité »[1]. Cette présentation entend reprendre l'essentiel de la définition baumgartienne de l'existence telle qu'on la trouve dans la *Metaphysica*[2]. D'après cette conception, l'être possible est incomplètement déterminé, par où il faut entendre que les *attributs* sont, certes suffisamment déterminés par l'essence, mais que les *modes* ne le sont point[3]. Qu'est-ce à dire? L'essence, à elle seule, ne permet pas le passage à l'existence; en revanche, la détermination complète caractérise l'être existant. Il faut conclure de ce fait qu'il y a *plus* de réalités dans l'être existant que dans l'être simplement possible.

La position de Baumgarten est, de toute évidence, plus tranchée que celle de Wolff; il ne fait aucun doute qu'elle prêt mieux le flanc à la critique de Kant : il objecte que si l'on rassemble tous les prédicats possibles d'une chose dans un sujet, celui-ci *peut* exister avec ses déterminations *ou* ne pas exister[4]. En d'autres termes, une chose (*ens*) se définit par l'*ensemble* de ses prédicats, c'est-à-dire précisément par le fait d'être complètement déterminée. Or, en tant que telle, une chose peut être ou bien simplement possible ou bien exister réellement. En d'autres termes, c'est du *même être* qu'il est question, qu'on le conçoive comme simplement possible ou comme existant. Dans ce sens, on ne pourra pas dire que dans quelque chose d'existant, il soit posé plus que dans le simple possible :

> Ainsi donc, afin de résumer, dans une matière aussi subtile, tout ce qui peut éviter la confusion, je dirai : dans quelque chose d'existant, il n'est rien posé de plus que dans quelque chose de simplement possible (car alors il est question de ses prédicats), mais par quelque chose d'existant, il est posé plus que par quelque chose de simplement possible, car ce "plus" concerne aussi la position absolue de la chose elle-même[5].

La thèse kantienne est innovatrice dans ce sens qu'elle tranche sur le plan terminologique. Kant évite de manière très conséquente, pour lui-même, de parler de l'existence comme d'un prédicat d'une chose, même s'il concède, comme nous venons de le voir, à certaines conditions ce "jeu de langage". Cette concession toutefois, nous semble-t-il, doit être vue en rapport avec Crusius qui utilise, dans l'*Entwurf*, le terme de *prédicat* pour désigner l'existence, mais qui précisément n'en tire aucune conséquence

1. *Unique argument*, Ak. II 76.
2. *Cf.* A. G. Baumgarten, *Metaphysica*, *op. cit.* § 75 *sq.*, p. 21 *sq.*
3. Cf. A. G. Baumgarten, *Metaphysica*, *op. cit.*, § 64 *sq.*, p. 18.
4. Cf. *Unique argument*, Ak. II 72.
5. *Unique argument*, Ak. II 75.

de nature systématique[1]. Néanmoins, la thèse de Kant ne nous paraît pas complètement innovatrice en comparaison avec celle de Wolff (il en va autrement pour Baumgarten), du moins telle que ce dernier l'expose dans son *Ontologia*. Quoi qu'il en soit, le constat n'enlève rien à l'intérêt stratégique de la thèse en question : c'est précisément dans la tentative de maintenir l'exception théologique tout en ne la privilégiant pas *ontologiquement*, donc en essayant de maintenir la cohérence du discours ontologique jusque dans ses strates théologiques que réside le caractère innovateur et la raison de la mise en évidence de cette thèse au début de l'écrit.

La seconde étape de la démarche kantienne à propos de l'existence consiste dans l'énoncé *affirmatif* qui est de dire : *l'existence est position absolue d'une chose*[2]. Kant pense le problème de l'existence d'abord à partir de la prédication. Dans celle-ci, un prédicat est posé par rapport à un sujet dont il constitue la détermination : X est a. Cette position de "a" par rapport à "X" est *relative* dans ce sens que le prédicat est posé *relativement* au sujet comme une réalité qui lui convient. Une telle position est justifiée dans la mesure où le prédicat est *attribuable* au sujet. Cette justification ou raison peut être antécédente ou conséquente.

La prédication *existentielle* pose, non pas un prédicat par rapport à un sujet sur le mode de la simple détermination, mais elle pose le sujet de façon absolue, ce qui veut dire, non point sans raison, mais comme existant : être = exister. *Penser* l'existence, c'est donc *penser* un sujet *comme posé de façon absolue*. *Ontologiquement* (et non plus en termes de prédication), on dira alors : l'existence est la position absolue d'une chose.

Cette thèse présuppose une certaine conception de la chose (*res*), à savoir qu'une chose est définie dans la mesure où elle est déterminée complètement[3]. En effet, seul peut exister ce qui est complètement déterminé, car seul ce qui est complètement déterminé est un être singulier, et seul l'*être singulier* peut exister[4].

Ad 2. Il faut toutefois ne pas perdre de vue que la thèse kantienne au sujet de l'existence ne constitue pas, à proprement parler, une *découverte* qui aurait été faite dans le cadre de l'écrit de 1762. Notre thèse est de dire qu'elle est déjà à l'œuvre dans la *Nova dilucidatio*. En effet, dès la *Proposition* VI, les jalons sont posés : l'affirmation qu'il est absurde qu'un

1. *Cf.* C. A. Crusius, *Entwurf*, § 46, p. 73 *sq*.
2. Cf. *Unique argument*, Ak. II, p. 73 *sq*.
3. Dans ce sens, la « chose » (*res*) est plus qu'un simple « quelque chose » (*aliquid*).
4. Cf. C. Wolff, *Philosophia prima*, § 235, p. 193.

être ait en soi la raison de son existence prépare la *Proposition* VII qui contient implicitement la thèse en question : l'être nécessaire est tel que son existence *précède* sa propre possibilité[1], c'est-à-dire qu'il n'y a pas de « raison antérieurement déterminante » de l'existence de l'être nécessaire. Or, ceci ne peut s'entendre que comme la "proto-version" de l'affirmation ontologique générale que l'existence n'est pas un prédicat[2].

Ad 3. Pourquoi cette thèse occupe-t-elle une place privilégiée dans l'architecture de l'*Unique argument*? Nous avons déjà répondu en partie à cette question en insistant sur le fait que, à notre avis, l'écrit de 1762 constitue, en ce qui concerne la problématique théologique telle qu'elle est développée dans la première partie, l'explication systématique de l'argument de la *Proposition* VII de la *Nova dilucidatio*.

Dans cet écrit, le problème théologique est abordé comme un cas spécial – certes privilégié – dans le cadre de la discussion autour du principe de raison, mais néanmoins dans un traitement qui ne fait qu'esquisser le sujet. Une lecture attentive de l'argumentation des *Propositions* VI et VII dans leur ensemble permet d'ailleurs de se rendre compte d'un certain nombre de faiblesses structurelles. L'écrit de 1762, en revanche, aborde le problème théologique *pour lui-même*. Mais si Kant n'y développe pas la démonstration dont le chercheur subtil regrette toujours l'absence[3] – une démonstration d'ailleurs dont Kant prétend qu'elle n'a encore jamais été inventée[4] –, mais seulement l'argument, le *Beweisgrund*, il n'en reste pas moins que cet argument va être construit avec une minutie et un soin extrêmes, en tout cas avec infiniment plus de précision que ne l'est celui de la *Nova dilucidatio*. Si celle-ci contient, certes, déjà une thèse, l'*Unique argument* sera l'écrit *à thèse* : le titre est là pour nous le rappeler.

C'est *par rapport* à cette thèse qu'il faut dès lors situer l'affirmation au sujet de l'existence-qui-n'est-pas-un-prédicat. Elle a valeur programmatique parce qu'elle met le doigt sur le point crucial de l'*ontothéologie* : penser l'existence comme position et non point comme prédicat, *et cela sans exception aucune*, c'est fragiliser *ex parte ante* l'ordre des raison de l'ontothéologie traditionnelle, d'après laquelle l'être nécessaire a le privilège de compter l'existence au nombre de ses réalités.

Dans ce sens aussi, la troisième partie de l'*Unique argument*, qui contient la critique kantienne des arguments traditionnels, est *anticipée* dès

1. Cf. *Nova dilucidatio*, Ak. I 395 ; OP I 125.
2. Cf. *infra*, p. 46.
3. Cf. *Unique argument*, Ak. II 65.
4. Cf. *Unique argument*, Ak. II 66.

la première considération de la première partie de l'écrit. Sur ce point encore, on remarquera le parallélisme structurel avec la *Nova dilucidatio*. N'est-il pas étonnant, en effet, du moins à première vue, de voir Kant développer ici une *critique* de l'argument dit cartésien *avant même d'avoir présenté le sien*? À partir de la démarche de l'*Unique argument*, on réussit à mieux comprendre le sens de cette construction dans l'écrit de 1755.

La structure de l'argument ontothéologique

La première partie de l'*Unique argument* expose, à partir de la deuxième considération[1], un argument qui s'oriente d'après le modèle de celui de la *Nova dilucidatio*. Toutefois, comme on l'a déjà remarqué, la démarche est plus complète et mieux argumentée sur le point central du passage à l'affirmation que c'est un Dieu (cf. *Nova dilucidatio* : « Vocatur Deus »).

L'argumentation de la première partie procède, à partir de la seconde considération, en *trois étapes*. Les développements des deuxième et troisième considérations – qui correspondent aux première et deuxième étapes – présentent, jusqu'à un certain point, un parallélisme remarquable : la deuxième considération développant le soubassement proprement *ontologique*, la troisième en constituant la lecture proprement théologique qui aboutit alors, à travers les précisions de la quatrième considération – qui correspond à la troisième étape – à l'affirmation : « C'est un Dieu »[2].

1) La *deuxième* considération débute, à titre de préliminaire, par une analyse de la notion du possible. La division, établie dans la *Nova dilucidatio*, entre l'aspect formel et matériel du possible y est reprise, mais avec plus de rigueur terminologique : Kant y distingue entre le « logique dans la possibilité »[3] et le « réel de la possibilité »[4].

Le premier palier de l'argumentation proprement ontologique consiste à dire que la possibilité interne (le « réel de la possibilité ») présuppose quelque existence : « [...] si toute existence est abolie, rien n'est posé absolument, il n'y a strictement rien de donné, aucun élément matériel pour quoi que ce soit de pensable, et toute possibilité disparaît complètement »[5]. Cette formulation est, théologiquement parlant, *neutre* et se meut sur le plan de l'ontologie générale.

1. Cf. *Unique argument*, Ak. II 77 *sq*.
2. Cf. *Unique argument*, Ak. II 89.
3. *Unique argument*, Ak. II 77 *sq*.
4. *Unique argument*, Ak. II 78.
5. *Ibid*.

On se souvient que dans la *Nova dilucidatio*, Kant avait conclu immédiatement de l'affirmation de l'existence comme de ce qui rend possible le possible à l'affirmation de son absolue nécessité. L'*Unique argument* opère ici une reconfiguration importante dans ce sens que l'affirmation de l'existence d'un être absolument nécessaire relève, non point de l'ontologie, mais de la *théologie*.

L'argumentation proprement ontologique de la deuxième considération aboutit dès lors, à un second palier, au point 3, à la thèse – la seule possible, ontologiquement parlant – qu'« il est absolument impossible qu'il n'existe rien du tout »[1]. Le point de départ de l'argument à ce propos n'est pas dépourvu d'ambiguïtés : « Ce par quoi toute possibilité en général est abolie, cela est absolument impossible »[2].

L'argumentation – il est vraie nodale – de ce paragraphe est loin d'être évidente et l'on a pu écrire à juste titre qu'elle constitue une véritable *crux* pour les interprètes.

S'il est clair, d'après le paragraphe précédent, que la possibilité interne présuppose une quelconque *existence*, si on ne veut pas tomber dans une régression à l'infini, le troisième point avance d'un pas décisif en posant *l'absolue impossibilité que rien n'existe*. Les interprètes depuis F. Paulsen[3], A. Riehl[4], en passant par K. Reich[5] et jusqu'à Giovanni B. Sala[6], se sont heurtés à la première phrase de ce paragraphe.

L'affirmation de *l'impossibilité absolue* que rien n'existe ne se laisse pas déduire à partir des prémisses en présence. La pointe possible de cette argumentation se laisse saisir, nous semble-t-il, à partir d'un texte de loin postérieur à la rédaction de l'*Unique argument*, à savoir le chapitre sur la théologie dans le cours de métaphysique, édité par K.H.L. Pölitz. On y lit :

> Il est à se demander si l'on peut penser que n'existe rien du tout ? Il semble que ceci soit possible, dans la mesure où l'on peut enlever en pensée l'un après l'autre. Mais je ne puis me faire cette idée que si je nomme les choses qui ne doivent pas exister. Or, je ne pourrais pas nommer ces choses, s'il n'y avait pas déjà des réalités moyennant lesquelles elles sont données.

1. *Unique argument*, Ak. II 79 (titre du no. 3).

2. *Ibid.*

3. F. Paulsen, *Versuch einer Entwicklungsgeschichte der Kantischen Erkenntnistheorie*, Leipzig, Fues, 1875, p. 59 *sq.*

4. A. Riehl, *Der philosophische Kritizismus. Erster Band. Geschichte und System*, Leipzig, Engelmann, 1908, 2e éd., p. 707.

5. K. Reich, *Kants einzig möglicher Beweisgrund zu einer Demonstration des Daseins Gottes. Ein Beitrag zum Verständnis des Verhältnisses von Dogmatismus und Kritizismus in der Metaphysik*, Leipzig, Meiner, 1937.

6. G.B. Sala, *Kant und die Frage nach Gott*, Berlin-New York, De Gruyter, 1990, p. 122.

> Car, si rien du tout n'existait, rien du tout ne serait donné non plus, et rien ne pourrait être nommé afin qu'il n'existe point. Par conséquent, rien du tout ne pourrait être pensé. Car si rien n'est donné, aucune chose ne se laisse penser, et alors on ne peut penser non plus que rien ne puisse exister. Car si je puis penser cela, quelque chose doit déjà exister. Par conséquent, il est impossible que n'existe rien, mais il doit y être un ens realissimum [1].

Sans prendre en considération la conclusion particulière à laquelle parvient Kant, les prémisses de ce raisonnement nous permettent de préciser l'argument de l'*Unique argument.* Il est absolument impensable que n'existe rien du tout, car la condition même pour penser que rien n'existe, est précisément qu'existe quelque chose : si rien n'existait, la pensée serait à vide, car il n'y aurait aucune réalité à penser ; par conséquent, on ne pourrait pas non plus penser la négation d'une réalité.

On obtient, sur la base de ce texte – du moins dans une certaine mesure – un éclairage de l'énigmatique argumentation du troisième point de l'*Unique argument* : « wodurch » (ce par quoi) se rapporte à ce qui a été dit au paragraphe précédent, à savoir : « par l'abolition de l'existence ». On lira donc : par l'abolition de l'existence, toute possibilité *überhaupt* est abolie.

La thèse de Kant, disant que ce « par quoi l'élément matériel et les *data* de tout possible sont abolis est cela même par quoi toute possibilité est également niée » [2], semble à première vue, redondante par rapport à ce qui avait déjà été établi au numéro précédent ; en fait, elle marque un nouveau pas dans la mesure où, au-delà du constat d'une contradiction pour le cas où rien d'existant ne serait donné alors qu'on continuerait à affirmer qu'il y a du possible, Kant établit – à travers une formulation à double négation – l'affirmation qu'il est nécessaire qu'existe quelque chose.

Il faut convenir que c'est là aussi le point crucial, tout d'abord parce que Kant ne l'affirme pas expressément ; il dit « il est impossible que n'existe rien du tout ». ensuite, et surtout, parce que cette affirmation d'une

1. « Es fragt sich : ob man sich denken könne, daß gar nichts existire ? Es scheint, als wenn solches möglich sey, indem man in den Gedanken eins nach dem andern wegnehmen kann. Allein diese Vorstellung kann ich mir nicht anders machen, als wenn ich die Dinge nenne, die nicht existiren sollen. Nun könnte ich aber diese Dinge nicht nennen, wenn nicht schon Realitäten wären, wodurch sie gegeben sind. Denn wenn gar nichts existirte ; so wäre auch gar nichts gegeben, und dann könnte auch nichts genannt werden, daß es nicht existiren soll. Folglich könnte auch gar nichts gedacht werden. Denn wenn nichts gegeben ist ; so läßt sich auch kein Ding denken, und dann läßt sich auch nicht denken, daß nichts existiren kann. Denn wenn ich das schon denken kann ; so muß schon etwas existiren. Demnach ist es unmöglich, daß nichts existire, sondern es muß ein ens realissimum seyn », *Métaphysique Pölitz*, Ak. XXVIII 1. 310.

2. *Unique argument*, Ak. II 79.

nécessité paraît *affaiblie* parce qu'elle dépend de la position même du possible[1] et que de ce fait, elle semble réduite à une nécessité hypothétique. Aux yeux de Kant, cette conclusion ne pose pas problème, à tel point qu'il ne juge même pas nécessaire d'y ajouter une quelconque explication. On ne peut s'expliquer cet état de choses que par le renvoi à la *Nova dilucidatio* et la réinterprétation du nécessaire qui y est effectuée en fonction de l'interprétation qui y a été donnée du « principium cognoscendi »[2].

Les présupposés ontologiques, sur la base desquels le discours théologique – du moins dans sa phase initiale – pourrait être construit, se trouvent maintenant en place. Toutefois, avant de s'engager sur ce chemin, Kant ajoute un dernier point, relevant toujours de l'ontologie générale, mais qui ne prend sens que si l'on retourne à la *Nova dilucidatio*.

On se souvient que dans celle-ci, Kant avait ajouté, après avoir établi qu'il existe un être absolument nécessaire qui "contient" toute réalité, qu'il est nécessaire que cette dernière soit « assemblée dans un être unique » (*in ente unico adunata*)[3]. Si la pointe réside ici dans l'affirmation de l'unicité, cette thèse contient malgré tout une certaine ambiguïté quant à la question de savoir comment il faut concevoir la présence de ces *réalités* dans l'être nécessaire. Kant avait, certes, suggéré une lecture qui était de dire que Dieu est la *source* de toute réalité et non le simple agrégat, il n'en reste pas moins que le sujet n'avait pas été clarifié de manière satisfaisante.

C'est pour parer à cette faiblesse qu'est inséré le numéro 4 dans la deuxième considération qui affirme, sur le mode d'une thèse ontologique générale que « toute possibilité est donnée dans quelque chose d'existant, soit en lui, à titre de détermination, soit par lui, à titre de conséquence »[4]. Que l'insertion de cette thèse, à cet endroit précis de l'argumentation, ait quelque chose d'artificiel, cela devient pleinement visible quand il s'agit de donner des *exemples* de l'état de choses en question. Le seul exemple qui puisse en effet être donné, c'est celui de *Dieu* : a) toute possibilité est donnée, à titre de *détermination* : Dieu est, d'après la leçon de la *Nova dilucidatio*, le seul être en qui l'existence soit antérieure ou identique à la possibilité[5] ; b) toute possibilité est donnée à titre de *conséquence* : Dieu est source de toute réalité[6]. Or, cet unique exemple, Kant ne *peut* pas le donner au stade actuel de sa démarche qui est en priorité de nature ontologique.

1. Cf. *infra*, p. 103.
2. Cf. *Nova dilucidatio*, Prop. VI, Corollarium, Ak. I 394 ; OP I 124.
3. *Nova dilucidatio*, Prop. VII, Ak. I 395.
4. *Unique argument*, Ak. II 79.
5. Cf. *Nova dilucidatio*, Prop. VII, Scholion, Ak. I 396 ; OP I 127.
6. Cf. *ibid*.

Aussi écrit-il : « Les exemples explicatifs ne peuvent pas *encore* être allégués ici de façon convenable. Il faut d'abord examiner la nature du sujet qui *seul*, en l'espèce, peut servir d'exemple dans cette considération »[1].

La présence de cette thèse a été discutée de façon controverse par les interprètes. K. Reich[2] pense que la distinction en question n'est nullement justifiée d'après le contexte. J. Schmucker, en revanche, est d'avis que Kant l'introduit au point culminant (*Höhepunkt*) des ses analyses et argumentations ontothéologiques[3]. Les deux auteurs ne parlent pas exactement de la même chose : pour Reich, la distinction n'est pas justifiée *d'après le contexte*, ce qui veut dire : dans le cadre de l'argumentation ontologique telle qu'elle est exposée dans la deuxième considération ; Schmucker, en revanche, semble la considérer comme justifiée dans le contexte général de l'argumentation ontothéologique dans son ensemble, c'est-à-dire telle qu'elle est développée dans les deuxième, troisième et quatrième considérations de la première partie. Si on introduit cette double perspective, les deux interprétations ne sont pas nécessairement contradictoires.

S'il est vrai que, du point de vue de l'économie générale de la deuxième considération, le numéro 4 n'est pas indispensable *stricto sensu* (la thèse de *Reich*), il n'en reste pas moins que l'affirmation centrale de ce passage se laisse déduire des prémisses en question. Il s'agit en effet d'une sorte de *corollaire* de la thèse générale qu'il est nécessaire qu'existe quelque chose. Si tel est le cas, on peut envisager deux façons selon lesquelles le possible peut être donné, soit comme détermination soit comme conséquence..

La thèse de *Schmucker* paraît plausible, si l'on se place effectivement au point de vue de la démarche complète, c'est-à-dire après la troisième considération. Comme nous le verrons, l'affirmation qui y est établie, à savoir que l'être nécessaire est l'*ens realissimum* constitue effectivement un *point culminant* de l'argumentation ontothéologique. La thèse de Schmucker devrait cependant être amendée dans ce sens que le point 4 de la deuxième considération ne constitue pas un point culminant *en soi* des analyses ontothéologiques, mais qu'il ne reçoit sa pleine signification qu'*ex post*.

2) La *troisième considération* – qui correspond à la deuxième étape de l'argument – est intitulée « De l'existence absolument nécessaire »[4].

1. *Unique argument*, Ak. I 79 (nous soulignons).

2. *Cf.* K. Reich, « Der einzig mögliche Beweisgrund im Lichte von Kants Entwicklung zur Kritik der reinen Vernunft » dans *Immanuel Kant. Der einzig mögliche Beweisgrund zu einer Demonstration des Daseins Gottes*, Hamburg, Meiner, 1963, p. XVI.

3. *Cf.* J. Schmucker, *Die Ontotheologie des vorkritischen Kant*, *op. cit.*, p. 79.

4. *Unique argument*, Ak. II 81.

Elle se laisse calquer, structurellement parlant, sur la seconde. C'est en elle que Kant développe l'argument proprement théologique dont les prémisses ontologiques ont été posées dans la considération précédente.

Le point central mais aussi problématique de l'argument concerne le passage de l'affirmation de la nécessité qu'existe quelque chose à l'affirmation de la nécessité de l'existence en question (la modalité d'un être).

Ce passage est préparé au numéro 1 de la troisième considération par la mise en place du concept même de l'existence absolument nécessaire.

Partant de ce qu'il appelle la *définition nominale* du nécessaire (« Est absolument nécessaire ce dont le contraire est impossible en soi »[1]), Kant fait remarquer que celle-ci ne permet précisément pas de faire comprendre ce qui est *requis* pour que la non-existence d'une chose puisse être dite absolument impossible, en d'autres termes, pour expliquer en vertu de quoi une chose est dite absolument nécessaire. Cette *nouvelle* position du problème ne se laisse saisir qu'à la lumière de la thèse d'après laquelle l'existence n'est pas un prédicat d'une chose possible. Si cette thèse dit vrai, l'affirmation de l'existence nécessaire ne se laisse plus dégager à partir de la simple définition *nominale*, mais doit être cherchée ailleurs. Or cet ailleurs, c'est précisément le rapport aux possibles. Ceux-ci constituent *l'horizon* même de la « pensabilité » du nécessaire, mais ne sont pas la *condition* de sa position[2]. L'absolument nécessaire se définit alors *au sens réel* par le fait que sa non-existence abolirait tout pensable ou possible. Cette conception, qui reprend exactement ce qui a déjà été présent implicitement dans la *Nova diulcidatio*[3], reproduit, sur le plan de l'argumentation proprement théologique, celle qui avait été développée précédemment dans la deuxième considération dans le cadre d'une considération strictement ontologique.

La première étape de la preuve proprement dite débute au numéro 2. Il importe de suivre ici en détail la démarche de Kant plus : « Toute possibilité présuppose quelque chose de réel, en quoi et par quoi tout pensable est donné. Par conséquent, il y a une certaine réalité dont l'aboli-

1. *Unique argument*, Ak. II 81. *Cf.* la définition wolffienne : « Cujus oppositum impossibile, seu contradictionem involvit [...], *Necessarium* dicitur », C. Wolff, *Philosophia prima*, § 279, p. 227.

2. Dans ce dernier cas, on aurait précisément alors à faire à une « necessitas hypothetica ».

3. Cf. *Nova dilucidatio* : « Sequitur, quod nihil tanquam possibile concipi possit, nisi quicquid est in omni posibili notione reale, exsistat, et quidem [...] exsistet absolute necessario », Prop. VII, Ak. I 395 ; OP I 125.

tion même abolirait toute possibilité interne en général »[1]. Cette affirmation, qui combine des éléments des numéros 2 et 4 de la considération précédente, est destinée à préparer *l'affirmation centrale*, à savoir *qu'il existe quelque chose dont la modalité d'exister et d'être nécessaire* : L'être même dont l'abolition, c'est-à-dire la non-existence abolirait toute possibilité, est l'être nécessaire.

Dans un premier temps, Kant laisse ouverte la question de savoir si cet être doit être pensé comme *unique* ou non. Dans la suite de sa démarche, qui constitue à proprement parler l'achèvement de l'argumentation au sujet de l'existence de l'être nécessaire (non pas l'argument au sujet de l'existence de *Dieu*), ce sera d'abord sur ce point qu'il va porter son attention (numéro 3), conformément d'ailleurs en cela au schéma de la *Nova dilucidatio* qui avait *posé* précisément l'unicité comme la première détermination de l'être nécessaire.

Les déterminations qui sont développées ensuite sont celles de la *simplicité* (numéro 4), de *l'immutabilité* et de *l'éternité* (numéro 5) et de *l'absolue réalité* (numéro 6). C'est dans cette dernière affirmation, à savoir que l'être nécessaire contient la plus haute réalité[2], où se rétablit de nouveau le parallélisme avec les développements de la deuxième considération, que l'unique argument trouve une première conclusion.

Il convient de signaler que dans les développements au sujet des différentes déterminations de l'être nécessaire, Kant reprend des notions présentes dans les exposés ambiants de la théologie naturelle, notamment chez Wolff[3] et Baumgarten[4]. Il faut cependant bien comprendre la *dynamique* sous-jacente à l'exposé que fait Kant de ces différentes déterminations. Tout d'abord, on constate l'extrême *concision* dans la présentation : ce n'est que le noyau catégoriel pur qui est décrit, les véritables « Stammbegriffe » (*concepts-souche*) qui seuls, ont à figurer dans un *argument* (à l'opposé d'une démonstration en due forme). On constatera ensuite que, dans la séquence des différentes déterminations, il faut lire autant de *négations* (l'être nécessaire *n'est pas multiple*, *n'est pas composé* …) ayant pour but de définir progressivement l'être en question en en *purifiant* le concept : l'*ens realissimum* en tant que « fondement réel »

1. *Unique argument*, Ak. II 83.
2. Cf. *Unique argument*, Ak. II, p. 85.
3. *Cf.* C. Wolff, *Theologia naturalis* I, § 35 *sq.*, p. 32 *sq.*
4. *Cf.* A. G. Baumgarten, *Metaphysica*, *op. cit.*, § 812 *sq.*, p. 332 *sq.*

(*Realgrund)*[1] auquel accède l'argument, constitue ainsi, et ainsi seulement, la plénitude de l'être nécessaire.

Outre le fait que cette façon de procéder correspond à une maxime méthodologique que Kant avait évoquée au début de l'écrit à propos de la recherche d'une définition de l'existence[2], il importe de relever encore l'aspect suivant à propos d'une telle façon de procéder: la démarche qui consiste à progresser de l'affirmation de l'existence nécessaire à l'affirmation de l'être qui contient la plus haute réalité renferme une invalidation implicite de toute argumentation faisant reposer l'existence nécessaire sur la notion de l'*ens realissimum* ? À l'opposé de la *Nova dilucidatio*, restée peu explicite sur ce point, Kant développe maintenant le statut exact de l'*ens realissimum* avec une extrême minutie.

Penser l'*ens realissimum*, ce n'est pas penser un ensemble (*Inbegriff, omnitudo realitatum*) qui contiendrait toutes les réalités possibles à titre de déterminations. Ce qui interdit une telle conception, dont Kant prétend qu'elle a « énormément prédominé jusqu'à présent »[3], c'est précisément le fait que certains prédicats ne sont pas compossibles, en d'autres termes qu'il existe une incompatibilité réelle (*Realrepugnanz*) entre eux. Il en résulte que la notion de l'*ens realissimum* doit s'entendre plus correctement comme *fondement* en quoi ou par quoi sont données des réalités. Faut-il y voir la réfutation d'une conception de type spinoziste? C'est possible d'autant plus que Wolff consacre, dans sa *Theologia naturalis* II une large plage pour réfuter le spinozisme[4].

La notion de l'*ens realissimum*, ainsi entendue, constitue la base pour penser le caractère absolu et la transcendance divines, préparant ainsi l'introduction de la notion de Dieu omnisuffisant.

1. *Unique argument*, Ak. II 87; *cf.* aussi, *Nova dilucidatio*, Prop. VII, Scholion, « fons realitatis », Ak. I. 396; OP I 126.

2. Cf. *Unique argument*, Ak. II 71. Kant va revenir très en détail sur cette nouvelle méthode en philosophie dans la *Recherche sur l'évidence* (Ak. II 276 *sq.*; OP I 216 *sq.*). *Cf.* pour ce qui est de la discussion kantienne de la méthode en philosophie R. Malter, « L'Analyse comme procédé de la métaphysique. L'opposition à la méthodologie wolffienne dans la *Preisschrift* en 1763 (1764) », *Archives de Philosophie*, 42, 1979, p. 575-591; H-J. Engfer, « Zur Bedeutung Wolffs für die Methodendiskussion der deutschen Aufklärungsphilosophie: Analytische und synthetische Methode bei Wolff und beim vorkritischen Kant », dans *Christian Wolff 1679-1754*, éd. par W. Schneiders, Hamburg, Meiner, 1983, p. 48-65; Theis, *Gott*, *op. cit.*, p. 155 *sq.*

3. *Unique argument*, Ak. II 85. *Cf.* par exemple, A. G. Baumgarten, *Metaphysica*, *op. cit.*, § 807 *sq.*, p. 331.

4. *Cf.* C. Wolff, *Theologia naturalis* II, § 671 *sq.*, p. 672 *sq.* *Cf.* à propos de l'antispinozisme de Kant, Laberge, *La théologie kantienne précritique*, *op. cit.*, p. 143 *sq.*

3) En nous tournant maintenant vers la *quatrième considération – la troisième étape de l'unique argument* –, nous sommes tout d'abord frappés par son titre : « Argument pour une démonstration de l'existence de Dieu »[1]. Celui-ci, cependant, en indique bien l'enjeu : c'est cette considération, en effet, qui constitue l'achèvement de *toute* la démarche de la première partie dans ce sens qu'y seront développés les éléments qui permettent le passage de l'affirmation de l'être nécessaire en tant qu'*ens realissimum* à l'affirmation que cet être est Dieu.

Qu'on se souvienne, à ce propos, encore une fois de la démarche de la *Nova dilucidatio*. L'énoncé de la *Proposition* VII se termine par l'affirmation : « Vocatur Deus »[2]. L'argument même n'utilise pas ce vocable jusque dans sa conclusion : « Datur itaque Deus et unicus [...] »[3]. Nous avons fait remarquer plus haut[4], à propos de ce passage à l'affirmation qu'il existe un Dieu unique qu'elle n'était pas justifiée et qu'y manquait précisément un maillon central. Or, Kant semble avoir vu cette faiblesse de la *Nova dilucidatio* et la quatrième considération de l'*Unique argument* est là pour y remédier. Parler de l'être nécessaire en termes d'*ens realissimum*, ce dernier étant conçu comme fondement réel, nous amène, certes, au *seuil* de l'affirmation théiste, mais n'y autorise pas encore de plein droit. Ce n'est que si l'on arrive à montrer que l'être nécessaire est un *esprit*, c'est-à-dire doué d'entendement (intellect) et de volonté qu'on a atteint le but désiré.

La quatrième considération commence par un bref rappel des principales thèses établies au point précédent : l'être nécessaire est une substance simple, toute autre réalité est donnée par elle comme par un fondement; en plus il contient la plus haute réalité qui puisse se trouver dans un être. Or, cela implique aussi qu'un tel être doit être doué d'un *entendement* et d'une *volonté*, donc qu'il soit de nature spirituelle (un esprit). Kant allègue *trois* raisons pour lesquelles ces propriétés conviennent à cet être :

– l'entendement et la volonté sont de vraies réalités qui, en plus, sont compatibles avec la plus haute réalité possible dans un être; elles sont donc pensables en tant que déterminations de l'être nécessaire[5];

– la seconde raison est plus complexe : l'entendement et la volonté sont des propriétés qui ne sauraient être remplacées par quelque chose d'équivalent; si ces réalités appartiennent à un être de nature spirituelle qui

1. *Unique argument*, Ak. II 87
2. *Nova dilucidatio*, Prop. VII, Ak. I 395; OP I 125.
3. *Ibid.*
4. Cf. *supra*, p. 45.
5. Cf. *Unique argument*, Ak. II 87.

lui, présuppose un être nécessaire et suprêmement réel, l'être de nature spirituelle posséderait des réalités qui n'existeraient qu'à titre de conséquence dans l'être nécessaire, mais non à titre de déterminations *de* cet être même. Or, dans ce cas, « la conséquence dépasserait le principe lui-même »[1];

– la troisième raison fait appel à un autre registre, à savoir celui du téléologique[2] :

> L'ordre, la beauté, la perfection *dans tout ce qui est possible*, présupposent, ou bien un être dans les attributs duquel ces qualités sont fondées, ou bien du moins, un être par lequel, en tant que fondement principal, les choses sont possibles conformément à ces principes[3].

Cette argumentation est destinée à préparer la conclusion de l'argument, à savoir l'affirmation que l'être ainsi spécifié est *Dieu*. En d'autres termes, le concept de *Dieu* ne saurait être introduit validement qu'à partir du moment où la notion de l'esprit est établie. Au numéro 2 de la quatrième considération, Kant peut dès lors affirmer : « C'est un Dieu »[4] – une formule qui, dans la version allemande *Es ist ein Gott* reprend exactement les mêmes termes que l'on trouve dans la première phrase de la Préface[5], Kant jouant de toute évidence sur la polysémie même de l'affirmation en question qui dit d'une part « Il y a un Dieu » et « C'est un Dieu ». Dans une formulation d'une extrême concision, il reprend l'ensemble de la démarche des troisième et quatrième considérations :

> Il existe quelque chose de façon absolument nécessaire. Cet être est unique dans son essence, simple dans sa substance, un esprit de par sa nature, éternel dans sa durée, immuable dans sa constitution, omnisuffisant eu égard à tout le possible et à tout le réel. C'est un Dieu[6].

La notion de Dieu ainsi établie approche celle de la *personne*, un terme que Kant utilise d'ailleurs dans une *Réflexion* :

> L'être nécessaire possède l'entendement et la volonté les plus parfaits. L'être nécessaire est donc une personne qui contient le fondement de toute existence par l'entendement et la volonté. C'est-à-dire que c'est un Dieu[7].

1. *Unique argument*, Ak. II 88.
2. On doit cependant bien voir que Kant ne sort pas ici du cadre de l'ontothéologie, c'est-à-dire d'une réflexion qui opère sur la base du seul rapport entre le *possible* et le nécessaire.
3. *Unique argument*, Ak, II 88 (nous soulignons).
4. *Unique argument*, Ak. II 89.
5. Cf. *Unique argument*, Ak. II 65.
6. *Unique argument*, Ak. II 89.
7. *Réflexion* 3733, Ak. XVII 275.

La physico-théologie de l'Unique argument

Nous avons déjà rendu attentif, plus haut, à l'étrange déséquilibre dans la construction de l'*Unique argument*. Ce qui correspond au titre, à savoir l'unique argument, est exposé, comme nous venons de le voir, dans la première partie de l'écrit. Mais la seconde partie, la plus longue, parle d'autre chose, du moins à première vue : « Du grand avantage particulièrement propre à cette méthode de preuve » [1].

Si ce titre établit bien un lien avec ce qui a été exposé dans la première partie, il n'en reste pas moins extrêmement vague quant à la question de savoir ce qui est exactement en jeu. Il faut, à cet effet, revenir sur les derniers alinéas de la conclusion de la première partie [2]. Kant y aborde une question qui se présente en quelque sorte comme un corollaire du troisième argument au sujet de l'entendement et de la volonté en Dieu, à savoir celle de leurs *rapports*. Il soutient à ce propos une thèse classique qui est de dire que la volonté « présuppose toujours la possibilité interne de la chose elle-même » [3] et que ce n'est pas la volonté qui est le fondement de la possibilité interne. Par conséquent, en raison de l'unité en Dieu, son entendement et sa volonté se trouvent toujours « dans un accord aussi grand que possible » [4]. Or, cela implique également que les natures choisies par la volonté le sont précisément en raison de leur unité, de l'harmonie et de l'ordre qui sont inscrits dans leur possibilité interne. Mais, s'il en est ainsi, on peut envisager une démarche qui, en découvrant dans les propriétés essentielles des choses « une unité dans la diversité et un accord dans les éléments disparates » [5], aboutira au même concept fondamental de l'être nécessaire que celui qui a été découvert dans la première partie.

> [...] si, grâce à une étude attentive des propriétés essentielles des choses qui nous sont connues par expérience, nous apercevons même dans les déterminations nécessaires de leur possibilité interne une unité dans la diversité et un accord dans les éléments disparates, nous pourrons remonter, par la voie *a posteriori*, à un principe unique de toute possibilité et nous pourrons aboutir en fin de compte au même concept fondamental de l'Être

1. *Unique argument*, Ak. II 93.
2. Cf. *Unique argument*, Ak. II 91 *sq*.
3. *Ibid*.
4. *Ibid*. Ceci n'est pensable qu'en raison du fait que l'entendement et la volonté en dieu doivent être compris, non point comme des facultés, mais comme des actes et qu'ils sont, pour cette raison, au même titre infinis.
5. *Unique argument*, Ak. II 92.

absolument nécessaire duquel nous étions partis d'abord par la voie *a priori*[1].

Il faut bien situer l'intérêt de cette remarque : d'une part, la valeur probante de la « voie *a posteriori* » n'est fondée que sur la base de la « voie *a priori* » : ce n'est que parce qu'on a pu montrer a priori – il est vrai de manière très allusive et plutôt sous la forme d'une pure assertion – que l'harmonie, l'ordre etc. sont fondés dans les natures des choses telles qu'elles existent dans l'entendement divin et telles qu'elles ont été choisies par la volonté divine en *conformité nécessaire* (en raison de l'unité) avec cet entendement, que l'on peut affirmer que l'harmonie, l'ordre et la beauté *renvoient* (*zurückschließen*)[2] à ce principe unique. La voie *a posteriori* perd de ce fait toute autonomie et est dévaluée (comme on l'a déjà fait remarquer à propos de l'*Histoire générale*) en tant que *preuve*. Plus exactement : *ce qui, dans la voie a posteriori a valeur de preuve n'est rien d'autre que la voie a priori en tant qu'elle est y est inscrite.* Voilà un premier indice de l'unité du discours théologique dans l'*Unique argument* : un seul argument (exposé dans la première partie, mais aussi présent dans la voie *a posteriori*) y est à l'œuvre.

D'autre part, la remarque d'après laquelle la voie *a posteriori* débouche finalement sur le *même* concept fondamental de *l'être absolument nécessaire* que la voie *a priori*, donc le fait qu'en définitive, il n'y a qu'un *seul concept* qui est en jeu dans le discours philosophique sur Dieu doit être lue comme une exigence de la raison à rechercher l'argument conforme au concept qui est en jeu : l'existence de l'être nécessaire – ce concept étant entendu au sens que nous avons exposé plus haut, ne peut être démontrée que par un *seul* argument. Nous verrons, plus loin, quelles sont les connotations polémiques que renferme cette remarque[3].

C'est donc en fonction de ces remarques qu'il convient de lire les longs développements sur la physico-théologie dans la seconde partie de l'*Unique argument.*

Kant reprend à ce propos les principales thèses exposées dans l'*Histoire générale*, mais il a également recours aux catégories centrales développées dans la troisième partie de la *Nova dilucidatio*.

Dès la Préface, il renvoie à l'*Histoire générale*[4] en précisant – dans une terminologie qui épouse le mouvement même de cette démarche théo-

1. *Ibid.*
2. Cf. *Unique argument*, Ak. II 92.
3. Cf. *infra*, p. 97.
4. Cf. *Unique argument*, Ak. II 92.

logique – que son intention est de montrer comment on remonte « à l'aide de la science de la nature à la connaissance de Dieu » [1]. Il faut cependant remarquer que le parallélisme structurel entre l'écrit de 1755 et l'*Unique argument* est moins net que cela n'est le cas pour l'argument ontothéologique en comparaison avec le texte de la *Nova dilucidatio*. C'est surtout la huitième section de la deuxième partie de l'*Histoire générale* [2] qui sert de point de repère en ce qui concerne la problématique proprement physico-théologique.

La catégorie théologique centrale toutefois qui est en jeu, celle de la *dépendance des choses à l'égard de Dieu*, est tirée de la troisième partie de la *Nova dilucidatio*. Nous voyons ainsi dans l'*Unique argument* s'articuler un discours physico-théologique qui synthétise précisément les éléments de type "philosophie de la nature" de l'*Histoire générale* et ceux de type "cosmologie métaphysique" de la *Nova dilucidatio*.

L'unité nécessaire de la nature et la dépendance des choses à l'égard de Dieu

L'argumentation de la seconde partie s'articule autour de plusieurs notions-clé : celle de l'unité nécessaire de la nature (première considération) et de la dépendance des choses à l'égard de Dieu (deuxième et troisième considérations). C'est à partir d'elles que Kant va formuler une critique de la physico-théologie traditionnelle (cinquième considération) et développer sa propre conception « améliorée » [3] à ce sujet.

Dès la première considération, il fait remarquer – en prenant appui sur des exemples tirés de la géométrie – que l'harmonie et l'ordre qui y sont interprétés comme nécessaires conduisent, *plus que* dans le cas de dispositions simplement contingentes que l'on peut découvrir dans la nature, notamment dans le domaine végétal et animal, à admettre « un *principe suprême*, même des essences des choses, étant donné que l'unité du fondement produit aussi l'unité dans le champ de toutes les conséquences » [4]. Or, dans la nature – essentiellement inorganique –, on peut découvrir, en recourant à une lecture *strictement mécaniste*, une telle unité nécessaire dont le principe est inscrit dans l'essence même des choses.

En opposant ainsi l'unité *nécessaire* à l'unité *contingente*, et donc une lecture mécaniste de la nature à une interprétation téléologique, Kant veut montrer dès le point de départ que le principal enjeu de la discussion qu'il

1. *Unique argument*, Ak. II 68.
2. Cf. *Histoire générale*, Ak. I 331 *sq.* ; OP I 91 *sq.*
3. *Unique argument*, Ak. II 123.
4. *Unique argument*, Ak. II 96.

entend mener consiste à dévaluer toute approche physico-théologique qui s'appuie sur une approche téléologique.

C'est à travers une discussion de la notion de *dépendance* et, à travers elle, de celle de *contingence* que les termes du débat seront mis en place. La notion de *contingence* peut être entendue de deux manières : en un premier sens, est appelée contingente toute disposition et toute configuration qui n'a pas « seulement résulté des propriétés générales de la matière », mais qui « semble avoir été établie en vue d'une fin particulière et comme le résultat d'un choix »[1]. La deuxième considération parle à ce propos de « dépendance morale d'une chose à l'égard de Dieu »[2]. De cette conception de la contingence, il faut distinguer ce que Kant appelle la « contingence au sens réel »[3] ou « dépendance non morale »[4] des choses à l'égard de Dieu, qui consiste précisément dans la « dépendance de la matière de la possibilité par rapport à autre chose »[5]. Cette forme de contingence est ontologiquement beaucoup plus exigeante que la précédente, car elle concerne *l'être même* des choses. Aux yeux de Kant, c'est elle seule qui permet de penser ensemble l'idée d'un ordre *nécessaire* de la nature reposant sur les lois du mouvement *et* l'affirmation d'un *fondement suprême* :

> Sur ce point, on voit que ces lois du mouvement sont absolument nécessaires *à la matière*, c'est-à-dire que, si la possibilité de la matière est présupposée, il y a contradiction à ce qu'elle agisse selon d'autres lois : il s'agit ici d'une nécessité logique de l'ordre le plus élevé; mais on comprend aussi que la possibilité interne de la matière elle-même, à savoir les *data* et le réel qui servent de fondement à ce pensable, ne sont pas donnés indépendamment ou pour eux-mêmes, mais par quelque principe, dans lequel le multiple acquiert l'unité, et le divers la liaison, ce qui prouve la contingence des lois du mouvement au sens réel du mot[6].

Si cette thèse rejoint l'essentiel de l'argumentation de l'*Histoire générale*, la pointe nous paraît être anti-wolffienne. Précisons ce point : pour Wolff, l'essence du corps consiste dans la manière dont ses parties sont liées entre elles[7], le corps étant un *ens compositum.* Cette constitution ontologique du corps est absolument nécessaire, ce qui veut dire qu'elle

1. *Unique argument*, Ak. II 96.
2. *Unique argument*, Ak. II 100.
3. *Unique argument*, Ak. II 99. Kant reprend ici la terminologie de Wolff; cf. *Métaphysique allemande*, § 578, p. 355 *sq.*
4. *Unique argument*, Ak. II 100.
5. *Unique argument*, Ak. II 99.
6. *Unique argument*, Ak. II 100.
7. C. Wolff, *Cosmologia*, § 140, p. 120 *sq.*

repose sur le principe de contradiction. Les forces actives des corps cependant ne font pas partie de l'essence du corps[1]. Comment faut-il dès lors concevoir leur statut ontologique? Comme on l'a déjà vu, Wolff distingue dans l'*ens* entre des *essentialia*, des *attributa* et des *modi*[2]. Les *essentialia* constituent l'essence d'une chose; les attributs sont ce qui appartient de manière constante à une chose mais sont *déterminés* par l'essence (p. ex. les trois côtés égaux dans le triangle équilatéral); les modes sont ce qui ne répugne pas à l'essence, mais n'est pas déterminé par celle-ci – déterminé voulant dire ici découlant analytiquement, et donc sur la base du principe de contradiction, de l'essence.

Si maintenant, les forces actives ne font pas partie de l'essence du corps, alors, même si cette essence est absolument nécessaire, la *conjonction* des corps qui, elle, repose sur ces forces, ne l'est pas. Pourquoi? Parce qu'elle ne repose pas sur le principe de contradiction mais sur un autre principe, à savoir celui de convenance ou de raison suffisante[3]. Il en résulte que les lois qui régissent la conjonction et donc l'ordre de la nature ne sont pas absolument nécessaires. Dans la *Cosmologia*, Wolff dira: «Les lois du mouvement ne sont pas absolument nécessaires, mais contingentes» (*Leges motus non sunt absolute necessariae, sed contingentes*)[4]. Dans la *Theologia naturalis* I, il dira que ces lois sont imposées par Dieu aux corps au moment de la création[5]. Il en résulte *e converso* que c'est sur la base de la *contingence* de l'ordre de la nature et de son harmonie que l'on conclut à l'existence de Dieu. Dès la *Préface* de la *Cosmologie*, Wolff rend attentif à cette perspective théologique en disant que c'est par la *contingence* de l'univers et de l'ordre de la nature que l'on remonte à Dieu[6].

En proposant le montage que l'on vient de décrire, Wolff réussit – en principe du moins – à éviter le reproche de fatalisme. Fataliste, sa thèse l'aurait été en effet, s'il avait fait reposer l'ordre sur l'essence des choses, car alors l'ordre reposerait sur le seul *entendement* divin soumis, lui, au principe de contradiction. Or, en interprétant les forces actives comme des modes et, en conséquence, les lois de la nature comme étant *indépendantes* des essences immuables en Dieu, l'ordre de la nature devient contingent puisqu'il dépend d'un décret divin (qui aurait pu être différent). Il en résulte qu'à partir de l'ordre *contingent* de la nature, on peut conclure, précisément

1. *Cf.* C. Wolff, *Cosmologia*, § 147, p. 126 *sq.*
2. *Cf.* C. Wolff, *Philosophia prima*, § 143, p. 120.
3. *Cf.* C. Wolff, *Cosmologia*, § 527, p. 409.
4. *Ibid.*
5. *Cf.* C. Wolff, *Theologia naturalis* I, § 826, p. 813.
6. *Cf.* C. Wolff, *Cosmologia*, Praefatio, p. 9*.

en se basant sur le principe de raison suffisante, à l'existence d'un être ordonnateur.

Pour Kant, en revanche, les lois étant essentielles à la *possibilité* même des choses, la nécessité de l'ordre et de l'unité est *fondée*, non point dans la *volonté* divine, mais dans *l'entendement* divin[1] dont nous savons que la volonté le présuppose[2].

Par là-même est donné le schéma de l'argumentation (non de la démonstration) physico-théologique : l'unité nécessaire et partant « toute la concordance, toute la fécondité et toute la beauté qu'on lui doit à ce titre, dépendent de Dieu moyennant l'ordre essentiel de la nature, ou moyennant ce qui, dans l'ordre de la nature, est nécessaire »[3].

C'est ce modèle de la physico-théologie qui est présenté au début de la cinquième considération comme le troisième modèle qui permet d'arriver à une connaissance de Dieu à partir de ses effets :

> Tous les procédés pour connaître l'existence de Dieu à partir de ses effets se laissent ramener aux trois suivants. Ou bien on parvient à cette connaissance à partir de la constatation de ce qui interrompt l'ordre de la nature et manifeste directement la puissance à laquelle la nature est soumise; c'est le *miracle* qui donne lieu à cette conviction; ou bien c'est l'ordre *contingent* de la *nature*, dont on voit clairement qu'il pouvait exister de manières différentes, tout en manifestant tant d'art, de puissance et de bonté, qui conduit à l'auteur divin; ou bien, troisièmement, c'est l'unité *nécessaire*, constatée dans la *nature*, et l'ordre essentiel des choses, conforme aux grandes règles de la perfection, bref, ce qui est nécessaire dans la régularité de la nature, qui nous conduit à un principe suprême, non seulement de cette existence, mais de toute possibilité[4].

C'est sur la base de cette énumération qui, en fait, indique déjà la direction de la démarche ultérieure, que Kant va entreprendre une critique de la physico-théologie traditionnelle.

La critique de la physico-théologie traditionnelle

Ce qui, aux yeux de Kant, caractérise de manière générale les multiples tentatives de la physico-théologie traditionnelle[5], c'est que, comme le montre la citation précédente, elles prennent toute appui sur la notion d'un

1. Cf. *Nova dilucidatio*, Prop. XIII, Demonstratio, Ak. I 413; OP I 156.
2. Cf. *Unique argument*, Ak. II 91.
3. *Unique argument*, Ak. II 107.
4. *Unique argument*, Ak. II 116.
5. *Cf.* Waschkies (*Physik und Physikotheologie des jungen Kant*, *op. cit.*, p. 46 *sq.*) qui recense les textes physico-théologiques que Kant pouvait avoir lus.

ordre contingent. Cette notion est à entendre, dans le présent contexte, non point dans le sens d'une contingence au sens réel, mais précisément dans le sens où l'ordre de la nature est compris en fonction d'un *choix* sage fait par un auteur divin, c'est-à-dire en un sens téléologique[1]. L'ordre ainsi compris est *artificiel.* La physico-théologie traditionnelle s'appuie essentiellement, pour le montrer, sur la nature animale et végétale[2], mais elle transpose ce constat également dans le domaine de l'inorganique. Mais pour cela, elle doit recourir à d'autres principes. Or, c'est là que Kant décèle une erreur méthodologique : la physico-théologie traditionnelle pèche contre le "principe d'économie", selon lequel les principes d'explication ne doivent pas être démultipliés sans raison contraignante[3]. Cette critique, à elle seule, est cependant relativement banale. Elle ne gagne en intérêt que par le fait qu'il existe un *autre modèle*, précisément celui que Kant a esquissé dès la deuxième considération et qui trouvera sa formulation explicite dans la sixième considération : ce n'est que parce qu'il est possible d'expliquer l'ordre de la nature d'après des lois mécaniques *qui ne sont pas contingentes* qu'il est également possible d'éviter la démultiplication des principes d'explication.

Il faut cependant nuancer ici : ce n'est pas que Kant dénie *toute* valeur à l'explication traditionnelle; celle-ci reste valable à l'intérieur de certaines limites, notamment dans le domaine animal et végétal (encore qu'il considère cet état de choses comme provisoire) :

> [...] d'innombrables dispositions de la nature demeurant toujours contingentes d'après les lois les plus générales, n'ont pas d'autre fondement que l'intention sage de Celui qui a voulu qu'elles soient reliées ainsi et non pas autrement[4].

La pointe de la critique kantienne des modèles traditionnels de la physico-théologie nous paraît cependant résider dans le fait que leur infrastructure est telle qu'elles ne permettent de conclure qu'à l'existence

1. Cf. *Unique argument*, Ak. II 117.

2. Barth (*Atheismus und Orthodoxie*, *op. cit.*, p. 263 *sq.*) a recensé les principaux arguments de la littérature physico-théologique au XVIIe siècle : ceux-ci sont tirés d'une part du monde sub-lunaire et sont d'ordre géographique, biologique, botanique, météorologique ; d'autre part, avec l'avènement de la nouvelle science de la nature s'y ajoutent des arguments plus explicitement "physiques" (*cf.* par exemple l'*Astrotheology* de W. Derham); enfin c'est aussi la constitution du corps humain qui est prise comme un argument en faveur de la Providence divine. *Cf.* aussi, W. Philipp, *Das Werden der Aufklärung in theologiegeschichtlicher Sicht*, Göttingen, Vandenhoeck & Ruprecht, 1957.

3. Cf. *Unique argument*, Ak. II 134; 136.

4. *Unique argument*, Ak. II 121.

d'un être dont la sagesse, la bonté et la puissance ne sont que proportionnées à l'ordre effectivement observé, mais non à l'affirmation d'un *Créateur* des choses. C'est dans les dernières pages de l'*Unique argument* que Kant formule ce point dans des termes qui rappellent, non seulement au niveau de leur diction, mais aussi de leur contenu, l'*Enquiry* de Hume [1] :

> On ne réussira jamais qu'à remonter à un Auteur incompréhensiblement grand de ce tout qui s'offre à nos sens, mais non à l'existence du plus parfait de tous les êtres possibles. On tiendra pour la plus haute vraisemblance du monde qu'il n'y a qu'un seul et unique auteur, mais cette conviction manquera de la plénitude nécessaire capable de résister au scepticisme le plus éhonté. C'est que nous ne pouvons pas conclure à plus ou à de plus grands attributs dans la cause qu'il n'en faut pour comprendre le degré et la nature des effets; si nous n'avons aucune autre occasion de nous assurer de l'existence de cette cause que celle que nous fournissent les effets. Or, nous constatons dans le monde beaucoup de perfection, de grandeur et d'ordre, et ce que nous pouvons en conclure avec rigueur logique, c'est seulement que la cause du monde doit avoir beaucoup de sagesse, de puissance et de bonté, mais pas du tout qu'elle est omnisciente, toute-puissante etc. etc. [2].

La physico-théologie traditionnelle n'accède pas, en définitive, au concept adéquat de Dieu, c'est-à-dire à la notion d'un Dieu créateur, mais seulement à celle d'un Dieu architecte. À notre avis, c'est sur la démonstration de ce point précis que sont dirigés tous les efforts de la deuxième partie de l'*Unique argument*: à montrer, avec une certitude et une exactitude mathématiques [3] la « dépendance complète du monde à l'égard de Dieu » que la Révélation nous a enseignée [4]. Or, c'est cela que la physico-théologie traditionnelle ne réussit pas à montrer :

> L'ordre de la nature, en tant qu'il est considéré comme contingent et résultant du choix libre d'un Être intelligent, ne prouve nullement que les choses de la nature, ainsi enchaînées conformément à la sagesse, tirent aussi leur existence de cet Auteur [5].

La physico-théologie traditionnelle aboutit même à la limite à une situation paradoxale et contraire à ses intentions profondes : l'affirmation que Dieu est *architecte* ne garantit pas, fondamentalement qu'il est aussi

1. Cf. *infra*, p. 104.
2. *Unique argument*, Ak. II 160; *cf.* déjà la Préface de l'*Histoire générale*, Ak. I 223; OP I 39 *sq.*
3. Cf. *Unique argument*, Ak. II 160.
4. *Unique argument*, Ak. II 124.
5. *Ibid.*

créateur. Ainsi la démonstration de l'existence de Dieu risque de ne démontrer qu'un démiurge.

Vu d'ici, le traitement de la question physico-théologique dans le cadre de l'*Unique argument* reçoit un nouvel éclairage. Dévalué quant à sa force démonstrative, ce discours reçoit une fonction *herméneutique* centrale qui consiste précisément à concevoir, à travers l'articulation des relations de dépendance entre Dieu et le monde, le rapport de création. Or, de ce fait, le concept de Dieu tel qu'il a été établi à la fin de la première partie se voit à son tour explicité dans ce sens que ce Dieu des philosophes *est le Dieu de la Révélation.*

De ce point de vue, il n'est donc pas étonnant de voir la deuxième partie se terminer par une véritable méditation philosophique sur le Dieu créateur sous le titre de l'*omnisuffisance divine.*

L'omnisuffisance divine et l'unité du discours de l'unique argument

Penser Dieu sous l'aspect de l'omnisuffisance, c'est le penser philosophiquement de façon radicalement absolue par rapport à tout ce qui est possible et actuel. « Dieu est omnisuffisant. Ce qui est, que ce soit du possible ou de l'actuel, n'est quelque chose qu'en tant qu'il est donné par lui »[1].

La notion d'omnisuffisance se retrouve chez Kant dès les *Réflexions sur l'optimisme* de 1753-54. Il y écrit :

> La preuve la plus sûre et la plus facile de la réalité d'un Être omnisuffisant, infiniment bon et infiniment sage, ce que l'on connaît à partir de la considération des dispositions excellentes que le monde montre partout, cette preuve est privée de force par la doctrine de M. de Leibniz[2].

Et un peu plus loin :

> Je préfère donc conclure : si la cause suprêmement sage n'a pu établir toutes choses selon un plan où tout concourt à la beauté, c'est que toutes les choses, du moins, n'étaient pas soumises, en leurs propriétés à sa complaisance ; et le sort éternel qui restreint tellement la force de cette cause puissante, et la contraint à consentir à des maux grossiers, lui dérobe par là l'omnisuffisance et la soumet précisément à la même nécessité[3].

Dans l'*Histoire générale*, la notion apparaît une nouvelle fois dès la Préface :

1. *Unique argument*, Ak. II 151.
2. *Réflexion* 3705, Ak. XVII 238.
3. *Réflexion* 3705, Ak XVII 239.

> Si les lois générales d'action de la matière sont également une conséquence du projet suprême, elles ne peuvent vraisemblablement avoir d'autres déterminations que celles qui tendent à remplir d'elles-mêmes le dessein que la sagesse suprême s'est proposé; ou bien s'il n'en va pas ainsi, ne devrait-on pas être tenté de croire que, du moins, la matière et ses lois générales seraient indépendantes, et que la puissance souverainement sage, qui a su s'en servir de façon si glorieuse, est assurément grande, mais cependant pas infinie, assurément puissante, mais pas omnisuffisante [1].

Dans l'*Unique argument*, enfin, le terme apparaît une première fois dans la première partie, là où Kant aboutit à l'identification de l'être nécessaire avec Dieu: «Il existe quelque chose de façon absolument nécessaire. Cet être est unique dans son essence, simple dans sa substance, un esprit de par sa nature [...], omnisuffisant eu égard à tout le possible et à tout l'actuel»[2]. Dans la huitième considération enfin, le concept est précisé, comme nous l'avons déjà vu plus haut, d'une manière analogue. À la fin de cette même considération, Kant ajoute:

> C'est aussi ce concept de l'omnisuffisance divine, élargi à tout le possible et à tout l'actuel, qui constitue une expression beaucoup plus correcte pour désigner la plus grande perfection de cet Être que celui de l'*Infini* dont on se sert ordinairement [3].

On remarque sans peine que le concept en question renferme, depuis sa première introduction, un certain nombre de connotations plus ou moins explicites. Dans la *Réflexion* 3705, l'omnisuffisance constitue *un* aspect à côté de la bonté et de la sagesse; elle signifie l'absolue *souveraineté* de Dieu dans le sens de son absolue indépendance. Si l'omnisuffisance dit un prédicat à côté d'autres, il n'en reste pas moins que l'ordre dans lequel elle apparaît (omnisuffisance, bonté, sagesse) semble être l'indice d'une certaine priorité *secundum rem*. La souveraineté en Dieu est première par rapport à la bonté et la sagesse.

L'*Histoire générale* semble aller dans la même direction: c'est la *puissance* souverainement sage qui doit être pensée comme omnisuffisante.

L'*Unique argument* reprend cet aspect, mais le précise: la puissance divine est à comprendre au sens d'un principe absolu, comme souveraineté sur le *possible et sur l'actuel*. Or, en termes de souveraineté (d'*omnisuffisance*), la première partie de l'*Unique argument* se laisse interpréter

1. *Histoire générale*, Ak. I 223; OP I 39.
2. *Unique argument*, Ak. II 89.
3. *Unique argument*, Ak. II 154.

comme fondant la souveraineté de Dieu sur le *possible*, tandis que la seconde en précise le sens par rapport à l'*actuel*.

Il faut cependant bien voir quels sont les *corollaires* d'une telle thèse : poser Dieu comme souverainement indépendant par rapport au possible, donc affirmer son omnisuffisance, c'est poser *en Dieu même* une *antériorité ontologique* par rapport à son entendement et à sa volonté. Expliquons : si on admet, comme c'est le cas chez Leibniz et Wolff, que l'entendement divin est le lieu des possibles, coéternels à Dieu même, on pose, en Dieu une sorte de *dépendance* à l'égard des possibles[1]. Or, dans ce cas, Dieu n'est plus absolument souverain. Il ne l'est que dans la mesure où il est pensé aussi comme maître des possibles mêmes. Il faut donc poser, en Dieu même un fond de déité, abîme insondable[2], source, de toute éternité, de tout le possible et de tout l'actuel. Aussi Kant peut-il dire à propos de l'omnisuffisance divine :

> Cette pensée, la plus sublime entre toutes, est encore trop négligée, ou, souvent tout à fait ignorée. Ce qui se présente, dans la possibilité des choses, comme une prédisposition à la perfection et à la beauté, est considéré comme un objet nécessaire en soi de la sagesse divine, mais non comme une *conséquence de cet Être inconcevable*[3].

En quel sens peut et doit-on parler d'*unité* à propos de l'*Unique argument* ? Il ne fait aucun doute que c'est dans la première partie de l'écrit que Kant développe l'unique argument. La notion centrale en est celle de l'être nécessaire, compris à la suite des découvertes de 1755, du point de vue de la « ratio consequenter determinans » comme ce dont l'abolition abolit toute possibilité[4]. La première partie, tout en précisant progressivement ce concept, aboutit à l'affirmation que l'être nécessaire est Dieu. Dans l'énumération conclusive des différentes déterminantes « indépendantes » (Wolff)[5] de l'être nécessaire apparaît, comme nous le savons, la première occurrence, dans l'*Unique argument*, de l'omnisuffisance. Or, cette occurrence renferme un élément remarquable qui constitue en quelque sorte une *anticipation* de ce qui, en toute rigueur, ne pourra être dit que dans la huitième considération. Kant dit que l'être nécessaire est omnisuffisant non seulement « eu égard à tout le possible », mais aussi eu égard « à

1. C'est le reproche qu'adresse Kant à Leibniz dans les *Réflexions sur l'optimisme* (*Réflexion* 3705, Ak. XVII 237).
2. Cf. *Unique argument*, Ak. II 151.
3. *Ibid*. (nous soulignons).
4. Cf. *Unique argument*, Ak. II 83.
5. Cf. *Unique argument*, Ak. II 89.

tout l'actuel »[1]. Or, la démarche de la première partie ne permet pas, à strictement parler, d'affirmer l'omnisuffisance par rapport à l'actuel, étant donné que la première partie opère sur la seule base du possible. Par conséquent, la notion d'omnisuffisance reste, à ce stade, une notion sémantiquement incomplète. Ce point précis renferme en même temps la direction de notre réponse.

S'il est vrai que le fond du débat sur la notion d'omnisuffisance se situe au niveau de la question du *rapport entre le possible et le nécessaire*, il n'en reste pas moins que la notion même demeure comme tronquée tant qu'on n'a pas été montré en quel sens il faut entendre la souveraineté de Dieu par rapport à l'ordre actuel. Or, c'est précisément la « physico-théologie » de la deuxième partie – qui n'est pas une preuve, mais un *discours* physico-théologique – qui va préciser cette deuxième perspective. Dans la version améliorée qu'il se propose de donner de la physico-théologie[2] – le sujet de la sixième considération –, Kant montre que l'ordre de la nature est un ordre nécessaire en raison de lois *essentielles*, inhérentes à la matière elle-même, mais que cela n'est possible qu'à la condition que les choses matérielles aient été *conçues* ainsi dans l'entendement divin. Or, une telle affirmation ne se laisse fonder qu'en recourant à l'unique argument de la première partie, et cela dans la mesure où la nécessité des choses possibles, en tant que choses possibles, n'est possible qu'à la condition qu'existe l'être nécessaire (dont la non-existence abolirait cette possibilité).

Transformant ainsi le modèle de la physico-théologie en prenant comme fil conducteur de son élaboration l'idée d'un ordre *nécessaire*, Kant *ramène* en définitive la physico-théologie à l'ontothéologie. La reprise du thème de l'omnisuffisance, à la fin de la deuxième partie, constitue, de ce point de vue, l'indice le plus visible de l'idée de l'unité du discours théologique en fonction de l'unicité de son argument qui sous-tend l'écrit dans son ensemble.

Les critiques des preuves de l'existence de Dieu

La troisième et dernière partie de l'*Unique argument* contient une critique des preuves traditionnelles de l'existence de Dieu, c'est-à-dire de la preuve *a priori* de type cartésien et de la preuve *a posteriori* de type wolffien, et cela dans la but déclaré de montrer qu'à côté de l'*unique*

1. *Ibid.*
2. Cf. *Unique argument*, Ak. II 123 *sq.*

argument, exposé dans la première partie, il n'y a aucun autre argument possible pour démontrer l'existence de Dieu[1].

De cette critique J. Schmucker a pu dire qu'elle contient l'essentiel de celle qui se retrouve dans la *Critique de la raison pure*, et qu'il n'y a guère eu de progrès substantiel quant à ce point depuis l'écrit de 1762[2]. Cette thèse implique plus particulièrement que la critique des preuves de l'existence de Dieu dans la *Critique de la raison pur* serait largement *indépendante* des principes de l'*Esthétique* et de l'*Analytique* transcendantales. Nous aurons à revenir sur ce point au troisième chapitre de notre étude.

1) Nous nous souvenons que la *Nova dilucidatio* avait développé une *critique de la preuve cartésienne* qui repose sur la mise en question de la validité objective du concept même de l'être en qui se trouve la plénitude de la réalité[3]. L'*Unique argument* reprend l'orientation même de cette critique, même si, à première vue, il peut sembler que l'argument cartésien soit dévalué maintenant en fonction de la thèse établie au début de l'écrit, selon laquelle l'existence n'est pas un prédicat d'une chose possible. La *Nova dilucidatio* faisait dépendre la validité de l'argument de la *vérité* du concept sur lequel il repose : si ce concept est vrai, il est vrai aussi que Dieu existe. Dans l'*Unique argument*[4], Kant n'adopte cependant qu'en apparence une stratégie différente. Il y va encore une fois de la vérité du concept qui est en jeu. Toutefois, tandis que la *Nova dilucidatio* avait laissé ouverte la question de la possibilité d'un concept vrai – du moins au niveau d'une lecture en surface –, l'*Unique argument* tranche net : une définition « qui contient une réunion arbitraire de différents prédicats, afin de former le concept d'une chose possible quelconque »[5] ne permet pas de conclure à l'existence, étant donné que l'existence n'est pas un prédicat.

Faut-il conclure, de cette différence dans l'argumentation, que la *Nova dilucidatio* ne connaît pas encore la thèse de l'existence-qui-n'est-pas-un-prédicat ? Nous avons déjà rendu attentif[6] que l'écrit de 1755 n'en contient aucune formulation explicite. Mais c'est le fait même de l'argument *a priori* qui y est développé et qui, dans sa substance même, diffère de l'argument de type cartésien, qui constitue une *dévaluation secundum rem*

1. Cf. *Unique argument*, Ak. II 155 (titre).

2. *Cf.* J. Schmucker, *Kants vorkritische Kritik der Gottesbeweise. Ein Schlüssel zur Interpretation des theologischen Hauptstücks der transzendentalen Dialektik*, *op. cit.*

3. Cf. *Nova dilucidatio*, Ak. I 394 *sq.*; OP I 124.

4. Cf. *Unique argument*, Ak. II 156 *sq.*

5. *Ibid.*

6. Cf. *supra*, p. 71 *sq.*

de la thèse que l'existence est un prédicat. On pourrait donc dire : même si la thèse, d'après laquelle l'existence n'est pas un prédicat, n'est pas présente dans l'écrit de 1755, la *dévaluation* de la thèse d'après laquelle l'existence est un prédicat y est présente sous la forme de l'argument même de la *Proposition* VII.

2) La *seconde critique* à l'égard des preuves de l'existence de Dieu concerne une preuve dont il n'a pas encore été question jusqu'à présent. Elle est décrite par Kant comme une preuve qui remonte, « d'après les règles des raisonnements de nature causale, de concepts d'expérience de ce qui existe à l'existence d'une cause première et indépendante » pour « passer ensuite, par une analyse logique, du concept aux propriétés de cette cause, propriétés qui désignent une divinité » [1]. La preuve ainsi décrite est celle qui est dite être en haute estime parmi les philosophes wolffiens. La discussion de cette preuve nous paraît du plus haut intérêt parce que c'est à travers cette critique que se dessine une première signification de ce qui est visé par Kant dans la formulation programmatique du titre de l'ouvrage même : *Unique* argument *possible*.

Dans la *Theologia naturalis* I, Wolff présente un argument dont il prétend explicitement qu'il est « unicum argumentum » et qu'il est suffisant – « unum sufficit » – pour démontrer l'existence de Dieu [2]. Cette affirmation concorde avec le point de vue de la *Métaphysique allemande*, dans laquelle Wolff développe, comme nous l'avons vu, ce seul argument *a posteriori*.

Or, cette unicité de l'argument va être mise à l'épreuve par Kant au niveau de ce qui en constitue le concept central – le même précisément que celui de la preuve kantienne elle-même – à savoir celui de l'*ens necessarium*. Ce que Kant reproche à Wolff et aux wolffiens, c'est le fait que la démonstration de l'existence de l'être nécessaire y est établie par recours à un *deuxième* argument et que de ce fait, l'argument n'est ni unique ni suffisant. Dans ce sens, la critique de la preuve wolffienne s'inscrit dans le prolongement de la première partie de l'*Unique argument* dont elle constitue en quelque sorte la démonstration indirecte par destruction de la preuve adverse.

Dès la présentation du sujet de la troisième partie, Kant soutient que là où il est question de certitude et d'évidence mathématique à propos de l'existence de Dieu, il ne saurait être question de plusieurs preuves : « La conviction concernant la grande vérité qu'*il y a un Dieu*, si l'on veut qu'elle

1. *Unique argument*, Ak. II 157.

2. *Cf.* C. Wolff, *Theologia naturalis* I, § 10, p. 12 *sq.*

atteigne le plus haut degré de certitude mathématique, a ceci de particulier qu'on ne peut y parvenir que par une seule voie »[1]. On lit ici sans peine entre les lignes *qui* est visé : qu'on se rappelle la *methodus scientifica* de Wolff (*Theologia naturalis methodo scientifica pertractata*), qu'on se souvienne de l'*unicum argumentum* !

La critique de la preuve wolffienne telle qu'elle est développée au point trois de la troisième partie aboutit à la conclusion que cette preuve n'est précisément pas *un argument auto-suffisant*, mais qu'elle ne peut fonctionner que sur la base d'un autre argument, à savoir l'argument cartésien, également invalide.

La preuve wolffienne est présentée comme procédant en deux temps : 1) « à remonter, d'après les règles des raisonnements de nature causale, de concepts d'expérience de ce qui existe à l'existence d'une cause première et indépendante » ; 2) « à passer ensuite, par analyse logique, du concept aux propriétés de cette cause, propriétés qui désignent une divinité »[2].

Dans les principaux ouvrages auxquels Kant a pu faire allusion (Bilfinger, Thümmig, Gottsched, Baumeister Darjes, Formey)[3] se trouve développée au chapitre sur la théologie naturelle une preuve *a posteriori* de l'existence de Dieu laquelle renvoie – en dépit des divergences et des nuances dans les approches – en dernière instance à la forme canonique que Wolff en a donnée. Il n'est cependant pas sûr que Kant ait eu connaissance de tous ces ouvrages. Son propre exposé de l'argument présente une certaine analogie avec celui de Gottsched dont il possédait les *Erste Gründe der gesammten Weltweisheit*[4].

Kant dégage trois étapes dans la preuve :

– « *Si quelque chose existe, il existe également quelque chose qui ne dépend d'aucune autre chose* »[5].

– « Cette chose indépendante *est absolument nécessaire* »[6].

– « [...] de ce concept de l'être absolument nécessaire, il s'agit de déduire les propriétés de la plus haute perfection et de l'unité »[7].

1. *Unique argument*, Ak. II 155.

2. *Unique argument*, Ak. II 157.

3. *Cf.* notre étude « Wolffkritik- und rezeption in Kants *Einzig möglichem Beweisgrund zu einer Demonstration des Daseins Gottes* » dans *Christian Wolff und die europäische Aufklärung. Akten des 1. Internationalen Christian-Wolff-Kongresses, Halle (Saale), 4.-8. April 2004*, éd. par J. Stolzenberg et O.P. Rudolph, Hildesheim, Olms, 2007, Teil 3, p. 111-123.

4. *Cf.* A. Warda, *Kants Bücher*, Berlin, 1922, p. 49.

5. *Unique argument*, Ak. II 157 *sq.*

6. *Unique argument*, Ak. II 158.

7. *Ibid.*

Kant dit pouvoir accepter la *première* étape et que ce point est établi, à savoir qu'il existe un ou plusieurs êtres qui ne sont pas des effets d'autrui, donc qui sont *a se*. La *deuxième* étape en revanche lui paraît déjà plus problématique. L'affirmation qu'un être indépendant est absolument nécessaire repose en effet sur le principe de raison suffisante. Gottsched affirme que l'être *a se* (*selbständig*, indépendant) a la raison de son existence en soi. L'essence de l'être par soi a nécessairement la raison de son existence en soi. Or, ce qui est fondé dans l'essence est tout aussi nécessaire que l'essence elle-même. Par conséquent l'existence de l'être par soi est nécessaire[1].

La validité de cette argumentation aux traces leibniziennes a été mise en question par Kant dans la *Nova Dilucidatio*. On se souvient de la critique qui y avait été faite de la thèse d'après laquelle quelque chose a la raison de son existence en soi[2]. Or, il est intéressant de constater que dans le contexte de la critique de l'argument *a posteriori*, Kant *néglige* ce point qui ne constitue donc pas l'argument central contre la preuve wolffienne. Certes, il rappelle la mise en question de la validité universelle du principe de raison, mais, ajoute-t-il, « cependant, je n'hésite pas à souscrire même à cela »[3]. Et de conclure : « Donc, quelque chose existe nécessairement »[4].

Ceci veut dire que dans l'argument *a posteriori*, ce n'est pas l'établissement de l'affirmation de l'existence nécessaire qui est en cause (du moins ne l'est-elle pas en premier lieu), mais bien un autre point. Anticipons déjà la réponse et disons : ce qui va être au centre de la critique de Kant, ce sera le procédé d'élaboration des *propriétés* de l'être nécessaire, c'est-à-dire sa détermination en tant que *divinité*. En effet, il sera montré que cette élaboration ne pourra se faire qu'en recourant (implicitement, mais l'analyse aura précisément à le montrer) à un *autre* argument, en l'occurrence à l'argument *a priori*, et qu'elle contredit ainsi le statut d'auto-suffisance de l'*unicum argumentum*. *Ce qui est donc contesté* en définitive *dans la déconstruction kantienne, c'est ce statut d'unicité de l'argument wolffien.*

Quels sont les différents aspects que Kant distingue dans le développement de cette troisième phase ?

La thèse de base est que dans cette preuve, c'est à partir du concept de l'être absolument nécessaire que doivent pouvoir être déduites les

1. *Cf.* J.C. Gottsched, *Erste Gründe der gesammten Weltweisheit* (Christian Wolff, *Gesammelte Werke*, éd. par J. École e.a., III 20, Hildesheim, Olms, 1983), § 1105, p. 563.

2. Cf. *Nova dilucidatio*, Prop. VI, Ak. I 394 ; OP I 123 *sq.*

3. *Unique argument*, Ak II 158.

4. *Ibid.*

propriétés de la souveraine perfection et de l'unité[1]. Kant parle ici de deux propriétés dont la première, celle de la souveraine perfection est à entendre en un sens « collectif ». Il semble vouloir désigner par ce terme, en raccourci, l'ensemble des propriétés qui conviennent à l'être nécessaire et que Wolff développe notamment à partir du § 35 de la *Theologia naturalis* (éternité, immensité, infinité, simplicité). Elles permettent de décider de la question si l'être nécessaire est *un* (et dans ce sens, la propriété de l'*unité* dont parle Kant constitue le point terminal de cette démarche) et que par conséquent il est identifiable à Dieu[2].

Le véritable *problème*, aux yeux de Kant, concerne la déduction de la souveraine perfection à partir de la notion de l'être nécessaire. Ce problème émane de cette notion même telle qu'elle est à l'œuvre dans la preuve wolffienne. D'après Kant, la notion de la nécessité est en effet entendue en un sens purement logique. En partant de cette base, les wolffiens doivent montrer que la non-existence de l'être souverainement parfait est contradictoire et que par conséquent, seul est nécessaire un être dont les prédicats sont tous réellement positifs.

La faiblesse de cette argumentation réside dans ce point, à savoir que l'existence nécessaire qui devait servir de *point de départ* à la déduction de la souveraine perfection est en fait affirmée *sur la base* de ce dernier concept. Seul un être « qui contient toute réalité »[3] existe nécessairement, c'est-à-dire que sa non-existence est contradictoire. Kant a saisi ici effectivement un point crucial de la démonstration wolffienne. Dans la note du § 31 de la *Theologia naturalis* I, Wolff établit la thèse selon laquelle l'*ens a se* a la raison de son existence dans son essence. Il commente cette affirmation de la façon suivante : « L'être par soi est celui de l'essence duquel découle nécessairement l'existence, de telle sorte qu'il ne peut être conçu que comme existant »[4].

L'impossibilité d'être conçu comme non-existant, comme constituant la marque de la nécessité découle d'après cette remarque, *en dernière instance* de l'essence même de l'être nécessaire. Son établissement par voie

1. Cf. *Unique argument*, Ak II 158.

2. Bilfinger explique que les attributs allégués dans cette première partie de la démonstration sont suffisants pour inférer l'affirmation qu'ils conviennent à Dieu seul et que tous les autres, tels l'intelligence, la volonté etc. se laissent dériver à partir des premiers (*cf.* G. B. Bilfinger, *Dilucidationes philosophicae de Deo, anima humana, mundo, et generalibus rerum affectionibus* (1725), (Christian Wolff, *Gesammelte Werke*, éd. par J. École e.a., Hildesheim, Olms, 1982, III 18), § 412, p. 445.

3. *Unique argument*, Ak. II 158.

4. « [...] ens a se [est] illud, ex cujus essentia necessario fluit existentia, ut scilicet concipi non possit nisi existens », C. Wolff, *Theologia naturalis* I, § 31 nota, p. 30.

a posteriori qui, dans la démarche de l'argumentation wolffienne la précède, s'avère ainsi être effectivement superflue.

La prétention de l'argument wolffien d'être unique est ainsi contredite par le développement même de cette preuve où est rompue l'enchaînement de l'ordre démonstratif par l'intervention d'un *deuxième* ordre qui seul permet d'accéder au but projeté, à savoir l'établissement d'un *concept* tel que l'équation avec la notion de Dieu en découle. Kant conclut son analyse en insistant sur cette *incohérence* de l'argumentation wolffienne : la preuve n'est pas établie sur la base du concept d'expérience, car, après l'avoir présupposé, on ne s'en sert absolument pas[1], et obéit en fin de compte au régime de la preuve *a priori*. Dans un note, il va encore plus loin en disant que « cette existence qu'on s'est donnée auparavant est, dans la preuve même, complètement superflue »[2].

C'est par rapport à cette déconstruction de l'argument wolffien laquelle a permis de dégager dans la dernière phase de la première étape de cet argument un glissement d'une argumentation de type *a posteriori* vers une argumentation de type *a priori* qu'il faut lire les propres développements de Kant dans la troisième considération de la première partie de l'*Unique argument* où il est question, à la suite de la démonstration proprement dite de l'existence de l'être nécessaire, des *propriétés fondamentales* de cet être[3].

Il est en effet hautement significatif que les notions y exposées le sont selon un schéma fort analogue à celui que l'on retrouve dans les traités de Wolff et de certains wolffiens : après avoir établi, comme nous l'avons vu, l'unicité de l'être nécessaire, Kant en prouve la simplicité, l'immutabilité et l'éternité ainsi que sa suprême réalité pour déboucher, dans la quatrième considération sur les propriétés qui en constituent la spiritualité, à savoir l'entendement et la volonté. L'argument débouche enfin, comme c'est le cas chez Wolff, Gottsched ou Bilfinger, sur l'affirmation qu'il existe un Dieu.

La *différence* fondamentale avec les auteurs cités consiste cependant en ce que dans l'argument kantien, les propriétés mentionnées sont déduites *exclusivement* à partir du concept même de l'être nécessaire entendu en un sens *réel* (et non logique). C'est en réalisant cette déduction qui aboutit à l'affirmation que c'est un un Dieu[4] *sans sortir du registre de l'être*

1. Cf. *Unique argument*, Ak II 158.
2. *Ibid.*, note
3. Cf. *Unique argument*, AK II 83 *sq.*
4. Cf. *Unique argument*, Ak II 89.

nécessaire, donc en construisant un argument *auto-suffisant* que Kant a dévalué la prétention wolffienne de l'*unicum argument* et vérifié la thèse énoncée dans le titre de son ouvrage, à savoir de présenter l'*unique* argument *possible* pour une démonstration de l'existence de Dieu.

Les analyses précédentes avaient pour but de dégager une *première* signification de la *thèse* que contient le titre de l'ouvrage de Kant. Mais dans ce titre à thèse est encore visée une autre position sur laquelle nous aimerions insister, à savoir celle de *Leibniz*. Toutefois, celle-ci est visée dans un autre perspective que cela n'a été le cas pour l'argument wolffien.

On a depuis longtemps remarqué la ressemblance entre l'argument kantien et l'argument leibnizien exposé aux § 43-45 de la *Monadologie*[1], du moins quant à la tendance générale de l'argumentation. Comme chez Kant, l'argumentation de Leibniz fonctionne sur la base d'une interrogation sur les raisons ou le fondement des *essences* mêmes. Nous avons déjà fait remarquer que la thèse de Leibniz est de dire que Dieu n'est pas seulement la source des existences, mais encore celle des essences « en tant que réelles, ou de ce qu'il y a de réel dans la possibilité »[2]. Et Leibniz de continuer : [...] sans luy il n'y aurait rien de réel dans les possibilités, et non seulement rien d'existant, mais encor rien de possible »[3].

En fait et à strictement parler, Leibniz ne *prouve* pas son assertion, et la justification qu'il donne au § 44 se lit plutôt come une redondance : « Car il faut bien que, s'il y a une realité dans les Essences ou possibilités, ou bien dans les verités éternelles, cette realité soit fondée en quelque chose d'existant et d'Actuel [...] ». Ce qui doit retenir surtout notre attention dans cet argument, c'est précisément la manière dont Leibniz parvient à l'affirmation de l'*existence nécessaire*. La citation précédente continue en

1. *Cf.* J. Guttmann, *Der Gottesbegriff Kants*, Breslau 1903, p. 13 ; K. Hildebrandt, « Kants Verhältnis zu Leibniz in der vorkritischen Periode » *Zeitschrift f. philosophische Forschung*, 8, 1954, p. 18 *sq.* G. Tonelli, *Elementi metodologici e metafisici in Kant dal 1745 al 1768*, Torino, Edizioni di "Filosofia", 1959, p. 138. Le fait qu'il existe une ressemblance entre l'argument de Kant et celui de Leibniz ne préjuge en rien de l'originalité de la preuve kantienne (*cf.* à ce sujet J. Schmucker, « Die Originalität des ontotheologischen Argumentes Kants gegenüber verwandten Gedankengängen bei Leibniz und in der Schulphilosophie der Zeit », dans *Kritik und Metaphysik. Studien. Heinz Heimsoeth zum 80. Geburtstag*, éd. par F. Kaulbach, Berlin-New York, De Gruyter, 1966, p. 120-133.

2. Leibniz, *Monadologie*, G VI, § 44, p. 614

3. *Ibid. Cf.* aussi, Leibniz, *Essais de Theodicée*, G VI, § 184 : « Sans Dieu, non seulement il n'y auroit rien d'existant, mais il n'y auroit rien de possible », p. 226 *sq.* ; *cf.* aussi Wolff qui soutient une thèse tout à fait analogue (sans pourtant passer à partir de là à l'affirmation de l'existence de Dieu) : « Per Deum omnia possibilia sunt, nec eo sublato quicquam possibile », *Theologia naturalis* II, § 174, p. 163.

effet de la manière suivante : « [...] et par consequent dans l'Existence de l'Être necessaire, dans lequel l'Essence renferme l'Existence, ou dans lequel il suffit d'être possible pour être Actuel » [1].

À y regarder de près, on constate qu'il y a *deux* affirmations dans cette phase conclusive de l'argumentation de Leibniz : a) celle de la nécessité de quelque chose *d'existant à titre de fondement* ; b) celle de l'existence d'un être nécessaire, affirmation qui repose sur le fait que cet être est tel parce que son essence renferme l'existence. La modalité précise de l'existence servant de fondement au possible (à savoir l'existence *nécessaire*) n'est donc pas établie sur la base du rapport entre le possible et l'existant, mais sur la seule base du *concept* même de l'être nécessaire.

Or, cela signifie que Leibniz fait intervenir – et ceci précisément à son point nodal – un *second* argument (non développé certes à cet endroit), à savoir l'argument dit ontologique qui repose sur le concept même de Dieu, sur son essence, pour établir l'existence *nécessaire* [2]. La première affirmation en effet n'aboutit qu'à l'existence tout court. Dans ce sens, on pourra dire que l'argumentation leibnizienne à partir des possibles ne se suffit pas à elle-même pour établir la conclusion de l'existence d'un être nécessaire.

Kant entend amender cette insuffisance de l'argument de Leibniz. Cela signifie en clair qu'il entend établir, par un *seul argument*, l'existence nécessaire. Cet argument dont nous avons indiqué l'ossature plus haut, il l'estime être l'unique possible.

En vertu de quels présupposés cela est-il est le cas ? Pour éclairer ce point, il faut retourner à la critique de la validité universelle du principe de raison suffisante faite dans la *Nova dilucidatio*. Kant y avait soutenu que ce principe n'est valable que pour les êtres contingents. L'être nécessaire y fait exception [3]. Ceci implique que l'existence de cet être ne saurait dès lors pas être établie sur la base du fait qu'il aurait la raison de son existence en lui-même. Or, tel est bien la présupposition de l'argument leibnizien selon lequel Dieu est actuel parce qu'il est possible, c'est-à-dire que son essence est la raison suffisante de son existence.

C'est cette thèse que Kant réfute dans la *Nova Dilucidatio*. Cette réfutation repose, comme nous le savons, sur la distinction préalable entre la « ratio antecedenter determinans » et la « ratio consequenter

1. *Monadologie*, G VI, § 44, p. 614.

2. La forme la plus concise de cet argument est la suivante : « Ens, de cujus essentia est existentia, necessario existit. Deus est Ens, de cujus essentia est existentia. Ergo Deus necessario existit », *Colloquium cum Dmo. Eccardo Professore Rintelensi Cartesiano, praesente Dni. Abbatis Molani fratre* du 5 avril 1677, dans G I, p. 212.

3. Cf. *Nova dilucidatio*, Prop. VIII, Corollarium, Ak. I 396 *sq.* ; OP I 127 *sq.*

determinans ». Or, dans sa réfutation, Kant s'en tient, de toute évidence, à une version purement "efficientiste" du principe en question, reposant sur une identification de la raison d'une chose à sa cause [1]. À ses yeux, la seule démonstration possible de l'existence nécessaire est une démonstration qui doit s'appuyer sur la « raison postérieurement déterminante ». Cette démonstration cependant ne va pas sans une nouvelle interprétation du nécessaire : *est nécessaire ce qui doit être présupposé afin que soit possible l'intellection de quelque chose d'autre*. C'est cette notion du nécessaire qui fonctionne dans l'*Unique argument* à titre de nécessité réelle absolue. Or, cette nouvelle conception du nécessaire correspond à ce que Wolff avait qualifié dans son *Ontologia* de *necessitas hypothetica* :

> Ce dont le contraire en soi ou absolument parlant est impossible, c'est-à-dire qui entraîne une contradiction, est dit absolument nécessaire : mais ce, dont le contraire est impossible ou entraîne une contradiction dans une hypothèse donnée, c'est-à-dire sous quelque condition donnée, est hypothétiquement nécessaire [2].

L'opération de Kant consiste donc en ce qu'il *dévalue* l'ancienne notion de *necessitas absoluta* au rang d'une simple définition *nominale* [3] et la remplace par ce qui, aux yeux de Wolff, n'était considéré que comme une *necessitas hypothetica* et qui devient, aux yeux de Kant, la seule nécessité réellement pensable pour l'homme. Or, c'est au prix de cette opération que devient possible l'amendement de la preuve leibnizienne dans la *Monadologie*. Celle-ci contient en effet les éléments de base de la nouvelle argumentation telle que la conçoit Kant. Si, en son point final, elle fait intervenir une seconde preuve, donc si elle n'est pas une *preuve unique*, ceci est dû au fait précisément qu'en elle fonctionne une conception insuffisante de la véritable nécessité réelle. La nouvelle conception de la nécessité permet d'éviter de faire ce détour par l'essence de l'être nécessaire pour conclure à la nécessité de son existence.

1. J.-L. Marion (*Sur la théologie blanche de Descartes*, Paris, P.U.F., 1981) a montré plus particulièrement, en ce qui concerne Descartes, qui semble ici le premier visé, que, dans le cas de Dieu, « l'essence de la causalité consiste dans la *ratio* rendue, plus que dans l'efficience », p. 431.

2. « Id, cujus in se sive absolute spectati oppositum impossibile est, seu contradictionem involvit, dicitur *absolute necessarium* : illud vero, cujus oppositum non nisi in hypothesi data, seu sub data quadam conditione impossibile aut contradictionem involvit, *hypothetice necessarium* est », C. Wolff, *Philosophia prima*, § 302, p. 241.

3. Cf. *Unique argument*, Ak. II 81.

3) Dans la troisième partie de *L'Unique argument*, Kant entreprend également une discussion critique de la preuve physico-théologique traditionnelle. Il est vrai qu'elle paraît, à première vue, redondante étant donné que dans la seconde partie de l'ouvrage, la physico-théologie traditionnelle a déjà été soumise à un examen critique. En quoi donc consiste l'intérêt de cette reprise de la critique? Il nous semble que c'est surtout parce que Kant s'y appuie, presque textuellement, sur la critique de Hume dans l'*Enquiry* à propos de la preuve en question.

L'argument physico-théologique que Kant désigne curieusement à cet endroit de « cosmologique »[1] y est d'abord exposé à deux reprises. En systématisant quelque peu la *première* des présentations de cet argument, on peut y relever quatre moments : 1) les choses de la nature se présentent avec des caractéristiques qui renvoient à la contingence ; 2) la multiplicité des êtres ainsi que leur disposition ordonnée sont des preuves d'un auteur raisonnable « ayant une grande sagesse, une grande puissance et une grande bonté »[2]; 3) l'unité de l'ensemble des choses de la nature permet d'inférer l'existence d'un auteur *unique*; 4) s'il n'y a pas de rigueur géométrique (donc démonstrative) dans toutes ces conclusions, la certitude qui s'établit à leur propos, en suivant les règles du bon sens naturel, ce qui veut dire, en s'appuyant sur des raisonnements par analogie, est telle qu'elle ne laisse aucune place au doute.

Or, c'est précisément au sujet des propriétés mêmes de Dieu, donc de la manière de penser le *concept* de Dieu (ce qui a été présenté précédemment au point 2), que nous voyons Kant mettre en place une critique qui, dans l'exposé et la critique de la physico-théologie dans la seconde partie, n'a été présent qu'en sourdine. C'est celui-ci que nous qualifierions de "moment humien" dans la critique de l'argument physico-théologique parce que Kant l'emprunte pratiquement mot à mot du chapitre 11 de l'*Enquête sur l'entendement humain* de David Hume. Reconstruisons cet état de choses.

La preuve cosmologique est, d'après Kant, insuffisante et n'est pas susceptible d'une certitude et d'une exactitude mathématiques pour deux raisons : 1) elle ne permet pas de conclure à « l'existence du *plus* parfait de tous les êtres possibles »[3] ; 2) il n'est que *hautement vraisemblable* qu'il n'y a qu'un seul et unique auteur, mais nous n'avons, à ce propos, pas de certitude absolue.

1. Cf. *Unique argument*, Ak II 160.
2. *Unique argument*, Ak. II 159.
3. *Unique argument*, Ak. II 160.

La *première* de ces raisons reprend l'argument humien de la "proportionnalité" entre l'effet et la cause et se lit chez Kant de la manière suivante :

> [...] nous ne pouvons pas conclure à plus ou à de plus grands attributs dans la cause qu'il n'en faut pour comprendre le degré et la nature des effets ; si nous n'avons aucune autre occasion de nous assurer de l'existence de cette cause que celle que nous fournissent les effets » [1].

Chez Hume, nous lisons :

> Quand nous inférons une cause particulière d'un effet, il nous faut proportionner l'un à l'autre, et l'on ne peut nous accorder d'attribuer à la cause que les qualités qui suffisent exactement à produire l'effet [...] Si nous connaissons la cause seulement par son effet, nous ne devons jamais lui attribuer des qualités qui dépassent celles qui sont exactement nécessaires pour produire l'effet [2].

La critique kantienne est ensuite approfondie de la manière suivante :

> Or, nous constatons dans le monde beaucoup de perfection, de grandeur et d'ordre, et ce que nous pouvons en conclure avec rigueur logique, c'est seulement que la cause du monde doit avoir beaucoup de sagesse, de puissance et de bonté, mais pas du tout qu'elle est omnisciente, toute-puissante etc. etc. [3].

Chez Hume, cette étape de l'argumentation se lit comme suit :

> Si [...] nous accordons que les dieux sont les auteurs de l'existence ou de l'ordre de l'univers, il suit qu'ils possèdent ce degré précis de pouvoir, d'intelligence et de bonté qui paraît dans leur œuvre ; mais nous ne pouvons rien prouver de plus, sauf si nous appelons à l'aide l'exagération et la flatterie pour suppléer aux défauts de l'argumentation et du raisonnement [4].

En ce qui concerne la *deuxième* raison précédemment alléguée, à savoir celle de la vraisemblance au sujet de l'unicité de l'auteur de l'univers, l'argument de Kant s'inspire encore une fois du texte de Hume. La physico-théologie s'appuie sur une unité et un enchaînement observables, mais *limité*. Elle affirme toutefois qu'un tel ordre se retrouve également dans les parties de l'univers non explorées pour conclure à l'identité de l'auteur.

1. *Unique argument*, Ak. II 160.
2. Hume, *Enquête sur l'entendement humain*, Paris, Flammarion, 1983, p. 215.
3. *Unique argument*, Ak II 160 ; cf. *Histoire générale*, Ak. I, 223 *sq* ; OP I 39 *sq*.
4. Hume, *Enquête sur l'entendement humain*, *op. cit.*, p. 216.

Donc, elle conclut à *davantage* que ne se laisse déduire rigoureusement à partir de ce qui est donné. S'il est vrai, dit Kant, qu'une telle affirmation est très plausible, la condition requise pour être *démonstrative* lui fait pourtant défaut[1].

Là encore, c'est Hume qui fournit l'argument-souche : d'après lui, le fait d'attribuer à une cause des qualités supplémentaires que celles qui ont été effectivement conclues à partir de ce qui est observable, notamment la capacité de produire *d'autres* effets est sans fondement et repose sur des suppositions arbitraires[2].

Il nous semble difficilement contestable, sur le vu de ces occurrences, que Kant se soit inspiré de ces extraits de l'*Enquiry* de Hume dans la formulation de sa critique de la preuve physico-théologique[3]. Ceci signifierait qu'au moment de la rédaction de l'*Unique argument*, il a dû avoir pris une connaissance directe de ce texte, traduit une première fois en allemand en 1755[4]. C'est Johann Georg Hamann qui, en juillet 1759, lui parle de la critique humienne des miracles exposée au chapitre 10 de l'*Enquiry*. Hamann lui en cite un passage assez long ce qui laisse supposer que Kant n'a pas encore eu connaissance de ce texte à ce moment.

En ce qui concerne plus particulièrement sa critique de la physico-théologie dans *l'Unique argument*, on pourrait même aller jusqu'à se demander s'il n'a pas pris connaissance du chapitre 11 de l'*Enquiry* au moment de la rédaction de la troisième partie seulement, étant donné que dans la discussion critique qu'il développe à propos de la physico-théologie traditionnelle dans la deuxième partie de l'écrit, aucun des arguments humiens allégués dans la troisième n'apparaît.

1. Cf. *Unique argument*, Ak. II 160 *sq.*

2. Hume, *Enquête sur l'entendement humain*, *op. cit.* p. 215.

3. G. Gawlick et L. Kreimendahl insistent également sur cette occurrence humienne dans leur remarquable étude sur la réception de Hume dans la pensée de l'*Aufklärung* allemande (*Hume in der deutschen Aufklärung. Umrisse einer Rezeptionsgeschichte*, Stuttgart-Bad Cannstatt, Fommann-Holzboog, 1987).

4. Cf. *ibid.*, p. 20.

CHAPITRE II

VERS LA THÉOLOGIE CRITICISTE

Au début de la présente étude, nous avons posé, à titre d'hypothèse, que le discours théologique joue dans la pensée de Kant un rôle fondateur : au sein d'une ontologie dogmatique réformée, ce fondement est pensé en termes d'existence : il existe un Dieu omnisuffisant qui est le fondement actuel ou existant de la réalité dans sa constitution ontologique (argument ontothéologique) et dans son fonctionnement cosmologique (argument physico-théologique).

La question qu'il faudra aborder maintenant est de savoir si, à partir du moment où le projet d'une réforme de la métaphysique, présent à l'esprit de Kant, comme on le sait, dès les années 50, s'oriente vers une élaboration qui débouchera sur le "criticisme", la fonction fondatrice de la théologie demeure et, dans l'affirmative, comment l'affirmation théologique sera repensée à la lumière des découvertes criticistes et des réaménagements qui s'ensuivent au niveau même de la conception de la métaphysique.

Nous présenterons, dans un premier point, quelques jalons de l'évolution de la pensée kantienne dans le courant des années 60 ainsi que le traitement de la problématique théologique dans cette phase de profonds revirements. Dans un second point, nous enquêterons sur le discours théologique dans la *Dissertation* de 1770. Dans un troisième point, nous reconstruirons l'évolution de la pensée kantienne en direction du criticisme dans la décennie silencieuse qui précède la publication de la *Critique de la raison pure* ainsi que les transformations qui en résultent au niveau du discours théologique.

Les années 60

Les années 60 sont marquées par des recherches très diverses qui se sont concentrées tout d'abord sur la question de la *méthode* en métaphysique. Il s'agit là d'un premier élargissement de la problématique de la réforme de la métaphysique[1] par rapport à la *Nova dilucidatio*.

On connaît l'importance de ce thème dans les discussions philosophiques de cette époque comme en témoigne la question de l'Académie des Sciences de Berlin pour l'année 1764 : on veut savoir si les vérités métaphysiques et plus particulièrement les premiers principes de la théologie naturelle et de la morale sont susceptibles d'être prouvés par des démonstrations aussi évidentes que les vérités mathématiques et, au cas contraire, quelle est la nature singulière de leur certitude etc. Kant avait introduit fin décembre 1762 un texte qui fut couronné par l'Académie, la *Recherche sur l'évidence des principes de la théologie naturelle et de la morale*, dans lequel il répète d'ailleurs en substance l'argument ontothéologique de *L'unique argument*[2].

> Le concept fondamental qui se présente ici au métaphysicien est l'existence absolument nécessaire d'un être. Pour y parvenir, il pourrait d'abord se demander s'il est possible que n'existe absolument rien. Quand il s'aperçoit qu'absolument aucune existence n'est donnée, que rien n'est plus pensable et qu'il n'y a aucune possibilité, il ne peut alors que rechercher le concept de l'existence de ce qui doit être au fondement de toute possibilité. Cette pensée s'étendra et fixera le concept déterminé de l'Être absolument nécessaire. Mais, sans entrer spécialement dans ce programme, je dirai qu'aussitôt qu'est connue l'existence de l'Être le plus parfait, unique et nécessaire, ses autres déterminations conçues sont beaucoup mieux appréciées, puisqu'elles sont toujours les plus grandes et les plus parfaites; et elles sont beaucoup plus certaines, puisque ne peuvent être admises que celles qui existent nécessairement[3].

1. *Cf.* R. Malter, « L'analyse comme procédé de la métaphysique. L'opposition à la méthodologie wolffienne dans la *Preisschrift* en 1763 (1764) », *Archives de philosophie* 42, 1979, p. 575-591 ; H.J. Engfer, « Zur Bedeutung Wolffs für die Methodendiskussion der deutschen Aufklärungsphilosophie. Analytische und synthetische Methode bei Wolff und beim vorkritischen Kant » dans *Christian Wolff 1679-1754*, éd. par W. Schneiders, Hamburg, Meiner, 1983, p. 48-65 ; R. Theis, *Gott*, *op. cit.*, p. 155 *sq.*

2. Cf. *Recherche sur l'évidence*, Ak. II 296 *sq.* ; OP I 244.

3. *Ibid.*

Quant à la question de la méthode, Kant note dès l'introduction que

> si l'on établit solidement la méthode qui permet d'atteindre [en métaphysique] la plus grande certitude possible, et si l'on saisit bien la nature de cette conviction, alors, à la place de l'éternelle instabilité des opinions et des sectes scolastiques, une règle immuable de la méthode d'enseignement doit unir les têtes pensantes dans des efforts identiques [1].

Mais les recherches de Kant durant ces années furent également marquées, comme il le note lui-même, par « tant de renversements » (*Umkippungen*)[2]. On connaît notamment la véritable "crise" qu'il traverse vers le milieu des années 60, dont les premières traces se laissent repérer dans la Remarque générale qui clôt l'écrit sur les *Grandeurs négatives*[3], paru en 1763, et dont témoigne, de façon éloquente, l'écrit sur les *Rêves d'un visionnaire suivis de rêves métaphysiques* :

> La métaphysique, dont le destin fait que je suis amoureux bien que je puisse rarement me vanter de ses faveurs, offre un double avantage. Le premier est de résoudre les problèmes que soulève l'esprit du chercheur, quand il épie par la raison les propriétés cachées des choses. Mais ici le résultat ne trompe que trop souvent l'espérance [...]. Le second avantage est plus approprié à la nature de l'entendement humain et consiste à voir si le problème est bien déterminé à partir de ce qu'on peut savoir, et quel rapport a la question avec les concepts expérimentaux sur lesquels tous nos jugements doivent constamment s'appuyer. En ce sens, la métaphysique est une science des *limites de l'entendement humain*, et comme un petit pays a toujours beaucoup de frontières, et qu'en règle générale il lui importe plus de bien connaître et de défendre ses possessions que de se lancer aveuglément dans les conquêtes, cette utilité de ladite science est la plus mal connue et en même temps la plus importante, bien qu'on ne l'atteigne qu'assez tardivement et après une longue expérience. Sans doute, je n'ai pas déterminé exactement ici cette frontière, mais je l'ai suffisamment indiquée pour que le lecteur trouve en réfléchissant qu'il peut se dispenser de toute recherche vaine sur une question dont les données se rencontrent dans un autre monde que celui où il perçoit [4].

Ce programme réductionniste, certes développé à propos d'un problème bien précis relevant de la psychologie, à savoir celui des rapports entre l'esprit et le corps, va cependant être fortement revu et retravaillé dans la seconde moitié des années 60.

1. *Recherche sur l'évidence*, Ak II, 275 ; OP I 215.
2. *Lettre à J.H. Lambert du 31 décembre 1765*, Ak. X, 55 ; OP I 596.
3. *Cf.* Ak. II 201 *sq.* ; OP I 299 *sq.*
4. *Rêves d'un visionnaire*, Ak. II. 367 *sq.* ; OP I 585 *sq.*

Ce qui se laisse reconstruire à ce propos repose pour une grande partie sur les *Réflexions*, c'est-à-dire sur les notes de Kant dans le manuel de la *Metaphysica* de Baumgarten ou sur des feuillets volants. On remarquera dans ces *Réflexions* beaucoup de flottements voire de contradictions. Kant pense dans ces notes qui n'étaient point destinées à la publication, comme le notait E. Adickes dans un autre contexte [1], la plume à la main, il est un véritable *expérimentateur* dans le domaine de la pensée, un *Problemdenker*.

En ce qui concerne l'utilisation des *Réflexions* en général, il importe de rester circonspect. Cer sont toujours les écrits publiés qui doivent faire autorité. En effet, la datation proposée par E. Adickes ne fait pas l'unanimité. Ainsi, E. Conrad [2] a pu montrer de manière convaincante que celle des *Réflexions* de Logique appartenant d'après Adickes à la phase β^1 (1752-1756) est inexacte. Celles-ci se rapporteraient à un cours fait par Kant, sur la base de l'*Auszug aus der Vernunftlehre* de G.F. Meier, pour la première fois seulement au semestre d'hiver 1756-57. De cet état de choses résulte alors que ces *Réflexions* devraient être décalées *d'au moins une année* (si l'on prend en compte le *terminus ad quem* proposé par Adickes). Or, d'après Conrad, la datation des *Réflexions* de Logique n'est pas sans conséquences pour celle de l'ensemble des *Réflexions*.

Ceci signifie plus particulièrement, en ce qui concerne un ensemble important de *Réflexions* de *métaphysique* (à savoir celles de la phase κ), datées par Adickes en 1769, qu'elles seraient à décaler en 1770 voire plus tard et seraient donc contemporaines voire postérieures notamment à la rédaction de la *Dissertation* inaugurale de 1770. Cette interprétation est tentante étant donné que de nombreuses *Réflexions* datées en 1769 témoignent d'un état de la pensée de Kant qui est *en avance* sur les thèses voire en contradiction avec ce qu'il soutiendra dans sa *Dissertation*. Si, en revanche, on admet l'hypothèse de Conrad, la donne des textes sera beaucoup plus cohérente.

Il est vrai que ceci, à son tour, n'est pas sans poser problème. L'année 1769 est considérée par Kant même comme une année décisive. Ainsi écrit-il dans une lettre du 2 septembre 1770 à J.H. Lambert, à l'occasion de l'envoi du texte de la *Dissertation* :

> Je ne pouvais me résoudre à rien de moins qu'à envoyer une ébauche claire de la forme sous laquelle j'apercevais cette science [la métaphysique], et

1. *Cf.* E. Adickes, *Kants Opus postumum*, Berlin, Reuther & Reichard, 1920, p. 593.

2. E. Conrad, *Kants Logikvorlesungen als Schlüssel zur Kritik der reinen Vernunft*, Stuttgart-Bad Cannstatt, Frommann-Holzboog, 1994, p. 72 *sq*.

une idée déterminée de la méthode qui lui est propre. L'exécution de ce projet m'embrouilla dans des recherches nouvelles pour moi, et cela, s'ajoutant à mon pénible travail *universitaire*, rendait nécessaire un délai après un autre. Depuis près d'un an je suis parvenu, comme je m'en flatte, à cette idée, que je ne me soucie point de jamais changer, mais bien plutôt de pouvoir élargir, idée par laquelle on peut examiner toutes sortes de *questions* métaphysiques d'après des *critères* tout à fait sûrs et faciles, et décider avec certitude jusqu'à quel point elles peuvent être résolues ou non [1].

Dans la *Réflexion* 5037[2], Kant parlera de la « grande lumière » de l'année 69. En quoi consiste-t-elle ? Les avis ne sont pas unanimes. On pense généralement que c'est la découverte de la subjectivité de la sensibilité et du caractère *a priori* des formes de l'espace et du temps. G. Tonelli soutient une thèse différente, à savoir qu'il s'agit de la découverte de la distinction entre sensibilité et entendement dont l'affirmation du caractère *a priori* de l'espace et du temps ne serait qu'une conséquence[3].

Que l'on retienne l'une ou l'autre interprétation, il ne fait pas de doute que Kant a abandonné, au cours de la seconde moitié des années 60, la thèse réductionniste des *Rêves* en ce qui concerne la possibilité d'une connaissance métaphysique. Les *Réflexions* dont on peut dire avec quelque certitude qu'elles sont antérieures à 1770 qui justifient cette hypothèse sont cependant peu nombreuses. La *Réflexion* 3850 parle clairement de la connaissance de l'essence d'une chose qui n'est accessible qu'à la raison[4] : la matière de la connaissance est donnée par les sens ; l'essence des choses qui est connue par la raison en constitue la *forme*[5]. Cette idée va se retrouver dans la *Réflexion* 3957 (κ[1]) qui pourrait être antérieure à 1770 : les connaissances humaines se laissent diviser en deux grands genres : celles qui proviennent des sens et celles qui ont leur fondement dans la nature de notre pensée. Tous les matériaux de la pensée proviennent nécessairement des sens, donc la matière de la connaissance est nécessairement empirique. Pour cette raison, les concepts purs ne concernent que la *forme* qui, elle, est double : intuitive (spatio-temporelle) et rationnelle, celle-ci correspondant aux concepts basiques de l'ancienne ontologie. Kant appelle ces derniers concepts aussi des « concepts réfléchissants »[6].

1. *Lettre à Johann Heinrich Lambert du 2 septembre 1770*, Ak. X 96 *sq.* ; OP I 68 *sq.*
2. Cf. *Réflexion* 5037, Ak. XVIII 69.
3. G. Tonelli, « Die Umwälzung von 1769 bei Kant », *Kant-Studien*, 54, 1963, p. 369.
4. Cf. *Réflexion* 3850, Ak. XVII 312.
5. *Cf.* aussi, *Réflexion* 3852, Ak. XVII 312.
6. *Réflexion* 3957, Ak. II 365.

Qu'en est-il de l'évolution de la *problématique théologique* après la publication de *L'unique argument* et de la *Recherche sur l'évidence* ? Il faut distinguer dans les *Réflexions* plusieurs strates à ce sujet : une première que l'on retrouve surtout dans les *Réflexions* portant sur le chapitre *théologique* de la *Metaphysica* de Baumgarten : Kant se borne dans celles-ci, à répéter le noyau ontothéologique de *L'Unique argument*[1].

Si, en revanche, nous considérons les *Réflexions* à contenu théologique relatives au chapitre sur *l'ontologie*, la position de Kant est beaucoup plus tranchée. Ceci concerne essentiellement la connaissance du *nécessaire*. Ainsi la *Réflexion* 3728 affirme que nous ne pouvons penser ni la contingence absolue ni la nécessité absolue au moyen de la seule pensée, mais que c'est *l'expérience* qui nous le montre à propos de ce qui a lieu[2]. La *Réflexion* 3717 (datation incertaine : 1760-64 ou 1764-68) affirme que la nécessité inconditionnée est pensée de façon *problématique*[3], c'est-à-dire comme une tâche (*Aufgabe*)[4] contenant une question, une solution et une démonstration[5]. Dans la *Réflexion* 3732, Kant dira que la *necessitas entis absoluta* est un concept problématique[6]. Ces remarques au sujet de la nécessité absolue peuvent se lire, nous semble-t-il, *indépendamment* du tournant qui s'amorce vers 1763.

En effet, on se souvient de la réinterprétation de la notion de la nécessité absolue telle que nous la trouvons exposée pour la première fois dans la *Nova dilucidatio* : à l'opposé d'une lecture (de type wolffien) reposant sur une considération purement logique, c'est-à-dire sur la base du seul principe de contradiction, Kant en propose, comme on l'a vu, une lecture *ontologique* : « Il existe un être dont l'existence précède la possibilité même et de lui et de toutes choses et dont on dit pour cette raison qu'il existe de façon absolument nécessaire »[7]. Il en avait conclu que « rien ne peut être conçu comme possible, à moins que n'existe, et même n'existe d'une manière absolument nécessaire, ce qui est réellement dans toute notion possible »[8]. Or, dans l'*Unique argument*, nous trouvons dans la première partie une formulation différente, à savoir que toute possibilité *présuppose* quelque chose d'actuel en quoi et par quoi tout pensable est donné, et qu'il y

1. *Cf.* par exemple, *Réflexion* 3813, Ak. XVII 301 ; *Réflexion* 3815, Ak. XVII 302.
2. *Réflexion* 3728, Ak. XVII 271.
3. *Réflexion* 3717, Ak. XVII 260.
4. *Cf.* A.G. Baumgarten, *Acroasis logica* (C. Wolff, *Gesammelte Werke*, éd. par J. École e.a., Hildesheim, Olms, 1983, III 5), § 177, p. 51.
5. Cf. A.G. Baumgarten, *Acroasis logica*, *op. cit.*, § 339, p. 99.
6. *Réflexion* 3732, Ak. XVII 273 *sq.*
7. *Nova dilucidatio* Prop. VII, Ak. I 395 ; OP I 125. *Cf.* aussi, *Unique argument*, Ak. II 83.
8. *Nova dilucidatio*, Prop. VII, Ak. I 395 ; OP I 125.

a donc une « certaine actualité (*Wirklichkeit*) dont l'abolition même abolirait toute possibilité interne en général »[1]. De cela, il est dit ensuite qu'il *est* absolument nécessaire :

> [...] ce dont l'abolition ou la négation anéantit toute possibilité est absolument nécessaire. Par suite il existe quelque chose de façon absolument nécessaire. Il est dès à présent évident que l'existence d'une ou de plusieurs choses constitue le fondement même de toute possibilité *et que cette existence est nécessaire en elle-même*[2].

Dans la troisième partie, il est à nouveau dit que le raisonnement à partir de la possibilité des choses requiert que l'on *présuppose* quelque chose d'existant[3]; et encore plus loin, que la « possibilité interne de toutes les choses est comprise comme quelque chose qui *présuppose* quelque existence »[4]. De la formulation dans la *Nova dilucidatio* vers celle de *L'unique argument*, il y a, en dépit de toute similitude, une modification qui nous paraît révélatrice d'un problème : *Présupposer* est un acte de la pensée dans ce sens que la pensée *exige* l'affirmation de quelque chose en vue d'expliquer ou de fonder autre chose. Ceci est tout à fait en conformité avec ce que Kant a soutenu dans la *Nova dilucidatio* à propos de la *ratio cognoscendi*. Mais il y a dans la formulation de *L'unique argument* de toute évidence une nouvelle *interprétation* de cette *ratio cognoscendi* dont Kant ne tirera que plus tard les conséquences : présupposer comme existant est autre chose que poser ou affirmer comme existant. Le statut de l'affirmation de 1762 est différent de celui de 1755 et nous semble contenir en germe une altération de la signification de la nécessité comme modalité de la *pensée* et non plus comme modalité de *l'être*.

Dans la *Réflexion* 3756 (datation : 1764-66), Kant soutient que notre concept de ce qui est réel dans la possibilité ne va pas au-delà des éléments simples de nos sensations. Cette thèse est évidemment en contradiction avec l'argument ontothéologique développé dans *L'Unique argument* et correspond aux thèses soutenues dans les *Rêves*.

Ces quelques exemples suffiront pour se rendre compte qu'on se trouve, vers le milieu des années 60, devant une *situation en dysphasie* : d'une part, les *Réflexions* ayant trait à la *théologie* continuent à maintenir l'essentiel de la position de *L'Unique argument*; d'autre part, les *Réflexions* théologiques dans le cadre de *l'ontologie* convergent avec la

1. *Unique argument*, Ak. II 83.
2. *Ibid.* (nous soulignons).
3. *Unique argument*, Ak. II 157.
4. *Unique argument*, Ak. II 159 (nous soulignons).

position des *Rêves*. Comment interpréter cette dysphasie ? On peut avancer l'hypothèse que vers le milieu des années 60, Kant n'a pas encore entrevu la totalité des conséquences qu'entraîne le "tournant" empiriste quant à un réaménagement général de la métaphysique. Il y a dans sa pensée comme deux strates qui sont superposées sans que les articulations entre elles ne soient visibles.

Les *Réflexions* à contenu théologique de la *seconde moitié des années 60* sont relativement pauvres en informations. La *Réflexion* 3813[1] évoque la possibilité d'une preuve de l'être absolument nécessaire exclusivement à partir de concepts (et non en relation avec quelque chose d'existant, comme cela est le cas dans la preuve cosmologique). Or, une telle preuve ne peut pas reposer sur le principe de contradiction, car le contraire de l'existence n'implique aucune contradiction. Donc, la nécessité repose sur la relation au possible, non comme une conséquence, mais comme fondement. Une remarque analogue se retrouve dans la *Réflexion* 3875 qui répète en substance le noyau de l'argument de *L'unique argument* : « Existens, quo sublato tollitur omnis possibilitas, est necessarium absolute »[2].

Dans d'autres *Réflexions* de cette période, Kant insiste sur le fait que Dieu contient le fondement de l'essence des choses ou de toute perfection[3]. Il est par ailleurs intéressant de noter que dès cette période, Kant renvoie, en ce qui concerne le concept de Dieu, également à des propriétés *morales*, telles la bonté, la sainteté et la justice[4].

LA *DISSERTATION* DE 1770

Ce sera dans la dissertation inaugurale *De mundi sensibilis atque intelligibilis forma et principiis*, présentée par Kant suite à sa nomination comme professeur de logique et de métaphysique à l'université de Königsberg en août 1770 que l'on retrouvera, non pas l'unité recherchée du discours philosophique, mais la tentative – inédite – de concilier les acquis "empiristes" dans la connaissance avec la possibilité d'un discours authentiquement métaphysique. Cet écrit, à propos duquel les interprétations divergent[5], nous paraît constituer somme toute un reflet fidèle de l'état

1. Cf. *Réflexion* 3813, Ak. XVII 301.
2. *Réflexion* 3875, Ak. XVII 321.
3. Cf. *Réflexion* 3815, Ak. XVII 302 ; *Réflexion* 3816, Ak. XVII 302.
4. Cf. *Réflexion* 3819, Ak. XVII 303.
5. L. Kreimendahl a identifié trois grandes positions à ce propos : 1) l'appartenance de l'écrit à la période dite précritique voire même comme une "régression" vers une position

d'avancement de sa pensée dans la mesure où il se fait l'écho des découvertes de l'année 69.

L'écrit constitue, de l'aveu même de son auteur, une propédeutique à la métaphysique dont la première finalité consiste à établir la différence entre la connaissance sensible et la connaissance intellectuelle[1].

Afin de comprendre la position de Kant concernant la problématique théologique, il importe de mettre en place les principales thèses en rapport avec la connaissance telles qu'elles sont exposées dans la seconde section de l'écrit. Celle-ci commence par la distinction entre la sensibilité (*sensualitas*) et l'intelligence (*intelligentia*) : les objets de la première sont sensibles et qualifiés de « phénomènes » ; ceux de la seconde ne sauraient tomber sous les sens et sont appelés « noumènes »[2]. Les principes de la sensibilité ou de la forme du monde sensible, c'est-à-dire du monde tel qu'il est donné dans l'expérience commune et dans l'expérience scientifique sont l'espace et le temps. La 3 e section (que Kant considère ensemble avec la 2 e et la 5 e comme « contenant une matière digne d'un développement plus soigné et plus étendu »[3]) en établit le statut comme représentations singulières, intuitions pures et conditions subjectives provenant par une « loi fixe, de la nature de l'esprit »[4].

Le point qui nous intéresse plus particulièrement ici concerne la connaissance *intellectuelle*. Kant soutient à ce propos la thèse que l'usage de l'entendement est double, réel et logique :

> [...] par le premier *sont donnés* les concepts mêmes des choses et de leurs rapports, c'est l'USAGE RÉEL ; par le second, les concepts quelle que soit leur origine, sont seulement *subordonnés*, les inférieurs se plaçant sous les supérieurs (et cela en vertu de leurs caractères communs), et ils sont comparés les uns aux autres en vertu du principe de contradiction ; cet USAGE est appelé LOGIQUE[5].

dogmatique ; 2) la *Dissertation comme écrit* inaugural du criticisme ; 3) la *Dissertation* comme étape quasiment autonome dans la genèse de la pensée kantienne (L. Kreimendahl, *Kant – Der Durchbruch von 1769*, Köln, Dinter, 1990, p. 215). Kreimendahl lui-même la considère comme non significative de l'état d'avancement de la pensée de Kant et dégage en elle ce qu'il appelle des moments progressifs et des éléments retardataires, ce qui fait de l'écrit un « januskõpfiges Gebilde », cf. *ibid.*, p. 224 *sq.*

1. Cf. *Dissertation*, § 8, Ak. II 395 ; OP I 642.

2. Cf. *Dissertation*, § 3, Ak. II 392 ; OP I 637.

3. *Lettre à J. H. Lambert du 2 septembre 1770*, Ak. X 98 ; OP I 689.

4. *Dissertation*, § 15 D, Ak. II 403 ; OP I 654.

5. « [...] quorum priori *dantur* conceptus ipsi vel rerum vel respectuum, qui est USUS REALIS ; posteriori autem undecunque dati sibi tantum *subordinantur*, inferiores nempe

Des concepts des choses mêmes, il est dit plus tard qu'ils ne sont point des concepts innés, mais qu'ils sont abstraits des lois inhérentes à l'esprit – allusion discrète à Locke[1] – et donc des concepts acquis[2]. Et Kant d'énumérer à ce propos des exemples tels le concept de la possibilité, de l'existence, de la nécessité, de la substance etc., donc des concepts basiques de l'ontologie[3] tels qu'on les retrouve notamment dans la *Metaphysica* de Baumgarten.

De cet usage, il sera dit qu'il a une *double finalité*. La première est appelée « élenchtique »[4] et est *négative* dans la mesure où elle écarte du noumène toute détermination relevant de la connaissance sensible, ce qui signifie en clair qu'il ne saurait y avoir d'intuition des choses intellectuelles[5]. Ce sera dans la cinquième section de l'écrit que Kant reviendra sur ce sujet. Au § 24, il énonce que

> toute la méthode de la métaphysique concernant les connaissances sensitives et intellectuelles revient à ce principe essentiel: il faut, avec soin, prendre garde *que les principes qui appartiennent en particulier à la connaissance sensitive ne sortent pas de leurs limites propres et n'affectent pas les notions intellectuelles*[6].

superioribus (notis communibus) et conferuntur inter se secundum princ. contrad., qui USUS dicitur LOGICUS », *ibid.*, § 5, Ak. II 393 ; OP I 638 *sq.*

1. Dans la *Réflexion* 3930 (κ³) Locke est explicitement cité. Kant y distingue entre des concepts qui sont abstraits des sens et d'autres qui le sont des lois de l'entendement. Ces derniers sont qualifiés de « conceptus intellectus puri ». Certes, dit Kant, les opérations de l'entendement ne sont mises en œuvre qu'en application aux concepts abstraits des sens, mais les concepts de l'intellect pur ne sont pas obtenus à partir d'eux. La position empiriste radicale des *Rêves* est contredite ici. La philosophie qui porte sur ces concepts purs est la métaphysique. Elle est, par rapport au reste de la philosophie, comme la mathématique pure l'est par rapport à la mathématique appliquée (*cf.* Ak. XVII 352). *Cf.* l'article intéressant de P. R. Licht dos Santos, « Logical and pure concepts in Kant's *Inaugural Dissertation* » (à paraître dans les Actes du Xe congrès international Kant, Pise 2010).

2. Cf. *Dissertation*, § 8, Ak. II 395; OP I 642. *Cf.* M. Oberhausen, *Das neue Apriori. Kants Lehre von einer "ursprünglichen Erwerbung" apriorischer Vorstellungen*, Stuttgart-Bad Cannstatt, Frommann-Holzboog, 1997.

3. *Cf.* aussi, *Réflexion* 3930, Ak. XVII 352.

4. Le terme se trouve en théologie et signifie « ce qui tombe en dispute, en controverse », *Manuel lexique ou dictionnaire portatif des mots françois dont la signification n'est pas familière à tout le monde*, t. I, Paris-Liège, Tutot, 1788.

5. Cf. *Dissertation*, § 10, Ak. II 396 ; OP I 643 : la connaissance des choses intellectuelles est dite « symbolique », *ibid.*

6. « Omnis metaphysicae circa sensitiva atque intellectualia methodus ad hoc potissimum praeceptum redit : sollicite cavendum esse, *ne principia sensitivae cognitionis domestica terminos suos migrent ac intellectualia afficiant* », *Dissertation*, § 24, Ak. II 411 ; OP I 666 *sq.*

La seconde finalité de l'usage réel de l'entendement en revanche est « dogmatique », c'est-à-dire affirmative. L'idée de Kant semble être la suivante : nous pouvons considérer le monde (n'oublions pas que le thème de la *Dissertation* est le monde) selon deux points de vue : l'un, *phénoménal* (le monde « en tant qu'il est considéré comme phénomène »[1]) prend forme dans les sciences (notamment la physique mathématique) ; l'autre, *nouménal*. Au § 9, Kant soutient que cette dernière considération porte sur ce qu'il appelle des modèles (*exemplar*) « concevable[s] par le seul entendement pur » et qui constituent « la mesure commune de toutes les autres choses en tant que réelles ». Il la qualifie de « perfectio noumenon ». Celle-ci peut être entendue en un sens théorétique et pratique. « Au sens théorétique, elle est l'Être suprême, DIEU, au sens pratique, elle est la PERFECTION MORALE »[2]. C'est dans ce contexte qu'apparaît le terme d'*idéal* qui signifie le maximum de perfection. Or, l'argumentation présentée au § 9 est à entendre, du moins pour ce qui est du sens théorétique, comme une argumentation de type ontothéologique qui rejoint la substance même de l'argument développé en 1762 : Dieu en tant qu'idéal (*ens perfectissimum*) est considéré comme fondement (*principium*), ce qui doit s'entendre en un double sens : épistémique et ontologique : l'idéal comme omnitude de la réalité est la condition même de la détermination des concepts limités, toute détermination limitée présupposant un absolu ; l'idéal « comme réellement existant » est le principe de l'existence (*principium fiendi*) de toute perfection en général.

La notion d'idéal en rapport avec Dieu se retrouvera également dans la *Réflexion* 4114 : le concept de Dieu y est caractérisé comme simple idéal de la raison en rapport à tout le possible. Dans cette *Réflexion*, il est vrai, il n'est plus question d'une affirmation de son existence[3].

Au § 13, Kant revient encore une fois sur les éléments du monde intelligible : ce sont les substances immatérielles, donc le substrat non-phénoménal des phénomènes et la cause du monde[4] qui sont « par définition, déjà totalement rejetées hors du domaine des sens externes »[5]. Ce sera dans la quatrième section à propos de laquelle nous lisons dans la lettre à Lambert déjà citée qu'elle est *insignifiante*[6] que sera développée une véritable cosmo-théologie qui reprend pour l'essentiel l'argumentation

1. *Dissertation*, § 13, Ak. II 398 ; OP I 646.
2. *Dissertation*, § 9, Ak. II 396 ; OP I 642 *sq.*
3. Cf. *Réflexion* 4114, Ak. XVII 422.
4. Cf. *Dissertation*, § 13, Ak. II 398 ; OP I 646.
5. *Ibid.*
6. Cf. *Lettre à J.H. Lambert du 2 septembre 1770*, Ak. X 98 ; OP I 689.

cosmo-théologique exposée dans la *Nova dilucidatio* et qui culmine dans l'affirmation que les substances du monde, contingentes, sont toutes par un seul être et que « l'UNITÉ *dans la conjonction des substances de l'univers est la conséquence de la dépendance de toutes ces substances par rapport à un Être unique* »[1] qui est à considérer comme architecte et comme créateur[2].

Si Kant affirme donc dans la Lettre à Lambert que cette section est insignifiante, cela doit s'entendre essentiellement par rapport à ce qu'il considère comme *nouveauté* et qui est exposé dans les seconde, troisième et cinquième sections de l'écrit. *Mais cette quatrième section n'est nullement insignifiante eu égard à la conception même du discours métaphysique conçu sur la base même de la distinction opérée entre la connaissance sensible et la connaissance intellectuelle.* Ce qui est surtout remarquable, c'est que sur la base de cette distinction – et donc sur la base de ce que nous pensons être la « grande lumière » de 1769 – l'ancienne ontothéologie et l'ancienne cosmo-théologie sont *réintégrées* et retrouvent leur lieu “fondationnel” dans le cadre d'un discours philosophique reconfiguré.

LE TOURNANT CRITICISTE

C'est dans la décennie silencieuse qui suit la publication de la *Dissertation* que s'élabore péniblement et non sans heurts ni revirements le projet critique. Les documents à notre disposition à ce propos sont d'une part les lettres, d'autre part les *Réflexions* (avec les incertitudes concernant leur datation), enfin des notes du cours de Métaphysique publié par Pölitz.

Étapes de l'évolution de la pensée kantienne dans les années 1770

a) Les documents sans doute les plus parlants de ce qui préoccupe Kant dans les mois qui suivirent la soutenance publique de la *Dissertation* sont deux lettres adressées à son ancien élève et ami Marcus Her(t)z, la première du 7 juin 1771, la seconde du 21 février 1772[3].

Dans la lettre du 7 juin 1771, Kant annonce à son correspondant qu'il est en train de composer, dans la foulée de la *Dissertation*, un ouvrage dont le titre devrait être *Les limites de la sensibilité et de la raison* et dont le plan est

1. *Dissertation*, § 20, Ak. II 408 ; OP I 661.

2. *Cf.* aussi, *Réflexion* 4217, Ak. XVII 461.

3. *Cf.* R. Theis, « Après la Dissertation, avant la Critique », dans *Kant – les années 1747-1781, Actes du IXe congrès de la Société d'études kantiennes de langue française*, Québec, 2007, éd. par L. Langlois, Paris, Vrin, 2009, p. 145 *sq.*

déjà tracé. Dans la lettre du 21 février 1772, il revient sur ce projet en le précisant : nous y apprenons plus particulièrement que l'ouvrage dont le titre est rappelé ne va pas se limiter à la seule métaphysique, mais à la « philosophie dans son ensemble » [1]. Et Kant de préciser :

> Dans la distinction du sensible et de l'intellectuel en morale et dans les principes qui en découlent, j'avais déjà auparavant mené les choses assez loin. Les principes du sentiment, du goût, de la faculté de juger, ainsi que leurs effets, l'agréable, le beau et le bien, je les avais aussi déjà depuis longtemps ébauchés de façon assez satisfaisante à mon gré, et c'est alors que je m'étais mis au plan d'une œuvre qui aurait pu avoir pour titre quelque chose comme : *Les Limites de la sensibilité et de la raison.* J'y concevais deux parties, l'une théorique, l'autre pratique. La première contenait en deux sections : 1) la *phénomologie* en général ; 2) la métaphysique, sa nature et sa méthode. La seconde contenait de même en deux sections : 1. les principes généraux du sentiment, du goût et des désirs sensibles ; 2. les premiers fondements de la moralité [2].

Kant énonce dans la suite une difficulté que l'on peut considérer comme moment *initial* d'un nouveau questionnement qui va mener plus tard aux découvertes criticistes. Il dit ne pas avoir pris en considération dans ses recherches métaphysiques antérieures ce qui constitue « la clé de tout le mystère, celui de la métaphysique jusqu'ici encore cachée à elle-même » [3], à savoir la question de savoir « sur quel fondement repose le rapport de ce qu'on nomme en nous représentation à l'objet » [4]. Le problème en question concerne donc la « validité de nos connaissances » [5]. Deux cas de figure sont alors envisagés : le premier est celui dont il a déjà été question dans la *Dissertation* [6] : si la représentation (le terme étant entendu ici en un sens large [7]) est la résultante de l'affection du sujet par un objet (entendons un objet externe donné présentifié par le biais des sens), la relation est telle que la représentation est, au titre d'un effet, conforme à l'objet, considéré comme cause. Et Kant ajoute que les principes de la connaissance sensible, fondés sur la nature de l'âme, ont une valeur objective eu égard aux objets en tant qu'objets des sens – en raccourci la leçon de la *Dissertation*, mais en

1. *Lettre à Marcus Herz du 21 février 1772*, Ak. X 129 ; OP I 691.
2. *Ibid.* (trad. mod.).
3. *Lettre à Marcus Herz du 21 février 1772*, Ak. X 130 ; OP I 691.
4. *Ibid.*
5. *Lettre à Marcus Herz du 21 février 1772*, Ak. X 131 ; OP I, 693.
6. Cf. *Dissertation*, § 3, Ak. II 392 ; OP I 637.
7. Cf. *CRP*, B 376 *sq.* Au sujet des sources de la notion de représentation, on consultera l'étude de Paola Rumore, *L'ordine delle idee. La genesi del concetto di "rappresentazione" in Kant attraverso le sue fonti wolffiane*, Firenze, L. Olschki, 2007.

même temps une démarcation par rapport à un empirisme grossier. Le second cas de figure repose sur une relation inverse entre la représentation et l'objet : celle-là est la cause (exemplaire) de celui-ci. Le cas par excellence à ce sujet est la connaissance divine qui, par son activité créatrice, *produit* les objets correspondant aux représentations de et dans l'entendement. Le premier rapport est qualifié aussi de connaissance *ectypique*, le second d'*archétypique*[1].

Or, l'entendement *humain* a ceci de particulier qu'il ne peut être subsumé ni sous l'un ni sous l'autre des cas envisagés du fait que ses concepts « in sensu reali », c'est-à-dire en tant que concepts des choses telles qu'elles sont en elles-mêmes, ne sont pas des abstractions obtenues à partir des objets sensibles et qu'ils ne sont pas la cause même des objets (du moins dans une optique ontologique). Rappelant la thèse de la *Dissertation*, Kant note que dans cet écrit, il s'est exprimé de façon négative en disant seulement que ces concepts « n'étaient point des *modifications* de l'âme par l'objet »[2]. En fait, il donne plusieurs formulations de cette problématique et on a l'impression qu'au travers de ces tentatives réitérées, le problème gagne en contours mais aussi en complexité : « [...] par quel moyen ces choses nous sont-elles donc données, si elles ne le sont pas par la façon dont elles nous affectent »[3] et si, par ailleurs, la conformité ne repose pas non plus sur une production des objets ? Ce dernier est le cas en mathématiques dans la mesure où le mathématicien engendre, par exemple en géométrie, les figures par construction.

Mais le problème crucial se pose au niveau de la connaissance *métaphysique*, c'est-à-dire quand il s'agit des choses qui ne nous sont pas données par « affection ». En d'autres termes, la question porte sur le fondement de la validité des concepts purs de l'entendement, donc des concepts (et principes) « in sensu reali » en rapport au noyau nouménal des choses, c'est-à-dire eu égard à leur *possibilité en tant que choses*, *entia* (donc leur possibilité *réelle* et non simplement logique). Kant formule le problème en premier lieu par rapport à ce que l'on pourrait appeler les substances du monde, mais par extension, on pourrait également envisager le cas d'objets « transcendants » comme l'âme ou Dieu. En ce qui concerne les premières, il se pose alors la question complémentaire (et nouvelle) comment cette connaissance ontologique s'accorde avec l'expérience, donc comment la connaissance symbolique du monde nouménal

1. *Cf.* aussi, *Dissertation*, § 11, Ak. II, 397 ; OP I 644. La *Réflexion* 3825 (Ak. XVII 304) parle d'une « cognitio prototypa » qualifiée de « causa rerum ».

2. *Lettre à Marcus Herz du 21 février 1772*, Ak. X, 132 ; OP, I 692.

3. *Lettre à Marcus Herz du 21 février 1772*, Ak. X 131 ; OP I 692.

s'accorde avec la connaissance scientifique du monde phénoménal. Il faut bien voir qu'on a à faire ici à deux problématiques dont la seconde va conduire à la reconfiguration proprement critique.

Nous nous sommes concentrés, dans ce qui précède, sur la question de la validité de la connaissance intellectuelle. Une autre question abordée dans la lettre à Herz concerne *l'origine des concepts de l'entendement*. Dans la *Dissertation*, Kant avait émis la thèse que ces concepts sont des concepts *acquis* et cela sur la base des lois inhérentes à l'esprit. Ce qui y faisait défaut, à savoir un principe permettant de disposer ces concepts en classes, semble maintenant avoir été découvert. C'est avec une certaine satisfaction qu'il dit être maintenant en mesure de présenter une « critique de la raison pure » – le terme apparaît ici pour la première fois – qui contient « la nature de la connaissance théorique aussi bien que pratique, dans la mesure où elle est purement *intellectuelle* » [1].

b) C'est dans les *Réflexions* postérieures à la lettre à Herz que l'on peut repérer les traces du véritable tournant criticiste. Nous n'allons reconstruire ici que la charnière de cette découverte. À la fin de l'année 1773, Kant note dans une lettre à M. Herz que dans son projet d'une réforme de la métaphysique, il se trouve désormais en possession d'un *Lehrbegriff* susceptible de résoudre complètement l'énigme de cette discipline permettant de ramener le procédé de la raison qui s'isole elle-même à des règles certaines et faciles à appliquer (on croit entendre un certain Descartes !).

Dans la *Réflexion* 4473 qui nous semble proche de cette lettre [2], la question de départ s'inscrit dans le prolongement de la lettre de février 1772 :

> La question et [de savoir] comment nous pouvons nous représenter des choses de manière complètement *a priori*, c'est-à-dire indépendamment de toute expérience et comment nous pouvons saisir des principes qui ne sont empruntés d'aucune expérience; comment il se fait que des objets correspondent à ce qui n'est qu'un produit de notre esprit [*Gemüth*] qui s'isole et que ces objets soient soumis aux lois que nous leur prescrivons [3].

Que de telles connaissances existent, continue Kant, les mathématiques et la métaphysique (!) nous l'enseignent, mais ce qui importe, c'est de connaître le fondement de leur possibilité – donc la réponse à la question

1. *Lettre à Marcus Herz du 21 février 1772*, Ak. X 132 ; OP I 694.

2. Dans la *Réflexion* 4473, Kant utilise l'expression « sich isolirendes Gemüth » (Ak. XVII 564); or, dans la lettre à Herz de fin 1773 apparaît une expression analogue, à savoir « sich selbst isolirende Vernunft ».

3. *Réflexion* 4473, Ak. II 564.

« quid juris ? ». Et de répéter la problématique telle qu'il l'avait esquissée dans le lettre de février 1772 : là où la représentation est un effet de l'objet, aucun problème ne se pose, mais que quelque chose qui n'est qu'un produit de mon cerveau se rapporte à des objets en tant que représentations, ceci est moins clair. Faisant peut-être allusion à la problématique épineuse de la causalité, il continue : qu'une représentation soit liée à une autre conformément à l'expérience ne pose point de problème ; mais qu'à partir de nous-mêmes, nous assignions à des représentations des propriétés et des prédicats qu'aucune expérience ne nous a donnés, ceci est difficile à comprendre. C'est dans la nature même de la connaissance qu'il faut chercher le fondement de la possibilité de la liaison quand un seul des termes est donné.

Dans un alinéa ajouté à cette *Réflexion*[1] Kant précise alors que les connaissances d'expérience ne sont pas de simples impressions ; il faut qu'y intervienne la pensée. Par conséquent, il doit y être des actions de la connaissance qui précèdent l'expérience et « moyennant lesquelles elle est possible »[2]. Nous constatons ici que la question de la lettre à Herz concernant le rapport de la représentation à l'objet (qui était encore axée sur la connaissances des choses *in sensu reali*) est maintenant *restreinte* à la possibilité de *l'expérience*.

« Rendre possible des expériences » signifie imposer une signification *a priori* aux représentations, donc constituer des matériaux présents à la conscience *en objets*. En d'autres termes, la simple présence de sensations voire de phénomènes dans notre conscience n'est pas encore une connaissance. Dans la *Réflexion* 4634, Kant énonce la thèse que s'il y a en nous des concepts qui ne contiennent rien d'autre que ce qui, du côté du sujet connaissant, rend possible les expériences, ceux-ci ont une validité *a priori* absolue pour tout ce qui peut nous être donné. Ils contiennent donc « la condition de la possibilité non des choses mais de l'expérience »[3].

Cette *Réflexion* tire ensuite une conséquence importante pour le discours métaphysique (au sens fort du terme) :

> Des choses qui ne nous peuvent être données moyennant aucune expérience, ne sont rien pour nous ; nous pouvons donc très bien utiliser de telles propositions comme universelles en un sens pratique, mais aucunement comme principes de la spéculation sur des objets en général[4].

1. *Cf.* Ak. XVII 565.
2. *Ibid.*
3. *Réflexion* 4634, Ak. XVII 618.
4. *Ibid.*

c) Une étape importante dans le développement de la pensée kantienne est documenté dans un ensemble de *Réflexions* connues sous le tire *Lose Blätter aus dem Duisburg'schen Nachlass*[1] et datées avec une grande certitude aux alentours de 1775.

Dans ces *Réflexions* on voit comment s'approfondit et s'élargit le questionnement amorcé dès 1772-73. Il est vrai que de nombreux flottements subsistent, mais on peut repérer malgré tout certaines avancées significatives. L'une d'entre elles consiste dans la distinction entre sensibilité, entendement *et raison*. Les remarques de Kant au sujet de la fonction de la raison ne sont toutefois pas concordantes : la *Réflexion* 4675 dit que c'est la raison qui contient les conditions *a priori* de la pensée[2], tandis que la *Réflexion* 4677 soutient que sa fonction est de comprendre (*einsehen*) alors que la pensée relève, dans cette *Réflexion*, de l'entendement[3].

Les *Réflexions* de cet ensemble introduisent aussi ce qu'on pourrait appeler l'idée de l'unité de la conscience ou l'aperception de soi comme condition de l'unité des objets[4].

Kant revient également dans plusieurs *Réflexions* sur le traitement de la métaphysique. On peut repérer à ce sujet deux trajectoires dont l'une insiste sur le caractère *dialectique* des règles et des principes de la pensée sans objet déterminé[5]; l'autre repose sur la distinction précédemment mentionnée entre l'entendement comme faculté de la pensée et la raison comme faculté de concevoir. Dans la *Réflexion* 4683, Kant envisage trois principes de la conception qui concernent tous les trois la totalité en soi : « Les principes de la conception sont ou bien ceux de la pensée en général ou de la position absolue ou du lien (*Zusammenhang*) *a priori* »[6]. D'après une autre *Réflexion*, le concevoir est *subjectif*[7].

d) Avant de nous tourner vers l'évolution de la pensée théologique dans cette période, nous voudrions terminer par une esquisse des découvertes de la seconde moitié des années 70, donc au seuil de la *Critique de la raison pure*.

Le "silence de Kant" durant les années 70 a agacé maint contemporain. J.C. Lavater avait déjà demandé dans une lettre du 8 février 1774 :

1. Il s'agit des *Réflexions* 4674-4684 (Ak. XVII 643 *sq.*). Elles ont été traduites par F.X. Chenet et publiées sous le titre *Le manuscrit de Duisbourg. Choix de Réflexions*, Paris, Vrin, 1984.

2. Cf. *Réflexion* 4675, Ak. XVII 649.

3. Cf. *Réflexion* 4677, Ak. XVII 658.

4. Cf. *Réflexion* 4678, Ak. XVII 660.

5. Cf. *Réflexion* 4676, Ak. XVII 657.

6. *Réflexion* 4683, Ak. XVII 670.

7. Cf. *Réflexion* 4677, Ak. XVII 659.

« Pourquoi vous taisez-vous, vous ? [...] je ne veux pas vous louer – mais dites-moi donc pourquoi vous vous taisez ? ou plutôt, dites-moi que vous voulez parler »[1]. Dans une lettre à Marcus Herz du 24 novembre 1776, Kant écrit :

> Je reçois de tous côtés des reproches quant à mon inactivité dans laquelle à ce qu'il paraît je me trouve depuis longtemps, et n'ai en réalité jamais été occupé de façon plus systématique et continue que depuis les années où vous ne m'avez pas vu[2].

Dans la même lettre, Kant esquisse une division de l'ouvrage qu'il est en train de rédiger ; il comportera une critique, une discipline, un canon et une architectonique de la raison pure[3]. On retrouvera d'autres divisions dans les *Réflexions* de cette seconde moitié des années 70 : ainsi la *Réflexion* 5227 parlera de deux parties de la philosophie transcendantale ou de la *Critique*, la première étant celle de la connaissance *a priori* immanente, appelée aussi « analytique », la seconde celle de la connaissance *a priori* transcendante, la « dialectique »[4].

Si dans les *Réflexions* postérieures à la lettre à Herz de février 1772, ce fut avant tout la découverte de la validité immanente des concepts et des principes *a priori* qui était au centre des préoccupations théoriques de Kant, on constate dans les *Réflexions* postérieures au *Manuscrit de Duisbourg* un regain d'intérêt pour les questions relatives au statut de la métaphysique transcendante et plus particulièrement un travail conceptuel visant à la transformer sous les prémisses des découvertes précédemment mentionnées.

On se souvient du jugement sans appel de la *Réflexion* 4634 d'après lequel les choses qui ne peuvent pas être données dans une expérience ne sont rien pour nous. Kant dira maintenant que l'usage transcendant des catégories et des principes conduit – s'il est pratiqué d'une manière dogmatique – à de la « Vernünftelei », une spéculation vaine[5]. Il faut remarquer cependant ici la nuance. Cette thèse ne signifie pas que *tout* dépassement des limites de l'expérience possible soit illégitime. Dans la *Réflexion* 4757, il est distingué clairement entre des principes immanents et des principes transcendants[6], ces derniers étant des principes de

1. *Lettre de J.C. Lavater du 8 février 1774*, Ak. X 149.

2. *Lettre à Marcus Herz du 24 novembre 1776*, Ak. X 198.

3. *Lettre à Marcus Herz du 24 novembre 1776*, Ak X 199.

4. *Réflexion* 5227, Ak. XVIII 99 *sq.* ; *cf.* aussi, *Leçons sur l'Encyclopédiue*, Ak. 29 1.1.36.

5. Cf. *Réflexion* 4924, Ak. XVIII 29 *sq.*

6. *Réflexion* 4757, Ak. XVII 703.

« l'accord » (*Zusammenstimmung*) de la raison avec elle-même[1]. Dans cette *Réflexion*, nous retrouvons plusieurs énumérations de tels principes : le simple, la spontanéité absolue, l'être nécessaire[2]; la simplicité du sujet pensant, la liberté, l'être originaire[3]; universitas, monas, libertas transcendentalis, necessitas absoluta originaria[4].

Dans les mêmes *Réflexions* Kant réfléchit également sur ce qu'il appelle la *dialectique* et, dans ce contexte, sur le « fondement de l'antithétique ou de l'antinomie apparente de la raison pure »[5]. Pourquoi « antinomie apparente » ? Parce qu'en fait, il n'y a pas d'antinomie aux yeux de Kant dès lors qu'on respecte la distinction entre principes de l'exposition des phénomènes et principes de l'unité des connaissances[6] ou de la synthèse de la raison pure[7], subjectivement nécessaires.

Ce sera à propos de ces principes (ou concepts) que Kant introduira dans la *Réflexion* 4946 le terme d'*idée* : « Les concepts transcendants ne sont pas des concepts d'objets. Ce sont des idées, *ideae* »[8]. Une définition précise de ce terme se trouve dans une *Réflexion* sur la Logique : « Idea : concept de la raison, (*cui nullus respondet intuitus*) [...] L'idée [...] doit être (subjectivement) nécessaire à la raison, non point pour l'usage empirique de l'entendement, mais comme principe du rapport complet de notre usage empirique de l'entendement »[9]. Dans la *Réflexion* 5074, Kant dit que les idées transcendantales sont des concepts issus de principes de la spéculation et concernent la totalité dans la synthèse des phénomènes[10].

L'unité des connaissances est également comprise comme *achèvement* ou *accomplissement* (*Vollendung*), un terme qui apparaît fréquemment dans des *Réflexions* de cette période[11].

1. *Ibid.* ; *cf.* aussi, *Réflexion* 4758, Ak. XVII 706.
2. *Réflexion* 4757, Ak. XVII 703.
3. Cf. *Réflexion* 4757, Ak. XVII 705.
4. Cf. *Réflexion* 4759, Ak. XVII 710.
5. *Réflexion* 4757, Ak. XVII 704.
6. Cf. *Réflexion* 4757, Ak. XVII 705.
7. *Réflexion* 4758, Ak. XVII 705.
8. *Réflexion* 4946, Ak. XVIII 38. N. Hinske a reconstruit l'évolution et la transformation de la notion d'idée dans les *Leçons de Logique* kantiennes. Il a pu montrer que c'est dans les Leçons des années 70 qu'apparaît la nouvelle conception de l'idée comme *concept de la raison* auquel ne correspond aucune intuition (*cf.* « Kants Anverwandlung des ursprünglichen Sinnes von *Idee* » dans *IDEA. VI° Colloquio Internazionale. Roma 5-7 gennaio 1989.* Atti a cura di M. Fattori e M.L. Bianchi, Roma, Ed. dell'Ateneo, p. 317-327).
9. *Réflexion* 2836, Ak. XVI 539.
10. *Réflexion* 5074, Ak. XVIII 80.
11. *Cf.* par exemple, *Réflexion* 4849, Ak. XVIII 6 ; *Réflexion* 5109, Ak. XVIII 91 ; *Réflexion* 5111, Ak. XVIII 92.

Ce sera dans la *Réflexion* 5553, proche de la rédaction finale de la *Critique de la raison pure* que l'on trouve la formulation la plus élaborée de la nouvelle théorie de la raison. La *Réflexion* commence par situer la raison par rapport à la sensibilité et l'entendement :

> De même que les sens se comportent par rapport à l'entendement, l'entendement se comporte par rapport à la raison. Les phénomènes reçoivent dans le second de l'unité d'entendement moyennant des concepts, et les concepts dans la troisième faculté de l'unité de raison moyennant des idées [1].

Comment Kant conçoit-il le rapport entre l'entendement et la raison ? En parfaite continuité avec des *Réflexions* précédentes, il affirme que la raison ne se rapporte pas à des *objets* et que les idées ne sont pas des concepts d'objets possibles [2]. Mais que signifie exactement la thèse que la raison se rapporte à des connaissances d'entendement ? Nous savons que les connaissances s'expriment dans des jugements et cela dans la mesure où dans le jugement, nous pensons l'unité des représentations au moyen de catégories. Dans ce sens, les jugements peuvent être considérés comme des conditions grâce auxquelles nous constituons des matériaux (représentations) *comme* objets. Or, les jugements peuvent être considérés à leur tour comme conditionnés et se laissent dès lors ramener à des conditions "supérieures", c'est-à-dire à d'autres jugements desquels ils se laissent déduire. Or, cette opération ne relève plus de l'entendement, mais de la raison. La raison est la faculté qui cherche à comprendre les connaissances en les ramenant/déduisant à des/de conditions qui ne sont plus conditionnées. Kant dit que ce principe de la raison pure d'après lequel toute connaissance conditionnée se trouve soumise ultimement à des conditions inconditionnées est peut-être une simple pétition ou un postulat, mais qu'il est le fondement de l'usage même de la raison [3].

Il esquisse également dans cette *Réflexion* le fil conducteur d'après lequel se laissent découvrir les conditions inconditionnées : l'ensemble des connaissances de raison étant défini par l'activité du raisonnement ; celle-ci reposant sur trois types logiquement possibles (en vertu de trois types de relations logiquement possibles), il s'en dégage trois conditions inconditionnées : deux idées et un idéal [4]. La raison est appelée aussi le « pouvoir

1. *Réflexion* 5553, Ak. XVIII 221 *sq.*
2. Cf. *Réflexion* 5553, Ak. XVIII 226.
3. Cf. *Réflexion* 5553, Ak. XVIII 222 *sq.*
4. Cf. *Réflexion* 5553, Ak. XVIII 223.

(*Vermögen*) des idées »[1]. Kant donne diverses formulations des conditions inconditionnées : la première est la « condition inconditionnée de la pensée »[2], « l'unité inconditionnée du sujet »[3], « l'inconditionné de l'inhérence »[4], découverte sur base du raisonnement catégorique ; la seconde est la condition inconditionnée des phénomènes, « l'unité inconditionnée de la synthèse des conditions dans le phénomène »[5], « l'inconditionné de la dépendance ou de la série »[6], découverte sur base du raisonnement hypothétique ; enfin la « condition inconditionnée objective de tous les objets en général »[7], « l'unité inconditionnée de la synthèse de la pensée en général »[8], c'est-à-dire « l'idée de l'unité inconditionnée de tous les objets de la pensée dans un *ens entium* »[9] qui se dégage d'après le fil conducteur du raisonnement disjonctif.

Si l'on *postule* que tout conditionné se trouve sous des conditions ultimement inconditionnées, il faut en conclure que dans la mesure où un conditionné est posé comme tel, toute la série des conditions et partant l'inconditionné, est donné[10]. Mais en même temps, il est évident que l'inconditionné ne saurait être donné comme un objet, mais qu'il doit être pensé[11]. C'est là le fondement d'une dialectique nécessaire de la raison.

Que la raison soit nécessairement conduite à poser l'inconditionné comme *donné* signifie qu'elle est « en soi et naturellement dialectique »[12]. Dans la *Réflexion* 5553, Kant s'interroge : « D'où vient l'apparence dialectique dans les idées transcendantales »[13]. Et de répondre qu'elle consiste dans la confusion des conditions subjectives de la pensée avec les conditions objectives : « Nous ne pouvons pas l'éviter, puisque nous devons penser un objet de façon inconditionnée et nous n'avons pas d'autre moyen pour le penser que celui que comporte la constitution de notre sujet »[14]. En d'autres termes, nous avons conscience de l'apparence dans la mesure où nous pouvons en reconstruire son apparition, mais nous ne

1. *Réflexion* 5553, Ak. XVIII 228.
2. *Réflexion* 5553, Ak. XVIII 226.
3. *Réflexion* 5553, Ak. XVIII 229.
4. *Réflexion* 5553, Ak. XVIII 228.
5. *Réflexion* 5553, Ak. XVIII 229.
6. *Réflexion* 5553, Ak. XVIII 228.
7. *Réflexion* 5553, Ak. XVIII 226.
8. *Réflexion* 5553, Ak. XVIII 229.
9. *Réflexion* 5553, Ak. XVIII 226.
10. Cf. *Réflexion* 5553, Ak. XVIII 223.
11. Cf. *ibid.*
12. *Réflexion* 4880, Ak. XVIII 18.
13. *Réflexion* 5553, Ak. XVIII 227.
14. *Ibid.*

pouvons pas l'éviter. Le discours de la métaphysique comme discours de l'achèvement de nos connaissances se développe dans cette tension entre la nécessité de l'affirmation et son inévitable apparence. Il faudra s'interroger plus loin sur le sens de ce constat.

Dans la *Réflexion* 5553, Kant distingue trois types d'apparence transcendantale :

> La première est celle où l'unité de l'aperception, qui est subjective, est prise pour l'unité du sujet considéré comme une chose. La seconde : où la détermination subjective de la sensibilité et sa condition sont considérées comme un objet. La troisième : où l'universalité de la pensée par la raison est considérée comme une pensée de la totalité des possibilités des choses [1].

Nous concluons ici la reconstruction typologique du développement de la pensée kantienne dans la décennie silencieuse pour nous tourner maintenant vers l'évolution de la problématique théologique au cours de cette période. Nous essaierons autant que possible de mettre en parallèle cette évolution avec les étapes présentées ci-dessus.

L'évolution de la pensée théologique dans les années 1770

Comment dont se présente la discussion théologique dans la décennie silencieuse ? Il convient, là encore, de présenter et d'analyser séparément les *Réflexions* relatives au chapitre sur l'ontologie et celles qui se rapportent à celui sur la théologie.

a) C'est d'abord vers les *Réflexions* portant sur le concept de la nécessité que nous nous tournerons. Nous remarquons que cette notion – centrale s'il en est – est constamment retravaillée par Kant. La *Réflexion* 4690 nous paraît particulièrement significative quant à l'état de la question :

> Il est impossible de penser la nécessité interne d'un être. Car, considéré en soi, à partir de ce qui convient intérieurement à une chose, sa suppression (*Aufhebung*) avec tous les prédicats est toujours possible. / Mais la nécessité respective se laisse bien penser, et la nécessité dans tout *respectu* comme condition de la possibilité de toutes les choses est la nécessité absolue. / C'est la nécessité d'un *substrati* universel de la diversité des concepts des choses [2].

1. *Réflexion* 5553, Ak. XVIII 224.
2. *Réflexion* 4690, Ak. XVII 676.

Le substrat nécessaire est interprété ici comme étant la condition de la diversité des *concepts* des choses et non plus des choses. Ce glissement, à peine perceptible dans les formulations et qui n'est pas nécessairement permanent, nous paraît toutefois montrer comment se conçoit le passage d'une considération de nature ontologique (le possible comme entité ontologique) à une considération de type transcendantal. La *Réflexion* 5570 parlera de l'absolue nécessité comme d'une prémisse, à savoir d'un principe de la connaissance[1].

Ceci se confirme dans des *Réflexions* postérieures comme en témoigne par exemple la *Réflexion* 5262 : « La nécessité est la nécessité d'une présupposition (*hypothesis originaria*) eu égard à tout le pensable »[2], et Kant de préciser que c'est l'ensemble complet (*Allinbegrif*) de toute réalité. C'est cette notion d'*Inbegrif* qu'il nous faudra analyser quelque peu en détail.

La *Nova dilucidatio* avait affirmé la nécessité de l'existence de ce qui est « réellement dans toute notion possible » avant d'affirmer qu'il est nécessaire que cette réalité soit « assemblée dans un être unique »[3]. *L'unique argument*, à son tour, avait différencié cette proposition en distinguant dans l'être nécessaire entre des déterminations qui lui appartiennent et d'autres qui en découlent en tant qu'il est leur fondement réel[4].

La position de Kant au sujet de l'ensemble de toute réalité comme étant identifiable à un *ens realissimum* semble parfois hésitante, mais on est autorisé à affirmer qu'il existe dans les *Réflexions* une tendance générale vers une telle identification[5].

Il existe une relation étroite entre les réflexions kantiennes concernant l'*ens realissimum* et l'introduction de la notion d'idéal rencontrée notamment dans la *Réflexion* 5553. Dans cette *Réflexion*, Kant note dans une formulation assez énigmatique que dans l'idéal, toutes les *catégories* sont réunies en une idée et que nous n'avons pas besoin de les distinguer, car l'idéal est le principe de toute possibilité[6].

La notion d'idéal est déjà apparue dans la *Dissertation* de 1770 : Dieu y est déclaré comme étant l'idéal de la perfection au sens théorétique ; en tant

1. *Réflexion* 5570, Ak. XVIII 236.

2. *Réflexion* 5262, Ak. XVIII 135.

3. *Nova dilucidatio*, Prop. VII, Ak. I 395 ; OP I 125.

4. Cf. *Unique argument*, Ak. II 85.

5. Cf. *Réflexion* 4244, Ak. XVII 478 ; *cf.* aussi, *Réflexion* 4245, Ak. XVII 479 ; *Réflexion* 4565, Ak. XVII 595 *sq.* ; *Réflexion* 4757, Ak. XVII 703 ; *Réflexion* 4761, Ak. XVII 716 ; *Réflexion* 5525, Ak. XVIII 208.

6. *Réflexion* 5553, Ak. XVIII 223.

que tel, il est principe de l'être *et* principe de la connaissance[1]. Le concept apparaît rarement dans les *Réflexions.* La *Réflexion* 4113 parle de l'idée de Dieu comme d'un « idéal logique nécessaire »[2]; la *Réflexion* 4573 parle d'un être qui, du point de vue de la grandeur, est un *simple* idéal et qui dépasse tous les concepts d'expérience[3]. Ce simple idéal est à concevoir uniquement comme idée et non plus, comme ce fut le cas dans la *Dissertation*, comme réellement existant. Sur ce point, la *Réflexion* 4573 rejoint la thèse de la *Réflexion* 5553 qui parle, comme on l'a vu, de l'inconditionné comme ne pouvant jamais être donné, mais comme devant être toujours en pensée[4].

Les *formulations* de Kant concernant l'idéal ne concordent cependant pas toutes dans la *Réflexion* 5553 : d'une part, il parle de la condition inconditionnée objective de tous les *objets* en général[5], d'autre part, il est question de l'idée de l'unité inconditionnée de tous les objets *de la pensée* dans un « ens entium »[6], mais aussi de l'unité inconditionnée de la *synthèse* de la pensée en général[7].

C'est dans la notion d'être absolument réel que se concentre la signification de l'idée de l'idéal par où elle rejoint l'idée de l'absolument nécessaire comme modalité de *penser* l'être absolument réel (la nécessité étant comprise comme prédicat logique et non métaphysique)[8].

b) Tournons-nous maintenant vers les *Réflexions* portant sur le chapitre de la *theologia naturalis* de la *Metaphysica* de Baumgarten.

La *Réflexion* 4118 (datation Adickes : 1769 ? ; 1770-71 ?) soutient que « *l'existence* de Dieu est liée aux maximes suprêmes de l'usage de notre raison et cela aussi bien eu égard au spéculatif qu'au pratique »[9]. Il est intéressant de voir apparaître ici, à côté du spéculatif, la perspective de la pratique qui deviendra centrale dans les œuvres critiques. La *Réflexion* 4119 soutient, en partant de la notion de la possibilité d'une chose, que toute réalité doit être donnée absolument et que quelque actualité (*Wirklichkeit*) précède toute possibilité[10]. Cette *Réflexion* – faut-il le dire ?

1. Cf. *Dissertation*, § 9, Ak. II 395 ; OP I 642.
2. *Réflexion* 4113, Ak. XVII 421.
3. *Réflexion* 4573, Ak. XVII 598.
4. Cf. *Réflexion* 5553, Ak. XVIII 223.
5. Cf. *Réflexion* 5553, Ak. XVIII 226.
6. *Ibid.*
7. Cf. *Réflexion* 5553, Ak. XVIII 229.
8. Cf. *Réflexion* 5228, Ak. XVIII 125.
9. *Réflexion* 4118, Ak. XVII 424 (nous soulignons).
10. *Réflexion* 4119, Ak. XVII 424.

– maintient de toute évidence le noyau même de l'argument de la *Nova dilucidatio* et de *L'unique argument.*

Les *Réflexions* 4242 *sq.* (datation Adickes: 1769-70? 1771?) sont particulièrement intéressantes. Dans la *Réflexion* 4242, Kant affirme que le concept de Dieu est un « Vollendungsbegriff », un concept d'achèvement ou d'accomplissement et cela aussi bien eu égard à la spéculation qu'à la moralité[1]. En tant que tel, il s'origine à partir de trois concepts fondamentaux : 1) celui de l'être nécessaire; 2) celui de la cause suprême; 3) celui de l'être omnisuffisant. On reconnaît ici les concepts fondamentaux déjà rencontrés dans *L'unique argument*. Ce qui est toutefois à relever dans cette *Réflexion*, c'est une remarque au sujet du *lien* entre ces trois concepts : en effet, on peut conclure d'un concept à l'autre – ce qui renvoie évidemment à la profonde unité qui existe entre les différents types de théologie : l'être nécessaire est le fondement de tout et *donc* la première cause; l'être omnisuffisant (Kant écrit à cet endroit : l'être absolument parfait) est nécessaire et cause première. Et de conclure : « Le premier concept termine toutes les questions concernant l'existence »[2].

Dans la *Réflexion* 4243, Kant affirme que l'idée de Dieu naît d'un « besoin de l'entendement » et d'un « besoin de la volonté »[3].

La *Réflexion* 4244 développe une argumentation de type ontothéologique, mais elle la développe dans un réseau conceptuel inédit. J. Schmucker soutient, à propos de cette *Réflexion* qu'elle constitue la première esquisse de la future doctrine de l'idéal transcendantal[4]. La *Réflexion* commence par établir une distinction entre la détermination complète d'une *chose* et la détermination incomplète du *concept d'une chose* : Toute chose est en soi complètement déterminée – une thèse qui reprend une affirmation de *L'Unique argument*[5] –, mais tous les concepts ne le sont pas[6]. La déterminabilité progressive d'un concept requiert comme condition non seulement la connaissance de ce qu'est une chose, mais aussi de ce qu'elle n'est pas, parce que la détermination complète d'une chose requiert comme fondement de sa possibilité l'ensemble des déterminations ou réalités. Dans ce sens, toute chose est, dans sa possibilité même comme chose, fondée dans quelque chose qui est « l'ensemble de la réalité infinie et est donné par limitation de celle-ci ». Cet être illimité

1. Cf. *Réflexion* 4242, Ak. XVII 476; cf. *Dissertation*, § 9, Ak. II 396; OP I 643.
2. *Réflexion* 4242, Ak. XVII 477.
3. Cf. *Réflexion* 4243, Ak. XVII 477.
4. *Cf.* J. Schmucker, *Kants vorkritische Kritik der Gottesbeweise*, *op. cit.*, p. 74 et 75.
5. Cf. *Unique argument*, Ak. II 85.
6. *Cf.* aussi, *Réflexion* 4304, Ak. XVII 501.

comme être fondamental ne peut pas être, à son tour, quelque chose de possible, mais est posé absolument[1]. Kant conclut cette *Réflexion* d'une façon solennelle: « Je soutiens: la preuve d'un être originaire unique à partir de la dérivation (*Abstammung*) de toutes les possibilités est celle qui dirige toutes les autres et est présente en elles »[2].

Dans la *Réflexion* 4245, Kant parle de la dépendance des choses finies quant à leur possibilité d'un être de tous les êtres qui contient toute réalité et est indépendant de tout autre et cela dans la mesure où leur détermination complète se rapporte à une réalité suprême qui est le fondement originaire (*Urgrund*)[3]. Si dans cette *Réflexion*, l'auteur demeure discret quant à la question de *l'existence* d'un tel fondement, il soutient dans la *Réflexion* 4246 que l'être originaire ne peut pas être considéré comme possible, mais qu'il est le principe de la possibilité. La nécessité de l'existence de cet être n'a pas besoin d'une preuve particulière étant donné que rien n'est possible sans un *ens realissimum* qui, à son tour, ne peut pas être simplement possible[4].

Dans la *Réflexion* 4253, Kant affirme d'une part que l'être limité *présuppose* un être absolument réel, mais que cette subordination est une subordination des concepts « d'après la loi de l'entendement humain »[5]. La nécessité absolue est un concept-limite et n'est pas connaissable *a priori* (sur la base du principe de contradiction). Ce qui contient la matière de toute possibilité est pour cette raison « *realiter* nécessaire »[6].

Dans la *Réflexion* 4255 (datation d'Adickes: 1769/70-1770/71), nous voyons apparaître une nouvelle notion qui s'inscrit, il est vrai, dans la ligne de l'idée de la "présupposition" de l'argumentation ontothéologique de *L'unique argument*: la proposition concernant l'existence de Dieu est une *hypothèse originaire* et cela aussi bien en un sens théorique, c'est-à-dire pour pouvoir comprendre la possibilité et l'actualité des choses, qu'en un sens pratique comme principe des actions[7]. Ce terme d'hypothèse origi-

1. Cf. *Réflexion* 4244, Ak. XVII 478.
2. *Ibid.*
3. Cf. *Réflexion* 4245, Ak. XVII 479.
4. Cf. *Réflexion* 4246, Ak. XVII 479.
5. *Réflexion* 4253, Ak. XVII 482.
6. *Ibid.*
7. *Réflexion* 4255, Ak. XVII 484.

naire sera désormais récurrent[1]. La *Réflexion* 4569 parlera de la preuve transcendantale comme d'une hypothèse nécessaire de la raison[2].

La *Réflexion* 4254 dit que « l'existence de Dieu *ne peut être connue que par l'entendement* parce que son concept est un concept d'entendement suprême »[3]. Mais elle ne peut pas être connue sur base d'un « concept arbitrairement admis »[4] par où il est fait allusion à la critique de l'argument ontologique telle que nous l'avons trouvée dans la *Nova dilucidatio* et *L'Unique argument*.

On constate donc dans ces *Réflexions* qu'en dépit du maintien du fondement de l'argument ontothéologique, Kant en revisite le statut et l'interprète précisément non plus dans le sens d'une affirmation métaphysique (il existe…), mais d'une affirmation épistémique (la raison ou l'entendement *présuppose* une telle existence).

Qu'en est-il des *Réflexions* à contenu théologique de cette première moitié des années 70 se trouvant dans le cadre du *chapitre sur l'ontologie* ? Nous avons à faire ici à des thèses qui sont partiellement en contradiction avec celles qui ont été présentées précédemment, mais qui sont également en partie contradictoires entre elles. Ainsi la *Réflexion* 3967 dit que la raison « sent le besoin d'un fondement réel et ne peut pas le penser d'après ses propres lois ; de là, on voit que ce concept n'est pas objectif »[5]. Ceci n'empêche pas que la raison puisse penser l'idée de Dieu comme étant la seule idée qui soit complètement déterminée par elle et qui soit donnée comme fondement suprême de toute détermination.

C'est à propos de la notion du "nécessaire" telle qu'elle est travaillée dans ces *Réflexions* que l'on trouve les plus grands flottements. Il est notamment intéressant de remarquer que la discussion de ce concept de la nécessité absolue a lieu, non pas eu égard à une argumentation de type ontothéologique, mais plutôt de type cosmo-théologique (argument par la contingence) : Kant distingue entre la nécessité logique des jugements et la nécessité des choses ; la première est toujours une « nécessité conditionnée »[6] ; la nécessité des choses que nous pouvons connaître l'est également. D'un côté, il est dit que l'absolue nécessité est un concept-

1. *Réflexion* 4261 ; Ak. XVII 486 ; *Réflexion* 4268, Ak. XVII 488 ; *Réflexion* 5260, Ak. XVIII 134 ; *Réflexion* 5262, Ak. XVIII 134 *sq.*

2. *Réflexion* 4569, Ak. XVII 597 ; *cf.* aussi, *Réflexion* 4580, Ak. XVII 600 ; *Réflexion* 4582, Ak. XVII 601 ; *Réflexion* 5001, Ak. XVIII 57.

3. *Réflexion* 4254, Ak. XVII 483.

4. *Ibid.*

5. *Réflexion* 3967, Ak. XVII 369.

6. *Réflexion* 4033, Ak. XVII 391.

limite (*Grentzbegrif*) ou un « *conceptus terminator* »[1] parce que sans lui, il n'y a pas de complétude dans la série des choses contingentes – une thèse qui rejoint l'argumentation de la scolie de la *Proposition* VI de la *Nova dilucidatio*. Ce concept demeure cependant *problématique*, c'est-à-dire possible, et ne peut être connu ni *a priori* ni *a posteriori*. Il est dit alors que l'existence absolument nécessaire demeure incompréhensible[2]. La *Réflexion* 4184 dit que « la première des choses (*necessarium*) et le premier des états (*initium primum : libertas*) sont incompréhensibles »[3]. D'un autre côté toutefois, nous lisons aussi que ce n'est pas la nécessité qui est incompréhensible pour la raison, mais la *contingence*[4].

Dans la *Réflexion* 4180 (datation Adickes : 1769-70 ? 1772-1775 ?) qui contient des éléments esquissant une problématique proche du quatrième conflit de l'antinomie de la raison pure dans la *Critique de la raison pure*, Kant dit à propos de l'absolument nécessaire qu'il est « une condition essentielle de l'usage de notre raison, *mais seulement une présupposition* »[5]. Il est inconnaissable *a priori*. Mais nous pouvons connaître suffisamment ce concept-limite par rapport aux choses qui lui sont subordonnées. Cette qualification de l'absolument nécessaire comme *présupposé* ou *présupposition* s'inscrit dans la ligne de ce qui a déjà été observé à propos de *L'unique argument*.

Tournons-nous maintenant vers les *Réflexions* relatives au chapitre sur la théologie dont il est à supposer qu'elles datent de la *seconde moitié des années 70*.

Un premier constat portera sur la *terminologie* – un point remarquable dans la mesure où il constitue l'indice d'une tentative de la part Kant pour organiser et systématiser le chapitre sur la théologie pour ses cours de métaphysique. La *Réflexion* 4564 introduit la distinction entre théologie philosophique et théologie révélée ; la première est soit transcendantale soit naturelle ; celui qui adhère à la théologie transcendantale est un *déiste* ; en revanche, celui qui adhère à la théologie naturelle est un *théiste*[6]. La *Réflexion* 4841 (datation Adickes : 1775-76) précise que la théologie transcendantale est la norme et l'origine de la théologie naturelle ; les concepts de cette dernière étant empiriques, il faut recourir à un critère pour savoir lesquels conviennent à l'être originaire ou alors avec quelles

1. *Réflexion* 4039, Ak. XVII 393.
2. *Réflexion* 4034, Ak. XVII 392.
3. *Réflexion* 4184, Ak. XVII 448.
4. *Réflexion* 4036, Ak. XVII 392 *sq.*
5. *Réflexion* 4180, Ak. XVII 446 (nous soulignons).
6. *Réflexion* 4565, Ak. XVII 595 ; *cf.* aussi, *Réflexion* 4582, Ak. XVII 601.

restrictions certains concepts lui conviennent[1]. La *Réflexion* 5528 (datation : 1776-78 ?) ira dans le même sens : la théologie transcendantale qui seule aboutit à la connaissance de la nécessité d'un être suprême *purifie* la théologie naturelle de l'influence des concepts empiriques ou anthropomorphes[2].

La *Réflexion* 5484 distingue entre une preuve *a priori* et une preuve *a posteriori* : la première est transcendantale ou cosmologique, la seconde physico-théologique ou morale[3]. La terminologie demeure cependant parfois flottante. Ainsi la *Réflexion* 5488 parle d'une preuve *transcendantale* et d'une preuve naturelle qui est soit métaphysique (reposant sur l'existence d'un monde en général) ou physico-théologique (reposant sur le monde actuellement existant[4]. Cette dernière distinction correspond à celle rencontrée dans la troisième partie de *l'Unique argument* qui distingue entre une « preuve qui consiste à remonter [...] de concepts d'expérience de ce qui existe à l'existence d'une cause première et indépendante »[5] et une preuve « où l'on conclut, à partir de concepts d'expérience tirés des choses existantes, à l'existence de Dieu et, en même temps, à ses attributs »[6].

En ce qui concerne le statut de l'affirmation d'existence de l'être nécessaire, nous pouvons constater une convergence entre les *Réflexions* sur la théologie et celles relatives à l'ontologie. Ainsi la *Réflexion* 4565 affirme qu'il n'est pas plus compréhensible que l'être absolument réel existe qu'il ne l'est pour un être limité, mais, en le présupposant, il est plus facile de dériver des êtres limités. Il y a donc une nécessité d'admettre un tel être « à cause des raisons (*Gründe*) de la raison spéculative »[7] – raisons qui sont subjectives et concernent l'achèvement de notre connaissance[8].

Dans le concept d'achèvement que l'on retrouve de manière générale plus fréquemment dans les *Réflexions* du manuscrit de Duisbourg se concentre l'idée d'un point ultime vers lequel tend la raison. Peut-on y voir le lointain écho de la *Nova dilucidatio* où il a été question d'un *arrêt*, une fois qu'on est parvenu à remonter la chaîne des raisons jusqu'à un principe[9] ? La raison est l'instance en quête d'achèvement, ce qui nous

1. Cf. *Réflexion* 4841, Ak. XVII 742 *sq.*
2. Cf. *Réflexion* 5528, Ak. XVIII 209 ; *cf.* aussi, *Réflexion* 5529, Ak. XVIII 209.
3. *Réflexion* 5484, Ak. XVIII 196.
4. Cf. *Réflexion* 5488, Ak. XVIII 197 ; *cf.* aussi, *Réflexion* 4595, Ak. XVII 605.
5. *Unique argument*, Ak. II 157.
6. *Unique argument*, Ak. II 159.
7. *Réflexion* 4565, Ak. XVII 596.
8. Cf. *Réflexion* 4587, Ak. XVII 602.
9. Cf. *Nova dilucidatio*, Ak. I 394 ; OP I 124.

semble être une autre manière de dire : en quête de fondement, de *Grund*, mais la preuve de la nécessité de l'existence de ce fondement n'est pas apodictique [1].

Dans les *Réflexions* sur la théologie, Kant revient constamment sur les formulations relatives au sens de la formule de la nécessité subjective de présupposer un être nécessaire qui soit un être de tous les êtres et donc un être absolument réel. Il y a à ce propos, nous semble-t-il, une différence entre les *Réflexions* générales et les *Réflexions* sur la théologie : ces dernières parlent de la présupposition de *l'existence même* d'un tel être (ce qui constitue une thèse métaphysiquement plus forte) tandis que la *Réflexion* 5553 parle de l'idéal comme d'une simple idée. Nous verrons que la *Critique de la raison pure* développera le discours théologique sur ces deux axes.

La pensée de Kant se cherche dans ces *Réflexions* : une des difficultés réside dans la question de savoir quel est le statut de l'être présupposé (faut-il le penser comme existant ou comme simple idée ?). La *Réflexion* 5492 nous semble témoigner de cette difficulté :

> La condition subjective nécessaire de la possibilité (interne) des choses est elle-même (en soi) une présupposition nécessaire de l'entendement [...]. / La présupposition nécessaire au concept de la possibilité interne des choses est une condition subjectivement nécessaire de l'entendement. (Qu'un être absolument nécessaire doive exister signifie : notre concept de la possibilité ne précède l'actualité qu'à propos des phénomènes) [2].

De même la *Réflexion* 5518 (datation Adickes : 1776-78) :

> Toutes les possibilités présupposent le concept d'un *entis realissimi*. Et ce concept présuppose l'existence, parce que des réalités, sans être données, ne peuvent pas être pensées dans la sensation, mais ce qui a été donné dans la sensation, existe. / La nécessité absolue repose sur la condition présupposée de toute possibilité, non sur l'identité d'un concept avec soi-même d'où ne suit aucune existence [3].

Ou encore :

> *Ens necessarium* est une *hypothesis* subjectivement nécessaire de toute possibilité. Toute possibilité d'une chose limitée est dérivée dans l'idée et

1. Cf. *Réflexion* 5483, Ak. XVIII 196.
2. *Réflexion* 5492, Ak. XVIII 197 *sq.*
3. *Réflexion* 5518, Ak. XVIII 205.

présuppose quelque chose de plus grand qui est limité. Toute possibilité a donc comme condition l'*ens realissimum*[1].

Cette dernière *Réflexion* nous paraît particulièrement intéressante parce que l'expression « dérivée dans l'idée » (*in der Idee abgeleitet*) renvoie à une perspective non plus ontologique mais logique.

Dans ce qui précède, nous avons surtout mis en relief la pensée théologique de Kant qui se situe dans la trajectoire de l'ontothéologie, ayant laissé de côté les développements relatifs à l'argumentation concernant le commerce des substances et la physico-théologie. Est-ce que la "théologie physique" suit les développements que nous avons reconstruits plus haut ?

En ce qui concerne la discussion de la cause du *commerce des substances*, on peut constater que les *Réflexions* des années 70 sont relativement discrètes. La *Réflexion* 4537 (datation suggérée : 1772) soutient encore la thèse de la *Dissertation* comme quoi le fondement de l'harmonie est à chercher dans une cause commune[2].

Certaines *Réflexions* montrent toutefois que Kant essaie de transposer les acquis concernant les compétences de l'entendement et de la raison sur le terrain de la théologie physique. Ainsi dit-il dans la *Réflexion* 4742 que dans les phénomènes on ne trouve pas de terme absolument premier, « mais dans la synthèse de l'entendement. Il n'y a donc pas de premier commencement, mais bien une première cause »[3]. La *Réflexion* 5544 confirme cette thèse quand elle dit qu'un premier commencement d'après des lois de la sensibilité ne se laisse pas penser, mais une succession sans commencement d'après des lois de la raison non plus[4].

Quant à la *physico-théologie*, Kant la mentionne simplement dans les classifications citées plus haut. En ce qui concerne sa valeur démonstrative, il est dit dans la *Réflexion* 5484 qu'elle n'en a pas[5]. La *Réflexion* 5631 contient les développements les plus élaborés à propos de cette preuve. Kant y énumère plusieurs difficultés qui rejoignent en substance celles que l'*Unique argument* avait déjà signalées. Sa conclusion est de dire que la « physico-théologie est une échelle sans échelon ultime et qu'elle présuppose une théologie pure de la raison[6]. Nulle part, en revanche, il n'est fait

1. *Réflexion* 5527, Ak. XVIII 208.
2. Cf. *Réflexion* 4537, Ak. XVII 586 ; *cf.* aussi, *Réflexion* 5419, Ak. XVIII 177.
3. *Réflexion* 4742, Ak. XVII 694 ; *cf.* aussi, *Réflexion* 4743, Ak. XVII 694.
4. *Réflexion* 5544, Ak. XVIII 214.
5. Cf. *Réflexion* 5484, Ak. XVIII 196.
6. Cf. *Réflexion* 5631, Ak. XVIII 263.

allusion à sa propre version d'une physico-théologie renouvelée telle qu'elle a été développée dans la seconde partie de *l'Unique argument*.

Reste à dire un mot d'une théologie qui fait son apparition dans les *Réflexions* et qui n'a pas de véritable lieu "métaphysique", la théologie *morale*. Il est difficile de déterminer exactement à quel moment cette considération a fait son apparition dans le cadre des Leçons de métaphysique. Certaines *Réflexions* y font allusion. Ainsi lisons-nous dans la *Réflexion* 4255 (datation Adickes : 1769-70 ? 1771 ? 1772 ?) que l'existence de Dieu est une hypothèse originaire tant théorique que pratique[1]. La *Réflexion* 4582 (datation Adickes : 1772 ?-1775 ?) énumère le triple besoin de la raison dont parlera la *Métaphysique Pölitz*[2]. La *Réflexion* 4585 parle d'une *origine morale de la théologie*[3] qui pourrait consister dans le fait que nous avons besoin du concept de Dieu, comme le soutient la *Réflexion* 4589, en vue de déterminer les « buts finals et les espérances des êtres raisonnables »[4]. L'apparition de ce thème va s'avérer par la suite comme un moment décisif dans l'articulation de la conception d'une théologie morale. L'affirmation de l'existence de Dieu est *constitutive* dans le discours sur la pratique humaine.

La *Réflexion* 4582, déjà citée à plusieurs reprises, parle du besoin de la raison de présupposer comme hypothèse nécessaire de son usage un être suprême et mentionne, à côté d'un usage spéculatif, un usage pratique auquel correspond la théologie morale[5]. La *Réflexion* 4844 énumère plusieurs thèmes à traiter dans la théologie morale : la preuve pratique de l'existence de Dieu ainsi que de ses propriétés[6]. La *Réflexion* 5484 signale qu'une telle preuve morale n'a point de valeur démonstrative[7], mais Kant signale dans la *Réflexion* 5515 que la théologie pratique est positive, à l'opposé de la théologie spéculative qui doit empêcher les erreurs[8].

La présence du thème d'une théologie morale dans le contexte de la métaphysique a d'abord de quoi surprendre. Nous verrons dans l'*Excursus* suivant comment Kant tente de l'y intégrer d'un point de vue plus systématique. Mais ce sera avant tout dans les cours d'éthique que l'on retrouvera les principales étapes de l'élaboration d'une telle théologie.

1. Cf. *Réflexion* 4255, Ak. XVII 484.
2. Cf. *Réflexion* 4582, Ak. XVII 601 ; cf. *infra*, p. 142.
3. Cf. *Réflexion* 4585, Ak. XVII 602.
4. *Réflexion* 4589, Ak. XVII 603 ; *cf.* aussi, *Réflexion* 4606, Ak. XVII 608.
5. Cf. *Réflexion* 4582, Ak. XVII 601.
6. Cf. *Réflexion* 4844, Ak. XVII 744.
7. Cf. Ak. XVIII 196.
8. Cf. *Réflexion* 5515, Ak. XVIII 205.

La reconstruction de la pensée kantienne au cours des années 70 montre comment l'affirmation théologique de type dogmatique telle qu'elle est encore maintenue dans la *Dissertation* est progressivement *transformée* en fonction et sur la base des acquis de la nouvelle théorie de la raison. Force est de constater une déconnexion partielle entre les *Réflexions* respectivement d'ordre général ou d'ontologie et les *Réflexions* proprement théologiques. S'il est vrai que des convergences existent (besoin de la raison, achèvement…), les *Réflexions* d'ordre général de la fin des années 70 contiennent des esquisses plus *systématiques* quant au lieu d'inscription de l'affirmation théologique dans l'ensemble du projet critique. Si les *Réflexions* qui se rapportent directement au chapitre sur la théologie dans la *Metaphysica* de Baumgarten restent partiellement en deçà des avancées systématiques, ceci est dû au fait qu'elles se rapportent directement à des matières enseignées, à des thèses à commenter ou à rectifier.

Avant de nous tourner vers la configuration systématique de la théologie dans les œuvres publiées des années 80, à savoir la *Critique de la raison pure*, les *Prolégomènes* et la *Critique de la faculté de juger* (1790), nous nous arrêterons encore sur un document de la seconde moitié des années 70 qu'il convient de mettre en dialogue avec l'exposé précédent. Il s'agit d'un cours de métaphysique édité en 1831 par K.H.L. Pölitz (la *Métaphysique Pölitz*). À l'opposé des *Réflexions* qui sont des textes de Kant même, le cours en question – comme d'ailleurs tous les cours publiés – est basé sur des notes d'étudiants qui ne reflètent que de façon indirecte la pensée même de Kant.

EXCURSUS

LA THÉOLOGIE D'APRÈS LE COURS DE MÉTAPHYSIQUE DE LA SECONDE MOITIÉ DES ANNÉES 1770 (*MÉTAPHYSIQUE PÖLITZ*)

Les *Leçons de métaphysique* constituaient la pièce maîtresse de l'enseignement kantien : de 1755-56 à 1795-96, Kant a professé ce cours au moins à 34 reprises, il l'a annoncé 52 fois[1]. Les leçons de Métaphysique suivent, quant à leur organisation, la grande division de la *Metaphysica* de Baumgarten (Ontologie, Cosmologie, Psychologie, Théologie). C'est cet ouvrage que Kant utilisait la plupart du temps[2] comme manuel, et là où il parle de Baumgarten, il le fait toujours avec la plus grande estime[3].

Ceci nous amène à faire une remarque générale sur la *méthodologie* de Kant dans le cadre de ses cours. Comme le dira un cours des années 80, l'exposé qui suit le manuel de Baumgarten est d'abord *analytique* c'est-à-dire que Kant explique des concepts et comment la raison utilise tel ou tel d'entre eux[4]. Mais cette analyse ne résout aucune question d'ordre synthétique. Or, dans les cours, Kant bascule d'une méthode à l'autre et là où il fait entrer ses propres découvertes concernant notamment les questions relatives à la connaissance objective ainsi qu'aux conséquences qui en découlent dans la réinterprétation de certaines thèses angulaires de la

1. *Cf.* E. Arnoldt, « Charakteristik von Kants Vorlesungen über Metaphysik und möglichst vollständiges Verzeichnis aller von ihm gehaltener oder auch nur angekündigter Vorlesungen » dans *Gesammelte Schriften*, éd. par O. Schöndörffer, Berlin, Bruno Cassirer, vol. V. 2, p. 3-343 ; *cf.* aussi, M. Oberhausen-R. Pozzo, *Vorlesungsverzeichnisse der Universität Königsberg* (1720-1804), Stuttgart-Bad Cannstatt, Frommann-Holzboog, 1999.

2. Exceptions : 1756-57 : Baumeister ; 1757 ; 1758 ; 1763-64.

3. *Cf.* par exemple, *Annonce de M. Emmanuel Kant sur le programme de ses leçons pour le semestre d'hiver 1765-1766*, Ak. II 308 ; OP I 517.

4. Cf. *Métaphysique Volckmann*, Ak. 28.1. 389 *sq.*

métaphysique, son propos devient "synthétique". Il y a donc lieu de bien distinguer ces deux couches dans les exposés relatifs à la métaphysique tels qu'ils se présentent dans les notes et transcriptions de ses cours.

Le cours de métaphysique édité en 1821 par K.H.L. Pölitz provient de deux sources. La partie portant sur l'Ontologie est issue d'un cours des années 80 (publié dans l'édition de l'Académie au volume 28.2. 1. sous le sigle L2 d'après un manuscrit de Leipzig), les autres parties (cosmologie, psychologie et théologie) proviennent d'un cours plus ancien, probablement de la seconde moitié des années 70, reproduit, au volume 28.1. sous le sigle L1.

LA STRUCTURE DU CHAPITRE SUR LA THÉOLOGIE NATURELLE

Nous commencerons par faire quelques remarques au sujet de la structure même de l'exposé kantien de la théologie dans le cours de métaphysique en question.

À cette fin, il importe d'abord de porter un bref regard sur le manuel de Baumgarten. Le chapitre sur la théologie naturelle y comporte deux parties : la première traite du « conceptus Dei » (§ 803 *sq.*), la seconde des « operationes Dei » (§ 926 *sq.*). La première est subdivisée en trois sections : 1) l'existence de Dieu (§ 803 *sq.*); 2) l'intellect de Dieu (§ 863 *sq.*); 3) la volonté de Dieu (§ 890 *sq.*). La deuxième partie est divisée en cinq sections : 1) la création du monde (§ 926 *sq.*); 2) la finalité de la création (§ 942 *sq.*); 3) la Providence (§ 950 *sq.*); 4) les décrets divins (§ 976 *sq.*); 5) la Révélation (§ 982 *sq.*).

Comment se présente maintenant l'organisation de la théologie *rationnelle*[1] dans la Métaphysique *Pölitz* ?

Le cours débute par un petit chapitre, intitulé *Einleitende Begriffe*, suivi d'un chapitre portant sur la *division de la théologie*. Vient ensuite le premier grand chapitre sur la « reine rationale Theologie » (la théologie rationnelle pure) qui comporte trois sections : a) la théologie transcendantale ; b) la théologie naturelle ; c) la théologie morale.

Le deuxième grand chapitre est intitulé : la théologie rationnelle appliquée (*angewandte rationale Theologie*) et est divisé, à son tour, en trois sections : création, conservation et gouvernement divins, finalité ultime du monde.

1. Chez Baumgarten : *theologia naturalis*; on verra que Kant va utiliser ce terme pour désigner une partie de la théologie philosophique.

Cette esquisse succincte montre déjà que Kant utilise le manuel de Baumgarten d'une façon très libre; on reconnaît la grande division en *conceptus* et en *operationes*, mais à l'intérieur de ce cadre, Kant poursuit d'autres voies que son auteur de référence.

La théologie est enracinée dans une tâche naturelle de la raison. Est dite naturelle une tâche qui est donnée par la nature de la raison. Dans la *Métaphysique Pölitz*, Kant parle aussi à ce propos d'un besoin de la raison – un terme qui revient à de multiples reprises.

La théologie est une tâche ou un besoin naturel qui relève, d'une part de la raison *théorique*, d'autre part de la raison *pratique*[1]. Cette indication est extrêmement intéressante du fait qu'elle donne lieu à une première organisation du chapitre sur la théologie rationnelle où se manifeste déjà toute l'indépendance de Kant par rapport à son auteur de référence. En effet, de cette double tâche découle, comme nous l'avons déjà fait remarquer, une *triple théologie* :

– du besoin de la raison *pure* découle la théologie dite *transcendantale*, c'est-à-dire une connaissance de Dieu par la pure raison;

– du besoin de la raison *empirique* découle la théologie dite *naturelle* (sous la double forme d'une cosmo-théologie et d'une physico-théologie);

– du besoin de la raison *pratique* enfin découle la théologie dite *morale* « où les principes de la morale présupposent un être originaire sans lequel l'usage pratique de la raison serait impossible »[2].

Triple théologie donc, mais quadruple preuve de l'existence de Dieu. Or, cette quadripartition n'est plus respectée au niveau de la division même de la première partie du chapitre sur la théologie rationnelle pure. Mais nous la retrouvons à l'*intérieur même de la première section*, c'est-à-dire dans le cadre des développements sur la théologie transcendantale.

En effet, cette section se présente selon une structure relativement claire : il y est question, en premier lieu, de la théologie transcendantale proprement dite, c'est-à-dire d'une preuve de Dieu sur la base de purs concepts de la raison[3]; il y est question ensuite de la preuve cosmologique[4], puis de la preuve physico-théologique[5], enfin de la preuve morale[6].

1. *Métaphysique Pölitz* (= *Métaphysique L1*), Ak. 28.1. 302.
2. *Métaphysique Pölitz*, Ak. 28.1. 306.
3. *Métaphysique Pölitz*, Ak. 28.1. 308 *sq*.
4. *Métaphysique Pölitz*, Ak. 28.1. 314 *sq*.
5. *Métaphysique Pölitz*, Ak. 28.1. 316 *sq*.
6. *Métaphysique Pölitz*, Ak. 28.1. 317 *sq*.

À l'intérieur de cette même première section, nous retrouvons un certain nombre de considérations au sujet des *propriétés de Dieu*[1] d'après chacune des théologies. Celles qui se laissent déduire dans le cadre de la théologie transcendantale sont présentées toujours à l'intérieur de cette première section.

Mais alors, pour ce qui est de celles qui relèvent de la théologie naturelle et de la théologie morale, elles sont traitées dans les deux sections restantes de la première partie.

Quelles conclusions tirer de cet état de choses : le manque évident d'une structure rigoureuse dans cette première section nous paraît être l'indice de ce que le manuscrit que Pölitz a acquis et qu'il a édité constitue, du moins pour ce qui est du chapitre sur la théologie, un *collage* d'au moins *deux* cours de Kant. On pourrait même envisager à ce propos l'hypothèse – une hypothèse qui resterait à vérifier – que la couche la plus ancienne est à dater d'avant la publication de la *Critique de la raison pure* et que la plus récente lui est peut-être postérieure.

LE DISCOURS THÉOLOGIQUE DE LA MÉTAPHYSIQUE PÖLITZ

Comment Kant conçoit-il et développe-t-il l'affirmation théologique à un stade de son évolution où des axes majeurs de la future philosophie critique, tels la subjectivité des formes de l'espace et du temps, la limitation de l'usage des concepts purs de l'entendement aux seuls objets de l'expérience sensible, la distinction entre phénomènes et choses en soi, de même que la thèse d'après laquelle un usage synthétique des concepts et des principes de l'entendement au-delà de l'expérience, est dialectique, sont plus ou moins fixés et stabilisés, également au niveau notionnel, mais où l'élaboration d'une théorie *positive* de la *raison* au sens étroit du terme en est encore à ses premiers pas ?

Par ce terme de "théorie positive" de la raison, nous entendons une argumentation concernant le statut interne et la fonction de la raison (au sens étroit du terme, c'est-à-dire comprise comme pouvoir des principes), et, partant, sur la signification de ses assertions dans l'ensemble de l'architectonique de la raison telle que nous l'avons rencontrée par exemple dans la *Réflexion* 5553.

Nous développerons d'abord l'orientation *générale* de l'argumentation de Kant pour nous attacher ensuite à trois aspects plus spécifiques.

1. *Métaphysique Pölitz*, Ak. 28.1. 321 *sq.*

Comment Kant conçoit-il le statut de l'affirmation théologique conçue comme une tâche naturelle et partant nécessaire de la raison spéculative et pratique ?

Le texte de la *Métaphysique Pölitz* contient à ce sujet, dès le premier paragraphe du chapitre sur la théologie naturelle, une remarque significative : « La connaissance de Dieu est donc le but et la fin finale de la métaphysique ; oui, on pourrait dire : la métaphysique est une science de la raison pure dans laquelle nous examinons, si nous sommes à même de connaître une cause du monde »[1].

Dans cette remarque, nous pouvons observer, comme en agrandi, la manière dont Kant *travaille* le sens du discours métaphysique en le transformant en direction du criticisme : la connaissance de Dieu est le but, la fin de la métaphysique. Cette remarque s'inscrit d'abord sans faille dans le cadre des conceptions traditionnelles : la métaphysique est le discours dans lequel sont exposées sous forme démonstrative (Kant utilise le terme fort de "science") des connaissances objectives au sujet de la réalité suprasensible. Mais alors, en l'espace d'une demi-phrase, il interprète, relit et transforme cette affirmation dans le sens de sa propre démarche : la métaphysique est déclarée être une science de la *raison*, d'une interrogation sur son pouvoir (et implicitement voire en priorité *ses limites*) : elle aura à établir *si* nous sommes capables de connaître une cause du monde.

Si on appelle "critique" cette inflexion, la question qui se pose est de savoir comment s'articule dès lors l'exposé de la théologie à la lumière de cette nouvelle perspective critique.

La première opération que Kant effectue à ce propos consiste dans l'interprétation du besoin naturel lui-même. À cet effet, il part d'une argumentation de nature cosmo-théologique – la plus accessible sans doute pour ses auditeurs : l'homme penche naturellement à penser à quelque chose de différent de la nature qui en est la cause : « il doit y avoir une cause première de tout »[2]. Cette cause, à son tour, est pensée comme étant dotée des attributs de la liberté et de l'intelligence, donc la cause est un Dieu[3].

Or, cette argumentation du sens commun – celle de ses étudiants –, et plus particulièrement l'affirmation qu'il doit y avoir une cause, est à son tour *relue* – et voilà la seconde opération – dans le sens suivant : dire qu'il doit y avoir une cause première de tout signifie que la raison doit

1. *Métaphysique Pölitz*, Ak. 28.1. 302. À propos de la définition de la métaphysique *cf.* la définition de Baumgarten : « Scientia primorum in humana cognitione principiorum » (*Metaphysica*, *op. cit.*, § 1, p. 1).

2. *Métaphysique Pölitz*, Ak. 28.1. 302.

3. *Métaphysique Pölitz*, Ak. 28.1. 303.

présupposer un tel être intelligent et libre [1]. L'affirmation est ainsi ramenée au statut d'une *hypothèse* nécessaire dont la valeur est *subjective*.

C'est ce déplacement d'une affirmation apodictique dans laquelle subrepticement est affirmée l'existence objectivement nécessaire d'une cause première vers une nécessité de la seule raison qui annonce la direction fondamentale du texte des Leçons à propos de la théologie.

Mais voici que Kant avance encore, dès le point de départ, d'un pas essentiel en affirmant : la connaissance de Dieu *n'a jamais été quelque chose de plus qu'une hypothèse nécessaire de la raison théorique et de la raison pratique* [2]. Par là-même, il dévalue toutes les prétentions démonstratives de la théologie rationnelle y compris – implicitement – son *propre* argument développé au cours des années 50 et 60, ou alors faut-il voir dans ces remarques une indication comment il convient de lire ses propres démonstrations des années 50 et 60 ?

Si donc, d'une part, toute force démonstrative est déniée aux preuves de l'existence de Dieu, si, d'autre part, est soutenue la nécessité, pour la raison, de poser à titre d'hypothèse une affirmation théologique, la question est de savoir comment se déploie ce nouveau discours théologique.

a) *La théologie transcendantale*

L'argumentation de la théologie dite transcendantale, donc l'argumentation *a priori* qui consiste dans la « *connaissance de l'être originaire au moyen de simples concepts de la raison pure* » [3] s'appuie sur la thèse que la possibilité des choses présuppose quelque chose d'infiniment positif, c'est-à-dire le substrat d'une réalité suprême. Un tel substrat est ce que la raison exige et ce qu'elle pose pour elle-même sans pour autant sortir de l'ordre du concept à celui de l'être. L'argumentation de Kant rejoint ici les développements déjà rencontrés dans la *Réflexion* 4244.

La terminologie utilisée est révélatrice : il n'est plus question de fondement (*Grund*), mais de *limite a priori*; il n'est plus question d'*existence actuelle*, mais de *concept*. Bref, nous sommes passés du registre de l'ontologie à celui de la raison et de son programme "fondationnel".

Si Kant pose alors, malgré tout, la question : « Comment est-ce que je parviens à la preuve (*Beweis*) de ce concept, qu'il y a un être nécessaire qui est le substrat de tous les autres ? » [4], il ne faut pas penser qu'il y ait ici

1. Cf. *Métaphysique Pölitz*, Ak. 28.1. 304.
2. Cf. *ibid.*
3. *Métaphysique Pölitz*, Ak. 28.1. 308.
4. *Métaphysique Pölitz*, Ak. 28.1. 309.

comme un retour en arrière. Cette question a une fonction *didactique* évidente : elle est destinée à préparer des auditeurs qui ont sous les yeux la *Metaphysica* de Baumgarten laquelle contient précisément une preuve *a priori* qui conclut du concept de Dieu à l'affirmation de son existence, à un *autre* discours, un discours dont les contours sont seulement en train de prendre forme.

La réponse est en tout cas nette : étant donné qu'en l'occurrence, la raison ne peut se référer qu'à elle-même, qu'elle n'a affaire qu'à son besoin, l'affirmation de l'existence ne peut plus être soutenue qu'à titre de *présupposition* ou d'hypothèse nécessaire de la raison. Cette réponse reprend ce que nous avons esquissé précédemment. Mais ce qui est remarquable, c'est la manière dont Kant *justifie* cette nouvelle affirmation : en effet, il le fait en répétant en substance l'argumentation développée dans *L'Unique argument*, à la différence qu'il ne sera plus question de la possibilité ontologique, mais de la "pensabilité" : l'être nécessaire est la condition nécessaire de la possibilité de toute *pensée*, sa non-existence signifie en même temps l'abolition de toute *pensée* : « Il est impossible d'admettre le contraire, car alors toute pensée cesse (*aufhört*) »[1].

Mais, ajoute Kant, cette affirmation ne constitue pas pour autant une *preuve*; il soutient que la raison n'est pas à même de comprendre la nécessité absolue qui, pour cela, demeure un *problème.* Toutefois, dit-il, comme pour rassurer ses jeunes auditeurs, le fait qu'on ait affaire à une hypothèse nécessaire est comme s'il s'agissait eu égard à nous d'une connaissance objective[2]. En d'autres termes, la *certitude* relative à l'hypothèse de la raison est comme la *certitude* relative à une affirmation apodictique. Cette remarque s'inscrit d'une certaine manière dans le prolongement de la phrase par laquelle se termine *l'Unique* argument : « Il est absolument nécessaire que l'on soit convaincu de l'existence de Dieu; mais il n'est pas aussi nécessaire de la démontrer »[3]. La contrepartie positive de ce nouveau point de vue consiste dans la thèse que la théologie spéculative sert à éviter les erreurs, les faux raisonnements, la « Vernünftelei »[4] et donc à faire en sorte que la foi ne nous soit pas enlevée[5].

Dans la thèse de la nécessité *pour la raison* de poser un être nécessaire à titre d'hypothèse, Kant indique indirectement le point *faible* de sa propre

1. *Métaphysique Pölitz*, Ak. 28.1. 309.
2. *Métaphysique Pölitz*, Ak. 28.1. 313 *sq.* ; *cf.* aussi, 304.
3. *Unique argument*, Ak. II 163 ; OP I 435.
4. *Métaphysique Pölitz*, Ak. 28.1. 321.
5. Cf. *ibid.*

démonstration de 1755 et de 1762 qui avait précisément conclu de la nécessité de poser quelque chose d'actuel sans quoi le possible serait aboli à la nécessité comme modalité d'être de l'être ainsi posé. En rigueur de termes, une telle conception contient, comme nous l'avons relevé déjà, *in nucleo* la subjectivisation : de la nécessité de *penser* un existant ne découle pas l'affirmation d'une *existence* nécessaire.

Comment faut-il concevoir l'être nécessaire posé à titre de présupposé ou d'hypothèse ? Nous savons que dans l'*Unique argument*, Kant avait développé un certain nombre de prédicats « transcendantaux »[1] ou « logiques »[2], tels l'unicité, la simplicité, l'immutabilité, ensuite le fait que l'être nécessaire contient la plus haute réalité, donc qu'il est un *ens realissimum* pour aboutir enfin à l'affirmation qu'il est doué d'intelligence et de volonté, donc qu'il est un esprit et que le nom de Dieu lui convient[3].

La *Métaphysique Pölitz* contient à ce sujet plusieurs développements qui résultent de sa construction compilée. D'une part, Kant affirme que les concepts de la théologie transcendantale sont ceux 1) de l'être originaire, 2) de l'être premier, 3) de l'être suprême, 4) de l'être nécessaire et donc de l'être omnisuffisant[4]. D'autre part, il affirme que « le concept de la théologie transcendantale [...] est le concept de l'*entis originarii* »[5]. De ce concept découlent deux propriétés, l'absolue nécessité et l'omnisuffisance. De la nécessité absolue découle la substantialité, l'immutabilité, l'impassibilité et l'indépendance[6]. En ce qui concerne l'omnisuffisance, elle signifie que Dieu est le fondement de tout ce qui constitue une détermination ou une réalité dans les choses. Dans ce sens, l'omnisuffisance est *omnitudo realitatum*[7]. On remarque ici une signification plus étroite du terme que cela a été le cas dans *L'unique argument* où l'omnisuffisance est comprise comme fondement du possible et de l'actuel. Kant insiste, comme il l'avait d'ailleurs également fait dans *L'unique argument* sur le fait que le concept de l'omnisuffisance est préférable à celui de l'infini parce qu'il est au-delà de toute grandeur relative[8] et de toute homogénéité entre Dieu et l'être fini. On remarquera ici le souci d'éviter tout anthropomorphisme. De l'omnisuffisance (et de l'*omnitudo realitatum*), est déduite l'unité en Dieu.

1. *Réflexion* 4444, Ak. XVII. 549.
2. *Réflexion* 5524, Ak. XVIII. 207.
3. Cf. *Unique argument*, Ak. II 89.
4. *Métaphysique Pölitz*, Ak. 28.1. 308 *sq.*
5. *Métaphysique Pölitz*, Ak. 28.1. 323.
6. Cf. *Métaphysique Pölitz*, Ak. 28.1. 323 *sq.*
7. *Ibid.*
8. Cf. *Métaphysique Pölitz*, Ak. 28.1. 324.

D'autres propriétés, telles la simplicité, l'immatérialité etc. sont présentées d'après l'exposé de la *Metaphysica* de Baumgarten.

La théologie transcendantale, conclut Kant, a pour but d'écarter les erreurs; le concept de Dieu qu'elle développe est *déiste*[1].

Quelle est la *critique* formulée à l'égard de l'argument ontologique traditionnel ? En analysant les *Leçons de Métaphysique* – mais un constat analogue se laisse faire pour les *Réflexions* –, on remarque qu'il y reprend les *mêmes* arguments que ceux qu'il avait développés dans *L'Unique argument* : le premier consistant dans la thèse que l'existence n'est pas un prédicat et que l'on peut donc concevoir *sans contradiction* la non-existence d'une chose; le *deuxième* étant de dire que le concept de l'*ens realissimum* que Wolff a supposé dans sa démonstration, est un *concept arbitraire* : « il supposait arbitrairement le concept »[2].

En d'autres termes, la critique de l'argument ontologique fonctionne, à l'intérieur du tissu discursif criticiste, *indépendamment* des thèses de base même de ce discours.

b) *La théologie naturelle (cosmo-théologie et physico-théologie)*

À la suite de la théologie transcendantale, Kant présente une preuve cosmologique et une preuve physico-théologique.

En ce qui concerne la première, elle est « tirée de l'expérience en général »[3]. Dans sa présentation, Kant insiste sur le caractère contingent de ce qui existe, cette contingence nécessitant une cause; or, en remontant la chaîne des causes, je dois arriver à une première cause qui doit être un être nécessaire[4]. Il qualifie cette preuve de « wolffienne » et dit qu'elle est conforme à la raison naturelle[5].

Un deuxième exposé de la preuve cosmologique met en lumière le rapport de cette preuve à celle des Anciens concernant le premier moteur. Ce renvoi permet de préciser que ce premier moteur est un être libre, la liberté étant comprise comme « spontanéité absolue »[6] ou « liberté transcendantale »[7], ce qui fait dire à Kant que cette preuve ne conduit pas seulement à une première cause, mais aussi à un auteur (*Urheber*). Or, du

1. *Métaphysique Pölitz*, Ak. 28.1. 326.
2. *Métaphysique Pölitz*, Ak. 28.1. 312.
3. *Métaphysique Pölitz*, Ak. 28.1. 314.
4. Cf. *ibid.*
5. Cf. *Métaphysique Pölitz*, Ak. 28.1. 315.
6. *Métaphysique Pölitz*, Ak. 28.1. 316.
7. *Ibid.*

moment que nous parvenons jusqu'à la liberté, « nous pouvons en déduire toutes les autres perfections et propriétés dans la theologia naturali »[1].

Plus loin[2], le texte de la *Métaphysique Pölitz* revient sur la preuve cosmologique et le concept de la liberté qui est présenté maintenant comme étant « le premier prédicat de l'être originaire en tant qu'il est une cause du monde »[3]. Puisque la liberté requiert l'intelligence, le concept complet de l'être originaire que la théologie naturelle développe est celui de l'intelligence suprême. Ce n'est que dans ce sens qu'on peut parler de *Dieu* : « Dieu est un être qui est une cause du monde par liberté et entendement »[4].

Quant à la *preuve physico-théologique*, son exposé met en lumière le fait qu'elle prend son point de départ dans une « expérience déterminée de ce monde »[5]; une finalité et un ordre, une sollicitude conduisent à affirmer l'existence d'un être sage, bon et puissant. Cette preuve qui cultive notre raison et qui nous permet de mieux connaître le monde est la plus adaptée à l'entendement de l'homme[6].

En ce qui concerne la *critique* de ces deux preuves, Kant recourt là encore à arguments développés dans la dernière partie de l'*Unique argument*. Au sujet de l'argument cosmologique, il est dit qu'il verse dans la preuve transcendantale là où il s'agit de déterminer le concept de l'être absolument nécessaire. Mais Kant ajoute dans ce cours une autre critique :

> La [preuve] cosmologique peut me démontrer certes un premier être nécessaire, en tant qu'il est une cause du monde; mais je ne peux pas conclure à partir du monde à toutes les réalités de cet Être, mais seulement à autant qui sont nécessaires à la cause du monde. L'expérience ne me fait connaître que quelques réalités, mais non pas toutes[7].

Dans la critique de la preuve physico-théologique Kant répète l'argument humien, à savoir que notre connaissance limitée du monde et de ses perfections ne permet pas de conclure à un être tout-puissant. De ce fait, nous ne pouvons que *croire* qu'un tel être existe[8].

Avant de nous tourner vers la théologie morale, il importe encore de dire un mot au sujet des propriétés divines (l'intelligence, la volonté, le plaisir et le déplaisir) exposées d'après leur présentation dans la

1. *Ibid.*
2. Cf. *Métaphysique Pölitz*, Ak. 28.1. 326 *sq.*
3. *Métaphysique Pölitz*, Ak. 28.1. 327.
4. *Ibid.*
5. *Métaphysique Pölitz*, Ak. 28.1. 316.
6. Cf. *ibid.*
7. *Métaphysique Pölitz*, Ak. 28.1. 315.
8. *Métaphysique Pölitz*, Ak. 28.1. 317.

Metaphysica de Baumgarten, ainsi que de l'interprétation de leur statut discursif.

L'intellect divin est présenté comme un intellect *intuitif* et constitue le « principe de la possibilité des choses »[1]; dans ce sens, la connaissance divine est une « cognitio archetypa »[2]. Nous en retenons une affirmation qui nous paraît précisément centrale en ce qui concerne la conception fondatrice de l'idée théologique : À la question : « Est-ce que son entendement est le fondement de toutes les choses »[3], la réponse qu'il donne est :

> Oui, pour ce qui est de la *matière*. La possibilité des choses en ce qui concerne leur forme repose sur des concepts des choses selon le principe de contradiction; mais la possibilité des choses, en ce qui concerne la matière, repose sur un être qui est le substrat de toute possibilité[4].

La seconde propriété en Dieu est celle de la volonté libre de l'être originaire[5]. Kant répète ici en substance la thèse déjà énoncée précédemment dans le cadre de la seconde présentation de la preuve cosmologique[6]. Il précise toutefois maintenant que la spontanéité absolue en Dieu ne découle pas seulement du fait qu'il est un être indépendant, donc *a se* et donc premier, mais aussi de son omnisuffisance.

Mentionnons encore la troisième propriété qui est celle du plaisir et du déplaisir[7].

La question importante dans le contexte de cette présentation concerne le *statut discursif de ce discours sur Dieu*. Ce sera le *concept d'analogie* qui servira à en indiquer la direction générale. Ce que nous fait découvrir la *Métaphysique Pölitz* à ce propos constitue en quelque sorte la proto-version de ce qui sera développé plus tard dans la *Critique de la raison pure* et dans les *Prolégomènes*[8].

Kant n'est pas innovateur en *introduisant* le thème de l'analogie dans la théologie rationnelle. C'est chez *Baumgarten* qu'il l'a trouvé d'abord. Au § 826 de la *Metaphysica*, Baumgarten évoque brièvement ce thème. Son argument est le suivant : Si, dans l'être nécessaire, nous remarquons quelque réalité qui est partiellement semblable et partiellement différente

1. *Métaphysique Pölitz*, Ak. 28.1. 329.
2. *Ibid.*
3. *Ibid.*
4. *Ibid.*
5. Cf. *Métaphysique Pölitz*, Ak. 28.1. 333 *sq.*
6. Cf. *Métaphysique Pölitz*, Ak. 28.1. 326 *sq.*
7. Cf. *Métaphysique Pölitz*, Ak. 28.1. 335 *sq.*
8. Cf. *CRP*, B 706 *sq.* ; *Prolégomènes*, § 58 *sq.* ; Ak. IV 357 *sq.* ; OP II 142 *sq.*

avec ce qui est représenté dans un être contingent, si cependant nous ne comprenons pas suffisamment les différences ni ne trouvons de termes (noms) particuliers pour désigner ces réalités, alors nous désignons d'analogue ce que nous avons ainsi trouvé dans l'être contingent comme étant semblable à l'être nécessaire et nous l'attribuons à Dieu par analogie.

Baumgarten n'est pas très explicite en ce qui concerne le statut exact de l'analogie. On peut dire, avec certaines restrictions, qu'il se tient sur une ligne relativement classique qui repose sur l'idée de la différence dans la concordance.

En quel sens Kant utilise-t-il cette notion dans ses propres *Leçons* ? Une première remarque s'impose ici : le recours à l'analogie, en rapport avec la connaissance de l'essence divine se retrouve déjà dans certaines *Réflexions* dès les années 60[1]. Il faut cependant ajouter que l'emploi que Kant en fait s'inscrit ici – du moins dans la mesure où il est possible de tirer des conclusions de remarques parfois très succinctes et fragmentaires – sans failles dans le cadre d'une conception non critique du discours métaphysique.

Dans la *Métaphysique Pölitz*, en revanche, la donne est différente. La connaissance par analogie, voilà le point de départ, caractérise le type de connaissance qu'a l'être fini, la créature, de Dieu[2]. De nouveau, nous nous trouvons ici, à première vue, devant une affirmation qui semble s'inscrire dans le cadre de la métaphysique traditionnelle. Mais, poursuit Kant, étant donné que Dieu est un pur objet de l'entendement, il est impossible de le connaître tel qu'il est en lui-même.

Or, c'est sur ce point précis que va se creuser un premier écart par rapport à Baumgarten. En effet, étant donné qu'« il n'y a aucune similitude entre Dieu et le monde »[3], l'analogie, comprise au sens d'une *similitude*, est inutilisable. Mais s'il y a dissimilitude complète, le discours de l'être fini à propos de Dieu ne risque-t-il pas alors de se vider et d'aboutir à un arrêt sceptique, donc de s'annuler ?

C'est ici que Kant propose une *relecture* de l'analogie en mettant en avant l'idée de la *proportionnalité*, entendue en un sens géométrique. On trouve des traces de cette nouvelle conception de l'analogie dans plusieurs *Réflexions* des années 70[4] et du début des années 80, mais, à l'exception des *Prolégomènes*, nulle part ailleurs ne se rencontre, pour ce qui est du thème

1. *Cf.* par exemple, *Réflexion* 3828, Ak. XVII 305.
2. *Métaphysique Pölitz*, Ak. 28.1. 329.
3. *Métaphysique Pölitz*, Ak. 28.1. 330.
4. *Cf.* par exemple, *Réflexion* 4732, Ak. XVII 690.

en question, une présentation aussi développée que dans ce cours de métaphysique. La *Métaphysique Pölitz* constitue, à cet égard, un véritable *hapax*.

Comment se conçoit cette nouvelle vision de l'analogie?

> L'analogie est une proportion entre quatre membres dont trois sont connus et le quatrième est inconnu. P.ex. comme a est à b, ainsi c est à x ou à l'inconnu que nous ne connaissons pas, mais qui est comme (*was sich so verhält*) les trois autres choses connues [1].

Et Kant de préciser un peu plus loin : comme sont les objets des sens à ce que nous appelons en nous entendement, ainsi sont tous les objets possibles à l'inconnu en Dieu que nous ne connaissons pas du tout[2].

Si la conception traditionnelle de l'analogie permet d'*attribuer* certains prédicats à Dieu dans le respect de la différence essentielle entre Dieu et la créature en ayant recours à l'attribution par éminence ou par négation[3], Kant en revanche *déplace* l'intention discursive : Dieu demeure inconnu, mais sur la base d'un rapport connu et la position d'un troisième terme va pouvoir être dégagé un *autre* rapport, et alors, « nous avons connu suffisamment en Dieu »[4].

Il y a deux aspects – complémentaires – qu'il convient de relever à ce propos :

1) L'analogie, entendue au sens précédemment esquissé, permet d'*éviter l'anthropomorphisme*[5]. À travers cette remarque, Kant reprend à première vue un thème qui accompagne ses réflexions théologiques depuis les premiers écrits. Mais on peut se demander si, dans la seconde moitié des années 70, il n'est pas encore une autre leçon qui est visée, à savoir que les concepts de l'entendement n'ont de signification *objective* que par rapport aux phénomènes[6]. « Eviter l'anthropomorphisme » c'est donc une façon pour affirmer la nécessaire limitation de la portée objective des moyens conceptuels de l'être fini.

2) De cela découle un second aspect en rapport avec la nouvelle signification de l'analogie : même si les concepts de l'entendement sont limités aux phénomènes, il n'en demeure pas moins que la raison transcende les phénomènes, le monde phénoménal, vers une mise en

1. *Métaphysique Pölitz*, Ak. 28.1. 330.
2. Cf. *ibid.*
3. *Cf.* A. G. Baumgarten, *Metaphysica*, *op. cit.*, § 826, p. 337.
4. *Métaphysique Pölitz*, Ak. 28.1. 331.
5. Cf. *Métaphysique Pölitz*, Ak. 28.1. 330.
6. Cf. *ibid.*

perspective qui est de nature non-phénoménale. C'est cette mise en perspective qui est signifiée à travers l'idée de la proportionnalité de c à X, une perspective dans et à travers laquelle la raison articule quelque chose comme le point de vue de la totalité, inscrit comme une exigence dans sa nature même.

c) *La théologie morale*

Dans la *Métaphysique Pölitz*, Kant souligne que la théologie morale est la plus importante de toutes[1]. La preuve morale est exposée à deux reprises, une première fois dans la section intitulée *La théologie rationnelle*[2], une seconde fois au point c) de cette même section, cette fois-ci avec le sous-titre *La théologie morale*[3]. Deux lignes argumentatives y sont développées: a) une preuve de l'existence de Dieu; b) un exposé des propriétés morales de Dieu.

L'affirmation d'après laquelle l'existence de Dieu doit être présupposée repose sur la considération des mobiles de l'action d'après des lois morales. Les lois morales, de par soi, sont *a priori* et commandent de façon apodictique, mais il leur manque le *mobile*. Or, sans celui-ci, elles sont « pratiquement vides »[4] eu égard à l'exécution; elles ne sont que de simples principes de la dijudication. Sans les lois morales, pas de dignité au bonheur, mais sous les seules lois morales, pas de promesse d'entrer en possession du bonheur si l'on s'en est rendu digne. Or, une telle promesse ne se laisse pas découvrir dans la nature de telle sorte qu'on doit présupposer un saint gouverneur de la nature «*dont la volonté est une volonté morale, et qui ne peut conférer le bonheur que sous la condition des lois morales*»[5]. Cette présupposition est épistémiquement parlant une *foi*[6].

La sous-section intitulée *La théologie morale* reprend l'essentiel de l'argumentation précédente, mais insiste davantage sur le *concept* même de Dieu. Dès le premier alinéa, Kant prend soin de noter « que le concept de la *theologia moralis* est [...] le concept de Dieu comme d'un *summi boni* et d'un être saint »[7]. Qu'est-ce que le souverain bien? « C'est la réunion du suprême bonheur avec le degré suprême de la capacité d'être digne de ce

1. Cf. *Métaphysique Pölitz*, Ak. 28.1. 306.
2. *Métaphysique Pölitz*, Ak. 28.1. 317 *sq.*
3. Cf. *Métaphysique Pölitz*, Ak. 28.1. 336 *sq.*
4. *Métaphysique Pölitz*, Ak. 28.1. 318.
5. *Métaphysique Pölitz*, Ak. 28.1. 319.
6. Cf. *Métaphysique Pölitz*, Ak. 28.1. 320.
7. *Métaphysique Pölitz*, Ak. 28.1. 336.

bonheur »[1]. Est digne du bonheur celui dont le comportement concorde avec l'idée du bonheur universel[2].

Le concept de Dieu tel que l'articule la théologie morale est celui d'un saint législateur, d'un bon gouverneur et d'un juste juge[3]. Il n'est pas nécessaire, dans le présent contexte, d'insister davantage sur ces attributs.

L'exposé de la théologie morale dans le cadre d'un cours de métaphysique a de quoi étonner. Kant ne s'en explique pas ; nous avons vu qu'il l'introduit sur la base d'un besoin *pratique* de la raison. En un seul endroit, il semble faire allusion à la fonction d'une telle théologie, à savoir qu'en combinaison avec la preuve physico-théologique qui est très stimulante, elle « complète toute l'œuvre »[4].

1. *Métaphysique Pölitz*, Ak. 28.1. 337.

2. Cf. *ibid*.

3. Dans la *Critique de la raison pratique*, Kant dira que ces trois attributs « comprennent tout ce qui fait de Dieu l'objet de la religion, et auxquels s'ajoutent d'elles-mêmes dans la raison les perfections métaphysiques qui leur sont conformes », *CRPrat.*, Ak. V 131 note ; OP II 767 *sq.*

4. *Métaphysique Pölitz*, Ak. 28.1. 320.

CHAPITRE III

LA THÉOLOGIE À LA LUMIÈRE DU CRITICISME

La reconstruction de l'évolution de la pensée théologique de Kant, entreprise au chapitre précédent, nous a permis de voir comment se présente la réinterprétation du discours théologique en fonction de certaines découvertes angulaires telles l'interprétation des concepts et des principes de l'entendement comme conditions de l'expérience d'objets et comme principes d'organisation de celle-ci.

Il faut cependant convenir que cette reconfiguration manque de systématicité; les *Réflexions* sur la base desquelles elle est perceptible demeurent trop souvent fragmentaires et déconnectées d'une vision d'ensemble; par ailleurs, elles sont souvent tributaires de contextes par rapport auxquels elles ont été formulées, à savoir la *Metaphysica* de Baumgarten; les feuillets volants (*Lose Blätter*) restant à leur tour au niveau d'esquisses; le cours de Métaphysique permet certes, de voir comment Kant conçoit le statut cognitif de l'affirmation théologique, mais le traitement du problème théologique n'y est pas abordé de façon systématique en référence à une « analytique transcendantale » comprise au sens d'une ontologie reconfigurée.

Ce ne sera que dans la *Critique de la raison pure* (que nous prendrons comme fil conducteur des développements suivants), dans les *Prolégomènes* et dans la *Critique de la faculté de juger* que nous est accessible ce projet systématique et donc aussi la possibilité de vérifier notre hypothèse de départ, à savoir celle concernant la fonction fondatrice de l'instance théologique au sein du discours philosophique ainsi que du sens possible de la présence du théologique au titre de fondement dans le cadre d'un discours reposant sur des présuppositions transcendantales. Or, nous constaterons que la *Critique de la raison pure* contient un double discours à ce propos, l'un développé en rapport avec la fondation ontologique des choses, l'autre en rapport avec ce qui sera qualifié de fonction régulatrice des idées dans le cadre de la réflexion sur la constitution systématique des connaissances. Le premier de ces discours conduira au concept déiste d'un *idéal de la raison*, le second en revanche à l'affirmation de son existence comme présupposition nécessaire de la raison. Quant à leur fonction fondatrice, les deux discours se rejoignent; quant à la détermination du concept même qui est en jeu, le second va bien plus loin que le premier dans la mesure où il conduit à une véritable affirmation théiste qui sera prolongée dans la théologie morale.

DU STATUT ET DE LA FINALITÉ DE LA *CRITIQUE DE LA RAISON PURE*

Avant de nous tourner vers la problématique proprement théologique dans la *Critique de la raison pure*, il sera utile de se demander en premier lieu quel est le statut même et la finalité de cette œuvre. La position de Kant est loin d'être univoque en ce qui concerne le statut, comme en témoignent de nombreuses *Réflexions*, mais aussi la septième section de l'introduction à la *Critique de la raison pure* dont on suppose qu'elle résulte de rédactions successives [1]. D'un côté, la *Critique de la raison pure* y est qualifiée comme « idée d'une science particulière » [2] qui consiste en un examen, une appréciation de la raison pure, de ses sources et de ses limites. En tant que telle, elle est à considérer comme une *propédeutique* au système de la raison pure (B 25) dont le but est négatif dans ce sens qu'elle ne sert non pas à l'extension, mais seulement à la clarification de notre raison ou à la rectification de nos connaissances a priori (B 25; B 26) [3], une fonction qualifiée dans une *Réflexion* de « cathartique » [4]. Dans cette optique, la *Critique* est une préparation à un véritable *organon*.

D'un autre côté, il est dit que la *Critique de la raison pure* trace le *plan entier* de la philosophie transcendantale « de façon *architectonique* » et qu'elle « est le système de tous les principes de la raison pure » (B 27), mais qu'elle n'est pas encore la philosophie transcendantale elle-même parce qu'elle devrait contenir, en tant que telle, « une analyse détaillée de toute la connaissance humaine *a priori* » (B 27) alors qu'elle n'en développe que

1. On lira utilement à ce propos G. Tonelli, « The evolution of Kant's Plan for a system of Philosophy and the institutional situation of the *Critique of pure reason* », dans *Kant's "Critique of Pure Reason" within the tradition of modern Logic*, *op. cit.*, p. 225 *sq.*

2. *CRP*, B 24. Nous citerons la *Critique de la raison pure* dans le corps de notre exposé.

3. Cf. *Réflexion* 4937, Ak. XVIII 34.

4. Cf. *Réflexion* 4445, Ak. XVII 553.

les concepts originaires. Dans ce sens, elle (n') est (que) *l'idée* de la philosophie transcendantale – il est vrai : son idée complète.

Cette vue des choses correspond en partie au schéma que Kant développera plus tard au chapitre sur l'architectonique de la raison pure où la *Critique* est considérée comme « propédeutique » qui « examine le pouvoir de la raison par rapport à toute connaissance pure *a priori* » (B 869) et qu'il distingue à cet endroit du « système de la raison pure » appelé aussi à cet endroit « métaphysique » qui contient « toute la connaissance philosophique (vraie aussi bien qu'apparente) venant de la raison pure dans un enchaînement systématique » (B 869) Cette métaphysique est double : d'une part, une *métaphysique de la nature*, d'autre part une *métaphysique des mœurs*.

La « métaphysique dans le sens étroit de ce mot » est la métaphysique de la nature et se compose de la philosophie transcendantale qualifiée du terme classique d'*ontologie*[1] et de la « *physiologie* de la raison pure ». Cette dernière porte sur la nature comprise comme « ensemble des objets *donnés* » (B 873) ce qui doit s'entendre en un double sens, selon un double usage de la raison : immanent et transcendant : à la première correspond l'étude de la nature corporelle (physique rationnelle) et de la nature pensante (psychologie rationnelle), rassemblées toutes les deux sous le titre de « physiologie rationnelle ». À la seconde correspond la « *connaissance transcendantale du monde* » (B 874), son objet étant la « liaison des objets de l'expérience qui dépasse toute expérience » (B 873 *sq.*) et la « *connaissance transcendantale de Dieu* », c'est-à-dire la connaissance de « l'union de toute la nature avec un être au-dessus de la nature » (B 874).

La *Critique* n'est donc pas une métaphysique comme le rappelle Kant dans la lettre à Garve du 7 août 1783 : « [...] ce n'est pas du tout de métaphysique que je traite dans la *Critique*, mais d'une science tout à fait neuve et jusqu'à présent négligée, à savoir la critique d'une raison jugeant *a priori* »[2] ; il la qualifie néanmoins, dans un (projet de ?) lettre à Marcus Herz comme « *métaphysique de la métaphysique* »[3]. Mais ce qu'il faut prendre au sérieux, c'est la remarque d'après laquelle la *Critique* trace *le plan entier de la philosophie transcendantale* par où il faut entendre non simplement le plan d'une nouvelle ontologie au sens de la remarque en B 873, mais de la « métaphysique dans le sens étroit de ce mot ». On sait que celle-ci est demeurée un projet inachevé – ce qui n'est pas contredit par la remarque de

1. Cf. *Réflexion* 5130, Ak. XVIII 100.
2. *Lettre à Christian Garve du 7 août 1783*, Ak. X 340 ; OP II 179.
3. *Lettre à Marcus Herz après le 11 mai 1781*, Ak X 269.

Kant dans la *Déclaration à l'égard de la Doctrine de la science de Fichte* (1799) où nous lisons que

> la prétention de me prêter le dessein d'avoir simplement voulu produire une *propédeutique* à la philosophie transcendantale, et non le *système* même de cette philosophie, m'est incompréhensible. Un tel dessein n'a jamais pu me venir à l'esprit puisque j'ai moi-même prôné la totalité accomplie de la philosophie pure, dans la C.R.P., comme la meilleure marque de sa vérité [1].

Quelle est l'intention poursuivie dans la *Critique*? Là encore, il s'agit de différencier. C'est sans doute dans les deux *Préfaces* et dans certains passages de *l'Introduction* que nous sommes d'abord renseignés sur celle-ci. Dans la *Préface* B, Kant parle de la *Critique* comme d'un « traité de la méthode » (B XXII) dont le but est de « changer la démarche jusqu'ici suivie en métaphysique » (B XXII), d'opérer une révolution complète « à l'exemple des géomètres et physiciens » (B XXII) en vue d'amener cette discipline sur la « voie sûre de la science » – l'expression revenant à neuf reprises dans cette *Préface* [2]. L'insistance de Kant sur cette question de la scientificité de la métaphysique est plus prononcée dans la seconde édition que dans la première, comme en témoignent non seulement la Préface, mais aussi les points V et VI de l'Introduction, absents de l'édition A.

En effet, la *Préface* A ne parle pas de la voie sûre de la science à propos de la métaphysique, mais insiste, sur la base du constat que la métaphysique, en raison des contradictions qui y règnent, ressemble à un « champ de bataille » (A VIII), plutôt sur le travail d'auto-connaissance de la raison comme étant la tâche la plus difficile (A XI). Le projet de la *Critique*, compris comme critique du pouvoir de la raison (A XII), est entrepris en vue de décider *de la possibilité ou de l'impossibilité d'une métaphysique en général* (A XII). Or, la *Préface* B et l'*Introduction* différencient entre une métaphysique *naturelle* bien réelle et correspondant à un besoin spécifique de la raison (B 21) et une métaphysique *comme science* et poseront, dans cette perspective, la question autrement: comment la métaphysique doit-elle être réformée pour devenir *une science*? ou « comment la métaphysique est-elle possible à titre de science? » (B 23) Mais à cette question s'ajoute maintenant une autre et c'est elle qui va donner son sens à d'importants développements de la *Dialectique transcendantale*, à savoir la question: « Comment la

1. *Déclaration à l'égard de la Doctrine de la science de Fichte*, Ak. XII 397; OP III 1211 *sq*.

2. *Cf.* M. Wundt, *Kant als Metaphysiker* (1924), (rep. Hildesheim, Olms, 1984), p. 186.

métaphysique est-elle possible à titre de disposition naturelle ? » (B 23). Il faut convenir toutefois que la question de 1781, moins précise il est vrai, peut se lire dans le sens de la formulation de 1787.

On voit se dessiner une orientation de l'interrogation kantienne qu'il faut préciser. S'il ne fait pas de doute qu'à la question de la possibilité de la métaphysique *comme science* correspond, du moins à un premier niveau d'approche, cette autre question dont Kant dit qu'elle constitue le « problème propre » (*eigentliche Aufgabe*) de la raison pure » (B 19), à savoir : comment des jugements synthétiques *a priori* sont-ils possibles ? – l'ultime question étant celle de savoir comment la métaphysique est possible *comme système*, celui-ci étant à comprendre comme la forme scientifique du tout[1] – la question de la possibilité de la métaphysique comme *disposition naturelle* est à considérer comme une sorte de corollaire dans la mesure où l'enquête transcendantale a à élucider « la nature de la raison humaine universelle » (B 22) qui est donc à l'œuvre aussi bien là où il s'agit de connaissances (scientifiques) que là où il y va du besoin tout à fait singulier de la raison qui consiste, comme le dit la première phrase sur laquelle tombe le lecteur de la *Critique* (dans l'édition A), en ce que « la raison humaine a cette destinée particulière, dans un genre de ses connaissances, d'être accablée de questions qu'elle ne peut écarter ; car elles lui sont proposées par la nature de la raison elle-même » (A VII). Il est vrai que Kant prend, dès cette première phrase, le soin d'anticiper en quelque sorte le résultat de son analyse transcendantale en ajoutant que la raison ne peut pas répondre à ces questions, puisqu'elles « dépassent tout pouvoir de la raison humaine » (A VII). Entendons dès ce commencement le sens possible de cette dernière remarque. Comment concilier cette affirmation avec celle qui dit que ces "connaissances" qui vont au-delà du monde sensible ont une importance beaucoup plus grande – Kant va jusqu'à affirmer qu'elles ont une « visée finale beaucoup plus sublime que ce que l'entendement peut apprendre dans le champ des phénomènes » ? Et de les nommer : Dieu, la liberté et l'immortalité (B 7) qui sont à considérer comme des *problèmes inévitables* ou, comme le diront les *Prolégomènes* « la fin la plus élevée de cette science »[2].

Ce terme de « problème » (*Aufgabe*) doit s'entendre au sens d'une tâche, de ce qu'il est donné à la raison d'exécuter. Mais comment ?

1. *Cf.* R. Theis, « Science et système » dans *Kant. La science, les sciences. Actes du IXe congrès de la Société d'études kantiennes de langue française*, éd. par S. Grapotte et M. Lequan, Paris, Vrin, 2011, p. 43 *sq*.

2. *Prolégomènes* § 4 ; Ak. IV 271 ; OP II 36.

Dans la sixième partie de l'Introduction, parlant des questions naturelles de la raison, Kant dit que cette dernière tombe dans des contradictions inévitables lorsqu'il s'agit d'y donner des réponses tant qu'elle procède de façon dogmatique et que c'est pour cette raison que s'impose l'enquête critique.

La Préface B sera explicite en anticipant le résultat de cette enquête : distinguant entre la métaphysique dans sa première partie, à savoir l'ontologie, et la métaphysique dans sa seconde partie, à savoir la théologie, la cosmologie et la psychologie rationnelles, Kant dira que la première atteindra la « voie sûre de la science » (B XVIII). En revanche, l'enquête transcendantale aboutira, quant à la question de la scientificité de la métaphysique dans sa seconde partie à « un résultat étrange et en apparence très préjudiciable à sa fin complète » (B XIX), à savoir qu'avec le pouvoir de connaître a priori, on ne peut pas aller au-delà des limites de l'expérience possible.

L'enquête transcendantale doit se lire dès lors à deux niveaux : d'une part – et c'est le niveau fondamental – comme une enquête sur la « pouvoir de la raison », ce qui signifie en premier lieu sur la différenciation même de ce pouvoir comme entendement, faculté de juger et raison, ceci en fonction de ce qui est défini comme fil conducteur même de l'enquête, à savoir la question de la compétence cognitive dans ce qu'elle a d'*a priori*. Enquête inspirée par les « révolutions » dans les sciences et plus particulièrement par les avancées de la physique mathématique de Newton :

> Je devais penser que l'exemple de la mathématique et de la physique, qui sont devenues par l'effet d'une révolution produite d'un coup, ce qu'elles sont maintenant, était assez remarquable pour réfléchir au point essentiel du changement dans la façon de penser qui leur a été si avantageux, et pour les imiter ici, du moins à titre d'essai, autant que le permet leur analogie, comme connaissances rationnelles, avec la métaphysique (B XV *sq.*).

Dans cette perspective, l'enquête prend la forme d'une *Logique*, plus exactement d'une Logique transcendantale. Du point de vue de la construction de l'œuvre, on remarque que Kant en propose une organisation en une théorie des éléments et une théorie de la méthode – ce qui correspond au schéma du cours de Logique qu'il a fait publier par son élève G.B. Jäsche. Mais à l'opposé de la logique générale qui fait abstraction de tout contenu de la *connaissance*, la logique transcendantale a affaire « aux lois de l'entendement et de la raison, mais uniquement en tant qu'elle se rapporte à des objets *a priori* » (B 81 *sq.*).

La *Critique* enquêtera aussi sur cet usage de la raison (au sens étroit du terme) qui *dépasse* l'expérience, ceci en vue de montrer comment celui-ci s'inscrit *d'un point de vue transcendantal* dans la nature même de la raison, usage dont la fonction spécifique sera précisément, comme on le montrera plus loin, de porter à leur *achèvement*, c'est-à-dire de penser dans leur possibilité même et dans leur enchaînement systématique, l'ensemble des connaissances. C'est à ce propos que la *Critique* esquissera le projet d'une *autre* métaphysique.

À un second niveau seulement viendra ensuite cette autre tâche de la *Critique* qui, il est vrai, s'est imposée à l'avant-plan dès la première réception de la *Critique* – qu'on songe à la remarque désabusée de M. Mendelssohn dans l'introduction aux *Heures matinales* de l'« *alleszermalmende Kant* » – à savoir la déconstruction des argumentations de la métaphysique "dogmatique" dans les disciplines de la métaphysique dite spéciale. En fait, cette réception défigure le véritable ordre de cette partie de la *Critique* qu'est la *Dialectique transcendantale.*

Si par rapport à l'*Analytique* qui se comprend comme une logique de la vérité, la *Dialectique* est qualifiée de logique de l'apparence, il faut interpréter cela, certes, en direction de la déconstruction précédemment mentionnée, mais on est tout aussi – sinon plus – autorisé à comprendre cette logique de l'apparence comme l'indice de ce que, en dépassant (et comme on le verra : nécessairement) les limites de l'expérience, il se joue autre chose pour la raison, à savoir une redéfinition du statut d'un discours qui, comme dévalué d'un point de vue épistémique, demeurera nécessaire et nécessairement signifiant. Si Kant affirme dans la Préface B qu'il a dû « supprimer (*aufheben*) le *savoir*, pour trouver une place pour la *foi* » (B XXX), ce n'est pas exclusivement en direction de la foi morale qu'il faut lire cette remarque, mais aussi (et peut-être même d'abord) en direction d'une « foi doctrinale » (B 853), d'un non-connaissable (du point de vue des acquis de l'*Analytique*) mais néanmoins *nécessairement* à penser. Ce n'est pas qu'il s'agisse ici d'une sorte d'aveuglement de la raison, mais bien au contraire d'une lucidité qui consiste dans le fait de savoir (d'un point de vue transcendantal) que le discours dans et à travers lequel s'articule et se dit la recherche de l'inconditionné, dans ce qu'il a nécessairement d'affirmatif voire d'apodictique, a l'apparence d'une connaissance, mais n'épuise précisément pas par là son objet en le soumettant aux conditions de la connaissance finie.

Cette leçon de modestie de la raison concernant ses prétentions cognitives – la foi étant l'expression même « de la modestie au point de vue objectif » (B 855) – s'inscrit ultimement dans le cadre esquissé dès la fin de l'Introduction de la *Critique* (et repris plusieurs fois ultérieurement), à savoir qu'il y a « deux souches de la connaissance humaine, qui viennent peut-être d'une racine commune, mais inconnue de nous, à savoir la *sensibilité* et *l'entendement* » (B 29) et que par la première, les objets nous sont *donnés* tandis que par le second ils sont pensés (B 29; B 74; B 314). Cette thèse constitue une sorte de mise en garde du lecteur dans ce sens qu'elle le prépare à une réorganisation même de la théorie transcendantale des éléments qui devra commencer par une enquête sur la sensibilité. Geste hautement programmatique ou stratégique, à savoir « interdire dès le départ toute entreprise de connaissance théorique du non-sensible en enchaînant en quelque sorte la raison théorique à l'expérience sensible possible » [1] – mieux : à inscrire la démarche de la connaissance humaine dans ce qui en constitue la marque la plus fondamentale, à savoir sa *finitude* dont on retrouve constamment l'écho dans les *Critiques* et d'après lequel, « pour nous autres hommes » (B 33), toute pensée, tout concept doit se rapporter ultimement à des intuitions.

C'est en définitive cette mise en perspective de la connaissance humaine qui va commander l'organisation de l'analyse transcendantale et en fin de compte, la question à propos de laquelle tout se joue, à savoir comment penser l'unité de la connaissance objective et la nécessaire recherche d'un inconditionné non connaissable mais néanmoins nécessairement pensé.

Nous nous sommes attaché, dans ce qui précède, à identifier la finalité de la *Critique* à partir du projet même d'une réforme de la métaphysique entreprise dans le but d'en faire une science. Si c'est l'enquête sur le pouvoir de la raison qui y constitue le fil conducteur, cette dernière n'est cependant pas comprise dans sa totalité par la mise en lumière de sa seule structure transcendantale. Certes, dans le discours de la *Critique*, nous ne trouvons que des allusions à une autre mise en perspective possible de l'œuvre. C'est autour de la distinction entre la philosophie au *sens scolastique* et au *sens cosmique* qu'on peut la percevoir (B. 866). Soyons clair : cette distinction ne concerne pas l'écriture même de la *Critique*, mais porte sur la double signification de la *philosophie*. Il n'en reste pas moins qu'il y est question de la *raison humaine*. En ce qui concerne la philosophie au sens cosmique, elle est comprise comme la « science du rapport de toute connaissance aux fins essentielles de la raison humaine » (B 867). Or, dit Kant, ces fins essentielles, il faut les distinguer de la fin suprême qui ne peut être « qu'une seule » (B 868), à savoir la *destination totale de l'homme*, « et la philosophie qui porte sur cette destination s'appelle morale » (*ibid.*). Mais cette question ne pourra être abordée que sous les prémisses des

1. Boyer, *Hors du temps. Un essai sur Kant*, *op. cit.*, p. 44.

acquis de la *Critique* qui constitue une propédeutique au système. Si celle-ci est autonome dans ses développements systématiques, elle demeure sous-tendue par l'idée focale de la philosophie morale.

REMARQUE PRÉLIMINAIRE : LES RÉSULTATS DE L'*ANALYTIQUE TRANSCENDANTALE*

Nous pourrons nous limiter dans le cadre de l'interrogation particulière qui est la nôtre à quelques remarques succinctes au sujet des *résultats* de la première division de la *Logique transcendantale*, à savoir l'*Analytique transcendantale* qui consiste, selon le mot de Kant, « dans la décomposition de toute notre connaissance *a priori* dans les éléments de la connaissance pure de l'entendement » (B 89).

Au chapitre sur le « principe de la distinction de tous les objets en général en phénomènes et noumènes » par lequel se termine l'*Analytique transcendantale* (B 294 *sq.*), nous lisons que celle-ci a l'important résultat « de montrer que l'entendement ne peut faire davantage *a priori* que d'anticiper la forme d'une expérience possible en général » (B 303) et que « ses principes sont simplement des principes de l'exposition des phénomènes » (*ibid.*). Cette thèse, déjà rencontrée dans les *Réflexions du Manuscrit de Duisbourg*[1] a une pointe épistémologique avant d'avoir une portée ontologique voire métaphysique : d'un point de vue épistémologique, elle signifie un abandon de toute possibilité d'accéder par la pensée aux déterminations concernant l'essence et les attributs des choses considérés comme en constituant la forme même. La pensée, dans la mesure où elle s'articule dans les concepts purs que sont les catégories et dans la mesure où elle s'organise grâce aux principes fondamentaux de l'expérience, moyennant lesquels la *Dissertation* de 1770 et la lettre à Herz de février 1772 pensaient encore pouvoir obtenir une connaissance des choses *in sensu reali*, reste en dernière instance, *extérieure* à la chose même. Le travail de l'*Analytique* aboutit donc, sur la base d'une décision épistémologique, à un *appauvrissement ontologique* que reflète la formule d'après laquelle « le nom orgueilleux d'une ontologie, qui prétend donner des choses en général des connaissances synthétiques *a priori* [...], doit faire place au nom modeste d'une simple analytique de l'entendement pur » (B 303).

1. *Réflexion* 4674 Ak. XVII 643 ; *Réflexion* 4677 ; Ak XVII 658 ; *Réflexion* 4678 ; Ak. XVII 660 etc.

Mais si appauvrissement il y a d'un côté, force est de constater d'un autre côté qu'il y a comme une sorte de rééquilibrage de la thèse particulièrement restrictive de la perspective strictement immanente des catégories par l'introduction du corrélat des phénomènes, à savoir les noumènes : aux objets donnés à titre de phénomènes, écrit Kant, nous leur opposons – du moins comme problèmes (*Aufgaben*) – des natures en soi ou encore « d'autres choses possibles qui ne sont nullement des objets de nos sens » (B 306), mais que l'entendement (!) « doit penser [...] comme choses en soi » (B 307). Cette remarque au sujet du noumène ne doit pas être comprise comme si le noumène était un autre objet que le phénomène, mais bien plutôt comme étant l'autre face de l'objet[1], il est vrai sa face non intuitionnable[2], son substrat extra- ou suprasensible[3] qui demeure donc immanquablement pour nous un « quelque chose en général » (*ibid.*), mais elle renvoie quand même à une sorte d'"ontologie blanche", une pensée sans déterminations objectives : le *noumène au sens négatif*[4]. Nous allons voir plus loin que ce sera à propos de l'idée théologique (au sens de l'idéal transcendantal) que cette "ontologie blanche" fera son entrée.

> La doctrine de la sensibilité est [...] la doctrine des noumènes dans le sens négatif, c'est-à-dire des choses que l'entendement doit penser, sans ce rapport à notre mode d'intuition, par conséquent non simplement comme phénomènes, mais comme choses en soi, mais en comprenant en même temps, à leur propos dans cette abstraction, qu'il ne peut faire aucun usage de ses catégories dans cette matière de les considérer » (B 307 *sq.*).

Quelle que soit l'interprétation que l'on donne du noumène (positif ou négatif), le concept même est un concept simplement *problématique* par où il faut entendre « un concept qui ne renferme pas de contradiction, qui aussi, comme limitation de concepts donnés, s'enchaîne à d'autres

1. La Préface B dit que nous devons pouvoir penser « eben dieselben Gegenstände » (*i.e.* les objets de l'expérience) également comme choses en soi (B XXVI).

2. *Cf.* Wundt, *Kant als Metaphysiker*, *op. cit.*, p. 208.

3. *Sur une découverte selon laquelle toute nouvelle critique de la raison pure serait rendue superflue par une plus ancienne*, Ak. VIII 207 ; OP II 1334.

4. En B 307, Kant distingue, il est vrai, entre le noumène au sens négatif et au sens positif, ce dernier étant l'objet d'une intuition non sensible (qui n'est pas la nôtre) et qui, d'après une remarque en B 72 semble convenir seulement à l'Être originaire. Or, en B 342, il est question d'une intuition non sensible comme étant celle qui porte sur le noumène « dans cette signification simplement négative ». Il nous semble que D.H. Heidemann interprète la distinction entre phénomènes et chose en soi d'une manière trop exclusivement épistémologique (*cf.* « Appearence, Thing-in-itself and the Problem of the Skeptical Hypothesis » dans *Kant's Idealism*, éd. par D. Schulting et J. Verburgt, Springer, 2011, p. 198).

connaissances, mais dont la réalité objective ne peut être connue en aucune manière » (B 310).

La *Critique* aborde le problème du noumène en premier lieu dans le cadre de la discussion de la démarcation épistémologique du champ de ce qui est objectivement connaissable, donc en relation avec le concept de phénomène.

Mais la citation en B 306 laisse entrevoir encore une deuxième sorte d'objets : « d'autres choses possibles qui ne sont nullement des objets de nos sens ». À moins d'être redondant, Kant pense ici aux objets suprasensibles au sens de ceux dont traite la métaphysique dans sa deuxième partie, à savoir Dieu, l'immortalité et la liberté/le monde. Ceci est confirmé par une remarque des *Prolégomènes* où il est dit :

> Nous devons donc penser un être immatériel, un monde intelligible et un Être suprême entre tous les autres (les purs noumènes), parce que la raison ne rencontre que dans ces êtres en tant que choses en soi l'accomplissement et la satisfaction qu'elle ne peut jamais espérer trouver en dérivant les phénomènes de fondements qui leur sont homogènes [1].

Cette remarque des *Prolégomènes* rejoint par ailleurs ce que nous avons dit plus haut, à savoir que la raison, entendue dans sa fonction transcendantale, est orientée vers l'achèvement des connaissances signifié dans ces concepts. Que celui-ci prenne forme dans le système comme perfection logique n'y est pas dit explicitement, mais se laisse aisément montrer comme on le verra par la suite.

LA THÉORIE DES IDÉES TRANSCENDANTALES

Nous pourrons maintenant aborder d'une manière plus précise l'étude de la *Dialectique transcendantale*. Cette seconde partie de la *Logique transcendantale* (qui contient un certain nombre de faiblesses dues, selon certains interprètes, au caractère compilateur de l'œuvre et donc au fait que s'y retrouvent des argumentations provenant de strates d'élaboration plus ou moins anciennes) débute par une introduction en deux parties (*Introduction* I et II), suivie de deux Livres dont le premier traite du « système des idées transcendantales » (B 390 *sq.*), le second – le plus long – des « raisonnements dialectiques de la raison pure » (B 396 *sq.*) et se termine par un *Appendice* sans titre (B 670 *sq.*).

1. *Prolégomènes*, § 57 ; Ak. IV 354 *sq.* ; OP II 139.

Comme on l'a déjà fait remarquer, ce fut le deuxième livre de la *Dialectique transcendantale* qui a connu la réception la plus large du fait de la critique des thèses de la métaphysique spéciale qui y est entreprise sous les titres de « paralogisme de la raison pure » (B 399 *sq.*), d'« antinomie de la raison pure » (B 432 *sq.*) et d'« idéal de la raison pure » (B 595 *sq.*) – une réception favorisée d'une certaine façon par Kant lui-même, notamment quand il note à propos de la deuxième partie de la Logique transcendantale qu'elle doit être une critique de l'apparence dialectique et qu'elle s'appelle *Dialectique transcendantale* entendue

> comme une critique de l'entendement et de la raison à l'égard de leur usage supraphysique, pour mettre à découvert l'apparence fausse où conduisent des ambitions sans fondement, et ramener leurs prétentions d'invention et d'extension, que la raison se figure atteindre simplement au moyen de principes transcendantaux, à la simple évaluation de l'entendement pur et à la préservation de l'illusion sophistique (B 88).

Cette mise en relief de la *pars destruens* de la *Dialectique* crée un certain déséquilibre et risque de faire perdre de vue l'aspect éminemment *constructeur* de cette partie de la *Critique*. Dans ce sens, il importe d'insister sur la place *angulaire* des Introductions, du Premier Livre et, dans une non moindre mesure, de l'Appendice en vue d'une intellection adéquate de la *Dialectique*. En effet, c'est dans ces parties de l'œuvre que nous rencontrons la *pars construens* de la théorie transcendantale en tant que théorie d'une métaphysique de l'achèvement sous la forme d'une « métaphysique des idées ».

La *Dialectique* commence (Introduction I) par un petit chapitre intitulé « De l'apparence transcendantale » (B 349 *sq.*). Celui-ci a une signification comparable à celle de l'*Esthétique transcendantale* au début de la *théorie transcendantale des éléments*. Kant y parle de certains principes dont « l'usage ne s'applique jamais à l'expérience » (B 352), qualifiés de principes transcendants. Rappelons qu'il en avait déjà été question dès les premières lignes de la Préface A où Kant note que la raison « se voit contrainte de se réfugier dans des principes qui dépassent tout usage possible de l'expérience – des « principes effectifs » (*wirkliche Grundsätze*) (B 352). Or, ceux-ci se voient exposés à une *apparence transcendantale*. Dans l'Introduction I, Kant ne nous dit pas (encore) quels sont ces principes. En fait, il reviendra plus tard sur cette question lorsqu'il traitera de la maxime logique de la raison qui consiste à rechercher pour toute connaissance d'entendement l'inconditionné, maxime dont le pendant transcendantal et synthétique – le principe de la raison pure – sera que si le conditionné est donné, toute la série des conditions subordonnées est donnée, c'est-à-dire qu'elle est contenue dans l'objet et sa liaison (B 364). Et Kant d'ajouter que de ce principe (*Prinzip*) suprême découlent des principes ou propositions fondamentales (*Grundsätze*) qui sont transcendants par rapport à tous les phénomènes (B 365).

En quel sens donc sont-ils exposés à une apparence transcendantale ? Il faut d'abord signaler, en quelque sorte à titre préventif, qu'une lecture synoptique des textes kantiens à propos du *Schein* ne permet pas de faire ressortir une trajectoire homogène. Dans l'Introduction I, Kant dit que cette apparence « nous entraîne tout à fait hors de l'usage empirique des catégories et nous abuse par l'illusion (*Blendwerk*) d'une extension de l'*entendement pur* » (B 352). Par ailleurs, il soutient à maintes reprises que l'apparence consiste, d'une manière générale, en ce que des principes subjectifs, c'est-à-dire des principes relevant de la seule nécessité de la raison, de son *Bedürfnis*, sont considérés comme (ou confondus avec) des principes objectifs des choses en soi [1]. Ce ne sont donc nullement les principes en question qui sont des principes apparents, mais c'est à propos de leur *interprétation* que naît une apparence. En B 670, Kant note toutefois que les principes de la raison (qualifiés ici d'idées) *produisent* une apparence dont il est dit qu'elle est inévitable. Les *Prolégomènes* disent que les idées « comportent (*bei sich führen*) une apparence » [2] inévitable. L'apparence consisterait donc en ce que l'affirmation du principe sous la forme « l'inconditionné est donné » signifie « il y a » une chose correspondant à l'idée en question. Or, dans la mesure où la première affirmation est nécessaire, l'apparence l'est également. Pourquoi ?

La réponse à cette question nous conduit à l'analyse même de la *raison* comme « siège de l'apparence transcendantale » (B 355). Kant conçoit la raison au sens étroit du terme comme pouvoir de l'unité suprême de la pensée. Dans ce sens, elle constitue le terme d'un processus d'unification qui commence dans la sensibilité et passe de là à l'entendement :

> Toute notre connaissance commence par les sens, passe de là à l'entendement et finit par la raison. Il n'est pas en nous de faculté au-dessus de cette dernière, pour élaborer la matière de l'intuition et pour la ramener sous la plus haute unité de la pensée (B 355).

Or, cet achèvement dans l'unification des connaissances s'effectue nécessairement sous la direction de principes ultimes. Dans ce sens aussi,

1. Cf. *Réflexion* 2247, Ak. XVI 285 ; *Réflexion* 2649, Ak. XVI 449 ; *Réflexion* 5058, Ak. XVIII 75 ; *Réflexion* 5553, Ak. XVIII 227 ; *Prolégomènes*, § 40, Ak. IV 328 ; OP II 106, et § 55, Ak. IV 348 ; OP II 131 ; Logique, Ak. IX 54.

2. *Prolégomènes*, § 40 ; Ak. IV 328 ; OP II 106.

Kant définit la raison comme « pouvoir des principes ». Cette définition constitue le concept « plus élevé de cette source de connaissances » (B 356) dans la mesure où il subsume sous soi le pouvoir logique *et* le pouvoir transcendantal (ou pur) de cette faculté. Considérée comme pouvoir logique, donc en faisant abstraction de tout contenu de la connaissance, on dira que la raison est le *pouvoir de raisonner*. Considérée en revanche comme pouvoir transcendantal, la raison est, à l'instar de l'entendement, une source de concepts [1]. Ce sera, conformément à la thèse déjà annoncée dans l'*Analytique*, la forme *logique* de la raison qui servira de fil conducteur pour la raison à la découverte des concepts spécifiques dont la raison est le siège.

Dans la *Logique*, Kant définit l'activité logique de la raison, à savoir le raisonnement, de la façon suivante : « Un raisonnement est la connaissance de la nécessité d'une proposition grâce à la subsomption de sa condition sous une règle générale donnée » [2]. La forme canonique du raisonnement est le syllogisme dont la proposition majeure exprime la règle générale. Or, celle-ci énonce une relation entre ce que Kant appelle une connaissance et sa condition (B 361). Les types de relations étant définis dans la table des jugements (catégorique, hypothétique, disjonctif), il s'ensuit qu'il y aura autant de raisonnements que de tels types.

Or, à propos d'un jugement donné (donc d'une connaissance), on peut se demander quelle en est la règle générale (la majeure) sous laquelle il peut être subsumé. Dans ce sens (celui d'une déduction régressive), la raison cherche, conformément à la maxime qui sous-tend son usage logique, à ramener la multiplicité des connaissances (considérées comme des conclusions de raisonnements) à un minimum de principes et elle cherche par là, conformément à sa tendance générale, à accomplir la plus haute unité.

Comment penser, à partir de là, la maxime *transcendantale* de la raison laquelle commande celle-ci dans son usage réel ? Celle-ci est, comme on l'a déjà fait remarquer, un principe synthétique ou un principe de la raison pure grâce auquel la raison pose comme donné, au titre d'un premier terme, l'inconditionné. En d'autres termes, dans la mise en relation d'une connaissance donnée dans un jugement d'expérience, c'est-à-dire la détermination à titre d'objet de la connaissance d'un phénomène grâce à

1. Il est vrai qu'en B 435, Kant affirmera que seul l'entendement est source de concepts purs et transcendantaux et que la raison « ne produit proprement aucun concept », mais qu'elle affranchit tout au plus le concept des restrictions inévitables d'une expérience possible ».

2. Cf. *Logique*, § 56, Ak. IX 120.

l'activité de l'entendement, avec sa condition immédiate (exprimée dans la majeure d'un syllogisme), la raison pose asymptotiquement *de façon synthétique* la série complète des conditions. Cet inconditionné se différencie, selon les différentes formes de mise en relation, en inconditionné de la synthèse catégorique, hypothétique et disjonctive.

La question qui se pose au sujet de ce principe transcendantal – dont Kant prend tout de même soin de préciser qu'il s'agit peut-être plutôt d'une pétition que d'un postulat (B 366)[1] – concerne la collision avec le critère des conditions d'objectivité telles qu'elles ont été définies dans l'*Analytique*. Kant y a différencié entre la *pensée* d'un objet et sa *connaissance* :

> *Penser* un objet et *connaître* un objet, ce n'est [...] pas une seule et même chose. À la connaissance appartiennent en effet deux éléments : premièrement le concept, par lequel, en général, un objet est pensé (la catégorie) et deuxièmement l'intuition par laquelle il est donné; car si une intuition correspondante ne pouvait pas du tout être donnée au concept, il serait une pensée quant à la forme, mais sans aucun objet, et absolument aucune connaissance de quelque chose ne serait possible par lui; car [...] *il n'y aurait* et ne *pourrait* y avoir *rien* à quoi ma pensée pût être appliquée (B 146).

Qu'en est-il dès lors des conditions inconditionnées affirmées nécessairement comme *données* là où la raison établit une liaison entre une connaissance et sa condition ? S'il n'est pas possible d'avoir une intuition de la totalité des conditions et donc non plus de ce qui en constitue le terme premier, il ne saurait non plus y avoir de *connaissance* possible, en d'autres termes, l'affirmation synthétique de la raison s'avère être une *synthèse sans objet*. Est-ce à dire alors que les concepts de la raison qui signifient les conditions inconditionnées comme correspondant à des objets sont des fictions arbitraires ? L'acte synthétique de la raison, s'il s'avère être nécessaire et s'il reste tout aussi nécessairement sans objet, doit être entendu comme un *acte problématique* par où il faut entendre un acte qui signifie une tâche (*Aufgabe*) de la raison humaine. Les concepts en question sont donc à comprendre comme des concepts problématiques dans la mesure où ils ne donneront jamais lieu à une *connaissance*. De tels concepts sont qualifiés par Kant d'*idées* :

> J'entends par idée un concept nécessaire de la raison auquel aucun objet qui lui corresponde ne peut être donné dans les sens. Ainsi les concepts

1. *Cf.* aussi, *Réflexion* 5553, Ak. XVIII 223.

> purs de la raison [...] sont des *idées transcendantales*. Ce sont des concepts de la raison pure, car ils considèrent toute connaissance d'expérience comme déterminée par une totalité absolue des conditions. Ils ne sont pas forgés arbitrairement, mais ils nous sont donnés comme tâche par la nature même de la raison, et c'est pourquoi ils se rapportent d'une manière nécessaire à tout l'usage de l'entendement. Ils sont enfin transcendants et dépassent les limites de toute expérience, où il ne peut donc jamais se trouver un objet adéquat à l'idée transcendantale (B 383 *sq.*).

Nous obtenons ici des indications précieuses sur le concept de la raison dans son rapport à l'entendement : la raison est véritablement *l'achèvement* de l'entendement dans la mesure où il guide la synthèse progressive qui s'y réalise.

Comment lire, à partir de ce qui a été dit précédemment, les remarques de Kant qui ramènent les conditions inconditionnées à trois *classes* qualifiées a) d'unité absolue du sujet pensant qui correspond à l'objet de la psychologie, b) d'unité absolue de la série des conditions du phénomène ou à l'ensemble de tous les phénomènes qui correspond à l'objet de la cosmologie, c) d'unité absolue des conditions de tous les objets de la pensée en général qui correspond à l'être de tous les êtres, objet de la théologie (B 391) ?

Il y a d'abord lieu de faire remarquer que les trois objets de la métaphysique dite spéciale énumérés ici ne correspondent qu'en partie à ce que Kant qualifie habituellement comme étant ce dont traite la métaphysique. Ne mentionnons à ce propos que la note ajoutée dans la seconde édition suite au développement précédent où il dit que la métaphysique a « pour fin propre de ses recherches [...] trois idées : Dieu, la liberté et l'immortalité » (B 395 *note*)[1]. Dans cette note, Kant dit qu'il existe « une certaine cohérence et une certaine unité » (B 394) entre les idées.

Les explications qu'il donne au sujet du lien entre les conditions inconditionnées relevant des différents types de synthèse et les idées de la métaphysique dite spéciale demeurent cependant imprécises. Dans l'Introduction, il dit simplement que ce ne sera

> que dans une exposition complète que l'on pourra comprendre clairement comment la raison, uniquement par l'usage synthétique de la même fonction dont elle se sert pour le raisonnement catégorique, doit en venir nécessairement au concept de l'unité absolue *du sujet pensant*, comment le procédé logique qu'elle emploie dans les raisonnements hypothétiques la conduit de même à l'idée de l'inconditionné absolu dans une *série* de

1. *Cf.* par exemple, B XXX ; B 7.

conditions données; enfin comment la simple forme du raisonnement disjonctif appelle nécessairement le concept suprême de la raison, celui d'un *être de tous les êtres*, pensée qui au premier regard paraît extrêmement paradoxale (B 392 *sq.*).

Ce que Kant conjoint dans la théorie des idées (conditions inconditionnées de la synthèse *et* objets de la métaphysique spéciale) doit se lire, nous semble-t-il, dans deux directions différentes (dont il s'agit bien entendu de comprendre l'unité) : d'une part en direction d'une problématique ayant trait à l'organisation *systématique* des connaissances telle qu'elle est envisagée dans l'idée même de l'enquête critique. Dans ce sens, les idées transcendantales constituent les principes d'organisation de l'ensemble des connaissances. D'autre part en direction de ce qui constitue à proprement parler la finalité de la *Critique* à savoir la *réforme de la métaphysique*. Or, dans cette perspective, l'analyse de la raison (au sens étroit du terme) a pour but de montrer que ce qui se joue dans la métaphysique réellement existante, à savoir le traitement de la question de Dieu, de l'immortalité de l'âme et de la liberté (avec son corrélat le monde)[1], n'est, en dépit de toutes les apories – qu'on se souvienne de la métaphore du « champ de bataille » – rien de contingent, mais correspond à un *besoin inévitable de la raison*. En d'autres termes, les questions cardinales de la raison et donc de la métaphysique demeureront tant que demeurera la raison humaine. Le travail critique a pour but de montrer comment leur traitement est à entreprendre à la lumière des acquis de l'autoconnaissance de la raison entreprise dans l'*Analytique transcendantale*[2]. C'est aussi en fonction de ce constat qu'il faut lire la critique développée au deuxième Livre de la *Dialectique transcendantale*. Il s'agit en l'occurrence – du moins quant à sa signification – de la critique d'une raison non encore éclairée sur ses propres compétences et *non* d'une critique dont l'intention inavouée serait de "détruire" la métaphysique. En déniant à la raison la possibilité d'un discours dogmatique au sujet de Dieu, de l'immortalité et de la liberté, Kant entend montrer deux choses en ce qui concerne la raison dans son usage théorique : a) que l'enquête sur le réel (connaissable à un titre scientifique) ne saurait être le dernier mot de la raison, mais que ce réel est susceptible encore d'une autre interprétation qui s'organise à partir de

1. Liberté et monde sont deux faces d'une même problématique, à savoir celle de la *causalité*.

2. *Cf.* R. Theis, « Kants Ideenmetaphysik. Zur "Einleitung" und dem "Ersten Buch" der "Transzendentalen Dialektik" » dans *Kants Grundlegung einer kritischen Metaphysik. Einführung in die "Kritik der reinen Vernunft"*, éd. par N. Fischer, Hamburg, Meiner, 2010, p. 199-214.

l'idée d'une unité systématique et qui sera comprise ultimement comme unité finale inscrite dans la nature même des choses en général (B 722); b) que les "objets" métaphysiques sont précisément l'autre de la raison et que la raison humaine, tout en étant en mesure de les signifier dans des concepts, doit en dernière instance se rendre compte que les concepts demeurent en deçà des choses mêmes qu'ils signifient[1].

LA QUESTION THÉOLOGIQUE I

La question qui aura à nous intéresser maintenant est de savoir comment l'idée *théologique* est conçue dans le cadre de la *Dialectique* et en quel sens culminent et s'achèvent dans cette idée les connaissances. Dans cette partie de l'œuvre, les développements concernant cette idée (dans sa partie constructive par opposition à la critique des preuves de l'existence de Dieu) se présentent dans *plusieurs contextes*. Celui que nous venons d'esquisser au point précédent constitue, du point de vue de l'organisation de la raison, la strate la plus fondamentale à laquelle il faudra donc toujours retourner. Il trouve son explicitation la plus détaillée au chapitre sur *L'idéal transcendantal* (B 599 *sq.*).

Mais à côté de cet axe, on retrouve dans la *Critique* trois autres considérations d'ordre théologique[2], l'une constituant le quatrième conflit des idées cosmologiques, la seconde étant développée dans l'*Appendice* à la *Dialectique*, la troisième enfin au deuxième chapitre de la théorie transcendantale de la méthode (*Canon de la raison pure*).

La troisième idée transcendantale et l'être de tous les êtres

Nous savons que la troisième idée transcendantale se dégage sur la base du raisonnement de type disjonctif. D'après les remarques du cours de *Logique*, ce type de raisonnement présente les caractéristiques suivantes : la *majeure* énonce une proposition disjonctive, c'est-à-dire une proposition qui contient les membres d'une division d'un concept. Dans la *mineure*,

1. Il est vrai que Kant soutient également à propos de l'être originaire que « sa détermination théorique consiste en de simples mots, qui n'ont aucune signification en dehors de la relation d'un tel concept en tant que principe <du domaine> pratique », *Réflexion* 5657, Ak. XVIII 317.

2. Nous faisons abstraction du développement théologique dans les *Remarques générales* sur l'*Esthétique transcendantale* (*cf.* B 71 *sq.*) qu'un auteur comme G. Picht, il est vrai, considère comme centrales (cf. *Kants Religionsphilosophie*, Stuttgart, Klett, 1985).

soit on pose un des membres comme vrai pour *conclure* à la négation de tous les autres, soit on nie tous les termes sauf un pour conclure à la vérité du terme exclu[1]. Il est clair, d'après ce qui vient d'être dit, que l'extension de chacun des prédicats est exclusive de tous les autres et on parle d'une opposition logique. Leur ensemble constitue toutefois l'ensemble de la connaissance *possible* du sujet (X est a ou b ou c …), donc la « sphère de la connaissance proprement dite ». Dans l'*Analytique transcendantale*, Kant précise la nature du jugement disjonctif en disant qu'il contient « un rapport des parties de la sphère d'une connaissance, puisque la sphère de chaque partie est un complément de la sphère des autres pour obtenir l'ensemble complet de la connaissance ainsi divisée » (B 99).

Comment passe-t-on de cette idée du syllogisme disjonctif à l'idée de la « synthèse disjonctive des parties dans un système » (B 380), *première formulation* de ce qui va être déclaré comme étant la troisième idée transcendantale, l'idée théologique dans sa version logique ?

Si dans une série pro-syllogistique, on considère chaque majeure d'un syllogisme comme la conclusion d'un syllogisme précédent dans lequel on exclut (sur la base du *modus tollens*) un terme, et ainsi de suite, on aboutit dans la régression, à une affirmation qui contient sous forme disjonctive, l'ensemble des concepts possibles d'une division d'un terme sujet.

Dans la formule ci-dessus, il est question de « système ». Comment faut-il entendre cette notion dans ce contexte ? Dans l'idée de la synthèse régressive, on devrait aboutir à une proposition du type : X est a ou b ou … ou … n. Or, quel est le X en question ? À vrai dire, il se résout dans la disjonction absolue dans l'ensemble des membres de la division. C'est ce que semble suggérer la seconde formulation de la troisième idée transcendantale : chaque espèce de raisonnement conduit à un inconditionné qui, dans le cas présent, est un « agrégat des membres de la division qui ne laisse rien à demander de plus pour achever la division d'un concept » (B 380). Cette idée d'un agrégat semble à première vue plus conforme à l'idée du jugement disjonctif telle que Kant l'expose dans l'*Analytique transcendantale*, notamment quand il écrit :

> […] dans tous les jugements disjonctifs, la sphère […] est représentée comme un tout divisé en parties […], et que, puisque l'une ne peut être contenue dans l'autre, elles sont pensées comme *coordonnées* entre elles, non *subordonnées*, si bien qu'elles ne se déterminent pas *dans un seul sens*, comme dans une *série*, mais *réciproquement*, comme dans un *agrégat* […] (B 112).

1. Cf. *Logique*, Ak. IX 129 *sq.*

Dans la *Réflexion* 4675, Kant avait déjà envisagé trois conditions *a priori* dont la troisième était qualifiée d'*agrégat* réel ou idéal, tout en ajoutant que celui-ci devrait avoir un fondement de son unité en vertu de quoi le divers serait dépendant réciproquement[1]. On passe donc de l'idée d'un système dans lequel se pense l'unité des connaissances sous une idée (B 860) à celle d'un simple agrégat que Kant oppose par ailleurs constamment au système.

Cette hésitation nous semble révélatrice d'une difficulté et nous allons y revenir précisément dans le cadre de l'analyse de l'idéal transcendantal. En effet, la question qui se pose est de savoir si et à quelle(s) condition(s) voire pourquoi la pensée passerait de l'idée du simple agrégat à celle du système qui signifie ici l'idée d'une unité ordonnée où chaque élément a sa place.

Dans la *troisième formulation* de la troisième idée transcendantale, Kant ne parle plus ni d'un système ni d'un agrégat, mais de « l'*unité* absolue *de la condition de tous les objets de la pensée en général* » (B 391). Cette formule constitue une avancée importante dans la mesure où elle repose sur une distinction faite quelques lignes avant où il note au sujet du rapport entre nos représentations qu'il doit être envisagé a) comme un rapport au sujet; b) comme un rapport aux objets qui peuvent être considérés soit comme des phénomènes (b1) soit comme des objets de la pensée en général (b2), c'est-à-dire comme noumènes (B 390 *sq.*). Dans la perspective b2, la condition inconditionnée est à entendre comme ensemble de tous les prédicats possibles (ou de toute réalité possible) de toutes les choses possibles en général. Par là, on rejoint d'abord l'idée précédente de l'agrégat comme condition de possibilité des choses. Mais dans la formule qui nous intéresse à présent, Kant parle de *l'unité absolue* d'une telle condition. La condition inconditionnée est à entendre comme unité dans l'exacte mesure où elle est à entendre comme *synthèse*. Or, celle-ci est, comme on le sait, fondée dans l'unité synthétique de l'aperception, comprise comme principe suprême de l'usage de l'entendement et de la pensée en général (B 138). Parler donc de l'unité absolue de la condition inconditionnée signifie parler de l'*aperception* comme instance de la production de la synthèse. Si cette interprétation s'avérait être exacte, nous aboutirions à un résultat insoupçonné voire étrange en ce qui concerne la lecture définitive de la troisième idée transcendantale, à savoir que c'est la raison elle-même qui serait l'inconditionné.

1. Cf. *Réflexion* 4675, Ak. XVII 649.

L'idée de l'unité absolue des conditions (Kant écrit : de la condition) se superpose donc moyennant la troisième formulation à l'idée du simple agrégat : l'agrégat renvoie à la simple multiplicité des termes de la division, l'unité absolue à leur synthèse et moyennant celle-là à une instance qui en est le porteur/producteur.

Or, Kant ramène cette idée de l'unité absolue des conditions à l'idée d'un être de tous les êtres (comme objet d'une théologie). Du point de vue de la synthèse, cette identification est cohérente parce que l'idée d'un être de tous les êtres rejoint (du moins en première approximation) celle de l'*ens realissimum*. Nous disons bien "en première approximation" puisqu'il n'est pas encore clarifié si cet être de tous les êtres est pensé comme simple totalité des réalités ou comme leur fondement. Au stade actuel de l'argumentation, on a donc rejoint (avec les restrictions transcendantales) l'affirmation de la *Nova dilucidatio* déjà citée à plusieurs reprises dans les chapitres précédents : « Porro omnimoda haec realitas in ente unico adunata sit necesse est » [1].

L'idéal de la raison pure [2]

Après cette analyse des premières formulations de l'idée théologique dans la *Dialectique transcendantale*, nous allons nous tourner maintenant vers le chapitre sur l'Idéal de la raison pure qui constitue, du point de vue de la reconstruction de notre hypothèse systématique un rôle central.

La première occurrence de cette notion se trouve dans l'Introduction au second Livre de la *Dialectique transcendantale*. Kant y rappelle que c'est nécessairement dans nos raisonnements que nous concluons à la « réalité transcendantale (subjective) » des idées de la raison auxquelles « nous attribuons pourtant de la réalité objective par l'effet d'une inévitable apparence » (B 397). C'est la raison pour laquelle il les qualifie de « sophismes » (*vernünftelnde Schlüsse*) *dans l'exacte mesure où la synthèse va plus loin que ne le permettent les données* [3]. Kant les qualifie

1. *Nova dilucidatio*, Prop. VII, Ak. I 395 ; OP I 125.

2. On consultera à propos de cette notion : I. Mylius, *Das transzendentale Ideal in der transzendentalen Frage Kants, dargestellt im Ausgang von der Wolffschen Metaphysik*, (thèse dact.), Freiburg, 1941 ; H. Heimsoeth, *Transzendentale Dialektik*, II. Teil, Berlin, de Gruyter, 1969 ; S. Andersen, *Ideal und Singularität. Über die Funktion des Gottesbegriffes in Kants theoretischer Philosophie*, Berlin-New York, De Gruyter, 1983 ; F. O'Farrell, « Kant's Transcendental Ideal », *Gregorianum*, 63, 1984, p. 127-150 et 635-656 ; C. Piché, *Das Ideal. Ein Problem der kantischen Ideenlehre*, Bonn, Bouvier, 1984.

3. Cf. *Réflexion* 5553, Ak. XVIII 227.

maintenant de dialectiques, ce terme renvoyant à la signification avancée dans l'*Analytique* où la dialectique comme critique de l'apparence est opposée à la logique de la vérité.

Le troisième type de ces raisonnements dialectiques concerne l'idée théologique. Or, à ce propos apparaît une description partiellement nouvelle de l'opération même qui s'effectue dans ce raisonnement : on conclut

> de la totalité des conditions nécessaires pour penser des objets en général, en tant qu'ils peuvent m'être donnés, à l'unité synthétique absolue de toutes les conditions de la possibilité des choses en général, c'est-à-dire que je conclus, de choses que je ne connais pas au moyen de leur simple concept transcendantal, à un être de tous les êtres, que je connais moins encore par un concept transcendant, et de la nécessité inconditionnée duquel je ne puis me former aucun concept. Je donnerai à ce raisonnement dialectique le nom d'*idéal* de la raison pure (B 398).

Dans cette citation, c'est avant toute chose l'aspect négatif de l'opération de la raison qui est mis en évidence. Mais de quelle opération exactement s'agit-il ? Il s'agit de la conclusion qui se dégage en partant de l'idée de la totalité des conditions de la possibilité des choses en tant qu'elles *peuvent* m'être données (de l'agrégat) – par où il faut entendre : en tant qu'elles constituent le substrat nouménal de leur être-phénomène –, à un être de tous les êtres, c'est-à-dire au *concept déterminé d'un être*. Le caractère dialectique réside dans le passage de l'idée indifférenciée de la totalité des conditions des objets de la pensée en général à l'idée d'un être (unique) en qui ces conditions sont données. Ce *raisonnement* dialectique est alors qualifié d'idéal transcendantal.

Les *Prolégomènes* formulent autrement en disant que la troisième idée transcendantale, à savoir l'idéal de la raison pure « donne matière à l'usage de la raison de beaucoup le plus important », mais qu'il est « exercé de façon purement spéculative, excessif (transcendant) et par là même dialectique » [1]. L'idéal est, d'après cette remarque, dialectique, une remarque d'autant plus surprenante que nous lisons plus tard, que l'être suprême demeure « pour l'usage purement spéculatif de la raison un simple idéal, mais un *idéal exempt de défauts*, un concept qui termine et couronne toute la connaissance humaine » (B 669).

En vue de comprendre cette double thèse (idéal comme raisonnement dialectique et idéal comme exempt de défauts), il faudra se tourner vers le chapitre même sur *L'idéal de la raison pure* (B 595 *sq.*). Celui-ci comporte

1. *Prolégomènes*, § 55, Ak. IV 348 ; OP II 130 *sq.*

sept sections dont les deux premières traitent de l'idéal en général et de l'idéal transcendantal. De la troisième à la sixième section, Kant développe sa critique des preuves traditionnelles de l'existence de Dieu (ontologique, cosmologique et physico-théologique); la septième section constitue une sorte de bilan.

Dans la première section (*De l'Idéal en général*), Kant commence par rappeler le statut des idées comme contenant « une certaine intégralité » (B 595 *sq.*) qui fait défaut aux connaissances d'entendement, intégralité qui signifie l'unité systématique des connaissances. Or, des idées, il faut distinguer *l'idéal*. Nous trouvons ici la première définition que Kant en donne : l'idéal est « l'idée non seulement *in concreto*, mais *in individuo*, c'est-à-dire en tant que chose singulière déterminable, ou absolument déterminée par l'idée seule » (B 596)[1]. Cette définition doit retenir notre attention en raison du fait qu'y apparaît l'expression « in individuo » qui pose problème car, comme l'a bien remarqué S. Andersen, les idées sont toujours des représentations singulières[2]. La notion d'individu renvoie à celle d'*ens singulare* de l'ontologie wolffienne. L'*ens singulare* est l'étant complètement déterminé[3]. Tout ce qui existe est complètement déterminé[4]; l'*ens universale* n'étant pas complètement déterminé ne peut pas exister. Le principe d'individuation ou la raison suffisante de l'individu consiste d'après Wolff dans la détermination complète.

Baumgarten reprend à son compte la définition wolffienne de l'individu en prenant toutefois soin de préciser ce qu'il faut entendre par *omnimoda determinatio*, à savoir l'ensemble (*complexus*) de toutes les déterminations compossibles dans un étant[5].

Kant revient dans plusieurs *Réflexions* sur la question de l'être singulier et plus précisément sur le principe de la détermination complète (non point sur la question de la raison suffisante de l'individuation). À cet égard, il soutient la thèse qui nous est déjà connue, à savoir que toute chose est, quant à l'ensemble de sa possibilité, sous le concept de l'*ens realissimum*[6]. Mais si tout étant est complètement déterminé, il ne l'est pas nécessairement par son concept, à l'exception de l'*ens realissimum* qui est le seul à être dans ce

1. Cf. *CFJ*, § 1, Ak. V 232, OP II 994 : « la représentation d'un être singulier en tant qu'adéquat à une idée ».

2. *Cf.* Andersen, *Ideal und Singularität*, *op. cit.*, p. 179, note 27.

3. *Cf.* C. Wolff, *Philosophia prima*, § 227, p. 188.

4. *Philosophia prima*, § 226, p. 187.

5. *Cf.* A. G. Baumgarten, *Metaphysica*, *op. cit.*, § 148, p. 42 *sq.*

6. Cf. *Réflexion* 5271 ; Ak. XVIII 138.

cas, et donc à être un individu *par son concept*[1]. Comment cela est-il le cas? La détermination complète de cet être n'est possible, en raison du fait qu'il est *realissimum* que par référence à son *propre* concept, à savoir celui de l'ensemble de tous les prédicats possibles. On dira donc dans ce sens qu'il est complètement déterminé par son idée et donc aussi que le concept de l'*ens realissimum* est un concept singulier – le seul d'ailleurs qui soit pensable.

Mais pourquoi appeler cette troisième idée transcendantale « idéal »? Dans la première section du chapitre sur l'*Idéal de la raison pure*, Kant entreprend une sorte d'excursus en vue d'en préciser la notion. C'est en faisant recours à la *pratique* qu'il l'illustre: l'idéal est ce qui est au fondement de la perfection de certaines actions. Ainsi le sage stoïcien est un idéal, « c'est-à-dire un homme qui existe simplement dans la pensée, mais qui coïncide pleinement avec l'idée de la sagesse ». L'idéal sert, à l'opposé de l'idée qui « donne la règle » (B 597), d'« original » (*Urbild*), est le « prototype » de toutes les choses qui sont des copies (B 606). Même si l'idéal n'existe pas, il est un « étalon indispensable » (B 597) pour la raison dans la mesure où il sert à évaluer le degré et le défaut de ce qui est incomplet (B. 598).

En qualifiant la troisième idée transcendantale d'idéal, Kant entend a) rappeler à ses lecteurs qu'on a affaire ici au concept central de la théologie entendu au sens de l'*ens realissimum*; b) montrer la singularité de ce concept en en montrant la constitution; c) insister implicitement sur le caractère dialectique de cette constitution telle qu'il l'a évoqué en B 398.

Il faut toutefois rappeler ici les remarques dans les *Prolégomènes* qui introduisent un autre éclairage – moins dialectique pour ainsi dire – de la notion d'idéal:

> [...] la raison ne part pas ici de l'expérience, comme dans les idées psychologiques et cosmologiques, et n'est pas entraînée à viser si possible, en progressant vers les fondements, la complétude absolue de leur série, mais [...] elle opère une rupture totale et descend, par simples concepts, de ce qui exprimerait la complétude absolue d'une chose en général, au moyen donc de l'idée d'un être originaire suprêmement parfait, jusqu'à la détermination de la possibilité, et par suite aussi de la réalité (*Wirklichkeit*), de toutes les autres choses[2].

L'idéal a une position d'exception dans le cadre de l'activité spéculative de la raison. Kant en envisage la fonction non pas sous la forme

1. Cf. *Réflexion* 5272; Ak. XVIII 139.
2. *Prolégomènes*, § 55; Ak. IV 348; OP II 131.

d'un concept-limite, obtenu en partant de l'expérience, comme cela est le cas pour les idées psychologiques et cosmologiques, mais comme concept fondateur dans le sens de la complétude absolue relevant de la seule pensée. Mais ce qui est remarquable dans ce texte, c'est le fait que le lien entre cette complétude absolue d'une chose en général, et l'idée de l'être originaire n'y est pas élucidé ; il y est plutôt *présupposé* – comme l'indique la conjonction « donc » – que la complétude absolue *est* l'idée d'un être suprême parfait. Or, la notion d'idéal telle qu'elle est introduite en B 398 signifie le *raisonnement dialectique* qui consiste précisément à passer de l'un (complétude absolue) à l'autre (être originaire).

Le deuxième point remarquable dans ce texte des *Prolégomènes* est la thèse d'après laquelle l'être parfait détermine la possibilité *et* la réalité effective des choses. Kant précise d'ailleurs ce dernier point dans la suite : même si l'idée en question rompt totalement avec l'expérience et bien qu'elle ne soit pas pensée « dans la série de l'expérience, [elle] l'est néanmoins en vue de l'expérience pour comprendre l'enchaînement, l'ordre et l'unité qui s'y trouvent »[1]. Cette remarque renvoie à des développements importants sur lesquels il nous faudra revenir, mais qui montrent déjà comment Kant conçoit la fonction “fondationnelle” de l'idée théologique : *comprendre* l'enchaînement des choses etc. – le terme demeure imprécis mais suggère néanmoins que l'idée théologique rejoint quelque part le réel effectivement existant et ne demeure pas en simple référence à l'organisation de la pensée. Nous pensons que l'auteur veut insister dans cette remarque sur le fait que le discours théologique se réfère, à travers la diversité des formes qu'il prend, à une seule idée de Dieu.

Dans la *Critique de la raison pure*, Kant aborde, sous le titre *de l'idéal transcendantal* (B 599 *sq.*) la problématique de la reconstruction systématique de la notion en question.

Ce chapitre d'une petite dizaine de pages – dont N. Kemp-Smith affirme qu'il est « quite the most archaic piece of rationalistic argument in the entire *Critique* »[2] – est d'une structure complexe et comporte deux versants : un versant constructeur dans lequel Kant montre comment la raison est amenée à affirmer, non pas l'existence d'un être correspondant à l'idée théologique, mais à penser nécessairement l'idéal sous la forme d'un *être*, c.à.d. d'une chose unique ; d'autre part un versant déconstructeur dans

1. *Ibid.*
2. N. Kemp-Smith, *A Commentary to Kant's Critique of Pure Reason*, London, Mc. Millan, 1918, p. 522.

lequel il montre, ou du moins entend montrer, en quoi une telle idée est en définitive illusoire ou dialectique.

Nous allons esquisser d'abord les principaux aspects de la démarche constructrice qui fera apparaître un remarquable parallélisme structurel avec l'argumentation de la première ontothéologie à un point tel qu'on est en droit d'affirmer que ces développements constituent en quelque sorte l'ontothéologie sous les prémisses du criticisme[1], mais dont l'intention fondatrice demeure analogue à celle de la première ontothéologie et cela dans la mesure où c'est l'idée signifiée par l'idéal transcendantal qui constitue non seulement à l'intérieur même de l'organisation du savoir le fondement téléologique de l'unité systématique des connaissances, mais plus fondamentalement le fondement de ce qui est pensable et par conséquent aussi de ce qui est connaissable.

Dans ce sens, la doctrine de l'idéal transcendantal approfondit le programme même de la *Critique* en réintroduisant la perspective authentiquement ontologique esquissée surtout au chapitre sur la distinction de tous les objets en général en phénomènes et noumènes : la théorie de l'objet de l'*Analytique* se trouve ainsi inscrite dans une ontothéologie de la chose. En affirmant – d'ailleurs au dernier alinéa du chapitre sur l'idéal de la raison pure, donc après la critique des preuves traditionnelles de l'existence de Dieu, que le concept de l'idéal « termine et couronne toute la connaissance humaine » (B 669), Kant ne fait qu'exprimer cet état de choses.

Nous allons reconstruire sa démarche en essayant de rester le plus près du texte avant de revenir sur la thèse qui vient d'être formulée, à savoir celle d'une ontologie de la chose comme la souche même d'une théorie de l'objet.

Ce qui constitue le point de départ de ce chapitre, c'est la question de la détermination complète. C'est dans les lignes qui précèdent immédiatement ce chapitre que nous trouvons une indication concernant le sens même de cette question : « La raison avec son idéal poursuit [...] la complète détermination d'après des règles *a priori* » (B 599, trad. modifiée). Cette détermination concerne les choses en soi ou les choses en tant que simplement pensables comme constituant le substrat nécessaire des phénomènes et qui, en tant que choses, doivent être pensées comme complètement déterminées. Or ce dernier aspect renvoie à leurs conditions *a priori* mêmes et donc à la notion de l'idéal. C'est par rapport à cette

1. J. Moreau parle à propos de cette section de la Dialectique transcendantale comme d'un « vestige du traité de l'*Unique fondement* », *Le Dieu des philosophes*, Paris, Vrin, 1969, p. 80.

considération qu'il faut lire les premiers alinéas du chapitre sur l'idéal transcendantal.

Kant distingue entre le *concept* d'une chose, une chose comme simplement *possible* et une chose *réellement* ou *effectivement existante* (alinéas 1-3). Du *concept* d'une chose, il est dit d'abord qu'il est, par rapport à ce qui n'est pas contenu en lui, *indéterminé* et qu'il est soumis au *principe de la déterminabilité*. Afin de comprendre cette thèse, il faut se tourner vers des explications au sujet des concepts exposées dans la *Logique*. Au § 15 du cours de Logique, Kant traite de l'abstraction et de la détermination logique des concepts : plus un concept est abstrait, moins il est déterminé, et inversement, la détermination complète d'un concept est celle où aucune détermination ne se laisse plus ajouter (le *conceptus omnimode determinatus*). Or, une telle détermination logique complète « ne peut jamais être considérée comme achevée »[1] parce que seules des choses singulières sont complètement déterminées. Il n'y a donc de connaissances complètement déterminées que des *intuitions*[2].

Que signifie la thèse de Kant d'après laquelle un concept est soumis au « principe de la déterminabilité, à savoir que, de deux prédicats contradictoirement opposés, un seul peut lui convenir » (B 599) ? Quel que soit le concept en présence, il ne se laisse penser qu'au moyen de prédicats. Ce qui veut dire qu'en présence d'un prédicat et de son contraire, un des deux peut (non pas : doit) lui être attribué. Plus on « descend » d'un concept abstrait ou supérieur (donc moins déterminé) vers un concept inférieur, plus un concept sera déterminé (déterminable) c'est-à-dire plus de prédicats lui seront attribués à l'exclusion de leurs contraires tout en sachant que la détermination complète d'un concept demeure impossible.

Le principe de la *déterminabilité* est un principe logique. De celui-ci, il faut distinguer un principe ontologique qui concerne les choses (possibles). Celles-ci sont soumises au principe de la *détermination* complète. Dans le paragraphe de la *Logique* précédemment cité, Kant affirme la détermination complète à propos des seules intuitions ; la thèse de la *Critique* est, dans ce sens, beaucoup plus fondamentale.

Une chose possible est un être singulier dans la mesure où elle est complètement déterminée. Cette thèse de Kant est parfaitement en conformité avec ce qu'affirmait déjà *L'Unique argument* (« dans la possibilité d'une chose, compte tenu de sa détermination complète, il ne

1. *Logique*, § 15 ; Ak. IX 99.
2. Cf. *ibid.*

peut manquer aucun prédicat »[1]). Mais que veut dire exactement : une chose possible est complètement déterminée, si par là on veut dire d'une part plus que dit la *Logique*, à savoir qu'on ne peut plus « hinzudenken » aucune autre détermination, et si d'autre part, on veut dire moins que la *Logique* (et Baumgarten), à savoir qu'elle n'est pas une intuition (ou un être existant) ? La chose possible n'est pas son concept ; elle est plutôt la condition même de la déterminabilité du concept. Le principe de la détermination complète d'une chose dit 1) qu'une chose n'est qu'une *chose* donc quelque chose de singulier que s'il ne lui manque aucun prédicat ou aucune réalité (auquel cas elle ne serait pas quelque chose de singulier) ; 2) qu'afin que ceci soit possible, il faut présupposer comme condition de sa possibilité l'ensemble de tous les prédicats possibles en fonction duquel un prédicat au moins (à l'exclusion de son contraire) doit (non pas : peut) lui convenir. Si on ne présuppose pas l'ensemble de tous les prédicats possibles comme condition *a priori*, la détermination ne pourrait pas être complète et donc la chose possible ne serait pas possible comme chose, c'est-à-dire comme être singulier. Le principe de la détermination complète concerne le *contenu* et non la simple forme logique et Kant pourra dire qu'il s'agit en l'occurrence dans ce principe d'une « présupposition transcendantale » (B 600) – ce terme étant à entendre en un sens ontologique.

Après avoir évoqué le problème de la déterminabilité et de la détermination en relation avec les concepts et les choses possibles, Kant en vient, en troisième lieu, à discuter la thèse (wolffienne) d'après laquelle *tout ce qui existe* est complètement déterminé. Comment et à quelle fin introduit-il cette discussion dans ce contexte ?

L'argumentation est déroutante au premier abord. « La proposition *toute chose existante est complètement déterminée*, signifie que, non seulement de chaque couple de prédicats *donnés* opposés l'un à l'autre, mais aussi de tous les prédicats *possibles*, il y en a toujours un qui lui convient » (B 601). À première vue, on a l'impression d'une redondance par rapport à ce qui a été dit à propos des choses possibles. Le sens de la remarque semble toutefois être le suivant : la *chose* existante n'est pas une autre chose que la *chose* simplement possible et par conséquent, parler de détermination complète d'une chose existante revient encore à comparer (transcendantalement) la chose à l'ensemble de *tous les prédicats possibles*. La pointe de cette remarque n'est cependant pas anodine ; elle signifie en effet que la *connaissance* d'une chose existante, c'est-à-dire de ce qui est

1. *Unique argument*, Ak. II 72.

donné dans une intuition ne sera jamais complète – Kant dit que la détermination complète ne se laisse jamais « présenter (*darstellen*) *in concreto* (B. 601) – et donc qu'il n'y aura jamais de concept complètement déterminé d'une chose existante ou d'un objet. La connaissance d'objet – le phénomène – demeure un fragment et appelle non seulement son autre – le noumène – mais encore, au-delà, l'ensemble complet du nouménal.

À partir du quatrième alinéa, Kant enquête sur la notion même de l'ensemble de tous les prédicats possibles en vue d'une identification avec la notion d'idéal.

Si d'un point de vue transcendantal, c'est-à-dire du point de vue des conditions de possibilité mêmes de l'existant comme complètement déterminé, la raison pose l'idée de l'ensemble de toute possibilité, elle ne s'y arrête cependant pas. D'après Kant, « en y regardant de plus près » (B 601) on trouve que si la raison pense cette idée comme « concept originaire » (*ibid.*), elle élimine un certain nombre de prédicats qui peuvent être considérés comme dérivés ou qui ne sont pas compossibles avec d'autres dans un seul être, et cette idée « s'épure jusqu'à devenir un concept complètement déterminé *a priori*, et qu'elle devient ainsi le concept d'un objet singulier qui est complètement déterminé par la seule idée et qui par conséquent doit être appelé un *idéal* de la raison pure » (B 602.).

Ce qui pose problème, à notre sens, dans cette remarque, c'est le fait même du passage de l'idée de l'ensemble de toute possibilité à l'idée d'un idéal, c'est-à-dire à un concept originaire d'un objet singulier. En effet, il n'y a aucune nécessité, dans un premier temps, à ce que la raison opère un tel passage. Sur la base de ce qui a été dit au sujet des conditions de possibilité de la détermination complète, il suffirait de présupposer ce seul substrat qui constitue un « tout de la réalité (*omnitudo realitatis*) » (B 603 *sq.*) et « pour ainsi dire, la matière ou le contenu transcendantal de la possibilité et de la détermination complète de toutes choses » (B 603). Pourquoi donc cette « épuration » qui conduit à l'idée de l'idéal ? Faut-il y voir l'indice de ce que Kant avait affirmé à la fin du premier livre de la *Dialectique transcendantale*, à savoir que l'idéal de la raison pure *est* un raisonnement dialectique ? Nous tenterons de montrer que c'est là en effet le point central.

Dans la suite de ses développements (alinéa 8), Kant précise en quel sens l'idéal, compris comme un objet singulier est identique à l'*ens realissimum* (B 604). Ce qui est remarquable dans cette argumentation dont il faut dire qu'elle comporte certaines redondances par rapport à ce qui a déjà été établi dès l'alinéa 4, c'est que la notion de l'être absolument réel n'est pas entendue d'abord, comme ce fut le cas notamment dans l'*Unique argument*, comme un être qui contient « le plus haut degré d'attributs réels »[1], mais simplement comme un être singulier en qui « de tous les prédicats opposés possibles, un seul entre dans sa détermination, à savoir celui qui appartient absolument (*schlechthin*) à l'être » (B 604), par où il faut entendre des prédicats positifs[2]. Dès l'alinéa 4, Kant avait déjà précisé que l'idéal en tant qu'*Urbegriff* exclut un certain nombre de prédicats qui sont dérivés ou qui ne sont pas compossibles.

L'introduction de la notion d'*ens realissimum* et son identification avec celle de l'idéal[3] nous paraît constituer un maillon intermédiaire entre la notion ontologique (encore indifférenciée "théologiquement") de l'idéal et la notion de Dieu "au sens transcendantal". On assiste ainsi dans cette première partie (alinéas 1-14) du chapitre sur l'idéal à la construction progressive d'un concept assimilable au vocable « Dieu » comparable à celle de *L'unique argument*, à la différence près que le concept auquel l'on parviendra ne sera pas (encore) celui de Dieu en un sens théiste.

Comment faut-il entendre plus précisément le rapport entre l'idéal – *ens realisimum* et les choses possibles (en tant que complètement déterminées) ? Dans une *Réflexion*, Kant note que l'*ens realissimum* est le « lieu ontologique de toutes les choses possibles »[4], mais alors comment faut-il considérer leur rapport à l'être absolument réel ? Kant en parle à partir de l'alinéa 11 en termes de « limitation » et de « dérivation » : les choses possibles peuvent être comprises comme des limitations et des dérivations de l'*ens realissimum.*

On se souvient que *L'unique argument* avait précisé que l'être absolument réel est à comprendre comme contenant en soi les *data* de toute possibilité, « soit à titre de déterminations, soit à titre de suite qui sont données par lui en tant que premier fondement réel »[5] et que c'est de cette manière que « toute réalité est conçue par lui d'une manière ou d'une autre »[6].

Le terme de « limitation » peut néanmoins prêter à confusion. On sait que la catégorie de la limitation constitue la troisième des catégories de la qualité à côté de la réalité et de la négation (B 106). La troisième catégorie

1. *Unique argument*, Ak. II 85.

2. *Cf.* A. G. Baumgarten, *Metaphysica*, *op. cit.*, § 807, p. 331.

3. L. Langlois note à juste titre que « dans la suréminence du concept d'*ens realissimum*, protoype (*prototypon*) de toutes les choses [...], la raison apercevra donc son *Idéal* » (« La fin des choses et la fin de la liberté. : l'idée de Dieu dans la *Critique de la raison pure* » dans *Les philosophes et la question de Dieu*, éd. par Y.C. Zarka et L. Langlois, Paris, P.U.F., 2006, p. 195).

4. *Réflexion* 5812 ; Ak. XVIII 360 *sq.*

5. *Unique argument*, Ak. II 85.

6. *Ibid.*

dans chacune des quatre classes de catégories naît de la liaison de la seconde avec la première (B 110). La limitation d'un prédicat présuppose donc la réalité même de ce prédicat et la négation d'une partie ou d'un degré de celui-ci. En ce qui concerne maintenant la problématique qui nous intéresse ici, si *l'ens realissimum* est entendu comme simple *omnitudo realitatis*, alors il constitue le simple agrégat de toutes les réalités de toutes les choses possibles et la limitation est la simple « *division* de sa suprême réalité ». Si, en revanche, l'*ens realissimum* est à entendre comme *être singulier* voire comme un être *simple* (B 607) et donc comme non composé, alors il faut penser la limitation en termes de négation d'un degré suprême et, dans ce sens, comme « dérivation » de la suprême réalité. On dira alors que l'*ens realissimum* est le *fondement* des choses possibles et donc *ens originarium*, mais aussi *ens summum* dans la mesure où la *plénitude* de la réalité se trouve en lui, ainsi que *ens entium*, c'est-à-dire condition de toute chose possible en tant que possible (ontologiquement).

Que la question du statut ontologique de l'*ens realissimumn* (agrégat/être simple) n'ait cessé de préoccuper Kant, ceci devient visible lorsqu'on se tourne vers les *Réflexions* qui ne sont pas toutes concordantes à ce propos. Ainsi la *Réflexion* 6321 dit qu'un être qui est complètement déterminé par son concept contient toute réalité « comme agrégat » [1], tandis que la *Réflexion* 6248 dit que l'*omnitudo* dans le concept de l'*ens realissimum* n'est pas à entendre dans le sens d'une simple universalité logique qui soit distributive, mais en un sens collectif, c'est-à-dire comme unité synthétique [2].

Ce n'est en quelque sorte qu'au passage que Kant signale à l'alinéa 10 que l'affirmation de l'idéal comme présupposition de la détermination complète des choses n'exige pas l'affirmation de son existence. Nous n'avons pas besoin d'insister sur cette thèse étant donné que nous avons montré, au chapitre précédent, comment l'affirmation "forte" d'une théologie philosophique s'est vue transformer en une affirmation de la seule nécessité de la raison de présupposer *l'idée* d'un être suprême. Il est donc clair que l'analyse de cette idée telle que Kant l'entreprend au chapitre sur l'idéal transcendantal n'est rien d'autre que l'analyse d'un *concept* et de la constellation dans laquelle il est supposé fonctionner.

L'alinéa 14 conclut l'argumentation de la première partie de ce chapitre.

1. *Réflexion* 6321 ; Ak. XVIII 637.
2. *Réflexion* 6248 ; Ak. XVIII 528 ; *cf.* déjà la *Réflexion* 4730 (Ak. XVII 690).

> Si nous poursuivons plus avant cette idée, en l'hypostasiant, nous pourrons déterminer l'être originaire par le seul concept de la réalité suprême comme un être unique, simple, omnisuffisant, éternel, etc. ; en un mot, nous pourrons le déterminer dans son intégralité inconditionnée par tous les prédicaments. Le concept d'un tel être est celui de *Dieu* pensé dans le sens transcendantal, et c'est ainsi que l'idéal de la raison pure est l'objet d'une *théologie* transcendantale [...] (B 608 ; trad. modifiée).

Cette conclusion, on l'aura remarqué, rappelle jusque dans certains termes la formulation déjà rencontrée dans la conclusion de la première partie de *L'unique argument*[1]. Il est tout à fait remarquable que Kant fait culminer en quelque sorte la démarche dans l'identification de l'idéal avec le concept de Dieu, mais il est tout aussi remarquable que dans la construction de ce concept, les prédicaments de la volonté et de l'esprit y font défaut. La théologie dite "transcendantale" ne semble pas être en mesure d'y accéder. Remarquons que déjà dans l'*Unique argument*, l'introduction de ces dernières propriétés s'était faite d'une façon qui laissait à désirer.

Dans la citation précédente, nous voyons apparaître le verbe « hypostasier ». Ce terme contient une certaine ambiguïté. Les occurrences dans la *Critique de la raison pure* donnent à penser qu'il signifie la position effective d'une chose, sa réalité hors de la raison[2] (hypostase 1), mais sa signification semble également plus large comme en témoigne au moins la formule en B 643 qui parle de l'apparence naturelle qui consiste à réaliser *et* à hypostasier l'idée. L'hypostase signifie ici le fait que *l'idée* est comprise *comme une substance* déterminée par certains prédicaments (hypostase 2). En B 608 précédemment cité, Kant parle de certains prédicats ontologiques dont il n'était pas encore question auparavant et ajoute « etc. » par où il a peut-être en vue ceux de la volonté et de l'entendement dont parlera la note en B 611 – ce qui permet son identification à *Dieu*. En effet, toute l'argumentation des alinéas que nous venons d'examiner porte sur le *concept* de Dieu.

La question de la réalisation du concept (hypostase 1) nous semble secondaire dans le présent contexte. En effet, on ne comprendrait pas bien pourquoi Kant envisagerait dans cette construction progressive du *concept* transcendantal de Dieu (un pur *ens rationis*)[3] tout à coup la question de sa réalisation effective, d'autant plus qu'à l'alinéa 10, il dit clairement qu'il

1. Cf. *L'unique argument*, Ak. II 89.
2. *Cf.* par exemple, A 384 ; A 386 ; A 392 ; B 611 ; B 643.
3. Cf. *Réflexion* 5724 ; Ak. XVIII 336.

« est évident de soi [...] que la raison ne présuppose pas l'existence d'un être conforme à l'idéal, mais seulement l'idée de cet être » (B 605 *sq.*).

À partir de l'alinéa 15, nous avons affaire à une sorte de déconstruction du mécanisme même qui est à l'origine de la construction ontologique en relation avec la détermination complète des choses.

L'alinéa 15 commence par une remarque concernant *l'usage* de l'idéal : « Cependant cet usage de l'idée transcendantale dépasserait déjà les limites de sa détermination et de son admissibilité » (B 608). L'expression « cet usage de l'idéal » ne peut se rapporter qu'à la transformation en un concept transcendantal de Dieu et à son traitement dans le cadre d'une théologie transcendantale. La suite l'explique :

> La raison, en effet, en la donnant pour fondement à la détermination complète des choses en général, ne la pose que comme le *concept* de toute réalité, sans demander que toute cette réalité soit donnée objectivement et constitue elle-même une chose (B 608 trad. modifiée).

Nous n'avons le droit ni de rassembler et de réaliser dans un être particulier le divers de l'idée ni « celui d'admettre seulement la possibilité d'une pareille hypothèse » de même que « toutes les conséquences qui découlent de cet idéal : elles ne concernent en rien la détermination complète des choses en général, laquelle n'a besoin que de l'idée seule, et elles n'ont pas sur elle la moindre influence » (B 608).

Deux éléments sont à considérer dans les remarques précédentes : la raison n'exige pas a) que soit posé ou réalisé objectivement un être (hypostase 1) ; b) que cet être constitue une chose, c'est-à-dire qu'il soit un être unique, simple etc. (hypostase 2). Or, c'est de ce dernier point, donc du fait de *substantifier* le concept de l'*omnitudo realitatis* dont Kant dit qu'il s'agit d'une « pure fiction » (B 608). Le caractère dialectique de l'idéal consiste donc a) dans le fait d'être un objet singulier (hypostase 2) et, dans ce sens, dans son identification au concept de Dieu et b) dans la position absolue de cet être hypostasié (hypostase 1).

Or, ce sera à propos du *premier de ces éléments* que Kant demande « comment la raison arrive à regarder toute possibilité des choses comme dérivée d'une seule et unique possibilité qui est au fondement, c'est-à-dire de celle de la réalité suprême, et à présupposer celle-ci comme renfermée dans un être originaire particulier » (B 609).

L'explication qu'il propose de cette fiction est à première vue étonnante – N. Kemp-Smith note « peculiarly confusing »[1]. Elle renvoie

1. Kemp-Smith, *A Commentary*, *op. cit.*, p. 525.

aux « développements de l'Analytique transcendantale » (B 609). L'idée centrale est de dire que l'objet des *sens* ne peut être déterminé complètement que s'il est comparé à l'ensemble des prédicats du phénomène, c'est-à-dire à l'ensemble de l'expérience dans laquelle le réel (phénoménal) est *donné*. Ce réel doit donc être présupposé et c'est par limitation de cet ensemble que sont pensés les objets dans leur différence les uns par rapport aux autres. Or, d'après une illusion naturelle, nous considérons ce principe empirique comme un principe ontologique, c'est-à-dire comme un principe de la possibilité des choses en général (B 611).

Ce que Kant présente ici comme explication demeure *en deçà* de ce qui était attendu. En effet, il n'explique pas le caractère fictionnel *du rassemblement et de la réalisation* du « divers de notre idée » dans un idéal (B. 608), mais *déclare* simplement que c'est par une illusion naturelle qu'un principe d'expérience est pris pour un principe ontologique. Or, ce renvoi n'a d'abord rien à voir avec le problème à expliquer.

Dans ce rappel de l'illusion naturelle, Kant fait allusion à autre chose, à savoir que dans notre raison se trouvent

> des règles fondamentales et des maximes de son usage qui ont tout à fait l'apparence de principes objectifs et qui font que la nécessité subjective d'une certaine liaison de nos concepts, en faveur de l'entendement, passe pour une nécessité objective de la détermination des choses en soi (B 353).

L'analyse critique ne fera pas disparaître cette "transgression" dans la mesure où elle est naturelle, c'est-à-dire dans la mesure où elle est constitutive de la raison; elle a toujours déjà lieu là où la raison est à l'œuvre, et la raison est toujours à l'œuvre là où l'entendement l'est, mais l'analyse critique permettra – et c'est dans ce sens qu'il faut lire l'explication de Kant – d'interpréter ce discours de la raison qui se construit sur la base de cette transgression en un sens cognitivement *différent* de celui dont l'*Analytique* a établi les critères et les normes. L'ontologie de la chose à laquelle appelle nécessairement la raison, même si elle est construite en analogie avec la démarche de l'entendement, a un autre statut cognitif que l'analytique de l'objet.

Est-ce que Kant répond finalement à la question dont il est parti ? Le chapitre se termine par un bref alinéa dans lequel le sujet du "rassemblement" dans une unité collective de ce qui suffit comme unité distributive est abordé. Il y soutient à propos de « l'usage expérimental de l'entendement » que l'unité distributive, donc le fait de l'ensemble du réel empirique présupposé dans chaque objet des sens est transformée *dialectiquement* en une unité collective donc en un tout de l'expérience, considéré ensuite comme une chose singulière.

Dans la *Réflexion* 5597[1], cette différence entre une unité distributive et une unité collective des expériences en général est évoquée. Kant y précise qu'il faut distinguer entre « toutes les expériences » (*alle Erfahrung*) et « le tout de l'expérience » (*das All*), ce dernier ne pouvant devenir un objet de l'expérience. Ce qui n'est pas envisagé dans cette *Réflexion*, c'est le passage de l'un à l'autre et encore moins l'aspect dialectique d'un tel passage.

En fait, l'alinéa 17 du chapitre sur l'Idéal transcendantal ne parle pas non plus d'un tel passage (qui serait en principe l'œuvre de la faculté de juger) : ce qui est simplement présupposé au niveau de la détermination des réalités empiriques, c'est l'ensemble (*Inbegriff*) de toutes les réalités empiriques, mais non point leur unité collective et encore moins un tout considéré comme une chose singulière (quelle serait-elle ?).

Le parallélisme qu'invoque Kant au dernier alinéa moyennant lequel il entend expliquer en fin de compte ce qui se passe dans le cas de l'idéal transcendantal, à savoir à « hypostasier » (sens 2) l'idée de l'unité collective empirique en celle d'un être qui constitue le fondement même de la possibilité de toutes les choses est, à proprement parler, sans objet. Son explication aboutit à un non-lieu.

Aussi nous semble-t-il que c'est plutôt la remarque à la fin du chapitre sur l'idéal de la raison pure, c'est-à-dire *après* la critique des preuves de l'existence de Dieu, qui s'inscrit de manière plus cohérente dans le prolongement des développements sur la constitution de la notion d'idéal : l'être suprême demeure, « pour l'usage purement spéculatif de la raison un simple idéal, mais un *idéal exempt de défauts*, un concept qui termine et couronne toute la connaissance humaine » (B 669).

LA QUESTION THÉOLOGIQUE II

Si l'idéal transcendantal est ce qui « termine et couronne l'ensemble de la connaissance humaine » dans la signification que nous venons d'examiner, l'idée même d'un achèvement (*Vollendung*) des connaissances comporte encore un autre aspect qui n'est pas d'ordre ontologique, mais s'inscrit dans une interrogation qui concerne en premier lieu la « perfection logique » des connaissances, à savoir celui de leur unité systématique.

Or, nous remarquerons qu'à ce sujet, c'est le recours à la *présupposition de l'existence de Dieu* qui s'avère être ce qui permet de concevoir une telle

1. Ak. XVIII 246.

unité. Ce cadre permettra aussi de revenir sur la question du concept déterminé de Dieu. Nous procéderons pour cela en deux sections : nous reconstruirons l'argumentation de Kant dans la *Critique de la raison pure* et dans les *Prolégomènes*. Dans une deuxième section, nous étudierons la lecture revisitée de la thèse de la première *Critique* dans la *Critique de la faculté de juger*.

L'idée théologique comme principe du système dans la Critique de la raison pure *et dans les* Prolégomènes

Dans la présente section, nous procéderons en deux temps : a) nous examinerons les développements de Kant au sujet de l'idée de l'unité systématique à partir de la nature architectonique de la raison (B 502); b) nous nous demanderons ensuite en quel sens l'idée théologique est le principe (fondement et fil conducteur) d'une telle architectonique.

Ad a. La problématique de la *nature* architectonique de la raison n'est pas identique avec la question développée dans la Théorie transcendantale de la méthode sous le titre « L'architectonique de la raison pure » (B 860), même si elle n'en est pas complètement détachée. Cette dernière concerne avant tout le caractère scientifique – la perfection logique (B 866) – de la connaissance et correspond au concept scolaire (*Schulbegriff*) de la philosophie – la philosophie comme science [1] – qui doit être complété par le concept cosmique (*Weltbegriff*) qui lui sert de *fondement*. Dans cette dernière perspective, « la philosophie est la science du rapport de toute connaissance aux fins essentielles de la raison humaine » (B 867). Nous aurons à revenir sur cette question.

La nature architectonique de la raison correspond à un « penchant » (*Hang)* de la raison à achever sa tâche dans une totalité systématique (B 824). Dans cette optique, le but final de la raison concerne trois objets, la liberté de la volonté, l'immortalité de l'âme et l'existence de Dieu. Au chapitre sur le *Canon de la raison pure*, Kant soutient que d'un point de vue théorique – du point de vue du *savoir* –, ces questions demeurent indécidables. Il dira que pour cette raison l'intérêt spéculatif de la raison à leur égard est faible. Il ajoute même qu'elles « n'ont pas du tout d'usage immanent, c'est-à-dire valable pour des objets d'expérience, et par conséquent utile pour nous de quelque façon » (B 827). Dans l'*Appendice* à la *Dialectique transcendantale* toutefois, il est dit que puisque ces idées

1. Cf. *Logique*, § 3 ; Ak. IX 93.

sont fondées dans la raison, elles sont appropriées à une fin – voire qu'elles *doivent* être appropriées à une fin – qui doit être *immanente* (B 670 *sq.*). Comment lire cette double appréciation qui, à première vue, semble se contredire?

Si l'*Appendice* entend mettre en évidence la fonction régulatrice des idées ce qui correspond à leur usage immanent – la *Réflexion* 5602 dit à propos des idées qu'elles sont « critisch immanent » [1] –, le chapitre sur le *Canon de la raison pure* poursuit une intention différente, à savoir montrer que le but final de la raison est de nature *pratique*, et c'est dans cette optique que les idées transcendantales n'ajoutent rien au *savoir*.

L'*Appendice* se compose de deux parties dont la première est intitulée « De l'usage régulateur des idées de la raison pure » (B 670-696), la seconde « Du but final de la dialectique naturelle [sic!] de la raison humaine » (B 697-730). Ce qui relie ces deux parties dont les développements portent sur des problématiques hétérogènes, c'est l'explicitation du sens de la notion d'usage régulateur d'une idée. La *Critique* n'attend cependant pas cet *Appendice* pour introduire cette notion. On sait qu'elle apparaît dès l'*Analytique* où Kant, distinguant entre principes mathématiques et principes dynamiques, dit de ces derniers qu'ils sont des principes régulateurs, parce qu'ils concernent l'existence qui ne se laisse pas construire dans une intuition (B 296). Le terme réapparaît au chapitre sur l'antinomie de la raison pure. La huitième section est intitulée : « Principe régulateur de la raison pure par rapport aux idées cosmologiques » (B 536). Il y est dit à propos du principe cosmologique de la *totalité* qu'il ne permet pas de conclure à l'existence d'un maximum de la série des conditions au titre d'une chose en soi au sein du monde sensible, mais qu'il ne peut « être *donné comme tâche* (*aufgegeben*) que dans la régression de cette série » (B 536). C'est toutefois dans l'*Appendice* que se trouve le nombre le plus élevé des occurrences de ce terme (trente-huit contre vingt-cinq pour les reste de l'œuvre). Le principe régulateur permet de lier systématiquement les connaissances d'entendement [2]. Dans ce sens, il est à proprement parler une *règle* qui postule ce qui est à faire, à savoir continuer dans la recherche des conditions, et non point un principe qui anticipe la position même d'une condition inconditionnée.

C'est sur cette idée de la fonction régulatrice ou de l'usage régulateur que Kant revient dans la première partie de l'*Appendice*. Il y répète en substance des thèses déjà rencontrées dans la *Dialectique transcendantale* :

1. *Réflexion* 5602, Ak. XVIII 247.
2. Cf. *Logique*, § 3 ; Ak. IX 92.

après avoir rappelé que les idées transcendantales sont naturelles à la raison et qu'elles sont, pour cela, appropriées à une fin; comme celle-ci ne saurait être constitutive d'objets, ce sur quoi portent les idées est l'organisation des connaissances d'entendement. Celle-ci prend une forme systématique parce qu'elle se constitue à partir des idées comprises comme des foyers imaginaires. L'unité systématique de la raison

> présuppose toujours une idée, je veux dire celle de la forme d'un tout de la connaissance qui précède la connaissance déterminée des parties et contient les conditions nécessaires pour déterminer *a priori* à chaque partie sa place et son rapport avec les autres (B 673).

Cette conception de l'unité systématique voire du système est épistémiquement parlant très exigeante, mais on ne voit pas où Kant même en aurait tracé l'articulation.

L'idée de l'unité systématique des connaissances en fonction du fil conducteur que sont les idées transcendantales est à considérer en premier lieu comme un principe logique, donc comme un principe ayant une nécessité subjective. Mais alors, continue Kant

> de décider toutefois si la nature des objets, ou la nature de l'entendement, qui les connaît comme tels, est destinée en soi à l'unité systématique, et si l'on peut dans une certaine mesure la postuler *a priori*, même sans tenir compte d'un tel intérêt de la raison, et dire par conséquent que toutes les connaissances possibles de l'entendement (y compris les connaissances empiriques) ont l'unité de la raison et sont soumises à des principes communs d'où elles peuvent être dérivées, malgré leur diversité, ce serait là un principe *transcendantal* de la raison, qui rendrait l'unité systématique nécessaire, non plus simplement d'une manière subjective et logique, comme méthode, mais d'une manière objective (B 676).

Il s'agit der bien saisir l'enjeu de cette remarque. La formulation de Kant « de décider […] si » et la conclusion « ce serait là un principe transcendantal » laisse la question ouverte quant à *l'objectivité de l'unité systématique*. Ce qui est toutefois remarquable, c'est le fait que cette possibilité d'un principe transcendantal demeure ouverte. Mais pourquoi *présupposer* une telle unité systématique de façon *nécessaire* « en tant qu'inhérente aux objets mêmes » ? Et Kant de donner une réponse sous forme d'une question rhétorique :

> En effet, de quel droit la raison pourrait-elle vouloir, dans son usage logique, traiter comme une unité simplement cachée la diversité des forces que la nature nous fait connaître, et les dériver, autant qu'il est en elle, de quelque force fondamentale, s'il lui était loisible d'accorder qu'il est

également possible que toutes les forces soient hétérogènes, et que l'unité systématique de leur dérivation ne soit pas conforme à la nature ? (B 680).

Nous voyons à travers cette remarque que cette présupposition transcendantale, comprise comme inscrite dans la « nature des choses mêmes », c'est-à-dire dans les choses considérées en soi, est la condition ultime de la validité de *l'unité* de la raison. Qu'il s'agisse d'une présupposition découle du fait que cette unité ne saurait être donnée dans une expérience possible; mais cette présupposition repose sur des *indices* : la nature des choses elles-mêmes « offre une matière à l'unité de la raison » (B 680). Kant renvoie à ce propos aux multiples tentatives entreprises dans l'histoire de la philosophie et dans celle des sciences ayant consisté à rechercher "derrière" la multitude des phénomènes cette unité. Il énumère trois principes « logiques » de la classification [1], celui de l'homogénéité, de la spécification et de la continuité des formes (B 685 *sq.*) dont il est dit qu'il s'agit de propositions synthétiques *a priori* mais dont la validité objective demeure indéterminée (B 691).

En parcourant les développements au sujet de la signification de la fonction systématique de la raison, on est enclin à penser que Kant est comme tiraillé entre deux interprétations : une interprétation "réaliste" d'après laquelle la nature même des choses constitue le fondement et le fil conducteur d'après lequel s'organise l'unité systématique des connaissances d'entendement; une interprétation "transcendantale" qui consiste à dire que les idées de la raison ont une validité objective (quoique indéterminée) qui est à interpréter comme *règle* d'une expérience possible (B 691) laquelle est comprise comme détermination non d'objets, mais de la *procédure* même « suivant laquelle on peut mettre l'usage empirique et déterminé de l'entendement complètement d'accord avec lui-même, en rattachant cet usage, *autant que possible*, au principe de l'unité complète et en l'en dérivant » (B 693 *sq.*).

Si la thèse de l'usage régulateur des idées permet de concevoir l'unité systématique des connaissances (interprétation transcendantale) voire si elle donne même lieu à la présomption d'une unité systématique dans les objets mêmes (interprétation réaliste), il n'est pas encore clairement établi comment se présente *discursivement* l'articulation d'une telle unité. C'est dans la seconde partie de l'*Appendice* que Kant en esquisse le principe herméneutique. Il aborde cette question par un biais à première vue étonnant : du fait que les idées transcendantales sont des tâches qui nous

1. Qu'on songe à ce sujet à l'*usus logicus* de l'intellect dont parle la *Dissertation* (*cf.* § 5 ; Ak. II 393 *sq.* ; OP I 639).

sont imposées par la nature de notre raison (B 697), elles doivent avoir – très vraisemblablement – « leur destination bonne et finale dans la constitution naturelle de la raison » (B 697). Or, afin de déterminer avec certitude l'usage d'un concept quel qu'il soit, il faut en effectuer une *déduction transcendantale*. Dans la mesure toutefois où aucun objet possible ne saurait correspondre aux idées, une déduction comparable à celle qui a été formulée dans l'*Analytique* à propos des catégories (A 84 *sq.* ; B 116 *sq.*) n'est pas possible. Cette déduction dont Kant dit qu'elle constitue l'*achèvement* de « l'œuvre critique de la raison pure » (B 698) ne pourra dès lors concerner que la validité objective *indéterminée* des idées. Or, ceci signifie que les idées sont à considérer comme des *schèmes*, par où il entend un procédé « qui sert uniquement à nous représenter d'autres objets dans leur unité systématique, au moyen de la relation à cette idée, et par conséquent d'une manière indirecte » (B 698). Comprenons bien ! C'est l'idée même qui est représentée de manière indirecte au travers de l'unité systématique qui, elle, est rendue possible par cette même idée. Le discours dans lequel s'articule l'unité systématique (car c'est nécessairement sous la forme d'un discours qu'elle se manifeste) est pour ainsi dire l'épiphanie de l'idée, la manière dont elle devient objective. La question qui se pose est de savoir à quoi se reconnaît alors un tel discours. Kant recourt à ce propos à la formule du « comme si ». À titre d'exemple, il note : « Cela revient à dire, par exemple, que les choses du monde doivent être envisagées *comme si* elles tenaient leur existence d'une intelligence suprême » (B 698 *sq.*).

Le renvoi au « comme si » se rencontre déjà dans le cadre de la critique des preuves de l'existence de Dieu. Parlant de la nécessité subjective qui consiste à rechercher pour tout ce qui existe quelque chose de nécessaire et de l'impossibilité d'atteindre jamais cet achèvement, Kant dit que ces deux principes peuvent coexister étant donné qu'ils ne concernent que l'intérêt subjectif de la raison :

> En effet, l'un de ces principes nous dit que nous devons philosopher sur la nature *comme s*'il y avait pour tout ce qui appartient à l'existence un premier fondement nécessaire, uniquement afin d'introduire l'unité systématique dans notre connaissance, en suivant une telle idée, je veux dire un fondement suprême imaginaire (B 644).

De l'autre de ces principes, il est dit qu'il nous avertit « de n'admettre comme fondement suprême de ce genre, c'est-à-dire comme absolument nécessaire, aucune détermination particulière concernant l'existence des choses » (B 644 *sq.*).

Ce qui est en jeu ici est la mise en place d'un *discours de second ordre* sur le réel dont le statut épistémique ne sera pas celui du savoir, mais celui d'une *foi doctrinale* (B 853 *sq.*). Ce discours de second ordre recourra, discursivement aux mêmes formes que le discours qui parle de la constitution des connaissances d'objets; ce sera dans des propositions assertoriques et apodictiques qu'il sera formulé. On lira ainsi dans ce discours que c'est une intelligence suprême qui dispose les choses du monde d'une manière ordonnée etc., mais ce discours ne se comprend adéquatement que par recours au principe herméneutique du « comme si », grâce auquel ses assertions doivent s'entendre autrement.

Ad b. C'est à propos de *l'idée théologique* que Kant développe ce discours de second ordre avec le plus de détails à tel point que l'on peut soutenir que c'est même fondamentalement par rapport à cette idée que toute la question de l'unité systématique des connaissances est entreprise voire, en conséquence, que c'est l'idée théologique qui constitue le principe d'unité ultime du système de la raison pure.

Ce qui est toutefois remarquable dans la démarche de Kant, c'est qu'il ne va pas recourir, en vue de l'articulation du rapport entre ce principe ultime et la constitution systématique des connaissances, à la simple notion de l'idéal transcendantal dans sa forme originaire, mais à un concept "enrichi" de Dieu, à savoir celui développé dans la *note* à la fin du chapitre sur l'Idéal transcendantal où il dit que

> cet idéal de l'être souverainement réel est [...], bien qu'il ne soit qu'une simple représentation, d'abord *réalisé*, c'est-à-dire converti en objet, ensuite *hypostasié* et enfin, par un progrès naturel de la raison vers l'achèvement de l'unité, *personnifié*, comme nous le montrerons bientôt (B 611 note).

Et de justifier cet ultime pas dans la démarche vers le concept théiste de Dieu comme suit :

> C'est que l'unité régulatrice de l'expérience ne repose pas sur les phénomènes eux-mêmes (sur la sensibilité toute seule), mais sur la liaison de leurs éléments divers par l'*entendement* (dans une aperception), et que par conséquent l'unité de la suprême réalité et la complète déterminabilité de toutes choses (leur possibilité) semblent résider dans un entendement suprême, par conséquent dans une *intelligence* (*ibid.*).

On aura remarqué comment Kant combine, dans cette remarque, l'idée de la complète déterminabilité des choses avec l'idée de leur unité systématique. Dans l'*Appendice*, il est vrai, le premier de ces aspects sera plus en retrait.

Dans le même *Appendice*, Kant revient à plusieurs reprises sur la fonction régulatrice de l'idée théologique et au discours de second ordre y relatif. On nous permettra de citer à ce propos un passage plus long :

> [...] (au point de vue de la théologie), nous devons considérer tout ce qui ne peut jamais appartenir qu'à l'enchaînement de l'expérience possible, *comme si* celle-ci formait une unité absolue, mais entièrement dépendante et toujours conditionnée dans les limites du monde sensible, et cependant en même temps *comme si* l'ensemble de tous les phénomènes (le monde sensible lui-même) avait, en dehors de sa sphère, un fondement suprême unique et absolument suffisant, c'est-à-dire une raison originaire et créatrice subsistant par elle-même, et à laquelle nous nous référons pour régler tout usage empirique de notre raison, dans sa plus grande extension, *comme si* les objets mêmes étaient sortis de ce prototype de toute raison. Cela veut dire : non pas dériver les phénomènes intérieurs de l'âme d'une substance pensante simple, mais les dériver les uns des autres suivant l'idée d'un être simple; non pas dériver l'ordre du monde et son unité systématique d'une intelligence suprême, mais tirer de l'idée d'une cause souverainement sage la règle d'après laquelle la raison doit procéder pour sa plus grande satisfaction dans la liaison des causes et des effets dans le monde » (B 700 *sq.*)[1].

Dans les *Prolégomènes*, il reprend en substance le même argument :

> Quand je dis : nous sommes contraints de considérer le monde comme s'il était l'ouvrage d'un entendement et d'une volonté suprêmes, je ne dis en réalité rien de plus que cela : de même qu'une horloge, un vaisseau, un régiment se rapportent à l'artisan, à l'ingénieur et au commandant, de même le monde sensible (ou tout ce qui constitue le fondement de cet ensemble de phénomènes) se rapporte à l'inconnu que je ne distingue sans doute pas ainsi par ce qu'il est en soi, mais par ce qu'il est pour moi, c'est-à-dire à l'égard du monde dont je suis une partie[2].

C'est dans la notion d'*analogie* que se concentre le sens des remarques précédentes. Or, celle-ci doit être entendue dans deux directions convergentes mais néanmoins à distinguer. La première est cependant moins visible dans la *Critique* que dans les *Prolégomènes* qui rejoignent, sur ce point, les développements de la *Métaphysique Pölitz*[3]. À la suite de la citation précédente, nous lisons dans les *Prolégomènes* qu'une

1. *Cf.* aussi, B 713 *sq.*
2. *Prolégomènes*, § 57 ; Ak. IV 357 ; OP II 142.
3. Cf. *Métaphysique Pölitz*, Ak. 28.1. 330.

> connaissance de ce genre est par *analogie*, mot qui signifie non pas, comme on l'entend communément, une ressemblance imparfaite entre deux choses, mais une ressemblance complète de deux rapports entre des choses tout à fait dissemblables [1].

C'est donc à l'idée d'une analogie de proportion (que l'on rencontre dans les mathématiques) qu'il est fait appel ici. Dans la *Critique*, l'idée est présente, même si le terme ne se retrouve pas directement à propos de cet état de choses, ainsi lorsque Kant écrit que « je pense la relation d'un être, qui m'est tout à fait inconnu en soi, avec la plus grande unité systématique possible de l'univers, uniquement pour faire de cet être un schème du principe régulateur du plus grand usage empirique possible de ma raison » (B 707)[2].

La seconde direction à considérer en ce qui concerne la notion d'analogie concerne le sens de la prédication des propriétés de cet être.

Là encore, les *Prolégomènes* sont plus parlants que la *Critique*. L'idée de base est la même que dans la *Critique*, à savoir que le *concept déterminé de Dieu est hors de portée pour la connaissance finie de l'homme*. D'où il suit qu'aucune propriété (comme par exemple l'entendement ou la volonté, c'est-à-dire essentiellement les propriétés grâce auxquelles un concept simplement déiste du fondement absolu est dépassé) ne saurait lui être attribuée en soi. De cette façon, on évite précisément le reproche que Hume a formulé dans ses *Dialogues Concerning Natural Religion* auxquels Kant fait allusion[3], à savoir celui de l'*anthropomorphisme dogmatique*. Parler de Dieu en termes d'entendement et de volonté, donc sur un mode théiste, c'est parler du monde comme s'il était l'œuvre d'un entendement et d'une volonté suprêmes[4]. Or, c'est ce que Kant qualifie d'*anthropomorphisme symbolique* dont il dit qu'il concerne, non point l'objet même, à savoir l'être suprême (en soi précisément inconnu), mais le langage[5]. La *Réflexion* 6056 parle, quant à elle, d'un anthropomorphisme « pensé de manière régulatrice »[6].

La *Critique*, sans utiliser le terme d'anthropomorphisme symbolique, dit que « nous pouvons dans cette idée accorder hardiment et sans crainte de blâme certains anthropomorphismes, qui sont nécessaires au principe

1. *Prolégomènes*, § 58 ; Ak. IV 357 ; OP II 142.
2. *Cf.* aussi, *Réflexion* 5657 (Ak. XVIII 317) qui, sans recourir au terme même d'analogie, envisage le problème du discours analogique dans une optique théorique *et* pratique.
3. Cf. *Prolégomènes*, § 57 ; Ak. IV 356 ; OP II 140.
4. Cf. *ibid.*
5. Cf. *ibid.*
6. *Réflexion* 6056, Ak. XVIII 439.

régulateur» (B 725), voire même que nous sommes autorisés, d'après un anthropomorphisme plus subtil, à attribuer à cet être une perfection infinie (B 728).

Nous avons dit que c'est en fonction de l'idée de l'être suprême ainsi conçu que l'unité systématique de la nature devient pensable. Or, la façon de concevoir ce fondement (par analogie) conduira à son tour à l'introduction de l'idée d'une *unité finale* dont il va être dit qu'elle constitue la « plus grande unité systématique » (B 714). La justification que donne Kant de l'introduction de cette idée est que si l'unité systématique est pensée comme si elle était issue d'un être infiniment sage et intelligent, elle se laisse penser comme procédant d'un *dessein* d'une raison suprême (B 714)[1], voire même que l'intérêt spéculatif de la raison « nous oblige à regarder toute ordonnance dans le monde comme si elle était issue du dessein d'une raison suprême » (*ibid.*) et que cette idée est inséparablement liée à l'essence de notre raison (B 723). La considération *téléologique* ouvre à la raison « appliquée au champ des expériences des perspectives toutes nouvelles » (B 715) et « complète » l'unité de la nature d'après des lois générales (B 720). En quel sens faut-il entendre cette remarque? En fait, Kant demeure relativement discret quant à l'explicitation de sa thèse et on ne peut pas s'empêcher de penser que sa réflexion à ce propos se cherche ici plus qu'elle ne serait déjà bien en place. Il dit qu'une considération téléologique ne peut jamais nuire à la raison et, si elle est bien comprise, qu'elle complète l'unité systématique d'après des lois générales. Mais qu'est-ce à dire? Tant qu'on s'en tient à la seule fonction régulatrice de cette idée, même la supposition d'une liaison finale entre les choses là où, finalement, se laisse découvrir une liaison selon des lois mécaniques, ne peut pas corrompre la démarche de la raison. Il s'agit toutefois d'éviter des pièges ou des vices. Kant en énumère deux qui, en fait, se rejoignent :

– le premier consiste à considérer l'idée théologique en un sens constitutif (le vice de la *raison paresseuse* [*cf.* B 717]). Il le voit à l'œuvre dans la physico-théologie traditionnelle qui fait l'économie de la recherche des causes naturelles en recourant à un décret divin au lieu de les chercher dans les mécanismes de la matière elle-même. On aura remarqué ici le

1. Cette thèse n'est pas en contradiction avec ce qui sera dit au chapitre sur la *Discipline de la raison pure* au sujet des hypothèses : « L'ordre et la finalité dans la nature doivent être expliqués [...] par des raisons naturelles et suivant des lois de la nature, et ici les hypothèses même les plus grossières, pourvu qu'elles soient physiques, sont plus supportables qu'une hypothèse hyperphysique, c'est-à-dire que l'appel à un auteur divin que l'on suppose tout exprès » (B 800 *sq.*). En effet, l'erreur consisterait à vouloir faire l'économie de l'explication naturelle.

même type d'argument que celui développé dans *L'Unique argument*[1]. Si l'on procède de cette manière, la recherche selon des lois naturelles devient superflue. Kant est d'avis que cette erreur est évitable si l'on dépasse le cas d'un objet singulier dans lequel une finalité est obvie (sous la forme de son organisation interne[2]) et que l'on considère la finalité en général ou, comme il dit, « une finalité qui suit des lois universelles de la nature » (B 719)[3]. Or, une telle finalité est d'abord de nature purement régulatrice et sert alors de fil conducteur dans la recherche de liaisons mécaniques;

– le deuxième vice est celui de la *raison renversée* et consiste à poser, comme fondement, « en la considérant comme hypostatique, la réalité effective d'un principe de l'unité finale » et à imposer ensuite, « violemment et dictatorialement des fins à la nature » (B 720).

Ces deux vices ne sont que deux faces d'une même médaille, à savoir celle d'une certaine forme de physico-théologie, l'un insistant davantage sur la contingence des effets, l'autre sur l'existence de la cause même qui les produit. Serait-ce à dire que c'est du côté d'une physico-théologie revisitée qu'il s'agirait de chercher l'idée d'une unité systématique finale des choses et donc à situer la fonction fondatrice du théologique dans l'ensemble de la construction du programme de la raison ?

L'argumentation de Kant à ce propos est particulièrement sinueuse et non exempte de certaines contradictions; mais il s'agit d'en saisir l'intention.

> Le principe régulateur veut que l'on présuppose absolument, c'est-à-dire comme résultant de l'essence des choses, l'unité systématique comme une *unité de la nature*, qui n'est pas connue d'une manière purement empirique, mais qui est supposée *a priori*, bien que d'une manière encore indéterminée. Que si je commence par poser en principe un être ordonnateur suprême, l'unité de la nature est alors supprimée par le fait. Car elle devient ainsi tout à fait étrangère à la nature des choses et contingente, et elle ne peut plus être connue au moyen des lois universelles de cette nature. De là un cercle vicieux dans la démonstration, puisque l'on présuppose ce que l'on devait précisément démontrer (B 721).

Ce que l'auteur entend établir ici, c'est l'idée que l'affirmation d'une d'unité finale des choses découle de l'essence même de celles-ci, c'est-à-

1. Cf. *Unique argument*, Ak. II 116 *sq.*
2. Cf. *CFJ*, § 67 ; Ak. V 378 ; OP II 1171 *sq.*
3. Dans la *Critique de la faculté de juger*, Kant dira que le concept d'une forme spécifique d'une chose singulière qui est en même temps le produit de la nature « conduit nécessairement à l'idée de la nature en totalité comme d'un système selon la règle des fins », § 67 ; Ak. V 378 *sq.* ; OP II 1171.

dire qu'elle est présupposée comme une unité de la *nature* (tout en demeurant encore en tant que telle d'abord indéterminée) et non point qu'elle *découle* d'une cause suprême auquel cas elle serait déterminée, mais contingente. Or, la recherche de cette unité finale dans la progression de la constitution de l'unité selon des lois mécaniques conduira à la connaissance de l'existence absolument nécessaire de son auteur :

> L'investigation de la nature va son chemin en suivant uniquement la chaîne des causes naturelles qui suivent des lois universelles de la nature ; elle se conforme sans doute à l'idée d'un auteur suprême, mais ce n'est pas pour en dériver la finalité, qu'elle poursuit partout, mais pour en connaître l'existence au moyen de cette finalité qu'elle cherche dans l'essence des choses de la nature, et même autant que possible dans celle de toutes les choses en général, et par conséquent pour la connaître comme absolument nécessaire (B 722).

Il est vrai, dit Kant, pour se rétracter, comme s'il s'était avancé trop loin : « Que cette dernière chose réussisse ou non, l'idée reste toujours exacte, et aussi son usage, quand il est restreint aux conditions d'un principe purement régulateur » (*ibid.*).

Dans la troisième section du chapitre sur le *Canon de la raison pure* qui traite de l'opinion, du savoir et de la foi, Kant ne se montre pas aussi réservé en ce qui concerne la présence du théologique dans le cadre de la recherche de type scientifique. La question qui nous occupe ici y est abordée sous l'angle de la *foi doctrinale* dont fait partie la doctrine de l'existence de Dieu. S'il est vrai, qu'en ce qui concerne la connaissance théorique du monde, j'ai à procéder « comme si tout n'était que nature, l'unité finale est cependant une si grande condition de l'application de la raison à la nature que je ne puis pas l'omettre, quand d'ailleurs l'expérience m'en fournit de si nombreux exemples ». Kant dira que dans cette optique, la condition d'une telle unité est à poser dans un sage auteur du monde, condition même pour disposer d'une « direction (*Leitfaden*) dans l'investigation de la nature » (B 854).

La *Critique de la raison pure* aboutit, en dépit des restrictions précédemment formulées quant à la *connaissance* d'un être absolument nécessaire, à une thèse remarquable en ce qui concerne l'enracinement et le sens de l'articulation d'un discours théologique au sein même du discours scientifique. Qu'il nous soit permis de citer ici longuement le “catéchisme” des questions et réponses qui conclut en quelque sorte les développements de l'*Appendice* :

> Demande-t-on (par rapport à une théologie transcendantale), *en premier lieu*, s'il y a quelque chose de distinct du monde qui contienne le

> fondement de l'ordre du monde et de son enchaînement suivant des lois universelles; la réponse est celle-ci : *Oui sans doute*. En effet, le monde est une somme de phénomènes; il doit donc y avoir pour ces phénomènes quelque fondement transcendantal, c'est-à-dire un fondement que l'entendement pur puisse seul penser. Demande-t-on, *en second lieu*, si cet être est une substance qui a la plus grande réalité, qui est nécessaire, etc.; je réponds *que cette question n'a pas de sens* [...]. Demande-t-on enfin, *en troisième lieu*, si nous ne pouvons pas du moins concevoir cet être distinct du monde d'après une *analogie* avec les objets de l'expérience; je réponds : *Sans doute*, mais seulement comme objet dans l'idée, et non dans la réalité, c'est-à-dire uniquement en tant qu'il est un substratum, pour nous inconnu, de l'unité systématique, de l'ordre et de la finalité de la constitution du monde dont la raison doit se faire un principe régulateur dans son investigation de la nature (B 724 *sq.*).

Et de continuer un peu plus loin :

> Mais de cette manière *pouvons*-nous toutefois [...] admettre un unique, sage et tout-puissant auteur du monde? *Sans aucun doute*; et non seulement nous pouvons, mais nous *devons* le supposer. Mais alors étendons-nous notre connaissance au-delà du champ de l'expérience possible? *Nullement*. En effet, nous n'avons fait que supposer un quelque chose dont nous n'avons absolument aucun concept touchant ce qu'il est en soi (un objet purement transcendantal); mais, par rapport à l'ordre systématique et final de la construction du monde, que nous devons présupposer quand nous étudions la nature, nous n'avons pensé cet être, qui nous est inconnu, que *suivant l'analogie* avec une intelligence (un concept empirique) [...] (B 725 *sq.*).

Pour finir :

> Mais (demandera-t-on encore) puis-je ainsi faire usage du concept et de la présupposition d'un être suprême dans la considération rationnelle du monde? Oui, et c'est proprement pour cela que cette idée a été posée en principe par la raison. Mais puis-je donc regarder comme des fins intentionnelles des ordonnances qui ressemblent à des fins, en les dérivant de la volonté divine, quoique, il est vrai, grâce à l'intermédiaire de dispositions particulières établies à cet effet dans le monde? Oui, vous le pouvez aussi, mais à la condition qu'il vous soit indifférent d'entendre dire que la sagesse divine a tout ordonné ainsi pour ses fins suprêmes, ou que l'idée de la sagesse suprême est un régulateur dans l'investigation de la nature et un principe de son unité systématique et finale d'après des lois universelles de la nature, même là où nous ne l'apercevons pas; c'est-à-dire qu'il doit vous être parfaitement indifférent de dire : Dieu l'a sagement voulu ainsi, ou bien la nature l'a ainsi sagement ordonné (B 726 *sq.*).

On voit, à travers ces remarques, comment Kant tend vers la mise en place d'une physico-théologie qui soit intimement inscrite, en dépit de la restriction quant à son caractère dogmatique, dans le cadre de la considération naturelle du monde. Le thème sera repris et nuancé dans la troisième *Critique*.

L'idéal du Souverain bien

Dans la deuxième section du chapitre sur le *Canon de la raison pure* (B 832 *sq.*) Kant revient sur la question de l'unité systématique des fins. Celle-ci y est abordée d'une façon inédite comme l'annonce le titre « De l'idéal du souverain bien comme fondement (*Bestimmungsgrund*) de la fin dernière de la raison pure » (B 832)[1]. Il est permis de lire, nous semble-t-il, le terme de *Bestimmung* en un double sens : d'une part, comme le suggère l'expres-sion complète *Bestimmungsgrund* au sens d'une détermination, d'autre part d'une destination, donc de ce à quoi la raison tend en fin de compte. Nous dirons que c'est cette seconde signification qui est plus décisive dans la mesure où elle nous rappelle ce qui sous-tend ultimement le projet de la *Critique de la raison pure*, à savoir la question de la destination de l'homme. F. Marty soutient à propos de la *Doctrine transcendantale de la méthode* dans son ensemble qu'elle « ne laisse aucun doute sur le dessein métaphysique du système que vise la première *Critique*, en lui assignant pour centre le rapport de toutes choses à la destination de l'homme, sujet libre »[2]. C'est surtout au chapitre sur le *Canon* que se vérifie cette affirmation.

Si dans la *Critique*, c'est dans ce chapitre seulement que la notion de « souverain bien » voire d'« idéal du souverain bien » fait son entrée[3], celle de « fin dernière de la raison » se rencontre dès la troisième section du chapitre sur l'antinomie de la raison. Kant y parle des fins dernières dans lesquelles les efforts de la raison « doivent s'unir en définitive », à savoir les questions traitées dans les quatre conflits de l'antinomie. Celles-ci sont

1. On lira à propos de cette section l'article fouillé d'I. Heidemann « Das Ideal des höchsten Guts. Eine Interpretation des Zweiten Abschnitts im "Kanon der reinen Vernunft" » dans *Beiträge zur Kritik der reinen Vernunft* 1781*1981, éd. par I. Heidemann et W. Ritzel, Berlin-New York, de Gruyter, 1981, p. 233-305. *Cf.* aussi l'étude de L. Gallois, *Le souverain bien chez Kant*, Paris, Vrin, 2008, p. 15 *sq.* ; *cf.* la bibliographie concernant le problème du souverain bien à la fin de cet ouvrage (p. 264 *sq.*).

2. F. Marty, *L'homme, habitant du monde. À l'horizon de la pensée critique de Kant*, Paris, Honoré Chmapion, 2004, p. 55.

3. *Cf.* Heidemann, « Das Ideal des höchsten Guts », *op. cit.*, p. 233.

déclarées être « les fins les plus hautes et les plus pressantes de l'humanité » (B 491 *sq.*). Mais les réponses à y donner demeurent indécidables pour la raison théorique, et Kant de poursuivre : « heureusement peut-être pour la destination pratique de l'homme » (B 492).

Ce qui s'annonce dans cette exclamation va précisément être thématisé au chapitre sur le *Canon de la raison pure* dont il est dit, dès le départ qu'il ne saurait concerner que l'usage pratique de la raison étant donné qu'une connaissance synthétique de la *raison* pure dans son usage spéculatif est impossible (B 824 *sq.*).

Le philosophe commence par rappeler que la raison nous a conduits vers les idées spéculatives qui, à leur tour, ont fini par nous ramener à l'expérience et qui ont ainsi rempli le dessein de la raison « d'une manière utile, il est vrai, mais nullement conforme à notre attente » (B 832). Il se demande dès lors s'il ne serait pas possible, à partir de la *pratique*, d'arriver précisément à ce qui, d'un point de vue théorique, est resté en suspens, à savoir la réponse aux questions : y a-t-il un Dieu ? l'âme est-elle immortelle ?[1] L'idée d'un usage pratique de la raison à côté de l'usage théorique n'est nulle part justifiée dans l'œuvre de Kant. À titre d'exemple, citons la *Réflexion* 2802 qui déclare sans explication aucune : « L'usage de la connaissance [est] ou bien pratique ou bien spéculatif »[2]

Comment cette perspective de la pratique s'inscrit-elle dans le cadre de l'interrogation au sujet de la problématique de l'unité systématique des fins ?

L'idée même apparaît dans le cadre de la discussion de la thèse qu'il y a effectivement des lois morales *a priori*, c'est-à-dire des lois qui déterminent « l'usage de la liberté d'un être raisonnable en général » (B 835). Dans ce sens, la raison contient des *principes* de la possibilité de l'expérience, entendue en un sens pratique, c'est-à-dire des principes d'actions qui *pourraient* se rencontrer dans *l'histoire des hommes*. Or, du moment qu'on a à faire à des *principes*, on se trouve en présence de la condition même d'une *unité systématique*. L'unité serait, du point de vue pratique, une unité sous le principe moral, en l'occurrence l'unité d'êtres raisonnables agissant conformément aux lois morales et formant de ce fait un *monde moral* que Kant appelle aussi – reprenant une formule leibnizienne – « *corpus mysticum* des êtres raisonnables » (B 836). Par là, il veut dire qu'il s'agit

1. La question de la liberté *au sens transcendantal* (la troisième question) ne saurait constituer un problème pour la raison *pratique* ; la liberté pratique, en revanche, est dite être connue par expérience (*cf.* B 831).

2. *Réflexion* 2802, Ak. XVI 519 ; *cf.* aussi, *Réflexion* 5645, Ak. XVIII 295.

d'un monde "intelligible" caractérisé par le fait que la liberté de chacun de ses membres est en parfaite conformité avec la *loi* et donc aussi avec la liberté des autres membres, ce qui correspond à l'idée d'une unité systématique : le corps mystique forme une unité systématique. Or, dans une telle communauté idéale *qui n'est qu'une idée*, les êtres raisonnables seraient eux-mêmes la cause du bonheur général (B 837). Kant parle d'un « système de la moralité qui se récompense elle-même » (B 837). Ce qu'il est important de remarquer ici, c'est l'idée d'un bonheur *général* et non point simplement individuel. Nous verrons plus loin que cette thèse va être abandonnée dans la mesure où la question de la réalisation du bonheur va être octroyée à Dieu.

Comment maintenant l'idée d'une *finalité* et, en conséquence, d'un *système des fins*, fait-elle son entrée dans cette construction ?

D'une part, il y a des lois morales pures qui déterminent *a priori* l'usage de la liberté ; d'autre part l'homme en tant qu'il se conforme à ces lois se demande ce qu'il lui est permis d'espérer s'il fait ce qu'il doit faire. Pourquoi cette question de *l'espérance* fait-elle son entrée ici ? Dans la démarche de la *Critique*, elle se dégage sur la base de ce que Kant appelle « l'intérêt de la raison » (B 832) qui se résume dans les trois questions : 1) que puis-je savoir ? 2) que dois-je faire ? 3) que m'est-il permis d'espérer ? (B 833)[1].

Nous nous trouvons en ce qui concerne l'articulation de la seconde et de la troisième question, face à une difficulté cruciale de la construction kantienne : du point de vue de la détermination de la volonté, donc du point de vue de la qualification de l'acte, c'est la loi morale qui doit être "constitutive", mais ce que l'homme vise, espère, au-delà du bien qu'implique son agir conformément à la loi, c'est le bonheur qui est "rattaché" à la loi comme une *promesse*. D'où la construction suivante : a) la loi morale m'enjoint inconditionnellement de faire ce que je dois faire ; le mobile en étant la qualité d'être digne du bonheur (B 8 34)[2] ; b) de cette façon, je suis autorisé à me demander si « en me conduisant de telle sorte que je ne sois

1. Cf. *Métaphysique L2* qui reprend les trois questions en leur ajoutant une quatrième, à savoir *qu'est-ce que l'homme ?* et en précisant, comme cela est le cas dans la *Logique* (*cf.* Ak. IX 25) ; OP III 1297), que « tout pourrait être appelé anthropologie, parce que les trois premières questions se rapportent à la dernière » (Ak. 28.2. 1. 533 *sq.*).

2. Dans la *Réflexion* 6889 (Ak. XIX 195), Kant dira que le bonheur est avec la moralité « als einem *principio* connex in der idee » ; *cf.* aussi, *Réflexion* 7097 (Ak. XIX 248). Il va sans dire que cette thèse va être profondément modifiée dans les écrits sur la philosophie pratique (cf. *Critique de la raison pratique*, Ak. V 71 *sq.* ; OP II 695 *sq.*).

pas indigne du bonheur, il m'est permis d'espérer que je pourrais y participer par là » (B 837).

Toutefois, les hommes ne sont pas des êtres purement intelligibles (ce que la *Métaphysique des mœurs* appellera l'*homo noumenon*[1]), mais aussi des êtres dont la « fragile nature »[2] est telle que leurs actions et leur rapport à la moralité ne permettent pas de *déterminer* la proportionnalité du bonheur. Par ailleurs, le monde "naturel", lieu d'inscription de l'existence humaine (l'*homo phaenomenon*[3]), ne permet pas non plus une telle détermination parce qu'il ne contient aucune *promesse* quant au bonheur.

L'espérance du bonheur, dans la mesure où l'on s'en est rendu digne n'est dès lors fondée que si l'on suppose une *intelligence suprême* dont Kant dit qu'elle « commande suivant des lois morales » et qu'elle est en même temps « cause du monde » (B 838). Quelques pages plus loin, il en précise l'idée en disant que cette intelligence suprême « fonde, entretient et accomplit, suivant la plus parfaite finalité, l'ordre des choses, ordre universel, bien qu'il nous soit profondément caché dans le monde sensible » (B 842).

L'introduction de l'idée de la nature (des choses du monde) a d'abord de quoi étonner parce que nulle part dans la discussion de la problématique du bonheur en relation avec la moralité, le contexte de la nature n'avait été pris en considération. Si par ailleurs la fin ultime doit se situer, comme le pense Kant, dans une *vie future*, on voit encore moins pourquoi il faut introduire la nature des choses du monde et, à la suite de celle-ci, un auteur suprêmement sage, étant donné qu'une vie future ne pourra être qu'une vie *déliée* de son inscription physique dans le monde.

Si Kant l'introduit ici, c'est en vue de l'idée qu'il poursuit à travers l'ensemble de ces considérations, à savoir la thèse d'une unité systématique finale du réel aussi bien naturel que moral (nature et liberté). Ce sera dans la seconde introduction à la *Critique de la faculté de juger* que l'auteur reviendra sur la question de la réalisation des fins dans le monde : la liberté doit rendre effective dans le monde la moralité, « et la nature doit en conséquence pouvoir être pensée de sorte que la légalité de sa forme s'accorde au moins à la possibilité des fins, qui sont à effectuer en elle selon les lois de la liberté »[4].

1. Cf. *MM*, Ak. VI 430 ; OP III 717.
2. *CRPrat.*, Ak. V 78 *sq.* ; OP II 702.
3. Cf. *MM*, Ak. VI 430 ; OP III 717.
4. *CFJ*, Ak. V 176 ; OP II 929.

Poursuivant sa réflexion sur cette intelligence suprême, Kant la qualifie de *souverain bien originaire*. Or, celui-ci est déclaré être le fondement du souverain bien dérivé, c'est-à-dire de la liaison nécessaire entre moralité et bonheur, qualifiée *maintenant* de monde moral qui, étant une suite de notre comportement dans ce monde, doit être considéré comme un monde *futur*. Cette thèse d'un monde moral, considéré comme *souverain bien dérivé*, est étonnante à première vue parce qu'elle ne correspond pas à ce qui avait été défini quelques pages avant comme monde moral, à savoir un monde conforme à la moralité qui serait à lui-même la cause du bonheur. Le monde moral dont il est question maintenant semble être celui des êtres raisonnables finis dont l'agir n'est pas nécessairement conforme à la loi, mais qui, plus qu'une *simple* idée (comme cela est le cas pour le monde moral sous les seules lois de la moralité), est une *idée que la raison se voit contrainte d'admettre* (B 839), c'est-à-dire une idée pratiquement nécessaire (B 840).

Dans la mesure où il s'agit d'un monde, il faut penser que le "calcul" de l'intelligence suprême ne porte pas simplement et exclusivement sur le bonheur proportionné à la moralité d'un chacun, pris individuellement et distributivement, mais qu'il concerne aussi ce bonheur comme collectif.

Kant qualifie ces considérations de *théologie morale* qui supplée à la théologie spéculative dans la mesure où elle élargit le concept de Dieu en direction de propriétés morales telles la volonté toute-puissante, « afin que toute la nature et son rapport à la moralité dans le monde lui soient soumis », l'omniscience, « afin de connaître le fond des intentions et leur valeur morale », l'omniprésence, « afin de pouvoir prêter immédiatement l'assistance qu'exige le souverain bien du monde », enfin l'éternité, « afin que cette harmonie de la nature et de la liberté ne fasse défaut en aucun temps » (B 843).

Cette argumentation est étonnante parce que dès l'*Appendice*, Kant avait parlé de cet « anthropomorphisme plus subtil » (B 728) qui permet de penser en Dieu *infiniment de perfections*, donc aussi celles mentionnées ci-dessus. Tout au plus pourrait-on dire que la théologie morale permet de *préciser* explicitement quelques-unes de ces perfections, mais les développements de Kant dans l'*Appendice* contredisent sa propre thèse au chapitre sur l'idéal du souverain bien où il dit que

> nous ne trouvons [...] ni dans la théologie transcendantale, ni dans la théologie naturelle, si loin que la raison puisse nous conduire, aucun motif sérieux de n'admettre qu'un être unique que nous puissions placer au-dessus de toutes les causes naturelles, ni aucune raison suffisante pour en faire dépendre, en même temps, ces causes sous tous les rapports (B 842 *sq.*).

L'idée poursuivie en fin de compte consiste, comme on l'a déjà suggéré plus haut, en ce que Kant entend montrer que l'unité systématique, comprise comme unité systématique *des fins*, recherchée par la raison, doit contenir en elle aussi bien l'unité systématique de la nature que de la liberté[1]. Au niveau de l'usage *théorique*, elle prendra finalement la forme d'une physico-théologie (régulatrice) : « l'investigation de la nature » reçoit une direction « suivant la forme d'un système des fins et, dans son plus haut déploiement devient une physico-théologie » (B 844, trad. modifiée) ; au niveau de l'usage *pratique* de la raison, cette unité est celle du monde moral (souverain bien dérivé).

Or, ce qui est remarquable dans cette réflexion sur l'unité des fins c'est que cette physico-théologie *prendra son point de départ* dans l'ordre moral même dans la mesure où elle a à considérer la nature comme étant ordonnée (en tant que nature) de telle sorte que sa finalité *concoure* à celle de la morale. Mais, dans la mesure où elle ramène, d'après sa logique propre, « la finalité de la nature à des fondements qui doivent être inséparablement liés *a priori* à la possibilité interne des choses » (B 844), elle *conduit* à une théologie transcendantale et donc à l'idéal de la raison pure comme étant l'être dit originaire qui lie toutes choses du fait qu'elles ont en lui leur origine première. On retrouve donc maintenant dans cette idée de l'être originaire l'auteur du monde et son architecte dont parlaient déjà les écrits des années 50 et 60.

La physico-théologie que Kant tenait, on le sait, toujours en grande estime, occupe ainsi une position d'intermédiaire du fait qu'elle se voit *ancrée* d'une part dans l'orientation finale de la raison pratique – les fins de la nature devant être comprises comme étant ordonnées aux fins pratiques – et qu'elle ouvre d'autre part sur le concept de l'être originaire de la théologie transcendantale. Kant soutient que cette « intensification (*Steigerung*) de notre connaissance rationnelle ne serait pas la cause, mais simplement l'effet de la finalité pratique que nous impose la raison pure » (B 845, trad. modifiée).

Cette remarque nous semble particulièrement importante parce qu'elle constitue une reconfiguration de l'architecture de la raison. Si l'idéal transcendantal demeure « pour l'usage purement spéculatif de la raison

1. Langlois note que « c'est la relecture morale-pratique de l'intelligible qui doit finalement rouvrir la perspective bloquée par les limites cognitives de la raison, d'une union systématique de la nature et de la liberté » (« La fin des choses et la fin de la liberté : l'idée de Dieu dans la *Critique de la raison pure* », *op. cit.* p. 204). Nous pensons qu'il ne s'agit pas d'une réouverture, mais d'une *ouverture* qui permet précisément de penser le système dans l'entièreté des fins.

[…] un concept qui termine et couronne toute la connaissance humaine » (B 672), il n'en reste pas moins que c'est en direction de l'usage *pratique* de la raison qu'il faut en comprendre la visée. L'unité de la théologie de la raison, comprise comme fondement de l'unité systématique des fins est une unité sous le régime de la raison pratique et de son concept originaire. En définitive, on est amené à dire que l'idéal transcendantal trouve sa signification ultime dans l'idéal du souverain bien originaire.

La lecture revisitée de la théologie dans la Critique de la faculté de juger[1]

Dans la *Critique de la faculté de juger* Kant reprendra la question de la téléologie et de son rapport avec la théologie. La problématique de la physico-théologie y sera repensée.

L'idée d'une appréciation (*Beurteilung*) téléologique (à ne pas confondre avec une explication sur base de lois mécaniques) de la nature concerne en premier lieu les êtres organisés ; elle y est même inévitable : l'être organisé s'organise lui-même et cette organisation est, selon Kant, sans analogie :

> Les êtres organisés sont […] les seuls dans la nature qui, lorsqu'on les considère pour eux-mêmes et sans rapport avec d'autres choses, doivent être pensés comme possibles seulement en tant que fins de la nature, et ce sont d'abord eux qui procurent une réalité objective au concept d'une *fin*, qui n'est pas une fin pratique, mais une fin de la *nature*, et procurent ainsi à la science de la nature le fondement d'une téléologie, c'est-à-dire d'une manière d'apprécier ses objets selon un principe particulier qu'il serait, autrement, absolument illégitime d'introduire dans cette science (parce que l'on ne peut absolument pas apercevoir *a priori* la possibilité d'une telle espèce de causalité)[2].

Même si une "téléologie objective" de la nature (c'est-à-dire l'affirmation dogmatique d'une causalité *autre* que la causalité d'après des lois mécaniques) ne se laisse pas fonder dans l'idée générale de celle-ci, "l'appréciation téléologique" de la nature peut être tirée légitimement de

1. G. Lebrun parle d'une « théologie retrouvée » dans la troisième *Critique* (« La "troisième Critique" ou la théologie retrouvée » dans *Kant sans kantisme*, Paris, Fayard, 2009, p. 197 *sq.*). S'il s'agit de « retrouvailles », on ne peut que souscrire à ce titre ; si, en revanche, il s'agit de quelque chose qui aurait été perdu (de vue), il y a lieu de contester.

2. *CFJ*, § 65 ; Ak. V 375 *sq.* ; OP II 1167 (trad. mod.).

l'étude de celle-ci, « du moins de façon problématique »[1]. En tant que telle, elle relève de la *faculté de juger réfléchissante* qui ne vise pas à *expliquer* la nature, mais dont la considération selon des fins constitue quand-même « un *principe supplémentaire* de subordination des phénomènes naturels à des règles, là où les lois de la causalité selon le simple mécanisme naturel sont insuffisantes »[2], c'est-à-dire conduiraient au constat d'un « mécanisme aveugle de la nature »[3]. En introduisant donc cette idée, à savoir celle d'une causalité dans l'objet même en vue d'une fin (« une chose existe comme fin naturelle si elle est *cause et effet d'elle-même* »[4]), nous pensons la nature comme *technique*, c'est-à-dire comme pouvoir producteur[5]. Appréciation ou exposition[6] des phénomènes, non pas explication et donc déduction, voilà la ligne de partage.

Si c'est en premier lieu par rapport aux êtres organisés que Kant développe l'idée d'une téléologie, il précise au § 67 le « principe de l'appréciation téléologique de la nature en général comme système des fins »[7]. Il y soutient d'abord que les choses, considérées du point de vue de leur forme ou organisation interne, peuvent être considérées comme des *fins naturelles*. Mais ceci est autre chose que de considérer *l'existence* même d'une chose comme une fin *de* la nature. Pour cela, nous avons besoin non seulement du concept d'une finalité (possible), mais en outre de la connaissance d'un but final (*Endzweck*). Cette notion s'avérera capitale quand il sera question plus loin de la problématique théologique, mais dès le § 67, Kant y semble faire allusion lorsqu'il note que cette dernière perspective (celle d'un but final), « nécessite une relation de la nature à quelque chose de suprasensible, qui va bien au-delà de notre connaissance téléologique de la nature »[8].

Si c'est seulement la matière organisée qui nous conduit nécessairement au concept d'une fin naturelle, « parce que sa forme spécifique est en même temps produit de la nature »[9], ce concept « conduit nécessairement à l'idée de la nature en totalité comme d'un système selon la règle des fins »[10]. Kant ne justifie cependant point cette nécessité, mais la

1. *CFJ*, § 61 ; Ak. V 360 ; OP II 1149.
2. *CFJ*, § 61 ; Ak. V 360 ; OP II 1150
3. *CFJ*, § 66 ; Ak. V 377 ; OP II 1169.
4. *CFJ*, § 64 ; Ak. V 370 ; OP II 1161.
5. Cf. *CFJ*, § 78 ; Ak. V 411 ; OP II 1210 *sq.*
6. Cf. *CFJ*, § 78 ; Ak. V 412 ; OP II 1212.
7. *CFJ*, § 67 ; Ak. V 378 ; OP II 1170.
8. *CFJ*, § 67 ; Ak. V 378 ; OP II 1171.
9. *Ibid.*
10. *CFJ*, § 67 ; Ak. V 378 *sq.* ; OP II 1171.

conséquence en est que c'est à cette idée que doit être subordonné, d'après des principes de la raison, tout le mécanisme de la nature ce qui conduira évidemment à s'interroger sur le statut du téléologique au sein de la démarche de la physique. Mais ce principe de la raison est *subjectif*, donc une *maxime*, et ne concerne dès lors que la faculté de juger réfléchissante[1]. Grâce à lui, nous considérons les choses naturelles « selon un nouvel ordre légal et pour élargir la connaissance de la nature selon un autre principe [...] sans préjudice toutefois pour le principe du mécanisme de sa causalité »[2]. Cette idée d'un "élargissement" correspond à celle rencontrée dans la *Critique de la raison pure* où Kant dit que la téléologie « complète » l'unité de la nature d'après des lois générales (B 721) qui sont considérées comme insuffisantes « même pour la recherche empirique de toutes les lois particulières de la nature »[3]. Ce complément constitue (du fait de son statut régulateur), une aide « dans l'usage technique de la raison »[4], c'est-à-dire dans l'exécution et dans la description.

C'est dans le contexte de cet « élargissement » que se pose la *question théologique* dont nous avons vu dans la *Critique de la raison pure* qu'elle est si intimement liée à celle d'une téléologie *de* la nature. Kant l'aborde au § 68, intitulé « Du principe de la téléologie comme principe interne de la science de la nature »[5] :

> Lorsque donc on introduit dans la science de la nature et dans son contexte le concept de Dieu pour expliquer la finalité dans la nature, et lorsqu'à partir de là on réutilise cette finalité pour prouver qu'il y a un Dieu, il n'y a plus alors aucune consistance interne de ces deux sciences, et un diallèle trompeur les rend incertaines par la confusion de leurs limites réciproques[6].

Kant rend attentif ici à un cercle vicieux dans la démonstration de l'existence de Dieu à partir de l'ordre et de la finalité *dans* la nature. Il fait ici évidemment allusion à la démarche de la physico-théologie qui présuppose l'existence d'un être ordonnateur pour en déduire (expliquer) l'ordre du monde et qui, à partir de cet ordre (considéré comme contingent) démontre l'existence d'un créateur intelligent et sage. Il y a lieu de remarquer que sa propre physico-théologie, telle qu'il l'a notamment

1. Cf. *CFJ*, § 75 ; Ak. V 398 ; OP II 1194.
2. *CFJ*, § 67 ; Ak. V 379 ; OP II 1172.
3. *CFJ*, § 68 ; Ak. V 383 ; OP II 1177.
4. *Ibid.*
5. *CFJ*, § 68 ; Ak. V 381 ; OP II 1174.
6. *Ibid.*

exposée dans la seconde partie de *L'unique argument* et qui repose, il est vrai, non sur l'idée d'un ordre contingent, mais d'un ordre nécessaire, n'échappe, elle non plus, à cette critique.

Ce cercle et cette confusion peuvent cependant être évités sans que soit abandonnée pour autant l'optique téléologique dans la considération de la nature, ceci en ayant recours à l'idée de fin *de* la nature (génitif subjectif) entendue au sens d'une téléologie *interne*, observable et même explicable sur la base des lois mécaniques connues, ce qui seul est adéquat pour dire ce que nous *savons* et qui est à considérer comme l'expression d'une modestie de la raison[1].

Dans ce sens, on est autorisé d'une part à dire que la considération téléologique n'est nullement étrangère à la science, d'autre part qu'elle n'est pas une « partie propre de la science théorique de la nature »[2]. Mais afin que les deux considérations soient compatibles entre elles (même si elles ne sauraient l'être en tant que principes d'explication), il faut admettre un principe qui leur est extérieur, c'est-à-dire un fondement suprasensible qui demeure toutefois pour l'entendement fini de l'homme *indéterminé*[3]. La physique considère les mécanismes naturels des phénomènes présentant une structure téléologique, mais son interrogation exclut la question d'une *intention* possible comme cause de cette structure; ce dernier est du ressort de la métaphysique[4].

Comment Kant conçoit-il maintenant plus particulièrement le rapport entre la considération téléologique et la théologie? Il soutient que la téléologie est « rattachée à la théologie comme propédeutique ou comme passage à celle-ci »[5]. Comment faut-il comprendre cette thèse? Il faut convenir que l'expression est peu claire, ce que confirment différentes formulations qui reviennent par la suite. Ainsi dira-t-il au § 75 que les choses naturelles que nous jugeons possibles uniquement en tant que fins « constituent la plus haute preuve de la contingence de l'univers »[6] et prouvent que celui-ci « dépend et tire son origine d'un être existant hors du monde et donc intelligent [...]; et ainsi que la téléologie pour ses recherches *ne peut s'achever instructivement nulle part ailleurs que dans une théologie* »[7]. Mais comme s'il craignait d'être mal compris, Kant

1. Cf. *CFJ*, § 68; Ak. V 382; OP II 1175.
2. *CFJ*, § 68; Ak. V 383; OP II 1177.
3. Cf. *CFJ*, § 78; Ak. V 412; OP II 1212.
4. Cf. *CFJ*, § 68, Ak. V 383; OP II 1176.
5. *CFJ*, § 68; Ak. V 383; OP II 1177.
6. *CFJ*, § 68; Ak. V 398; OP II 1195.
7. *CFJ*, § 68; Ak. V 399; OP II 1195 (nous soulignons).

précise que la téléologie la plus avancée ne saurait prouver (alors que quelques lignes plus haut, il avait parlé de *Beweisgrund*) l'existence d'un tel être et rappelle en quelque sorte la leçon de la *Critique de la raison pure* :

> [...] selon la constitution de nos facultés de connaître, donc dans la liaison de l'expérience avec les principes supérieurs de la raison, nous ne pouvons absolument pas nous faire un concept de la possibilité d'un tel monde, si nous ne pensons pas une cause supérieure de ce monde *agissant intentionnellement*[1].

C'est au § 79 qu'il revient sur cette question :

> Quelle place revient à la téléologie ? Appartient-elle à la science de la nature (proprement dite) ou à la théologie ? Ce doit être à l'une des deux, car, absolument, aucune science ne peut servir de passage de l'une à l'autre, parce que celui-ci signifie seulement l'articulation ou l'organisation du système, et non pas une place dans ce système [2].

Or, voici que Kant soutient maintenant qu'il va de soi que la téléologie *n'appartient pas* à la théologie « en tant que partie de celle-ci, bien que dans cette dernière on puisse en faire l'usage le plus important »[3]. Comment faut-il entendre ce propos qui semble être en contradiction avec ce que dit le § 68 ?

La considération téléologique relève, comme nous le savons, de la faculté de juger réfléchissante. En tant que telle, elle ne donne pas lieu à des connaissances et n'est donc pas à considérer comme une science – Kant dira que la « téléologie comme science n'appartient [...] à aucune doctrine, mais seulement à la critique »[4]. Elle est à l'œuvre, comme on l'a déjà dit, d'une double manière : d'une part comme principe interne de la science, mais comme principe que la science utilise pour juger (*beurteilen*) ou décrire les phénomènes, d'autre part comme principe servant de fil conducteur dans la recherche d'une cause des produits de la nature considérés comme des fins disposées de façon intentionnelle; dans ce sens, elle dépasse les limites de l'expérience et *renvoie* à un être intelligent de telle sorte qu'elle « s'achève instructivement nulle part ailleurs que dans une théologie »[5]. Dire alors qu'elle n'appartient néanmoins pas comme une partie à la théologie entendue comme science (mais la question se pose si la théologie est une science au sens d'une connaissance synthétique *a priori*

1. *CFJ*, § 68 ; Ak. V 399 ; OP II 1195.
2. *CFJ*, § 68 ; Ak. V 416 ; OP II 1216 (trad. mod.).
3. *CFJ*, § 68 ; Ak V 416 ; OP II 1216 *sq.*
4. *CFJ*, § 68 ; Ak. V 417 ; OP II 1217.
5. *CFJ*, § 68 ; Ak. V 399 ; OP II 1195.

de l'existence de Dieu et de ses attributs) signifie qu'elle constitue un *Übergang* à celle-ci dans la mesure où elle ne saurait "prouver" l'existence de Dieu, mais qu'

> elle se contente de prouver (!) que, selon la constitution de nos facultés de connaître, donc dans la liaison de l'expérience avec les principes supérieurs de la raison, nous ne pouvons absolument pas nous faire un concept de la possibilité d'un tel monde, si nous ne pensons pas une cause suprême de ce monde *agissant intentionnellement* [1].

Jusque là, la leçon de la *Critique de la faculté de juger* rejoint celle de la *Critique de la raison pure*. Mais est-ce qu'elle la suit jusqu'au bout?

Au § 85 Kant revient sur la question, mais, comme on le verra, la problématique va être déplacée. Ce paragraphe est intitulé « De la physico-théologie » [2]. Celle-ci est définie comme « l'essai de la raison pour conclure, à partir des fins de la nature (qui ne peuvent être reconnues que de façon empirique) à la cause suprême de la nature et à ses propriétés » [3]. Kant y répète certains points traités déjà auparavant : certaines fins de la nature se laissent découvrir empiriquement sans que l'on ait besoin de recourir à une cause. C'est sur la base de la maxime de la faculté de juger réfléchissante qu'il est possible d'affirmer l'existence d'une cause intelligente de certains produits de la nature voire de la nature entière. Mais – et c'est à ce propos que s'introduit une nouvelle perspective par rapport aux développements précédents – de là à déterminer ultérieurement ce concept de Dieu, la physico-théologie – ou, comme il dit maintenant, la téléologie physique – n'en est pas en mesure. Pourquoi? Les données sur lesquelles s'appuie l'argumentation physico-théologique permettent, certes, de justifier le concept d'une cause intelligente du monde, mais, étant donné qu'elles sont empiriques et limitées du fait que nous n'avons jamais une vue d'ensemble du système complet de la nature, elles n'autorisent à conclure qu'à des propriétés proportionnées, mais non pas à la perfection absolue et donc au concept déterminé d'une telle cause. Kant recourt ici à des arguments déjà développés dans l'*Unique argument* [4] et repris dans la *Critique de la raison pure* [5] :

> Parce que les *data*, et donc les principes, pour déterminer ce concept d'une cause intelligente du monde (comme artiste suprême), sont seulement

1. *CFJ*, § 68; Ak. V 399; OP II 1195.
2. *CFJ*, § 68; Ak. V 436; OP II 1240 (trad. mod.).
3. *CFJ*, § 85, Ak. V 256; OP II 1240.
4. Cf. *Unique argument*, Ak. II 159.
5. Cf. *CRP*, B 655.

empiriques, ils ne permettent pas de conclure à d'autres propriétés que celles que l'expérience révèle dans les effets de cette cause [1].

La *Remarque générale* qui clôture la *Critique de la faculté de juger téléologique* reprendra le même argument [2].

Derrière cette thèse se cache un autre argument : dire que nous n'avons jamais une vue d'ensemble du système complet de la nature signifie que notre connaissance est fondamentalement limitée [3].

On comprend alors mieux ce que Kant veut dire quand il soutient que, si la téléologie physique ne fait pas obstacle à la théologie voire même qu'elle nous y « pousse », elle ne peut cependant « en produire aucune, aussi loin que nous puissions scruter la nature par l'expérience » [4]. Dans ce sens, dira-t-il, la physico-théologie n'est utile que comme préparation (propédeutique) à la théologie. Cette thèse, on s'en rend compte, constitue un pas en arrière par rapport à celle de la première *Critique* où la physico-théologie est considérée comme le plus haut déploiement de la considération téléologique (B 844).

Kant se demande alors s'il n'est pas possible de trouver un complément à cette physico-théologie au niveau de *l'usage pratique de la raison* « qui nous pousse à compléter la représentation déficiente que se fait une téléologie physique du fondement originaire des fins dans la nature en allant jusqu'au concept d'une divinité » [5].

Sur quelles considérations se fonde ce recours à la raison pratique ?

Comme cela a été le cas dans la *Critique de la raison pure*, ce sera finalement dans une *théologie éthique* que la physico-théologie trouvera son *complément* et que c'est celle-là qui « fonde tout d'abord une *théologie* » [6]. L'argumentation que nous allons seulement *esquisser* ici – les présupposés systématiques ayant à être développés dans le cadre d'une enquête plus détaillée sur la pensée théologique en rapport avec la raison pratique – s'appuie sur une notion rencontrée une première fois au § 67, mais thématisée d'une façon plus conséquente dès le § 82, à savoir celle d'un *but final* (*Endzweck*) de la création. Rappelons qu'au § 67, Kant distingue entre une chose considérée selon sa *forme interne* qui constitue une fin naturelle et *l'existence d'une chose* comme fin de la nature. Cette dernière exige la connaissance d'un but final dont Kant dit, comme on l'a

1. *CFJ*, § 85 ; Ak. V 438 ; OP II 1242.
2. Cf. *CFJ*, § 91 ; Ak. V 480 ; OP II 1292 *sq.*
3. Cf. *ibid.*
4. *CFJ*, § 85 ; Ak. V 440 ; OP II 1245.
5. *CFJ*, § 85 ; Ak. V 438 ; OP II 1243.
6. *CFJ*, § 86 ; Ak. V 440 ; OP II 1250.

déjà souligné plus haut, qu'il exige une relation de la nature à quelque chose de suprasensible.

C'est sur cette question qu'il revient au § 82. Il y est dit d'abord que le but final de la création est *l'homme*. La justification qu'il en donne se situe à deux niveaux : l'homme est le « seul être qui peut se faire un concept des fins, et qui peut, à partir d'un agrégat de choses formées de façon finale, se faire par sa raison un système des fins »[1]. S'il appert que c'est l'idée d'un *système des fins* qui génère celle d'un but final comme principe même du système, la véritable justification ne consiste toutefois pas dans cette simple capacité de réflexivité théorique, mais dans le fait que l'homme est un « sujet de la moralité »[2]. En tant que tel, il est porteur d'une *loi* qui prescrit au titre d'une fin inconditionnée ce qui seul correspond à l'idée même d'un but final (l'idée d'une téléologie morale). La bonne volonté est ce « par quoi son existence peut avoir une valeur absolue, et par rapport à quoi l'existence du monde peut avoir un *but final* »[3] Or, cela implique que « l'existence d'êtres raisonnables sous des lois morales »[4] – valeur absolue – permet aussi de donner une *valeur* (*Wert*) au monde (l'expression est récurrente dès le § 83). Il est intéressant de noter à ce propos que Kant passe du registre notionnel du *monde* (ou de la nature) à celui de la *création* : l'homme se considère comme le but final de la *création*. Au § 86, nous lisons que sans l'homme, compris comme être moral, la création ne serait qu'un simple désert[5].

C'est par rapport à ce contexte de la réflexion sur le « but final » de la création que Kant développe l'idée de la théologie *éthique* qui le conduira à affirmer une cause du monde qui est à concevoir comme ayant ordonné le monde en vue du but final qu'est l'homme, donc comme auteur sous des lois morales[6], une théologie dont le concept déterminé sera celui d'un être omniscient, omnipotent, absolument bon en même temps que juste[7]. Toutefois – et ceci est tout à fait remarquable – cette argumentation prend son point de départ dans l'idée d'une *chaîne des fins* avec, à son sommet, l'homme comme être moral, une chaîne qui requiert une cause suprême agissant elle-même d'après des fins, donc une cause suprêmement intelligente. Cela signifie que la théologie éthique, tout en élargissant la

1. *CFJ*, § 82 ; Ak. V 426 ; OP II 1229.
2. *CFJ*, § 84 ; Ak. V 435 ; OP II 1239.
3. *CFJ*, § 86 ; Ak. V 443 ; OP II 1248.
4. *CFJ*, § 87 ; Ak. V 449 ; OP II 1256.
5. Cf. *CFJ*, § 86 ; Ak. V 442 ; OP II 1247.
6. Cf. *CFJ*, § 91 ; Ak. V 476 ; OP II 1288.
7. Cf. *CFJ*, § 86 ; Ak. V 444 ; OP II 1250.

physico-théologie, s'appuie sur elle dans la mesure où c'est cette dernière qui conduit au concept d'une cause *intelligente* sans laquelle l'idée même d'une *finalité* serait sans fondement. Dans la *Remarque générale* du § 91, Kant revient sur cette question :

> [...] la preuve physico-téléologique a seulement pour mérite de conduire l'esprit dans sa contemplation du monde sur la voie des fins, et ce faisant, vers un auteur intelligent du monde ; alors que la relation morale à des fins et l'Idée d'un tel législateur et auteur du monde comme concept théorique, bien qu'elles soient une pure addition, semblent cependant provenir naturellement de cette preuve [1].

Il insiste dans ce contexte du § 91 sur le fait qu'au sens précis du terme, la preuve morale *ne complète pas* la preuve physico-théologique, mais qu'elle constitue une preuve à part qui « *supplée* au manque de conviction résultant de cette dernière » [2]. Il faut dire qu'il s'agit là d'un nouvel éclairage de la problématique qui ne porte plus directement sur le lien entre les deux preuves mais plutôt sur leur statut épistémique. Nous y reviendrons au paragraphe suivant.

C'est à propos du lien entre les deux preuves [3] que nous semble résider une différence fondamentale avec l'argumentation de la *Critique de la raison pure* où Kant soutient que la physico-théologie prend son point de départ dans l'ordre moral pour conduire au concept transcendantal de Dieu. La pointe concernant l'éthico-théologie de la *Critique de la faculté de juger* consiste à dire que c'est elle qui permet dépasser la « démonologie », c'est-à-dire l'anthropomorphisme de la physico-théologie et de mener à l'affirmation d'une cause morale du monde, fondement de la nature. S'il y a donc une réévaluation de la physico-théologie en passant de la première à la troisième *Critique*, il n'en reste pas moins que dans les deux œuvres, c'est bien vers le discours théologique que converge la réflexion sur le fondement du discours philosophique sur le système des fins lequel est à considérer comme constituant le moment ultime de la réflexion critique de la raison sur elle-même.

1. *CFJ*, § 91 ; Ak. V 478 ; OP II 1290.
2. *Ibid.*
3. *Cf.* à ce propos M. Fleischer, *Mensch und Unbedingtes im Denken Kants. Eine kritische Darlegung*, Freiburg-München, Alber, 2009, p. 245 *sq.*

Le statut épistémique du discours théologique

Dans la *Critique de la raison pure*, la troisième et dernière section du chapitre sur le *Canon de la raison pure* s'intitule « De l'opinion, du savoir et de la foi » (B 848). À première vue, la présence de ce qui s'annonce dans ce titre, à savoir une réflexion de nature épistémique, ne s'impose pas dans le cadre du chapitre sur le canon qui, d'après la définition même, traite de « l'ensemble des principes *a priori* du légitime (*richtig*) usage de certains pouvoirs de connaître en général » (B 824).

Dans la *Critique de la faculté de juger*, on se trouve en présence d'une situation similaire : après y avoir traité, comme on l'a vu, de la physico-théologie (§ 85) et de l'éthico-théologie (§ 86 *sq.*), Kant conclut ses réflexions par deux paragraphes qui ont trait à l'acte de tenir pour vrai (*Fürwahrhalten*) d'une part dans une preuve téléologique (§ 90), d'autre part au moyen d'une foi pratique (§ 91).

Si l'on ajoute à cet état de choses le constat que le thème même annoncé dans la triade savoir-opinion-foi est traité dans le cadre de la *Logique*[1], il est dès lors permis de se demander quelle est la signification *programmatique* de ces développements.

Dès les premiers alinéas du chapitre sur le *Canon*, Kant répète qu'en ce qui concerne l'usage spéculatif de la raison, aucune connaissance synthétique *a priori* n'est possible (B 824). Par conséquent, il ne saurait y avoir non plus de canon.

Mais la *Critique*, tout en ayant déconstruit l'apparence dogmatique – d'ailleurs nécessairement inhérente à un tel usage – a établi en même temps la nécessité pour et de la raison à achever le champ de la connaissance dans des conditions inconditionnées et a montré en conséquence en quel sens les concepts de la raison sont à comprendre comme des *conceptus ratiocinati*, c'est-à-dire des « concepts rigoureusement conclus » (B 368), ou, comme le dit la *Critique de la faculté de juger*, des « concept[s] confirmé[s] par la raison »[2]. En les qualifiant de principes ou en les ramenant (du moins pour ce qui est de l'idée de Dieu) à la faculté de juger réfléchissante, par opposition à un usage constitutif, on indique bien, dans un premier temps, quelle est leur *fonction* – Kant parle de « l'usage régulateur des idées » (B 670) – dans l'ensemble de la démarche de la raison, mais non directement quel est leur statut épistémique même si l'on

1. *Cf.* R. Theis, « Du savoir, de la foi et de l'opinion de Wolff à Kant », *Archives de philosophie*, 73, 2010, p. 211 *sq.*

2. *CFJ*, § 74, Ak. V 396 ; OP II 1192.

sait que ces principes ne donnent pas lieu à des connaissance donc à un savoir.

Suivons donc Kant tout d'abord dans cette réflexion épistémique telle qu'il la développe dans la *Critique de la raison pure*. Il y distingue – conformément à ce qu'il soutient dans ses *Leçons de logique*[1] – trois degrés de l'acte de tenir pour vrai (*Fürwahrhalten*) : l'opiner, le croire et le savoir :

> *L'opinion* est un tenir pour vrai qui a conscience d'être insuffisant subjectivement *aussi bien* qu'objectivement. Quand le tenir pour vrai n'est suffisant que subjectivement, et qu'en même temps, il est tenu pour objectivement insuffisant, il s'appelle *foi*. Enfin celui qui est suffisant subjectivement aussi bien qu'objectivement s'appelle *savoir* (B 850; trad. modifiée).

Kant établit en ce qui concerne le savoir un critère épistémique fort, à savoir l'universalité et la nécessité (mais non le caractère synthétique) qui procurent une « entière certitude ». Il allègue l'exemple des mathématiques et les principes de la moralité (*cf.* B 851).

Au sujet de ce qu'il appelle l'usage transcendantal de la raison, l'opinion est trop peu, le savoir, en revanche, trop. Kant en tire une conséquence importante :

> Nous ne pouvons donc pas juger ici, dans une perspective purement spéculative, puisque des fondements subjectifs du tenir pour vrai, tels que ceux qui peuvent produire la foi, ne méritent aucun crédit dans les questions spéculatives (B 851, trad. modifiée).

Le terme « juger », utilisé dans cette citation, est à entendre au sens fort de "connaître". Si d'une part il n'est guère étonnant, sur fond des acquis de l'*Analytique transcendantale*, qu'aucune connaissance et donc aucun savoir n'est possible au-delà des limites de l'expérience ; si d'autre part, il est tout aussi clair que l'attitude épistémique au sujet de tels objets suprasensibles ne saurait être l'opinion du fait que les concepts qui thématisent le suprasensible résultent d'une nécessité subjective de la raison, on est cependant étonné de voir que Kant recule en quelque sorte dans un premier temps pour qualifier le tenir pour vrai à propos du suprasensible de *foi* : « Ce n'est jamais que sous le *point de vue pratique* que le tenir pour vrai théoriquement insuffisant peut être appelé *foi* » (B 851 trad. modifiée). Pourquoi cette restriction injustifiée dans le présent contexte ? Et comment qualifier alors le discours qui se constitue sur la base du besoin de la raison

1. *Cf.* Theis, « Du savoir, de la foi et de l'opinion de Wolff à Kant » *op. cit.*, p. 220 *sq.*

si la triade opinion – foi – savoir est épistémiquement complète et que l'opinion et le savoir sont exclus ?

Que ce soit par rapport à la (raison) pratique ou plus exactement par rapport aux objets transcendants considérés « du point de vue pratique » que l'on parle de foi s'entend si l'on s'en tient à l'impact "existentiel" de ces idées. On se souvient que dans la première section du chapitre sur le *Canon de la raison pure*, Kant avait soutenu que l'intérêt spéculatif de la raison eu égard aux trois objets que sont la liberté de la volonté, l'immortalité de l'âme et l'existence de Dieu n'est que très faible (B 826) et que ces trois propositions « ne sont nullement nécessaires en vue du *savoir* » (B 827) de sorte que leur importance ne concerne que la *pratique*. Il nous semble que c'est par rapport à cette idée de *l'usage* de ces objets ou des jugements portés à leur sujet qu'il faut lire la thèse épistémique de la foi de la raison qui concerne en premier lieu la pratique. Mais qu'est-ce à dire exactement ? Nous obtenons une indication dans le petit écrit de 1786 *Qu'est-ce que s'orienter dans la pensée ?* Kant y envisage les idées, considérées d'un point de vue théorique, comme des *hypothèses rationnelles* (d'ailleurs en conformité en ceci avec ce que dira la *Critique de la raison pratique*[1]) – « c'est-à-dire une opinion qui, pour des raison subjectives, serait suffisante au tenir pour vrai, parce qu'on ne peut jamais espérer, pour expliquer des effets donnés, d'autre fondement que celui-ci »[2], auxquelles il oppose la « foi rationnelle qui repose sur le besoin de son [de la raison] usage dans l'intention pratique » et qui « pourrait s'appeler postulat de la raison »[3], par où Kant entend une connaissance (*Einsicht*) qui n'est pas « à même de satisfaire toute exigence logique de certitude », mais dont le tenir pour vrai « ne le cède en degré à aucun savoir, bien que, par nature, il s'en distingue totalement »[4].

Pourtant, la démarcation n'est pas aussi radicale qu'il ne semble d'après les explications précédentes. Dès le chapitre sur opiner, savoir et croire dans la *Critique de la raison pure*, Kant envisage, en ce qui concerne les jugements théoriques « quelque chose d'*analogue* aux jugements *pratiques* au tenir pour vrai desquels convient le mot *foi*, et que nous pouvons appeler la *foi doctrinale* » (B 853 trad. modifiée)[5], une expression qui ne se

1. Cf. *CRPrat.*, Ak. V 142 ; OP II 781.

2. *Qu'est-ce que s'orienter ?* Ak. VIII 141 ; OP II 539 (trad. mod.).

3. *Ibid.*

4. *Ibid.* (trad. mod.).

5. Il est intéressant de noter, dans ce contexte, la comparaison qu'établit Kant entre la « foi doctrinale » et le « pari » : « La pierre de touche ordinaire pour reconnaître si ce qu'affirme quelqu'un est une simple persuasion, ou du moins une conviction subjective,

trouve, dans les œuvres de Kant, que dans cette section sur l'opinion, le savoir et la foi. *L'idée* d'une foi doctrinale – on rencontre le terme de « foi théorique » dans une *Réflexion sur la Logique*[1] – toutefois se rencontre aussi dans plusieurs *Réflexions* des années 80 : « La foi de la raison est la proposition fondamentale (*Grundsatz*) de la raison d'admettre ce qui est inévitablement nécessaire pour compléter la série des raisons d'une raison en conformité complète avec l'usage d'expérience »[2].

En ce qui concerne *l'illustration* de la foi doctrinale, Kant allègue la doctrine de l'existence de Dieu ; on y retrouve l'argument déjà exposé dans l'*Appendice* : dans l'approche scientifique de la nature, nul n'est besoin de présupposer l'idée de Dieu, mais dans la considération téléologique, il n'est pas possible de l'ignorer, et ce serait trop peu dire qu'il s'agit là d'une simple opinion, « mais je puis dire, même sous ce rapport théorique, que je crois fermement en un Dieu » (B 854). Or, c'est la physico-théologie qui produit nécessairement cette foi doctrinale.

Réfléchissant plus en avant sur celle-ci, Kant dit qu'elle est l'expression d'une « modestie au point de vue *objectif* » bien qu'elle exprime « la fermeté de la confiance au point de vue *subjectif* » (B 855). Il soutient que cette foi doctrinale n'est pas à confondre avec une *hypothèse*[3], car dans ce cas, on soutiendrait davantage au sujet de la nature de Dieu et d'une vie future qu'il n'est permis. Dans *Qu'est-ce que s'orienter dans la pensée ?*, Kant soutient que le *besoin de la raison*, d'un point de vue théorique, n'est rien d'autre qu'une pure hypothèse de la raison (*Vernunfthypothese*), « c'est-à-dire une opinion qui, pour des raisons subjectives, serait suffisante au tenir pour vrai ; parce qu'on ne peut jamais espérer, pour expliquer des effets donnés, d'autre fondement que celui-ci »[4]. La *Critique de la raison pratique* va répéter en substance cette thèse en disant que le besoin de la raison dans son usage spéculatif ne conduit qu'à des hypothèses[5] et

c'est-à-dire une foi ferme, est le pari » (B 852). *Cf.* aussi, *Réflexion* 2450, Ak. XVI 373 *sq.* Dans la *Logique* (Ak. IX 73), Kant note que la suffisance du tenir pour vrai (dans la foi) se laisse éprouver moyennant le pari.

1. *Réflexion* 2487, Ak. XVI 390.

2. *Réflexion* 6217, Ak. XVIII 507 ; *cf.* aussi, *Réflexion* 6219, Ak. XVIII 509 ; *Réflexion* 6221, Ak. XVIII 512.

3. On se souvient que dans les *Réflexions* des années 70, il était question d'« hypothèse originaire ». Cf. *Réflexion* 4255, Ak. XVII 484 ; *Réflexion* 5262, Ak. XVIII 135. Même dans une *Réflexion* des années 80 Kant utilise encore l'expression « hypothèse » à propos de l'être originaire (*Réflexion* 6262, Ak. XVIII 535).

4. *Qu'est-ce que s'orienter ?*, Ak. VIII 141 ; OP II 539 (trad. mod ;).

5. Cf. *CRPrat.*, Ak. V 142 ; OP II 781.

insiste sur le caractère d'une présupposition de l'affirmation d'une divinité afin d'expliquer l'ordre et la finalité dans la nature.

À l'opposé de la foi morale, toutefois, la foi doctrinale comporte « quelque chose de vacillant » (B 855) : les difficultés spéculatives sont telles qu'elles peuvent éloigner du but « bien que l'on y revienne toujours infailliblement de nouveau » (B 856).

La *Critique de la faculté de juger* reprend la problématique du tenir pour vrai en rapport avec la preuve téléologique (§ 90) et la preuve morale (§ 91). Or, comme on le constatera sans peine, la position de Kant y est beaucoup plus tranchée en ce qui concerne la physico-théologie.

Dissertant au § 90 sur la force persuasive d'une preuve, Kant soutient qu'une preuve peut porter soit sur un objet en soi soit sur ce qu'un objet est pour nous. Au premier cas, elle repose sur des principes suffisants de la faculté de juger déterminante et est donc certaine ; au second cas, sur ceux de la faculté de juger réfléchissante. Or, dans ce cas, elle « ne peut jamais agir sur la conviction » [1] et ne produit « ne serait-ce que le plus petit degré du tenir pour vrai » [2].

Cette thèse est beaucoup plus radicale que celle soutenue dans la première *Critique*, parce qu'elle enlève notamment à l'argumentation de type physico-téléologique toute force persuasive concernant l'existence d'un être originaire « en tant que divinité » [3] (et pour l'âme, en tant qu'esprit immortel). La nuance toutefois est de taille : la pointe nous semble résider en effet dans le « en tant que » : en effet, l'argumentation des paragraphes précédents dans la *Critique de la faculté de juger* n'arrêtait pas d'insister sur le fait que la physico-théologie reste en deçà d'une théologie dans la mesure où elle n'accède pas au véritable concept d'une divinité et c'est en tant que telle qu'elle ne produit pas de tenir pour vrai. Il est vrai que la lecture de l'interprétation de la foi demeure, dans cette troisième *Critique*, beaucoup plus restrictive que cela n'est le cas dans la *Critique de la raison pure*.

En effet, la notion de « foi » concerne la seule pratique. Seuls des objets de la raison pure peuvent être des « affaires de foi » (*Glaubenssachen*), « mais non pas en tant qu'objets de la simple raison pure spéculative ; car alors ils ne peuvent même pas être comptés avec certitude au nombre des choses, c'est-à-dire des objets de cette connaissance possible pour nous » [4].

1. *CFJ*, § 90 ; Ak. V 463 ; OP II 1272.
2. *CFJ*, § 90 ; Ak. V 466 ; OP II 1276 (trad. mod.).
3. *Ibid.*
4. *CFJ*, § 90 ; Ak. V 469 ; OP II 1280. Dans la *Critique de la faculté de juger*, Kant distingue entre *Glaubenssachen* (affaires de foi) et *Glaubensartikel* (articles de foi) (*cf. CFJ*,

C'est à propos du souverain bien que Kant thématise plus en détail cette thèse : le « but final suprême que nous devons réaliser » [1] est une idée qui a de la réalité objective dans un rapport pratique, mais il n'est pas possible d'instancier théoriquement cette idée et c'est la raison pour laquelle elle est une « simple affaire de foi » [2] et, avec elle, Dieu et l'immortalité « en tant que conditions sous lesquelles seules nous pouvons penser, d'après la constitution de notre raison (humaine), la possibilité de cet effet de l'usage légitime de notre liberté » [3]. Ce qui est remarquable dans cette explication, c'est le fait que l'impossibilité de savoir théoriquement, donc de connaître à titre d'objet l'idée du souverain bien en fait un objet de foi. La réalité objective du souverain bien est à comprendre comme étant *objet d'espérance* (par opposition à une simple *Erdichtung*, une pure fiction) dont l'instanciation ne relève pas que de l'être libre. La définition de la foi que donne Kant dans la *Critique de la faculté de juger* pourrait corroborer cette hypothèse : elle y est comprise comme « confiance pour atteindre un but » [4], « confiance dans la promesse de la loi morale » [5] ce qui est autre chose qu'une simple attitude épistémique.

Concernant maintenant la physico-théologie, la *Critique de la faculté de juger* soutient que l'affirmation d'une cause intelligente n'est pas affaire de foi, « car, puisque cet être n'est pas supposé en vue de l'accomplissement du devoir, mais seulement pour l'explication de la nature, ce ne serait que de l'opinion et de l'hypothèse la plus conforme à notre raison » [6]. Sur le vu des définitions de la *Critique de la raison pure*, on ne peut qu'être étonné en ce qui concerne cette thèse qui reste en-deçà de tout ce qu'a développé et l'*Appendice* et le chapitre sur le *Canon*.

S'il ne fait point de doute que c'est vers un ancrage premier voire une signification ultime dans la pratique que tendent les développements de Kant, force est de dire que la foi doctrinale (telle qu'elle prend sa forme accomplie dans une physico-théologie réfléchissante dans laquelle se concentre jusqu'au concept de l'idéal transcendantal) et la foi morale nous semblent être deux faces d'une même médaille, à savoir

§ 90 ; Ak. V 469 note ; OP II 1279). Dans les *Progrès*, il parle expressément d'un « *credo* en trois articles » (*Progrès*, Ak. XX 298 ; OP III 1251) en insistant sur le caractère « confessant » (« je crois… »).

1. *CFJ*, § 90 ; Ak. V 469 ; OP II 1280.
2. *Ibid.* (trad. mod.)
3. *Ibid.*
4. *CFJ*, § 90 ; Ak. V 471 ; OP II 1283.
5. *CFJ*, § 90 ; Ak. V 470 ; OP II 1282 note.
6. *CFJ*, § 90 ; Ak. V 469 ; OP II 1281.

le panneau indicateur ou le compas grâce auquel le penseur spéculatif peut s'orienter lors de ses incursions rationnelles dans le champ des objets suprasensibles, et l'homme doué de raison commune mais (moralement) saine se tracer, pour sa part, dans une intention théorique aussi bien que pratique, un chemin pleinement conforme à la fin dernière de sa destination[1].

NOTE SUR LA CRITIQUE DES PREUVES DE L'EXISTENCE DE DIEU

La trajectoire de notre étude sur la problématique théologique dans la philosophie théorique de Kant s'oriente d'après l'idée que le discours théologique s'inscrit comme discours fondateur dans les conceptions successives du discours philosophique telles que les développe Kant. Que ce soit sous la forme d'une ontothéologie de type dogmatique telle qu'on la retrouve dans les années 50 ou 60, voire encore en 1770 ou d'une physico-théologie (dont la force démonstrative, il est vrai, est déjà plus problématique dans cette première période) et de son pendant cosmo-théologique; que ce soit plus tard, après les découvertes "criticistes" du début des années 70, sous la forme revisitée de l'ontothéologie telle qu'on la rencontre dans les *Leçons de métaphysique* de la seconde moitié des années 70 ou alors dans le cadre de la théorie des idées transcendantales et au chapitre sur l'idéal transcendantal dans la *Critique de la raison pure* jusqu'à la reformulation d'un projet physico-théologique élargi aux dimensions de la pratique, c'est toujours vers l'idée théologique que converge la pensée du moment qu'elle s'engage à penser le réel dans son fondement et dans son unité.

Ce discours fondateur a toutefois été accompagné, dès ses débuts, par un discours *critique* à l'égard de la théologie naturelle ambiante. Nous avons présenté, au premier chapitre, les différents arguments critiques que Kant a élaborés à l'égard de l'argument *a priori* et à l'égard de la physico-théologie traditionnelle. Il est apparu toutefois que cette critique constitue un moment *second* dans la réflexion même sur l'affirmation théologique. Elle n'est à entendre en aucun cas comme une critique principielle de la théologie philosophique en tant que telle, mais comme mise en lumière des insuffisances logiques et systématiques d'une telle théologie face à sa fonction "fondationnelle".

1. *Qu'est-ce que s'orienter?*, Ak. VIII 142; OP II 539 *sq.*

J. Schmucker a montré que l'essentiel de la critique des preuves de l'existence de Dieu dans la *Critique de la raison pure* se trouve déjà dans la troisième partie de l'*Unique argument*, insinuant par là que cette critique est, en fin de compte, indépendante, des prémisses mêmes du criticisme telles que les développe notamment l'*Analytique transcendantale*[1]. S'il est vrai que Kant reprend dans la *Critique de la raison pure* des thèses angulaires de la critique des preuves de l'existence de Dieu de *L'unique argument*, il n'en reste pas moins que la conclusion de Schmucker nous semble faire abstraction des cadres mêmes dans lesquels elles s'inscrit : en 1762, nous nous trouvons dans une configuration épistémique complètement différente de celle de 1781 ce qui n'est pas sans conséquences en ce qui concerne la *signification* même de la critique. En d'autres termes, il importe de se demander quelle est la trajectoire *à partir de laquelle* se conçoit la critique des preuves de l'existence de Dieu : en 1762, elle se fait à partir d'une réflexion ontologique de type dogmatique; en 1781 à partir d'une réflexion sur les possibilités et les limites cognitives de la raison elle-même. Donc, même si Kant reprend des éléments critiques de l'écrit de 1762, leur signification est devenue une autre.

Dans ce qui suit, nous entendons entreprendre une reconstruction systématique de la « critique de toute théologie tirée de principes spéculatifs de la raison » (B 659) en vue de mettre lumière précisément ce qui constitue cette signification même. Les exposés de cette critique occupent les sections 3 à 7 du chapitre sur l'idéal de la raison pure (B 611-670). Quant à l'organisation des sections en question, on peut repérer trois grands moments : la troisième section constitue, du moins dans ses dix premiers alinéas, une argumentation quasi indépendante du reste – on aura à y revenir ci-dessous. Elle se termine cependant par deux alinéas (dont le lien avec ce qui précède n'est pas évident) qui sont précédés d'une sorte de sous-titre : « Il n'y a, venant de la raison spéculative, que trois manières possibles de prouver l'existence de Dieu » (B 618). Ces alinéas conclusifs introduisent aux développements des sections quatre à six – la septième constituant une conclusion – et il convient de les citer *in extenso* :

> Ou bien toutes les voies que l'on peut tenter [...] partent de l'expérience déterminée et de la constitution particulière de notre monde sensible, que cette expérience nous fait connaître, et s'élèvent de là, suivant les lois de la causalité, jusqu'à la cause suprême hors du monde, ou bien elles ne

1. *Cf.* J. Schmucker, *Kants vorkritische Kritik der Gottesbeweise. Ein Schlüssel zur Interpretation des theologischen Hauptstücks der transzendentalen Dialektik der Kritik der reinen Vernunft*, *op. cit.*

prennent pour fondement empirique qu'une expérience indéterminée, c'est-à-dire une existence quelconque, ou bien enfin elles font abstraction de toute expérience et concluent tout à fait *a priori* de simples concepts à l'existence d'une cause suprême. La première preuve est la preuve *physico-théologique*, la seconde, la preuve *cosmologique*, et la troisième, la preuve *ontologique*. Il n'y en a pas, et il ne peut pas y en avoir davantage (B 618 *sq.*).

Quant à l'ordre d'exposition de ces preuves et de leur critique, il sera l'inverse de celui de leur présentation dans la citation précédente. Ceci est étonnant, du moins pour ce qui est de la priorité de l'argument ontologique par rapport à l'argument cosmologique, car, comme le soutient Kant dans la troisième section, « la marche naturelle de la raison » est telle qu'elle se persuade d'abord de l'existence de *quelque* être nécessaire (B 612), ce qui correspond bel et bien à la démarche de l'argument *cosmologique*, et qu'elle cherche ensuite le concept qui correspond à cet être, en l'occurrence celui d'un être souverainement réel.

Nous avons parlé précédemment de trois moments dans l'organisation des sections portant sur la critique des preuves de Dieu. Le second moment qui correspond aux sections quatre à six contient les *critiques* des trois preuves; le troisième enfin (section 7) constitue une sorte de bilan et une interprétation de cette critique.

On disait plus haut que la troisième section est quasiment indépendante par rapport aux sections suivantes, ce qui a amené des interprètes à soutenir la thèse de plusieurs couches rédactionnelles provenant de périodes différentes [1]. S'il en était simplement ainsi, on pourrait se poser la question pourquoi Kant n'a pas éliminé cette section au moment de la préparation de la seconde édition de la *Critique*. Nous pensons plutôt que s'il l'a maintenue, c'est parce qu'il y esquisse une argumentation qui a pour but de préparer le lecteur à percevoir ce qui va constituer la pointe même de la déconstruction dans les sections suivantes, à savoir le bien-fondé de l'équation *être nécessaire = être souverainement réel.*

Essayons de reconstruire l'argumentation de cette section. Dans la section précédente, il était question de l'idéal transcendantal qui est une « création spontanée » (B 612) de la raison, nécessaire au titre de fondement et de condition de la "concevabilité" même des choses (fondement ontologique ou nouménal). Or, la raison se voit pressée également – vu sa tendance à l'inconditionné –, sur le vu de *l'existence effective des choses*,

1. *Cf.* G.B. Sala, *Kant und die Frage nach Gott*, Berlin-New York, de Gruyter, 1990, p. 257 note.

à en rechercher la condition ultime susceptible de compléter la série des conditions. Or, l'inconditionné qui constitue la réponse à la question du fondement de l'existence est l'être absolument nécessaire compris comme *cause*. L'argument-souche de cette « marche naturelle que suit toute raison humaine » (B 612) est la preuve cosmologique :

> S'il existe quelque chose, quoi que ce soit, il faut accorder aussi que quelque chose existe *nécessairement*. En effet le contingent n'existe que sous la condition d'une autre chose qui soit sa cause, et de celle-ci le raisonnement continue de remonter jusqu'à une cause qui ne soit plus contingente et qui par là existe nécessairement sans condition (B 612).

La première chose à laquelle prépare cette section, c'est la mise en évidence de l'affirmation d'une *existence* – en faisant abstraction de la thèse criticiste que le principe de causalité est un principe simplement limité au champ de l'expérience possible. C'est de cette *complémentarité* quant à la question du fondement qu'il est d'abord question dans cette section.

La deuxième chose concerne le *concept* même qui correspond à l'existence absolument nécessaire. Or, ce sera celui de l'être souverainement réel (et donc celui de l'idéal transcendantal dans sa forme épurée), parce que seul un tel être n'a plus besoin d'aucun complément et n'est donc soumis, lui non plus, à aucune condition :

> Le concept d'un être possédant la suprême réalité serait donc, entre tous les concepts de choses possibles, celui qui conviendrait le mieux au concept d'un être inconditionnellement nécessaire. Même s'il n'y satisfait pas pleinement, nous n'avons cependant pas le choix, et nous nous voyons contraints de nous y tenir, parce que nous ne pouvons jeter au vent l'existence d'un être nécessaire (B 614).

Nous pensons que le caractère *programmatique* de cette section consiste – en dépit de toute maladresse rédactionnelle – dans la mise en évidence de l'équation établie par la raison naturelle : *être nécessaire = être souverainement réel*.

Toutefois – et c'est là la troisième chose –, dès cette troisième section, Kant ne s'en tient pas au simple exposé de la manière dont est établi le lien entre ces deux concepts, mais aborde aussi de façon critique une faiblesse de ce discours théologique. Du moment qu'il s'agit de *décisions* (*Entschliessungen*), on ne peut « contester à ce concept une certaine solidité », mais « si rien ne nous pousse à nous décider, et que nous aimions mieux ajourner toute cette affaire jusqu'à ce que nous soyons contraints par le seul poids des arguments à donner notre assentiment » (B 615), alors le raisonnement en question est moins évident. Kant se met à critiquer l'argument en question sur un point inattendu : accordé que l'être nécessaire contient toute réalité, il n'est pas encore certain qu'on puisse en conclure qu'un être *limité* qui n'a pas la réalité suprême répugne à la nécessité absolue. En effet, de l'absence de la totalité de la réalité dans un être limité, on ne saurait conclure à la non-nécessité de son existence. Inversement, nous pouvons considérer *chaque* être limité comme inconditionnellement nécessaire, même si nous ne pouvons pas « conclure leur nécessité du concept général que nous en avons » (B 616), à savoir en nous appuyant sur la signification *logique* de ce concept. Ce qui est en jeu dans cette discussion – il est vrai fort inattendue – c'est la question de *l'infinité* et partant de *l'unicité* de l'être nécessaire que l'argument *a contingentia mundi* ne peut pas garantir[1]. Donc l'équation de départ de la raison naturelle est fragilisée parce qu'en définitive, elle ne conduit pas là où elle voulait, à savoir à un concept déterminé de *Dieu*.

Tournons-nous maintenant vers la critique des différentes preuves telle qu'elle est développée dans les sections quatre à six.

Quel est le traitement de la *preuve ontologique* ? En vue de répondre à cette question, il importe d'abord de dégager l'énoncé même de cet argument. La présentation des preuves, précédemment citée, fournit une première information : dans la preuve ontologique, on conclut *a priori* de simples concepts à l'existence d'une cause suprême. Il faut convenir que cette formulation demeure passablement imprécise : quels sont les « simples concepts » en question ; est-ce qu'on conclut réellement à une « cause suprême » ?

Interrogeons donc la quatrième section qui traite de l'impossibilité d'une preuve ontologique. Ce texte se divise en deux parties[2] et ceci dans la mesure où deux approches de l'argument ontologique y sont présentées et mises en relation dont la structure peut se résumer dans la formule suivante : *ens necessarium* → *ens realissimum* (approche cosmologique) ; *ens realissimum* → *ens necessarium* (approche ontologique).

C'est donc de la réflexion sur la notion de l'être absolument nécessaire que Kant part et ceci conformément à l'idée que la raison en a besoin (B 620). Comment fonder la nécessité d'un tel être ? Kant ne cesse de répéter que celle-ci ne saurait être établie qu'à partir de concepts (B 635 ; B 640 ; B 662 ; B 665). La question est donc de savoir si cela est possible. On

1. On se souvient d'une discussion analogue (il est vrai dans le contexte de la preuve ontologique) dans la *Prop.* VII de la *Nova dilucidatio*.

2. *Cf.* G. Ferretti, *Ontologie et théologie chez Kant*, *op. cit.*, p. 168 *sq.*

mesure à ce propos tout l'écart par rapport à *L'unique argument.* Reprenant une distinction déjà exposée dans cet écrit, à savoir celle entre une nécessité logique et une nécessité réelle (des choses), il soutient que la première n'est qu'une nécessité conditionnelle de la chose ou du prédicat dans un jugement, en d'autres termes que, si la chose est posée, le prédicat lui est nécessairement attribué, mais que cette nécessité logique (qui repose sur le principe de contradiction) « montre une si grande puissance d'illusion » que,

> s'étant fait d'une chose un concept *a priori* tourné de telle façon que, dans l'opinion qu'on s'en fait, il embrasse l'existence dans sa compréhension, on a cru pouvoir en conclure sûrement que, parce que l'existence convient nécessairement à l'objet de ce concept [...] que par suite cet être est lui-même absolument nécessaire, parce que son existence est comprise dans un concept arbitrairement admis (B 622).

Remarquons – ce qui est loin d'être négligeable – que Kant insiste ici, comme il l'avait déjà fait dans la *Nova dilucidatio*, mais plus encore dans l'*Unique argument*, sur le caractère *arbitraire* de ce concept. Mais quel est-il ? La réponse à cette question constitue le deuxième angle d'attaque de l'argument ontologique.

Celui-ci s'inscrit en fait dans le cadre d'une objection que Kant adresse à l'égard de l'argumentation qui part du concept de l'être absolument nécessaire. À l'affirmation comme quoi l'absolument nécessaire se définit par le fait que sa non-existence est impossible, c'est-à-dire impliquerait une contradiction, il objecte que si l'on supprimait un être avec tous ses prédicats, il n'en résulterait aucune contradiction (B 623 *sq.*). Cette objection contient déjà une indication à ce qui se pense dans l'être nécessaire comme condition même de la contradiction qui s'ensuivrait de l'affirmation de sa non-existence, à savoir que cet être absolument nécessaire est l'être souverainement réel :

> Contre tous ces raisonnements généraux [...] vous m'opposez, en guise de sommation, un cas que vous présentez comme une preuve par le fait, en me soutenant qu'il y a cependant un concept, et à vrai dire celui-là seulement, où la non-existence, c'est-à-dire la suppression de l'objet de ce concept, est contradictoire en soi, et que ce concept est celui de l'être souverainement réel (B 624).

Suit alors l'exposé – le seul d'ailleurs dans cette section – de la preuve *a priori* :

> Il a, dites-vous, toute réalité, et vous êtes fondé à admettre un tel être comme possible [...]. Or, dans cette toute-réalité est comprise aussi

> l'existence ; l'existence est donc contenue dans le concept d'un possible. Si donc, on supprime cette chose, on supprime la possibilité interne de la chose, ce qui est contradictoire (B 624 *sq.*).

L'argument ontologique repose donc, en dernière instance, sur le concept (arbitraire) de l'être souverainement réel, à partir duquel on conclut, sur la base du principe de contradiction, à la nécessité de son existence.

Quelle est la critique que Kant formule à l'égard de cette preuve? On peut y dégager deux lignes d'attaque, l'une qui reprend, jusque dans certaines formulations, des thèses de l'*Unique argument*, l'autre qui recourt à une thèse centrale de l'*Analytique transcendantale*. Il nous semble que ces deux lignes ne sont pas à lire l'une indépendamment de l'autre, mais que Kant donne précisément à la première de ces lignes une nouvelle interprétation en fonction de la seconde.

La première ligne d'attaque s'appuie sur la thèse de *L'unique argument* que « être » (*Sein*) au sens d'exister n'est pas un prédicat réel, « c'est-à-dire un concept de quelque chose qui puisse s'ajouter au concept d'une chose », mais « simplement la position d'une chose ou de certaines déterminations en soi » (B 626). En d'autres termes, un être simplement possible et un être existant ne sont pas deux êtres ontologiquement différents, dans la mesure où les prédicats ou déterminations qui en font précisément cet être et non point un autre (i.e. la détermination complète) sont les mêmes dans les deux modalités d'existence : « [...] l'effectif (*das Wirkliche*) ne contient rien de plus que le simplement possible » (B 627)[1]. Par conséquent, la nécessité de l'existence ne se laisse pas établir, elle non plus, à partir du concept de l'être souverainement réel.

La véritable pointe de la critique kantienne de l'argument ontologique ne réside cependant pas, en dépit de toutes les apparences, dans la réfutation précédente, mais dans ce que nous avons qualifié de seconde ligne d'attaque qui inscrit précisément la thèse de l'être qui n'est pas le prédicat d'une chose dans le cadre des présupposés développés dans l'*Analytique transcendantale* :

> Si [...] je pense un être comme la suprême réalité [...], il reste toujours à savoir si cet être existe ou non. En effet, bien qu'à mon concept il ne manque rien du contenu réel possible d'une chose en général, il manque cependant encore quelque chose au rapport à tout mon état de pensée,

1. Dans la *Réflexion* 5716 (Ak. XVIII 333), Kant note : « Dans l'existence, il y a plus que dans la possibilité, mais non dans la chose existante ».

à savoir que la connaissance de cet objet soit possible aussi *a posteriori* » (B 628).

Discrète allusion – faut-il le rappeler ? – au statut de l'existence comme catégorie de la modalité ! Mais ce sur quoi repose cette remarque, c'est la distinction entre la possibilité d'un concept (qui repose sur la simple non-contradiction) – et, ajoutons, sur la possibilité *a priori* d'un concept (car c'est Leibniz qui est visé ; *cf.* B 630) – et la possibilité d'une chose. Or, la première ne prouve précisément pas la seconde[1]. Cette dernière repose, d'après la leçon de l'*Analytique*, sur des principes *a priori* de l'expérience possible (B 624 note) quant à sa possibilité et, quant à sa réalité actuelle, sur le fait de pouvoir être donnée dans une intuition. C'est seulement si ces conditions sont remplies que l'on peut parler d'une *connaissance*. Or, dans le concept arbitrairement formé de l'*ens realissimum*, l'existence n'est qu'une existence pensée, et au sens strict, ce concept est un concept *vide*, en d'autres termes, l'être qui est pensé moyennant ce concept est un pur *ens rationis ratiocintatae*[2].

S'il appert donc, dans un premier temps, que l'argument ontologique est invalidé sur la base de la thèse selon laquelle "être" n'est pas un prédicat d'une chose, on aura constaté comment cette thèse (précritique) est *relue* en termes criticistes et que c'est en définitive dans cette relecture que consiste la pointe de la critique : « [...] le critère de la possibilité des connaissances synthétiques [doit] toujours être cherché uniquement dans l'expérience, à laquelle l'objet d'une idée ne peut appartenir » (B 630). Nous ne pensons pas que G. Ferretti ait raison quand il affirme que

> l'argumentation kantienne contre la preuve ontologique de l'existence de Dieu, démontre [...] beaucoup plus qu'elle ne l'entendait : non seulement que l'existence de Dieu ne peut se prouver de cette façon, mais qu'il serait même absurde de vouloir prouver l'existence de Dieu[3].

S'il demeure vrai que le concept de Dieu est « une idée très utile à maints égards », il *est* absurde de vouloir prouver *l'existence* de Dieu, parce

1. On retrouve évidemment ici la critique déjà adressée par Gaunilon à saint Anselme (*cf.* Anselme de Canterbury, *Proslogion*. Quid ad haec respondeat quidam pro insipiente, Paris, Vrin, 1999).

2. Cf. *CRP*, B 348 *sq.* ; cf. *Réflexion* 5724, Ak. XVIII 336. M. Kleiber remarque justement que « l'être de raison raisonnée définit [...] exactement le statut de l'idée de Dieu au niveau de la raison spéculative » (« Le problème de l'objectivité de Dieu chez Kant » dans *Procès de l'objectivité de Dieu*, éd. par J. Colette, Paris, Cerf, 1969, p. 18).

3. G. Ferretti, *Ontologie et théologie chez Kant*, *op. cit.*, p. 170.

que l'entendement fini qui est celui de l'être humain en est radicalement incapable aux yeux de Kant (B 33).

Quelle est la *critique de l'argument cosmologique* ou argument *a contingentia mundi*, exposée dans la cinquième section du chapitre sur l'idéal de la raison pure ? À l'opposé de la preuve ontologique qui conclut de la réalité suprême à la nécessité de l'existence, la preuve cosmologique « conclut plutôt de la nécessité inconditionnée, préalablement donnée, de quelque être, à sa réalité illimitée » – un raisonnement dont il est dit qu'il est « au moins naturel ». L'énoncé de la première étape de cette preuve est le suivant : « Si quelque chose existe, il doit exister aussi un être absolument nécessaire. Or, j'existe au moins moi-même ; donc un être absolument nécessaire existe » (B 632). On aura constaté que cet énoncé diffère de celui de la troisième section ; là, Kant avait argumenté – en cela plus conforme avec l'exposé du quatrième conflit de l'antinomie (B 484) – sur la base respectivement de la contingence de ce qui existe et du conditionné, à partir de quoi on conclut à une cause ou à une condition ultime. Il est vrai qu'il renvoie, dans une note, au principe de causalité – « cette loi prétendument transcendantale » (B 633 note) – qui régit la preuve cosmologique.

Dans une seconde étape, cette preuve conduit à affirmer que l'être nécessaire ne peut être déterminé que d'une seule manière, le concept y relatif étant celui de l'*ens realissimum*. Ainsi, « le concept de l'être souverainement réel est [...] le seul par lequel un être nécessaire puisse être pensé, c'est-à-dire qu'il existe nécessairement un être suprême » (B 633 *sq.*).

La critique de l'argument en question comporte plusieurs aspects. Le premier porte sur le bien-fondé de l'affirmation considérée par Kant comme constituant le « *nervus probandi* de la preuve cosmologique » (B 636), à savoir que l'*ens necessarium* est l'*ens realissimum*. Nous retrouvons à ce propos la thèse déjà formulée dans *L'unique argument* : la preuve cosmologique prend son point de départ dans l'expérience et se donne ainsi l'apparence d'être distincte de la preuve ontologique. Mais lorsqu'il s'agit de déterminer les propriétés de l'être nécessaire, « la raison prend entièrement congé de ce fondement, et cherche derrière de purs concepts quels attributs doit avoir en général un être absolument nécessaire » (B 634 *sq.*). Dans ce sens, la preuve cosmologique retourne à la preuve ontologique dans la mesure où c'est le concept central de celle-ci, à savoir celui de l'*ens realissimum* qui seul correspond à celui de l'être nécessaire. Il en résulte, aux yeux de Kant, que l'existence nécessaire se laisse alors déduire aussi de ce concept ce qui nous fait revenir à la preuve ontologique qui est dite contenir toute la force démonstrative dans la preuve cosmologique.

En quoi exactement consiste la sophistication dénoncée ici? Nous touchons là au point sensible de la réfutation kantienne. Nous lisons: « Mais il est clair que l'on présuppose ici que le concept d'un être possédant la suprême réalité satisfait pleinement au concept de l'absolue nécessité dans l'existence » (B 635). Kant semble insister ici sur le caractère arbitraire de cette adéquation de l'être nécessaire à l'être absolument réel. Quelques lignes plus haut, il écrit que la raison *croit* trouver dans le concept de l'être absolument réel toutes les conditions correspondant à l'être absolument nécessaire (B 635). C'est donc sur l'aspect non fondé objectivement (« croit », « présuppose ») de cette adéquation qu'il semble insister, encore que dans la troisième section, on a une explication pourquoi seul le concept de l'être absolument réel est adéquat à l'être absolument nécessaire: ce concept n'a pas de défaut et « suffit partout comme condition [...] puisque, possédant toutes les conditions pour tout le possible, il n'a besoin lui-même d'aucune condition [...] » (B 613).

Mais alors, Kant ajoute, à titre d'explication: « [...] c'est-à-dire que l'on peut conclure de celui-là [du concept de l'absolument réel] à celle-ci [à l'existence nécessaire] » (B 635 trad. modifiée), pour continuer qu'il s'agit là d'une proposition qu'affirme la preuve ontologique que l'on admet donc « dans la preuve cosmologique et [qu'on] prend pour fondement, alors qu'on l'avait pourtant voulu l'éviter » (B 635).

Nous ne pensons pas que cette déconstruction soit pertinente: l'argument cosmologique conclut, à juste titre ou non, indépendamment de toute référence à la preuve ontologique, à l'existence nécessaire. Le recours à l'être absolument réel n'a donc d'abord aucune incidence sur cette conclusion. Ce qui, en revanche, est en cause, c'est la question de savoir si le point de départ de la preuve cosmologique, à savoir « l'expérience de quelque *existence en général* » (B 648) permet de conclure au concept déterminé de l'être nécessaire. Dans la suite de son exposé, Kant aborde ce point – pour le délaisser ensuite à nouveau: « [...] l'expérience que l'on allègue ne sert tout au plus peut-être qu'à nous conduire au concept de la nécessité absolue, mais non à la démontrer dans une chose déterminée » (B 635). C'est là en effet que réside le point faible de la preuve cosmologique. La preuve ontologique n'est donc pas à l'œuvre dans la preuve cosmo-logique pour ce qui est de l'affirmation de l'existence d'un être nécessaire (obtenue précisément en partant de l'expérience). Pour ce qui est du concept de l'être absolument réel, elle n'est pas à l'œuvre non plus dans la mesure où ce concept de l'être absolument réel se laisse découvrir – comme on l'a vu dans la troisième section – indépendamment de son utilisation au sein de la preuve ontologique.

Nous avons dit plus haut que la critique de la preuve cosmologique comporte plusieurs aspects. Kant soutient que dans cet argument se cache « toute une nichée de prétentions dialectiques que la critique transcendantale peut aisément découvrir et détruire » (B 637).

Une première critique porte sur ce qu'il appelle le « principe transcendantal qui fait conclure du contingent à une cause » (B 637). De celui-ci, il est dit qu'il n'a de signification que dans le monde sensible. La notion de contingence dont il est question ici doit être mise en relation avec celle de changement. Comme le signale la remarque à la thèse du quatrième conflit de l'antinomie, c'est des changements dans le monde que l'on conclut à leur contingence empirique, c'est-à-dire leur dépendance de causes « empiriquement déterminantes » (B 486). En d'autres termes, la contingence au sens empirique signifie que l'état nouveau, par exemple d'un corps, n'est pas explicable sans admettre une cause qui le précède dans le temps. Ce que Kant entend donc dire, c'est que le principe de causalité n'a, d'après la leçon de l'*Analytique*, de valeur (objective) que dans le cadre de l'expérience, c'est-à-dire qu'il la rend possible *en tant qu'expérience*. Or, la preuve cosmologique transcende l'expérience et ne peut dès lors recourir à ce principe – *ou alors, dans la mesure où elle y recourt, elle transforme l'objet-cause, en l'occurrence la cause suprême, en un objet du monde*. Il nous semble qu'il faut lire la critique de Kant dans cette double optique.

La seconde critique porte sur la position d'une *première* cause sur la base du principe qui affirme l'impossibilité d'une série infinie. Là encore, c'est la discussion du quatrième conflit de l'antinomie qui constitue l'arrière-plan. D'après la thèse de ce conflit, tout conditionné donné présuppose, quant à son existence, une série complète de conditions jusqu'à l'inconditionné (B 480). La discussion de cette thèse montre que si la relation d'un conditionné à sa condition est sensible, la condition suprême doit être considérée comme premier terme de la série du monde (B 486). La discussion de l'antithèse montre qu'en remontant dans la série des causes, on ne peut jamais s'arrêter à une condition empiriquement inconditionnée (B 485) et, a fortiori, à étendre le principe au-delà de l'expérience.

La troisième critique concerne le « faux contentement de soi-même qu'éprouve la raison » quant à l'achèvement de la série des conditions ou causes. Dans cette démarche, on écarte, en ce qui concerne le premier terme, toute condition, c'est-à-dire on la pose « sans rien comprendre de plus » (B 638). Nous touchons ici au point sensible, non seulement de la preuve cosmologique, mais indirectement aussi de la preuve ontologique voire de la théologie naturelle en tant que telle. Le problème concerne la pensabilité de la nécessité inconditionnée. Celle-ci constitue, pour la raison humaine, le « véritable abîme » (B 641). Dans la preuve cosmologique, on l'affirme sur la base de l'existence (contingente) de quelque chose. Ceci nous décharge d'en expliquer la possibilité interne. Cette vue des choses, Kant l'avait soutenue dans la *Nova dilucidatio* : « Lorsqu'on est parvenu à remonter la chaîne des raisons jusqu'à un principe, il faut évidemment s'arrêter, et la réponse complète abolit entièrement la question » [1]. Or, c'est précisément ce qui est mis en question dans la *Critique de la raison pure* : la nécessité absolue ne se laisse pas comprendre sans condition aucune, mais à vouloir la penser, on tombe dans l'aporie de la preuve ontologique.

Kant dira que le concept de l'être suprêmement réel ou de l'idéal satisfait à l'exigence de fondation des déterminations ontologiques ou internes des choses, mais qu'il n'est pas utilisable quant à la question de l'existence d'un tel être. Certes, on pourra admettre une telle existence « afin de faciliter à la raison l'unité des principes d'explication qu'elle cherche » (B 640), mais ce serait une prétention orgueilleuse que de vouloir affirmer qu'il *existe* un être correspondant à ce concept.

La quatrième critique formulée par Kant à l'encontre de la preuve cosmologique a une portée plus large : on confond la possibilité logique « d'un concept de toute la réalité réunie (sans contradiction interne) avec la possibilité transcendantale » (B 638). Kant fait ici allusion aux développements critiques qui concluent la section sur l'idéal transcendantal. On se souvient qu'il y avait soutenu que la condition de la possibilité d'un objet *pour nous* (donc sa possibilité transcendantale) consiste dans l'ensemble de la réalité *empirique* (B 610) et que c'est par une illusion naturelle qu'on considère ceci comme étant un principe de toutes choses en général. Là encore, la critique dépasse le cadre étroit de la seule preuve cosmologique.

Tournons-nous maintenant vers la critique de la *preuve physico-théologique*. Kant dégage quatre moments dans l'exposé traditionnel de cette preuve (B 653 *sq.*) :

a) le constat, dans le monde empiriquement donné, de signes évidents « d'une ordonnance qui répond à un dessein déterminé exécutée avec une grande sagesse » (B 653) ;

b) cette ordonnance est contingente, c'est-à-dire qu'elle n'est pas dérivée de l'essence même des choses du monde, mais repose sur le choix et la disposition opérés par un principe doué de raison ;

1. *Nova dilucidatio*, Prop. VI, scolie, Ak. I 394 ; OP I 124.

c) il en découle l'affirmation d'une (ou de plusieurs) cause(s) « sublime[s] et sage[s] » (*ibid.*) qui agit (agissent) comme intelligence et cause par liberté ;

d) l'unité de cette cause se laisse affirmer avec *certitude* sur la base de l'unité du commerce des différentes parties du monde comprises comme éléments « d'une construction de l'art » (B 654).

Sur quoi porte la critique ? Comme pour la preuve cosmologique, ce n'est pas d'abord l'affirmation de *l'existence* même d'une cause intelligente qui est mise en cause. Certes, Kant se demande, dans les alinéas introductifs à cette section, quel "pont" la raison peut jeter pour parvenir à l'affirmation de l'existence d'un être suprême qui soit indépendant de la série des causes intramondaines (B 649), ceci précisément sur la base de la thèse (criticiste) que toute extension de notre connaissance ne saurait concerner que l'expérience.

La pointe de la critique kantienne de l'argument physico-théologique consiste à montrer que celui-ci n'est pas en mesure de fonder, *à lui seul*, l'affirmation d'un être suprême, mais qu'il doit recourir pour cela à l'argument ontologique qui demeure dès lors le seul argument possible (*einzigmöglicher Beweisgrund*) (B 653).

La critique comporte néanmoins plusieurs étapes qu'il convient de présenter :

a) le constat d'une ordonnance et d'une harmonie dans le monde concerne la seule *forme*, c'est-à-dire la disposition et l'organisation contingente de la matière, mais non point l'advenir à l'existence même de celle-ci. L'affirmation physico-théologique conduit de ce fait à la seule affirmation d'un *architecte* du monde, mais non point à celle d'un créateur. Nous retrouvons bien évidemment ici la critique déjà formulée dans *L'unique argument*[1]. La preuve physico-théologique demeure donc en-deçà du but qu'elle s'est fixé, à savoir l'affirmation de l'existence d'un être *omnisuffisant*[2].

b) La critique reprend également l'objection humienne déjà rencontrée dans *L'unique argument*, comme quoi la finalité et l'ordre observables dans la nature permettent, certes, de conclure à une cause, mais que de cette façon, on aboutit seulement à un concept *indéterminé* de cette cause parce que le principe de proportionnalité n'autorise pas l'attribution absolue de prédicats ayant seulement une valeur relative du fait d'avoir été conclus sur

1. Cf. *Unique argument*, Ak. II 123.

2. Il est intéressant de remarquer que dans cette seule section, on retrouve trois occurrences de ce terme (sur un ensemble de sept dans toute la *Critique de la raison pure*).

la base d'effets observés dans l'expérience. En d'autres termes, de l'ordre dans le monde etc., on peut conclure à un auteur d'une très grande sagesse etc., mais non point au concept déterminé d'une cause dotée d'une intelligence et sagesse suprêmes. Or, la physico-théologie traditionnelle fait précisément ce pas en direction d'un concept déterminé, donc à « l'absolue totalité » (B 656). La thèse de Kant est de dire qu'à ce point, elle bascule dans une argumentation de type *cosmologique*. Le point crucial consiste dans la notion de la *contingence*. Son exposé comporte ici toutefois une *imprécision* dans la mesure où l'auteur ne dit pas de manière suffisamment claire que l'argumentation physico-théologique glisse de la question de la contingence de la *forme* vers la contingence de *l'existence* pour conclure, de là, à l'existence d'un être absolument nécessaire[1] dont le concept correspondant est celui de l'être absolument réel. Or, comme l'a montré la critique de l'argument cosmologique, celle-ci est une « preuve ontologique déguisée » (B 657) de telle sorte que la preuve physico-théologique échoue là où elle pensait avoir atteint le concept déterminé de Dieu.

LA RAISON ET SON DIEU

La critique des preuves de l'existence de Dieu conduit à une conclusion solennelle, à première vue extrêmement négative et destructrice en ce qui concerne la possibilité d'une théologie philosophique, du moins dans sa version spéculative : « [...] je soutiens que tous les essais d'un usage purement spéculatif de la raison en matière de théologie sont absolument infructueux, et qu'ils sont en vertu de leur nature interne nuls et non avenus », en d'autres termes, qu'une « théologie de la raison » (B 664) est impossible (à moins de prendre pour fondement les lois morales).

Ce qui est d'abord en jeu dans ce constat, c'est l'impossibilité pour la raison humaine, de connaître l'absolument nécessaire – et nous voyons apparaître, à ce sujet, tout l'écart de la pensée de Kant par rapport à l'optimisme de ses premiers écrits : « La nécessité inconditionnée dont nous avons si indispensablement besoin comme de l'ultime support de toutes choses est le véritable abîme de la raison humaine » (B 641). C'est donc par rapport à cet échec de la raison face à ce qui constitue l'ultime fondement qu'il faut lire la critique des preuves de l'existence de Dieu. Celle-ci ne

1. On lira utilement la critique que W. Cramer formule à l'égard de la critique kantienne des preuves de Dieu (*cf.* W. Cramer, *Gottesbeweise und iihre Kritik*, Frankfurt, Klostermann, 1967, p. 155 *sq.*).

constitue donc pas un déni pur et simple d'un discours théologique issu de la raison, mais la mise en question de sa prétention ultime à vouloir *connaître* l'absolument nécessaire. Là où la théologie affirme cela – en dernière instance dans l'argument ontologique –, elle soumet au fond l'absolument nécessaire aux conditions de l'entendement. On pourrait dire – il est vrai en forçant l'affirmation de Kant – que la thèse d'après laquelle l'être n'est pas un prédicat, constitue une sorte de résistance de l'être absolument nécessaire face à l'emprise de la raison : la raison ne peut se placer au-dessus de l'être. Le discours de la *Critique* sur les compétences de la raison humaine, d'une raison ancrée dans la sensibilité tout en étant tournée vers l'inconditionné, permet de comprendre en quel sens le fini ne peut pas contenir l'infini (« finitum non capax infiniti », J. Calvin) tout en étant habité par lui.

Nous avons tenté de montrer, tout au long de ce chapitre, comment le discours philosophique, là où il devient théologique sous les prémisses des acquis criticistes, doit être compris : comme un discours sur ce qui « de Dieu se trouve dans la nature humaine »[1], donc comme *theologia ectypa* dont l'optique est double : systématique et cathartique. *Systématique* dans la mesure où le discours sur l'unité du réel exige un fondement unique auquel correspond (d'abord) le concept de l'idéal transcendantal – exempt de défaut (B 669) –, développé par la raison et enrichi (ensuite) en direction du concept d'un concept théiste, celui d'un être suprême « qui doit être l'auteur des choses par entendement et par liberté » et qui est « le seul qui nous intéresse » (B 660 *sq.*). *Cathartique* dans la mesure où ce discours est développé sous les prémisses de l'*Analytique*, ce qui signifie en l'occurrence qu'il évite toute réduction de la transcendance, inconnaissable, à la finitude humaine, plus précisément qu'il évite *l'anthropomorphisme*. Ainsi, le Dieu de la raison *n'est pas* Dieu, mais il signifie son indispensabilité pour la raison.

1. *Leçons sur le théorie philosophique de la religion*, Ak. 28.2. 2. 995.

EXCURSUS

LA THÉOLOGIE DANS LES *LEÇONS* KANTIENNES DES ANNÉES 80 ET 90

Dans le présent *excursus*, nous proposons de présenter le traitement de la problématique théologique dans les *Leçons kantiennes des années 80 et 90* ainsi que dans un ensemble de *Réflexions* portant sur un ouvrage de J.A. Eberhard, la *Vorbereitung zur natürlichen Theologie*, paru en 1781 et utilisé par Kant pour ses cours [1].

L'histoire complexe de la reconstruction de ces *Leçons*, la question de la datation et les problèmes philologiques y relatifs ont été exposés par G. Lehmann dans ses introductions aux *Vorlesungen* aux volumes 28.2.2. et 29.1.2. de l'édition de l'Académie [2].

Les cours qui entrent en considération pour notre propos sont d'une part les *Leçons de métaphysique*, d'autre part les *Leçons sur la théorie philosophique de la religion* ou sur la *théologie rationnelle*. En ce qui concerne les premiers, on dispose de trois cours de métaphysique professés tous dans la première moitié des années 80, la *Metaphysique Volckmann* (1783/4), la *Metaphysik Schön* (ontologie) et la *Metaphysique Mrongovius* (1783) ; quant aux années 90, nous disposons de la *Métaphysique L2* (1790/91), de la *Métaphysique K2* (?1791/2 ou 1792/3 voire 1794), de la *Métaphysique Dohna-Wundlacken* (1792/3) et de la *Métaphysique K3* (1794/5).

Quant aux *Leçons sur la théorie philosophique de la religion,* on sait que Kant a professé un tel cours à trois reprises durant les années 80 [3]. K.H.L. Pölitz a édité en 1817 un cours sous le titre *Vorlesungen über die*

1. Ce texte est reproduit au volume XVIII de l'édition de l'Académie à partir de la page 491.

2. *Cf.* G. Lehmann, *Einleitung*, Ak. 28.2.2. 1338 *sq.*, et Ak. 29.1.2. 1083 *sq.*

3. 1783/4; 1785/6; 1787.

philosophische Religionslehre, auquel il faut ajouter le *Collegium naturale theologicum* de Volckmann, la *Danziger Rationaltheologie* (1785/6 ou 1787) et la *Vernunfttheologie Magath.*

Dans ce qui va suivre, nous n'entendons pas entrer dans une exégèse détaillée de ces nombreux textes qui nous sont parvenus, mais montrer, en ce qui concerne les cours de *métaphysique*, sur deux exemples et en nous concentrant essentiellement sur les exposés concernant le chapitre sur la théologie comment Kant y conçoit le statut et la fonction de celle-ci[1].

Les *cours de métaphysique* que nous considérerons sont d'une part, pour les années 80, la *Metaphysik Volckmann* (Ak. 28.1) et, pour les années 90, la *Metaphysik K2* (Ak. 28.2.1). Ces deux cours contiennent les chapitres sur la théologie les plus détaillés.

Le cours de *théorie philosophique de la religion* sera présenté d'après l'édition de Pölitz (Ak. 28.2.2).

LA THÉOLOGIE DANS LA *MÉTAPHYSIQUE VOLCKMANN*

Ce cours comporte des prolégomènes, une histoire de la métaphysique, un chapitre sur l'utilité de la métaphysique, une partie relativement étendue sur l'ontologie, un fragment de psychologie rationnelle ainsi qu'un fragment de théologie rationnelle, intitulé « Theologia rationalis »[2].

Au paragraphe sur l'utilité de la métaphysique, Kant reprend une thèse soutenue déjà maintes fois, à savoir qu'il y a deux grandes questions, deux « propositions cardinales »[3], qui régissent l'interrogation métaphysique, celle de Dieu et celle d'une vie future. Ces questions ne sont d'aucun intérêt dans une optique spéculative, mais celui-ci ne peut être que pratique[4]. En ce qui concerne plus particulièrement l'affirmation de l'existence de Dieu, celle-ci est « un produit de la foi de notre moralité, de même que l'espérance d'un monde futur »[5]. Kant développe longuement, dès ce paragraphe introductif, une argumentation qui contient l'essentiel des fondements de la théologie morale telle qu'elle se retrouve notamment dans la *Critique de la raison pure* : les lois morales, de par elles-mêmes, ne m'imposent que des obligations, mais non pas les mobiles d'agir conformément à elles. La

1. Nous passons outre les multiples remarques isolées relatives à la problématique théologique qu'on peut repérer notamment au chapitre sur l'ontologie.

2. *Métaphysique Volckmann*, Ak. 28.1. 450.

3. *Métaphysique Volckmann*, Ak. 28.1. 386.

4. Cf. *Métaphysique Volckmann*, Ak. 28.1. 382.

5. *Métaphysique Volckmann*, Ak. 28.1. 384.

morale m'enseigne ce qui est requis pour être digne du bonheur, mais ne contient aucune promesse quant à son obtention effective. Celle-ci requiert un monde futur et l'existence de Dieu : « [...] à la connaissance de nos obligations et la maxime morale de vivre conformément à cette connaissance, la foi en Dieu et en un autre monde est inséparablement liée » [1].

Cette foi pratique peut produire une conviction aussi forte que le savoir théorique ou spéculatif ; oui, elle a d'une certaine manière une fermeté supérieure à celui-ci.

De cette considération découle, selon Kant, la liberté d'examiner de façon critique les preuves de l'existence de Dieu et de leur ôter l'illusion de pouvoir démontrer celle-ci. Cette affirmation présuppose évidemment une enquête sur la faculté de connaître ou plus exactement une critique de la méthode dogmatique en métaphysique.

La présence de la théologie morale, en quelque sorte comme entrée dans la réflexion métaphysique sur la théologie doit être entendue, nous semble-t-il, en un sens programmatique. La métaphysique n'a pas sa finalité dans la pure considération théorétique de Dieu etc., mais dans la question de la destination de l'homme laquelle n'est pas intramondaine.

Dans ce paragraphe introductif, Kant fait une remarque *méthodologique* à laquelle nous avons déjà renvoyé antérieurement [2], à savoir que le traitement de la *Metaphysica* de Baumgarten est d'abord un traitement *analytique*, c'est-à-dire explicatif qui consiste à montrer comment la raison se sert de certains concepts. De ce traitement, il faut distinguer une démarche *synthétique* qui entend *produire* des connaissances ; or, une telle démarche présuppose une critique de la raison pure [3].

Si l'on se tourne maintenant vers le chapitre sur la *théologie*, on constatera que ce programme analytique n'y est réalisé que partiellement et que Kant bascule entre les deux méthodes. Ainsi, l'introduction du concept théologique recourt à l'argumentation développée au premier Livre de la *Dialectique transcendantale*, c'est-à-dire à la réflexion sur le rapport entre le conditionné et l'inconditionné : la raison ne s'arrête pas à quelque chose de conditionné, mais elle est poussée quasiment au-delà « de telle sorte qu'elle ne s'arrête qu'à l'inconditionné ; mais celui-là est complètement incompréhensible (*unbegreiflich*) pour nous, mais en dépit de cela, nous devons admettre un inconditionné bien qu'à ce propos la raison et son usage

1. *Métaphysique Volckmann*, Ak. 28.1.386.
2. Cf. *supra*, chapitre II, Excursus, p. 140.
3. Cf. *Métaphysique Volckmann*, Ak. 28.1.390.

cesse »[1]. À l'opposé de ce qui sera dit dans d'autres cours où Kant envisage le procédé de l'analogie, il soutient ici que ce concept est pensé comme si tous les concepts purs de l'entendement, c'est-à-dire les catégories, lui convenaient de façon inconditionnée, mais insiste ensuite sur le fait que nous ne pouvons faire qu'un usage immanent des catégories, usage qui devient précisément dialectique au-delà des limites de l'expérience[2]. L'inconditionné est un être premier et peut être considéré d'une triple manière : comme *ens summum* : en tant que tel, il est l'objet de la théologie transcendantale qui le pense moyennant des prédicats transcendantaux ; comme *summa intelligentia* : en tant que tel, il est l'objet de la physico-théologie qui le pense comme doué d'intelligence, de volonté etc. ; enfin comme *summum bonum*, c'est-à-dire comme être saint, bon et juste, ce que considère la théologie morale.

Le concept de la théologie transcendantale est un concept déiste qui est « inutilisable » [3] – entendons pour la pratique. Aussi le concept complet de Dieu ne se laisse-t-il dégager que dans la théologie morale en combinaison avec la physico-théologie[4], même si c'est la théologie transcendantale qui constitue le fondement des autres types de théologie et développe le concept pur de Dieu[5].

Dans le cadre de la présentation de la théologie transcendantale, il est question de l'argument ontologique traditionnel – avec un rappel historique d'ailleurs, à savoir que c'est Anselme et, plus tard Descartes et Leibniz qui l'ont formulé – qui est présenté dans sa forme classique sur la base du concept de l'*ens realissimum* auquel appartiendrait l'existence comme une réalité. Kant critique cette argumentation sur la base de la thèse désormais classique que nous ne pouvons pas déduire l'existence du concept de l'être originaire[6].

Cette critique est toutefois précédée d'un petit alinéa dans lequel Kant présente une *versio brevis* de sa propre argumentation au sujet de l'idéal transcendantal[7]. Dans ce contexte (ré)apparaît la question si l'*ens realissimum* est à entendre comme *fondement* ou comme *agrégat*. Dans ce

1. *Métaphysique Volckmann*, Ak. 28.1. 450.

2. Cf. *Métaphysique Volckmann*, Ak. 28.1. 451. Dans une *Réflexion* datée entre 1790 et 1795, Kant parle de la difficulté dans la *Critique de la raison pure* laquelle est de savoir comment nous pouvons parler de l'intelligible, par exemple de Dieu, au moyen des catégories qui n'ont de validité que pour les phénomènes (*Réflexion* 6319, Ak. XVIII 633).

3. *Métaphysique Volckmann*, Ak. 28.1. 452.

4. Cf. *ibid.*.

5. *Ibid.*

6. Cf. *Métaphysique Volckmann*, Ak. 28.1. 455.

7. Cf. *Métaphysique Volckmann*, Ak. 28.1. 454.

cours, Kant envisage les deux possibilités en prenant implicitement appui sur la distinction développée une première fois dans *L'unique argument* entre des déterminations appartenant à l'être absolument réel et celles qui sont des *suites*[1]. Si la *Critique de la raison pure* avait purifié le concept initial de l'*Inbegriff* et montré que l'idée d'un simple agrégat est impossible et ne saurait constituer tout au plus qu'une « première et grossière esquisse » (B 607), la *Métaphysique Volckmann* maintient les *deux aspects* en introduisant une terminologie inédite : penser l'*ens realissimum* comme fondement signifie le penser en un sens *dynamique* qui conduit au concept *théiste* d'une cause douée d'entendement et de volonté ; le concevoir comme *ensemble* (*Inbegriff*), en revanche, signifie le concevoir en un sens *mathématique*[2].

La seconde preuve présentée par Kant dans ce cadre est la preuve cosmologique ou « la preuve leibnizienne a contingentia mundi »[3] :

> Si quelque chose existe, il existe également quelque chose de manière nécessaire, car ce qui existe est ou bien soi-même nécessaire ou bien contingent [...]. Minor est atqui quelque chose existe, car je suis, ergo il existe quelque chose de manière nécessaire[4].

La critique qui suit la présentation de cet argument comporte deux points. Le premier concerne la question redondante de la possibilité de connaître la nécessité absolue. Kant rappelle que Wolff a confondu la nécessité des jugements avec la nécessité des choses[5]. Le second point concerne la déduction de la réalité suprême à partir de l'absolue nécessité. À ce propos, Kant recourt à la critique déjà formulée dans *L'unique argument* et dans la *Critique de la raison pure*, à savoir que l'argument cosmologique « n'est qu'un [argument] ontologique déguisé »[6].

On aura constaté que le cours reprend, quant à ses affirmations centrales, des thèses théologiques exposées dans la *Critique de la raison pure*. Ce qui nous semble important, c'est la présence de la théologie morale dès le paragraphe introductif sur l'utilité de la métaphysique. Cette mise en relief nous paraît témoigner de la prise de conscience progressive

1. Cf. *Unique argument*, Ak. II 85.

2. Cf. *Réflexion* 6034 qui distingue entre l'*ens originarium* en un sens dynamique, c'est-à-dire comme fondement, et en un sens mathématique, c'est-à-dire homogène (Ak. XVIII 428 *sq.*). La conséquence de ce dernier sera l'anthropomorphisme ; *cf.* plus loin l'exposé de la *Métaphysique* K2.

3. *Métaphysique Volckmann*, Ak. 28.1. 456

4. *Ibid.*

5. Cf. *ibid.*

6. *Métaphysique Volckmann*, Ak. 28.1. 457.

– qui s'annonce au chapitre sur le *Canon de la raison pure* dans la *Critique de la raison pure* – d'une orientation du discours métaphysique qui, tout en demeurant ancrée dans le théorique, trouve sa véritable signification par rapport à la question concernant la destination ultime de l'homme. De ce fait, la fonction systématique du discours théologique revêt une nouvelle dimension.

La théologie morale d'après les Réflexions 6086 sq.

Le chapitre sur la théologie de la *Métaphysique Volckmann* est incomplet, notamment en ce qui concerne la présentation de la théologie morale. Il est vrai que Kant en donne un exposé dès le paragraphe sur l'utilité de la métaphysique. Il n'en reste pas moins que certaines questions relatives à cette théologie demeurent en suspens.

Il existe cependant un ensemble de *Réflexions*, datées à 1783/84, donc à la même période que le cours en question, qui contiennent des développements approfondis concernant notamment la théologie morale. Celle-ci est présentée par Kant dans le cadre de la troisième section de la quatrième partie de la *Metaphysica* de Baumgarten laquelle traite de la « voluntas Dei »[1].

La *Réflexion 6086* est intitulée « De la théologie morale »[2]. Kant y établit une liste de questions susceptibles d'être traitées sous cette appellation : 1) est-ce que le concept de Dieu est un concept purement spéculatif ou un concept moral ? 2) comment ce concept s'origine-t-il dans la morale comprise comme connaissance rationnelle *a priori* ? 3) comment ce concept moral confère-t-il de la détermination au concept ontologique de Dieu ? À côté de ce catalogue de questions qui portent sur le *concept* de Dieu apparaissent encore au moins deux autres problèmes : celui de la connaissance pratique de l'existence de Dieu et celui du statut épistémique d'une telle connaissance.

C'est essentiellement la première des questions soulevées dans la *Réflexion* 6086 qui retient l'attention de Kant. Il y a trois aspects qui sont à considérer en Dieu :

> Le législateur doit être bon ; autrement son commandement ne contient aucune obligation à l'obéissance [...] ; mais sa loi doit être sainte, s'il est sage. En tant que législateur, Dieu est donc saint, comme régent il est bon

1. *Cf.* A. G. Baumgarten, *Metaphysica*, *op. cit.*, § 890 *sq*, p. 363 *sq.*
2. *Réflexion* 6086, Ak. XVIII 445.

et, étant donné que ceci n'est possible qu'à la condition de la concordance avec cela, à cause de la sagesse, il est juste en tant que juge [1].

Cette triplicité en Dieu qui, chez l'homme, est répartie sur trois individus, constitue en Dieu une « triple personnalité » [2]. Mais cette considération ne vaut que pour le concept de Dieu entendu en un sens pratique et non spéculatif [3].

Dans la théologie morale, Dieu est représenté comme *chef* (*Oberhaupt*) dans un système nécessaire des fins : sa volonté est identique à ce qui, dans l'ordre des fins, est absolument nécessaire parmi des êtres raisonnables et il est, dans ce sens, *summum bonum originarium* [4]. Il n'est certes pas l'auteur de la loi morale, mais il doit être considéré comme *auteur de l'obligation d'après cette loi* [5].

De la question relative au concept de Dieu, il faut distinguer celle qui concerne son existence et le statut épistémique d'une telle affirmation. Nous avons des raisons subjectives de présupposer une telle existence, ceci aussi bien d'un point de vue spéculatif que pratique, « parce que sans cela, nous ne trouvons possible aucune satisfaction pour notre raison ni aucune unité complète » [6]. On retrouve dans cette remarque l'orientation fondatrice de la théologie qui, comme on l'a déjà signalé à propos de la *Métaphysique Volckmann*, demeure quand même très en retrait dans les *Leçons*. Ces raisons subjectives sont qualifiées épistémiquement de *foi* ; celle-ci fait, dans la perspective de l'intérêt moral (à savoir celui d'un règne des fins) de la simple hypothèse de l'existence de Dieu un *postulat*, « c'est-à-dire une présupposition absolument nécessaire de la raison pure » [7].

LA THÉOLOGIE DANS LES LEÇONS SUR LA THÉORIE PHILOSOPHIQUE DE LA RELIGION [8]

Le cours que nous présentons sous le titre *Vorlesungen über die philosophische Religionslehre* remonte vraisemblablement au semestre

1. *Réflexion* 6088, Ak. XVIII 446 ; cf. *Réflexion* 6089, Ak. XVIII 446 ; *Réflexion* 6090, Ak. XVIII 446 ; *Réflexion* 6092, Ak. XVIII 449 ; *Réflexion* 6100, Ak. XVIII 449.
2. *Réflexion* 6092, Ak. XVIII 449 ; cf. *Réflexion* 6096, Ak. XVIII 450.
3. Cf. *Réflexion* 6093, Ak. XVIII 449.
4. Cf. *Réflexion* 6099, Ak. XVIII 451 *sq.*
5. Cf. *Réflexion* 6099, Ak. XVIII 452 ; cf. *Réflexion* 6110, Ak. XVIII 458.
6. *Réflexion* 6110, Ak. XVIII 458.
7. *Réflexion* 6111, Ak. XVIII 458.
8. Cité dans la suite comme *Leçons*.

d'hiver 1783/4[1]. En fait, le titre retenu par Pölitz et repris dans l'édition de l'Académie (*Philosophische Religionslehre nach Pölitz*) est trompeur. Il s'agit dans ces leçons, non point d'une théorie de la *religion*, mais en premier lieu d'une théologie rationnelle qui prend comme fil conducteur d'une part le chapitre correspondant de la *Metaphysica* de Baumgarten et qui recourt d'autre part à la *Vorbereitung zur natürlichen Theologie zum Gebrauch akademischer Vorlesungen* d'Eberhard.

C. Esposito caractérise le profil de ces leçons comme constituant une étape synthétique intermédiaire entre la première et la seconde *Critique*, avec toutefois une proximité plus marquée à la lettre de la *Critique de la raison pure*[2]. On retrouve, en effet, dans ces leçons des passages qui sont des reprises quasiment mot à mot de l'ouvrage de 1781. Esposito soutient par ailleurs que ce texte contribue à tracer la trajectoire théologique de la philosophie critique, mieux encore, à reconnaître dans le problème théologique la formulation, la vérification et l'ultime réalisation de cette philosophie[3].

S'il ne fait point de doute en ce qui concerne la centralité de la problématique théologique dans l'œuvre de Kant, il ne faut cependant pas surestimer l'importance systématique des *Leçons*. Elles contiennent, certes, des applications voire des vérifications des thèses criticistes, mais elles sont et restent avant tout des *Leçons* dont les destinataires ne sont, pour la plupart, qu'insuffisamment informés sur la pensée criticiste.

Les *Leçons* présentent la structure suivante : Introduction ; *première partie* : Théologie transcendantale divisée en trois sections : ontothéologie, cosmo-théologie, physico-théologie ; *deuxième partie* : Théologie morale divisée en quatre sections : attributs moraux de Dieu ; nature de la certitude de la foi morale ; De Dieu selon la causalité ; De la révélation ; enfin un appendice traitant de l'histoire de la théologie naturelle d'après l'ouvrage de Christophe Meiners *Historia doctrinae de vero Deo omnium rerum auctore et rectore* (1780).

Le texte *ut iacet* comporte un certain nombre de faiblesses structurelles[4] qui sont dues d'une part au fait que Kant utilise d'abord le

1. La reconstruction minutieuse de cette datation a été faite par C. Esposito dans l'introduction à l'édition italienne des *Leçons* (Napoli, Bibliopolis, 1988, p. 11-31).

2. *Cf.* « Introduction », p. 30.

3. « Introduction », p. 42.

4. Par exemple dans *l'introduction* la présentation de la division de la théologie en théologie transcendantale (identifiée à l'ontologie [sic !]), théologie naturelle avec la subdivision en cosmo-théologie et en physico-théologie d'une part, et le présentation subséquente d'après un schéma différent (théologie transcendantale qui comporte l'ontothéologie, la cosmo-théologie et la physico-théologie) d'autre part ; la thèse d'après laquelle la théologie

manuel d'Eberhard ci-dessus mentionné[1], ensuite celui de Baumgarten ce qui donne lieu à des exposés, non pas directement redondants, mais parallèles. D'autre part, Kant greffe aussi en partie des développements indépendants sur les exposés de ses auteurs de référence.

Nous allons limiter notre présentation à plusieurs points saillants développés dans ces *Leçons* : en premier lieu, nous enquêterons sur la présentation des différentes preuves spéculatives de l'existence de Dieu et la manière dont Kant y développe le thème de la fonction fondatrice de l'affirmation théologique ; nous nous pencherons, à propos de chacune des preuves, sur la critique que Kant en formule ; en second lieu, nous analyserons la présentation de la théologie morale. Nous compléterons au paragraphe suivant certains aspects présentés dans les *Leçons* par des *Réflexions* de Kant relatives à l'ouvrage d'Eberhard.

Tournons-nous en premier lieu vers la question de l'ontothéologie ou de la « théologie transcendantale ». Dans l'introduction, Kant en précise les contours en soutenant qu'on y pense l'être originaire comme *ens summum* et donc comme « la racine de toutes les choses possibles »[2]. La partie spéculative de la théologie conduit à Dieu comme *ens realissimum* et à ses prédicats, du moins « comme une hypothèse indubitable »[3] pour la raison spéculative. Même si ce résultat est modeste, la théologie spéculative peut servir de base aux recherches ultérieures. Il est vrai que

> tout ce que nous avons appris de Dieu dans cette théologie transcendantale n'est que le simple concept d'un fondement originaire suprême ; mais si inutilisable qu'il puisse être pour lui-même, sans autre connaissance, ce concept est malgré tout magnifique pour servir de substrat à toute théologie[4].

Le concept de Dieu qui y est développé est complètement pur et empêche toute contamination anthropomorphique[5].

Comment Kant argumente-t-il à propos du concept de l'être originaire ? Dès les premières lignes de l'introduction nous lisons : « La raison humaine

transcendantale présente Dieu comme la cause du monde, la théologie naturelle en revanche comme l'auteur du monde et la théologie morale comme gouverneur (Ak. 28.2.2. 1000 *sq.*) d'une part, la présentation de ces mêmes prédicats dans la troisième section du chapitre sur la théologie morale, d'autre part ; la présentation, *in extenso*, au sein du chapitre sur l'ontothéologie de la preuve cosmo-théologique (p. 1030 *sq.*), etc. etc.

1. Jusqu'à la page 71, *i.e.* Ak. 28.2.2. 1036.
2. *Leçons*, Ak. 28 2.2. 1000.
3. *Leçons*, Ak. 28 2.2. 1046.
4. *Leçons*, Ak. 28 2.2. 1047.
5. *Leçons*, Ak. 28.2.2. 1002. Cf. *Réflexion* 6206, Ak. XVIII 493.

a besoin d'une idée de la perfection suprême qui lui serve d'échelle à laquelle se référer afin de pouvoir déterminer d'après elle »[1]. Un peu plus loin, il est dit qu'on n'a toutefois pas besoin de se soucier de la réalité d'une idée. Trois éléments sont requis pour constituer une telle idée-échelle :

1) La totalité dans la détermination du sujet eu égard à tous ses prédicats (on trouve par exemple toutes les réalités dans le concept de *Dieu*) ;

2) La totalité dans la déduction de l'existence des choses (le concept de l'être suprême ne peut, par exemple, être déduit d'aucun autre, mais est plutôt celui dont tout autre est déduit) ;

3) La totalité de la communauté, ou la détermination complète et la liaison du tout[2].

Nous remarquons comment l'idée de la perfection est thématisée ici en vue de l'idée théologique. Kant soutient que l'idée de l'être suprême est celle d'un être qui exclut tout manque et qui contient en soi toutes les réalités. Or, ajoute-t-il, on peut considérer cet être comme souverain bien[3].

Dans l'introduction, Kant se demande quel est *l'intérêt* de la raison à propos de Dieu et répond que cette idée n'a pas d'intérêt spéculatif, mais seulement un intérêt pratique. La spéculation risque de nous induire en erreur, mais notre moralité « a besoin de cette idée pour lui donner du poids (*Nachdruck*) »[4]. Quelques lignes plus loin, il dira cependant que notre raison trouve quand même un « petit intérêt spéculatif »[5] qui réside dans le fait qu'elle a toujours besoin « d'un maximum afin de mesurer et de déterminer ce qui est inférieur »[6].

Ce qui est annoncé dans l'introduction au sujet de l'idée de Dieu, compris dans une optique théorique, y est développé plus loin dans une présentation succincte de la « preuve ontologique »[7]. Kant reconstruit sous cette dénomination l'argumentation d'après laquelle chaque chose comporte des réalités et des négations ; c'est sur la relation entre elles que repose la différence entre les choses. Si la raison veut mesurer le degré de réalité dans les choses, il lui faut penser un maximum de la réalité. Or, celui-ci correspond à un être complètement déterminé qualifié d'*ens realissimum*

1. *Leçons*, Ak. 28.2.2. 993.
2. *Ibid.* ; cf. *Danziger Rationaltheologie*, Ak. 28.2.2, 1232.
3. Cf. *Leçons*, Ak. 28.2.2. 995.
4. *Leçons*, Ak. 28.2.2. 996 ; cf. *Danziger Rationaltheologie*, Ak. 28.2.2, 1235.
5. *Leçons*, Ak. 28.2.2. 996.
6. *Ibid.*
7. Cf. *Leçons*, Ak. 28.2.2. 1004 *sq.*

qui est « le fondement de la possibilité de toutes les autres choses »[1]. *Or, ce concept de Dieu se trouve dans tout entendement humain*[2].

Kant se demande ensuite si l'objet de ce concept est réellement existant. « Voilà une tout autre question »[3]. Et de rappeler l'argumentation de Descartes d'après laquelle un être absolument réel existe nécessairement. « Une chose magnifique, certes, si la preuve était bonne »[4]. À ce stade de sa démarche, il n'insiste toutefois pas sur la critique de cet argument.

La problématique de l'ontothéologie est reprise dans la première section de la première partie du cours[5]. Cette section réunit un ensemble de considérations qui vont de l'exposé d'une ontothéologie "criticiste" à la cosmo-théologie classique, à des considérations concernant les prédicats ontologiques et psychologiques de l'être suprême, la connaissance par analogie et la critique de la preuve ontologique classique ainsi que de la preuve cosmologique. On voit qu'on a à faire ici à une présentation très disparate.

L'ontothéologie repose sur le concept de l'*ens summum* compris comme *ens realissimum*. Cette thèse est à première vue étonnante si on la compare avec ce que disent les *Leçons* dans l'introduction où il est question de l'*ens originarium*.

Dans la connaissance de Dieu au moyen de concepts purs, nous rencontrons trois concepts constitutifs, à savoir Dieu considéré

> 1. Comme *être originaire* (ens originarium) [...]. Ce concept [...] est le fondement de la cosmo-théologie ; car ici je conclus de tels concepts à la nécessité absolue et la perfection suprême de Dieu.
> 2. Comme *être suprême* (ens summum). Ici je pense Dieu comme un être qui a toute réalité et de ce concept de l'*entis realissimi* et de ses attributs je déduis son originalité et sa nécessité absolue. Ce concept de Dieu comme d'un *ente maximo* est la base de l'ontothéologie ;
> 3. Comme l'*être de tous les êtres* (ens entium). Ici, je pense Dieu non seulement comme être originaire en soi qui n'est dérivé d'aucun autre, mais aussi comme fondement suprême de toutes les autres choses [...]. Ceci nous pouvons l'appeler son omnisuffisance. Ces trois concepts de Dieu, comme être originaire, comme être suprême et comme être de tous les êtres constituent le fondement de tous les autres[6].

1. *Leçons*, Ak. 28.2.2. 1005.
2. Cf. *ibid.*
3. *Ibid.*
4. *Leçons*, Ak. 28.2.2. 1006.
5. Cf. *Leçons*, Ak. 28.2.2. 1012 *sq.*
6. *Ibid.*

Quelles que soient les raisons de cette classification, l'argumentation ontothéologique ne va plus recourir à la notion de l'*ens summum* du moment que l'équation *ens summum* = *ens realissimum* a été établie[1]. Kant justifie le concept de l'*ens summum* en soutenant précisément que c'est le concept d'un être qui a toutes les réalités, c'est-à-dire qui est complètement déterminé. Cet être absolument réel, qualifié aussi d'idéal[2] et dont il sera dit plus loin[3], dans une reprise mot à mot de la *Critique de la raison pure*, qu'il est exempt de défaut et qu'il termine et couronne toute la connaissance humaine, est alors aussi considéré comme *ens originarium* dans la mesure où il est l'étalon fondamental (*Grundmaß)* d'après lequel je pense toutes les autres choses. Ceci est toutefois à entendre en un sens logique : on a à faire à un « *ens logice originarium* »[4], donc à une possibilité logique qui est, en tant que maximum, le « substrat de la possibilité de toute autre chose »[5] et constitue à ce titre « une idée nécessaire de notre entendement »[6]. Mais celle-ci ne dit rien quant à l'existence effective d'un tel être.

Plus loin, dans le contexte de la section portant sur la physico-théologie, Kant dira, qu'en dépit du fait que nous ne pouvons pas comprendre l'existence absolument nécessaire, la raison nous pousse à admettre un tel être comme une hypothèse subjectivement nécessaire,

> parce qu'autrement nous ne pouvons indiquer aucune raison pourquoi en général quelque chose est possible. Si donc notre raison spéculative a un véritable besoin de devoir présupposer un Dieu ; il s'ensuit du fait qu'elle ne peut pas démontrer ceci de manière apodictique que *cela dépasse sa capacité*[7].

La *Réflexion* 6290 développe une interprétation intéressante du statut de l'idée : L'*ens realissimum* ne peut pas être pensé comme simplement possible, mais doit l'être comme *donné*, non point comme objet réellement existant, mais comme « simple (*bloße*) forme de la raison, donc comme idée qui est « actuelle (*wirklich*) (subjectivement) avant que quelque chose ne soit pensé comme possible : d'où ne suit aucunement que l'objet de cette idée soit actuel (*wirklich*) en soi »[8]. Le sens de cette remarque est que le concept de l'être absolument réel, donc de l'être complètement déterminé,

1. Cf. *Leçons*, Ak. 28.2.2. 1014.
2. Cf. *Leçons*, Ak. 28.2.2. 1019.
3. Cf. *Leçons*, Ak. 28.2.2. 1037.
4. *Leçons*, Ak. 28.2.2. 1014 ; cf. *Réflexion* 5270, Ak. XVIII 138.
5. *Leçons*, Ak. 28.2.2. 1019.
6. *Leçons*, Ak. 28.2.2. 1015.
7. *Leçons*, Ak. 28.2.2. 1063 ; *cf.* aussi, *Réflexion* 6292 ; Ak. XVIII 561
8. *Réflexion* 6290, Ak. XVIII 559.

est le *concept* d'une chose réelle (ou mieux : le concept réel d'une chose), en l'occurrence d'un individu, à l'opposé du *concept* d'une chose simplement possible lequel demeure indéterminé en tant que concept.

Kant s'interroge comment on parvient au concept même d'un maximum de réalité[1]. Réflexion inédite qui rappelle celle de Hume au sujet de la question de l'origine de nos idées dans la seconde section de l'*Enquiry concernin Human Understanding*[2]. C'est des réalités limitées, les seules qui soient concevables pour nous, que nous partons pour les prédiquer de Dieu sans limitation aucune.

Les propriétés que nous pouvons prédiquer de Dieu sont des *propriétés ontologiques* (nécessité, substance, simplicité etc.) qui donnent naissance au concept *déiste* qui demeure toutefois abstrait ; l'être ainsi déterminé est « sans relation aucune avec nous »[3]. On voit cependant mal comment concevoir ici le passage à la limite dont il vient d'être question. Il en va autrement pour ce qui est des prédicats qualifiés de « psychologiques ». Il est dit, en ce qui concerne les réalités déficientes découvertes par expérience, qu'il faut procéder d'abord *via negationis*, donc enlever tout ce qui est sensible[4] ainsi que toute imperfection, et n'attribuer à Dieu que ce qui est réalité pure, ceci au degré suprême, ce qui est alors qualifié de *via eminentiae*[5]. Au cas où la réalité n'est pas prédiquée dans sa pureté, il existe le risque d'anthropomorphisme. En dépit de ceci, le discours concernant les prédicats de Dieu demeure soumis à une limite fondamentale, parce que nous ne savons jamais comment ces propriétés sont en soi. Dans ce sens, la prédication se fait par analogie[6]. Kant répète en substance au sujet de la connaissance par analogie les thèses développées depuis la *Métaphysique*

1. *Leçons*, Ak. 28.2.2. 1016.

2. Pour montrer comment les idées sont des copies de nos impressions, Hume allègue dans cette section de son œuvre l'exemple de l'idée de Dieu : « L'idée de Dieu, en tant qu'elle signifie un Être infiniment intelligent, sage et bon, naît de la réflexion sur les opérations de notre propre esprit quand nous augmentons sans limites ces qualités de bonté et de sagesse » (*Enquête sur l'entendement humain*, *op. cit.*, p. 65).

3. *Leçons*, Ak. 28.2.2. 1020.

4. Cf. *Leçons*, Ak. 28.2.2. 1046 ; cf. *Réflexion* 6286 ; Ak. XVIII 554.

5. A. G. Baumgarten (*Metaphysica*, *op. cit.*, § 826, p. 337) et Eberhard (*Vorbereitung*, 19, *in* Ak. XVIII 554) parlent tous les deux de la *via negationis* et de la *via eminentiae*. Eberhard envisage, pour sa part, encore une troisième possibilité, qualifiée de *via causalitatis*. Kant remplace cette dernière par la *via analogiae* dont parle Baumgarten (cf. *Metaphysica*, *op. cit.*, § 826), comme le souligne d'ailleurs explicitement la *Théologie rationnelle* d'après le manuscrit de Danzig (cf. *Danziger Rationatheologie*, Ak. 28.2.2. 1254). Elle est considérée comme « la plus belle voie » (*ibid.*, 1255), parce qu'elle est à l'abri de toute objection et de tout doute.

6. Cf. *Leçons*, Ak. 28.2.2. 1023 ; 1046.

Pölitz et reprises dans d'autres contextes, à savoir qu'elle ne concerne pas les choses, mais les *rapports* entre les choses [1].

Dans le cadre de la *critique* de la preuve ontologique, il recourt à la thèse de l'existence qui n'est pas un prédicat ou une réalité d'une chose [2]. À titre d'illustration, il allègue l'exemple des cent thalers [3] exposé dans la *Critique de la raison pure* (B 627). La critique en question ne comporte pas d'éléments inédits qui mériteraient une attention particulière.

Tournons-nous vers le traitement des preuves cosmologique et physico-théologique. Une remarque préliminaire s'impose ici : dans la présentation de ces preuves, le passage à l'affirmation de l'existence de l'être suprême n'y est guère problématisé (sur la base des présupposés criticistes), mais ce qui est avant tout discuté, c'est le *concept* de Dieu.

En ce qui concerne donc la *preuve cosmologique*, elle est présentée une première fois dans l'introduction des *Leçons* [4]. Kant y expose la version désormais classique de l'argument *a contingentia mundi :* l'expérience la plus élémentaire est celle que j'existe. Du constat que je suis un être non nécessaire donc contingent, je conclus qu'il doit exister hors de moi un être nécessaire qui est le fondement de mon existence.

Il souligne que Wolff concluait dans cette démonstration de la nécessité absolue de cet être à sa perfection suprême [5] et répète dès cette présentation la critique d'après laquelle c'est la preuve dite transcendantale qui confère toute sa force à la preuve cosmologique [6]. Mais il allègue encore un autre argument qu'on n'a pas encore rencontré ailleurs sous cette forme, à savoir que dans la preuve cosmologique, on n'admet l'existence d'un monde que de façon *hypothétique* (*s*'il y a un monde, alors celui-ci est contingent ou nécessaire) et que cet argument ne recourt dès lors aucunement à l'expérience, mais est à considérer comme argument « transcendantal ».

Dans la section sur l'ontothéologie [7], Kant revient longuement sur la preuve cosmologique. La thèse du lien entre la nécessité absolue et la réalité suprême y est reprise :

> La preuve cosmologique maintient le lien entre la nécessité absolue et la réalité suprême, mais au lieu de conclure de la réalité suprême à la nécessité

1. Cf. *Réflexion* 6301, Ak. XVIII 568.
2. *Leçons*, Ak. 28.2.2. 1027.
3. Cf., *Leçons*, Ak. 28.2.2. 1028.
4. Cf. *Leçons*, Ak. 28.2.2. 1006 *sq.*
5. Cf. *Leçons*, Ak. 28.2.2. 1006.
6. Cf. *Leçons*, Ak. 28.2.2. 1006 *sq.*
7. Cf. *Leçons*, Ak. 28.2.2. 1028 *sq.*

> dans l'existence, elle conclut plutôt de la nécessité inconditionnelle présupposée d'un être quel qu'il soit, à sa réalité illimitée [1].

À propos de cette preuve, Kant se livre à une longue méditation sur le concept de l'être absolument nécessaire dans laquelle il reprend des passages entiers de la *Critique de la raison pure*[2].

La *Réflexion* 6299 développe une réflexion complémentaire au sujet de la preuve cosmologique : si « exister de façon absolument nécessaire » signifie qu'il est impossible qu'un tel être n'existe pas, alors aucun être n'est absolument nécessaire. Mais si cela signifie qu'on doit présupposer nécessairement l'existence d'un tel être

> d'après des lois de la raison (et non pas en tant [*als*] que nécessaire), il s'agit de la nécessité d'une hypothèse. Des propositions synthétiques *a priori* qui ne se rapportent pas à un objet d'une expérience possible ne peuvent jamais avoir une nécessité objective [3].

Quand il revient, dans la *seconde section de la première partie* des *Leçons*, intitulée « La cosmo-théologie »[4], sur cette preuve, il prend soin d'indiquer d'abord la raison pour laquelle il en a déjà traité auparavant :

> À l'occasion de la preuve ontologique de l'existence de Dieu, nous avons déjà traité de la preuve cosmologique ; mais ceci a été entrepris seulement afin de comparer les deux preuves de la théologie transcendantale et de montrer leur grande affinité [5].

Sur quoi va dès lors porter l'exposé de la cosmo-théologie ? Kant se propose d'y exposer le *concept complet* de Dieu en tant qu'il se laisse déduire de l'expérience. Remarque surprenante si l'on se souvient de ce que nous venons de dire plus haut au sujet du caractère hypothétique de l'expérience dans cette preuve.

Ce qui l'y intéresse, c'est le concept fondateur de Dieu comme auteur du monde (*Welturheber*) : La cosmo-théologie, en effet, nous enseigne le concept *théiste* de Dieu, ce qui veut dire : le concept d'un Dieu vivant, *summa intelligentia*[6]. En suivant les exposés relatifs à l'*intellectus Dei* et à la *voluntas Dei* dans la *Metaphysica* de Baumgarten, Kant développe en détail les prédicats théistes de l'entendement divin et de la volonté. Il

1. *Leçons*, Ak. 28.2.2. 1028; cf. 1030 *sq.*
2. Cf. *Leçons*, Ak. 28.2.2. 1031 *sq.* ; cf. *CRP*, B 640 *sq.*
3. *Réflexion* 6299 ; Ak. XVIII 566.
4. *Leçons*, Ak. 28.2.2. 1047.
5. *Ibid.*
6. Cf. *ibid.*

affirme par exemple en ce qui concerne l'entendement divin – et ceci en conformité avec une argumentation qui se trouve déjà dans *L'unique argument* –, qu'étant donné que l'être originaire est le fondement de toutes choses, il doit lui-même être doté d'un entendement puisqu'il est la source originaire d'êtres doués d'entendement. Certes, cet entendement est fondamentalement différent du nôtre (pur, intuitif etc.) de même que sa volonté qui est à entendre au sens d'une causalité de l'entendement consistant à rendre effectives ses représentations[1].

Quant à l'argument physico-théologique, Kant en livre une première présentation dans l'introduction : la source de cette preuve, dans laquelle on conclut de la constitution du monde présent à la nature (!) de son auteur, est *empirique*. La formulation confirme ce que nous avons signalé plus haut : ce n'est pas tant la question de l'existence de Dieu qui est en jeu, mais celle de sa nature ou de son concept. Or, précise Kant, « si la théologie transcendantale échoue, la physico-théologie échoue, elle aussi ; car elle ne peut jamais fournir un concept déterminé de Dieu »[2]. Là encore, la remarque a de quoi étonner, car c'est précisément la théologie transcendantale qui permet d'accéder au concept basique déterminé de Dieu comme *ens realissimum*.

Dans l'exposé de cette preuve, Kant en vient directement à « l'objection humienne », à savoir qu'on ne peut pas déduire de l'expérience le concept complet de l'être absolument parfait. « Notre expérience du monde est trop restreinte pour pouvoir en conclure à la réalité suprême »[3]. La physico-théologie conclut à une première cause du monde, mais ensuite, on « saute » dans la théologie transcendantale « en prouvant que la *prima causa mundi* (l'*ens originarium*) est absolument nécessaire et qu'elle doit pour cette raison être un *ens realissimum* »[4].

Dans la *troisième section de la première partie*, intitulée « La Physico-théologie »[5], Kant commence par poser la question : « Peut-on conclure de l'ordre final dans la nature à un auteur intelligent ? »[6] La réponse consiste en une discussion des thèses de Hume dans ses *Dialogues Concerning Natural Religion*[7] dont Kant a eu connaissance au moment de la rédaction de la *Critique de la raison pure*. D'après l'exposé qu'il donne de la position

1. Cf. *Leçons*, Ak. 28.2.2. 1061.
2. *Leçons*, Ak. 28.2.2. 1008.
3. *Leçons*, Ak. 28.2.2. 1008 *sq*.
4. *Leçons*, Ak. 28.2.2. 1009.
5. *Leçons*, Ak. 28.2.2. 1062 *sq*.
6. *Leçons*, Ak. 28.2.2. 1062.
7. Cf. aussi *Danziger Rationaltheologie*, Ak. 28.2.2. 1277 *sq*.

de Hume, celui-ci soutient qu'on ne peut pas comprendre comment une cause suprêmement intelligente a pu produire l'ordre dans la nature dans la mesure où l'on ne peut pas comprendre comment une telle cause disposerait de toutes les perfections ni d'où proviennent celles-ci[1]. Kant répond à cette objection en formulant un conflit entre deux propositions : a. un être absolument parfait est par son entendement l'auteur du monde ; b. une nature éternelle et aveugle est l'auteur de toute finalité et de tout ordre dans le monde. Il montre que la seconde possibilité ne se laisse pas penser sans contradiction : la finalité dans les effets présuppose un entendement dans la cause[2]. Avec une certaine solennité, il s'exclame qu'il est bien plus compréhensible d'admettre un entendement suprême et une volonté comme auteur de tous les arrangements dans le monde qu'une cause féconde, mais sans entendement.

Dans la suite de son exposé[3], Kant en vient à discuter le problème de la volonté divine qu'il expose en suivant l'ordre des paragraphes de la *Metaphysica* de Baumgarten. On se rend compte, ici à nouveau, à quel point se mêlent dans ces cours traitement analytique et démarche synthétique. Il convient de rendre attentif, précisément en ce qui concerne l'aspect synthétique de son propos, à l'exposé qu'il donne de la preuve physico-théologique à la fin de cette section et qui constitue une *versio brevis* de sa propre conception d'une physico-théologie *améliorée* telle qu'il l'avait formulée dans l'*Histoire générale* et dans *L'unique argument*. Qu'il soit permis de citer ce passage *in extenso* :

> La connaissance d'après laquelle on peut conclure à partir de la première constitution de la nature à un principe suprême en tant qu'intelligence suprême, montre en général la possibilité et la nécessité d'une physico-théologie. Nous pourrons en effet appeler physico-théologie générale la proposition selon laquelle tout ce qui est bon et conforme à une fin, provient de Dieu. Si maintenant nous trouvons qu'une grande partie de l'ordre et de la perfection dans la nature doit être déduite de l'essence de toutes les choses elles-mêmes d'après des lois universelles, nous n'enlevons ainsi en aucune façon celles-ci à la suprématie divine ; au contraire, même ces lois universelles présupposent toujours un principe de continuité de toutes les possibilités les unes par rapport aux autres[4].

1. Pour ce qui est de l'argumentation de Hume, on se reportera aux sections VI-VIII des *Dialogues Concerning Natural Religion*.
2. Cf. *Leçons*, Ak. 28.2.2. 1064.
3. Cf. *Leçons*, Ak. 28.2.2. 1065 *sq*.
4. *Leçons*, Ak. 28.2.2. 1070.

La deuxième partie des *Leçons* porte sur la *théologie morale*. Nous savons que l'introduction de cette forme de théologie constitue, dans le cadre du chapitre sur la théologie naturelle dans les Leçons de métaphysique, une innovation comme le rappelle d'ailleurs Kant lui-même quand il dit qu'elle n'a pas encore été correctement distinguée jusqu'ici et qu'on peut l'appeler « théisme moral ».

Dans l'introduction aux *Leçons*, la théologie morale est présentée comme portant sur la représentation de l'être originaire considéré comme « souverain bien »,

> c'est-à-dire qu'il ne faut pas penser Dieu seulement comme le plus haut pouvoir de connaître (*Erkenntnißkraft*), mais aussi comme le plus haut fondement de la connaissance (*Erkenntißgrund*), comme un système de *toutes les fins* [1].

Kant affirme que le « théisme moral » est la véritable théologie qui sert de fondement à la religion.

Le « théisme moral » constitue une *critique* des preuves spéculatives. La remarque mérite attention, car la fonction critique du théisme moral signifie en effet qu'en ce qui concerne la question de Dieu, l'attitude épistémique est celle de la *foi* – d'une « foi indubitable » [2] en l'existence de Dieu laquelle repose sur des raisons pratiques, la morale, et qui est « tout aussi certaine qu'une démonstration mathématique » [3]. Les principes moraux découlent de la raison pure et nous obligent *a priori*. Dans la mesure où l'homme s'y conforme, il peut être certain d'être un membre du règne des fins ce qui donne naissance à l'espoir « de former un tout dans le royaume de la moralité avec tous les êtres raisonnables » [4]. C'est cet espoir qui le fait résister aux « multiples appels des tentations séduisantes » [5] et l'amène à concevoir un être dont la volonté est précisément identique aux lois morales [6] et qui confère, en tant qu'être absolument parfait, de la réalité

1. *Leçons*, Ak. 28.2.2. 1000 *sq*.
2. *Leçons*, Ak. 28.2.2. 1011.
3. *Ibid.*
4. *Ibid.*
5. *Ibid.*
6. Dans la discussion de la notion de « sainteté », Kant dira que Dieu en tant qu'être saint – la sainteté étant la perfection morale absolue de la volonté – est « pour ainsi dire, la loi morale elle-même, mais pensée de façon personnifiée » (*Leçons*, Ak. 28.2.2. 1076 ; cf. aussi 1091). W. Fink et G. Nicolas signalent à juste titre à ce sujet que « tout comme dans la philosophie spéculative, Dieu est l'idéal de la raison pure, dans la philosophie morale il est l'idéal de la raison pratique » (*Leçons sur la théorie philosophique de la religion*, Paris, Librairie générale française, 1993, p. 219, note 51).

à sa moralité. Sans le concept d'un tel être qui doit être omniscient, tout-puissant, saint et juste, l'homme devrait rejeter les lois morales.

> Ainsi il déduit la théologie de la morale ; mais non pas à cause d'une évidence spéculative, mais d'une évidence pratique ; c'est-à-dire non pas par le savoir mais par la foi. Une hypothèse pratique nécessaire est à notre connaissance pratique ce qu'est précisément un axiome à la connaissance spéculative. C'est pourquoi l'existence d'un sage souverain du monde est un *postulat* nécessaire *de la raison pratique* [1].

Ce qui n'a pas été développé dans l'introduction au sujet d'une preuve morale le sera au début de la première section de la seconde partie. Le « postulat nécessaire » [2] de Dieu – le postulat étant à comprendre comme une présupposition qui repose sur des raisons *objectives* à l'opposé de l'hypothèse théorique qui n'est que subjectivement nécessaire [3] – y est établi sur la base de l'agir sous des lois morales apodictiques qui donnent sens à l'espérance du bonheur seulement à la condition qu'existe un être qui gouverne le monde « et qui a fixé dans le cours des choses à venir un état où la créature qui est restée fidèle à sa nature et qui, par la moralité, est digne d'un bonheur permanent, devra participer effectivement à ce bonheur » [4].

Le concept moral de Dieu – la théologie morale étant la seule à donner un concept déterminé de *Dieu* [5] – est, comme on l'a déjà vu dans plusieurs autres textes, celui d'un être saint, bon et juste. De ces trois propriétés auxquelles conduit la raison, il est dit qu'elles « se retrouvent ensemble en Dieu », mais que « dans notre entendement, elles doivent être dissociées les unes des autres » [6].

Il n'est pas nécessaire, pour le propos qui est le nôtre, d'insister sur les longs développements au sujet des propriétés morales de Dieu que Kant expose et commente plus ou moins en suivant l'ordre des paragraphes de la *Metaphysica* de Baumgarten.

La *troisième section de la seconde partie* des *Leçons* traite de « Dieu selon sa causalité » [7]. Cette partie contient des remarques importantes quant à la problématique de la fonction fondatrice du théologique. Ce qui y est

1. *Leçons*, Ak. 28.2.2. 1012.
2. *Leçons*, Ak. 28.2.2. 1072.
3. Cf. *Leçons*, Ak. 28.2.2. 1083.
4. *Leçons*, Ak. 28.2.2. 1072.
5. *Leçons*, Ak. 28.2.2. 1073. Il ne faut pas confondre cette thèse avec celle concernant le concept déterminé de *l'être originaire* lequel est développé dans le cadre de la théologie transcendantale. La théologie morale se situe sur le plan du *théisme*.
6. *Leçons*, Ak. 28.2.2. 1073 ; cf. aussi 1074 ; cf. *Réflexion* 6092, Ak. XVIII 449.
7. *Leçons*, Ak. 28.2.2. 1091 *sq*.

exposé concerne la relation de Dieu au monde (ce qui correspond aux sections sur la *creatio* et la *finis creationis* au chapitre sur les *operationes Dei* dans la *Metaphysica* de Baumgarten[1]). Celle-ci est envisagée par Kant de trois manières :

– *in nexu effectivo*, en quel sens Dieu en général est la cause du monde et le monde son *effectus* ;

– *in nexu finali*, en quel sens Dieu a voulu atteindre certaines intentions par la création du monde. Ici Dieu est considéré comme l'auteur du monde, c'est-à-dire comme la cause du monde d'après une intention ;

– *in nexu morali*. Ici nous apprenons à connaître Dieu comme le maître du monde.

En ce qui concerne le premier point, Kant entend montrer que la relation entre Dieu et le monde doit être comprise d'après le système du libre arbitre, c'est-à-dire comme *création*. Dieu est *autor mundi*, non simplement de la forme du monde (architecte), mais de la matière des substances du monde, c'est-à-dire qu'il est *créateur*. Dans la mesure où les substances ont leur origine en Dieu, les lois qui les régissent l'y ont également. On retrouve dans ces remarques un résidu des thèses fondamentales de la première physico-théologie de Kant : l'idée d'une autonomie de la nature en même temps que sa dépendance ontologique à l'égard de Dieu.

La discussion au sujet de la fin (*Zweck*) de la création donne lieu à des remarques qui méritent qu'on s'y arrête, car Kant y développe une réflexion sur la priorité de la théologie morale par rapport à la physico-théologie qui préfigure des développements de la *Critique de la faculté de juger*.

Reprenant ici des distinctions wolffiennes, notamment celle entre la *ratio objectiva* et la *ratio subjectiva* en Dieu pour créer[2], Kant dit que la fin de la création, objectivement parlant, consiste dans la perfection de l'univers (*Weltganzes*) qui est double : *physique* et *morale*. Il y a ainsi un double *système* des fins, selon la nature et selon la liberté[3]. D'après le système physique des fins, les êtres naturels sont considérés comme des moyens en vue de la créature raisonnable[4]. La perfection *physique* est l'objet d'une « theologia physica »[5] dont Kant ne présente pas les contours, mais qui doit être pensée sur le modèle d'une physico-théologie ; la

1. *Cf.* A. G. Baumgarten, *Metaphysica*, *op. cit.*, § 926 *sq.*, p. 379 *sq.*
2. *Cf.* C. Wolff, *Theologia naturalis* I, *op. cit.*, § 339, p. 331.
3. Cf. *Leçons*, Ak. 28.2.2. 1099; 1102.
4. Cf. *Leçons*, Ak. 28.2.2. 1102.
5. *Ibid.*

perfection morale, en revanche, est l'objet d'une « theologia practica »[1]. Or, c'est le système des fins qui repose sur la morale qui est à considérer comme système de *toutes les fins* parce que l'être raisonnable et libre constitue le *centre de la création*[2]. Ceci signifie en retour que ce sera la théologie pratique ou morale qui constitue, à son tour, le discours final, non seulement de la morale[3], mais de l'ensemble de la théologie philosophique dans la mesure où c'est dans le cadre de cette théologie que sera développé le concept de *Dieu* qui signifie le fondement même de l'unité de la nature et de la liberté : « [...] un des avantages les plus importants que la doctrine d'un Dieu procure à notre connaissance et à notre apaisement est que par là *le règne de la nature est placé dans une relation exacte avec le règne des fins* »[4].

Notre présentation des *Leçons* a été sélective du fait de son orientation d'après l'idée directrice de notre étude, à savoir celle de la signification de la fonction fondatrice de l'affirmation théologique. Nous avons pu constater que dans ce cours, Kant ne positionne pas le discours théologique par rapport à son propre projet *systématique* tel qu'il le développe dans les écrits publiés de la même période. Néanmoins, nous avons pu nous rendre compte de certaines constantes de ce projet qui apparaissent dans ce discours : la fonction de l'idéal au sein de la théologie dite transcendantale, la thèse d'après laquelle l'existence de Dieu doit être comprise au sens d'une hypothèse *subjectivement nécessaire* qui repose évidemment sur les acquis de la théorie criticiste de la raison, la critique des preuves traditionnelles etc. Il ressort évidemment de ces *Leçons*, comme cela a été le cas également dans les cours de métaphysique, ce que le chapitre sur le *Canon de la raison pure* dans la première *Critique* a déjà fait apparaître, à savoir que l'ouverture sur la théologie morale et le concept du souverain bien se présente en fin de compte non comme un simple ajout, mais comme ce qui permet de penser et de fonder l'unité de la nature et de la liberté.

LES *RÉFLEXIONS* SUR L'OUVRAGE D'EBERHARD

Dans les *Leçons sur la théorie philosophique de la religion*, Kant renvoie à la *Vorbereitung zur natürlichen Theologie* du wolffien Johann

1. *Leçons*, Ak. 28.2.2. 1103.
2. Cf. *ibid.*
3. Cf. *Leçons*, Ak. 28.2.2. 1116 *sq.*
4. *Leçons*, Ak. 28.2.2. 1116.

August Eberhard[1]. Un ensemble important de *Réflexions* (*Réflexions* 6206-6310) y a trait. En raison du fait qu'elles suivent l'ordre des paragraphes de cet ouvrage et qu'elles doivent se lire souvent comme des réponses ou objections aux thèses de l'auteur, il est difficile d'en dégager une systématicité. On y constate néanmoins une mise en évidence beaucoup plus explicite des propres positions de Kanten matière de théologie.

Nous allons présenter, dans ce qui suit, les remarques de Kant selon le fil conducteur des thématiques dégagées dans les analyses précédentes.

Kant ne cesse de répéter, dans ces *Réflexions*, que la raison a besoin d'un accomplissement, c'est-à-dire d'un concept complet sur la base duquel se laisse penser la détermination des choses, même si l'on n'arrive pas à prouver l'existence d'un être absolument parfait correspondant à ce concept[2].

Sans utiliser le concept même d'idéal transcendantal – en un endroit il est question de l'idée transcendantale d'un être suprême[3], en un autre d'un « prototypon ideale »[4] -, Kant revient dans de multiples *Réflexions* sur la thèse basique énoncée dès les premiers alinéas du chapitre en question dans la *Critique de la raison pure*.

Dans une intention sans doute didactique, il en introduit la signification en partant du constat que la raison humaine a tendance, non seulement à rechercher des définitions des concepts, mais aussi à en rechercher l'objet complet (pour la pensée). Or, celui-ci est appelé « idée » et sert d'étalon pour des concepts du même genre. De ces idées, il est dit qu'elles sont tout à fait nécessaires même s'il n'y a pas d'objet qui leur correspond[5]. Penser un être complet comme *Ding überhaupt*, c'est le penser comme un être qui contient toute réalité positive, comme idée transcendantale d'un être suprême, condition ultime pour penser les différences entre les choses eu égard à leur détermination complète. Dans une première approximation, les choses finies sont des limitations ou restrictions de l'être complet ; leurs différences consistent dans la composition différente de leurs déterminations.

Or, dit Kant, la raison ne considère pas seulement comme nécessaire l'idée d'un être absolument parfait en vue de la détermination complète des choses en tant que pensées, mais elle estime également cet être comme

1. Cf. *Leçons*, Ak. XXVIII 2.2. 1033.
2. Cf. *Réflexion* 6238, Ak. XVIII 521 ; *Réflexion* 6241, Ak. XVIII 521.
3. Cf. *Réflexion* 6206, Ak. XVIII 493.
4. *Réflexion* 6259, Ak. XVIII 534. Cf. *CRP*, B 598 : « prototypon transcendentale ».
5. Cf. *Réflexion* 6206, Ak. XVIII 489 *sq*.

nécessaire pour l'existence des choses[1] ; celle-ci semble être tout aussi dérivée que leur concept, ce qui présuppose l'existence d'un être originaire. Voilà pour le constat !

Moins précis que dans la *Critique de la raison pure* où Kant distingue entre le principe de la déterminabilité d'un concept et celui de la détermination complète d'une chose[2], il est indifféremment question ici du principe de la détermination (complète) d'un concept[3] *et* de la chose[4]. Il est vrai que Kant précise que par rapport aux concepts, le principe est *logique* et ne concerne que la nature des jugements disjonctifs, tandis que le second est *métaphysique* … et « désigne la dérivation du concept de toute chose de l'ensemble de toute possibilité, à savoir de la réalité suprême »[5].

La réflexion sur ce concept l'amène à distinguer entre cette réalité conçue comme *sujet* et comme *fondement*[6], la première conduisant à la conception d'un être doué d'entendement, et donc à une cause, la seconde à l'ensemble indifférencié de toute réalité. Or, « l'expression 'Dieu est la réalité suprême' est le genre qui contient les deux concepts comme des espèces »[7].

On sait qu'une des questions majeures de la discussion du problème théologique concerne l'affirmation de l'existence absolument nécessaire. Dans les *Réflexions* sur l'ouvrage d'Eberhard – n'oublions pas qu'il s'agit d'un wolffien –, cette discussion est récurrente. Retenons-en les principales affirmations : le concept de l'absolument nécessaire n'est pas intelligible pour la raison. Ceci signifie qu'il est absolument impossible de prouver l'existence nécessaire à partir du seul concept de l'être absolument réel[8]. En un endroit, Kant précise que l'affirmation de l'existence absolument nécessaire est une proposition synthétique qui ne peut être déduite de simples concepts[9]. Cette thèse présuppose – faut-il le souligner ? – celle de l'existence comprise comme position, d'ailleurs rappelée dans la *Réflexion* 6245[10]. Le concept de l'être absolument nécessaire est un concept-limite[11]

1. *Réflexion* 6206, Ak. XVIII 493 *sq.*
2. Cf. *CRP*, B 599.
3. Cf. *Réflexion* 6208, Ak. XVIII 494.
4. Cf. *Réflexion* 6209, Ak. XVIII 495.
5. *Ibid.*
6. Cf. *Réflexion* 6263 ; Ak. XVIII 536.
7. *Ibid.*
8. Cf. *Réflexion* 6296, Ak. XVIII 563.
9. Cf. *Réflexion* 6278, Ak. XVIII 545.
10. Cf. *Réflexion* 6245, Ak. XVIII 525.
11. Cf. *Réflexion* 6278, Ak. XVIII 645.

et constitue une hypothèse subjectivement nécessaire[1]. Affirmer que quelque chose *existe* de façon absolument nécessaire signifie présupposer nécessairement son existence d'après des lois de la raison, mais non point le présupposer *comme nécessaire en soi*[2]. Si ces thèses ne contiennent pas de progrès substantiel par rapport à ce que nous avons déjà rencontré dans des *Réflexions* des années 60, il est pourtant remarquable qu'au sujet de cette question de la nécessité d'une chose (nécessité objective), Kant fait allusion, sans le mentionner expressément, à sa propre thèse développée dans *L'unique argument*[3]. Ainsi, note-t-il, il ne faut pas conclure, sur la base du principe de contradiction, du concept de l'être absolument réel à la nécessité de son existence, *mais de la nécessité d'un être dont la suppression* (*Aufhebung*) – le même terme que dans *L'unique argument* – supprime tout le possible, donc « de la possibilité d'un *entis summi* comme d'un fondement suprême (*ens entium*) à sa réalité complète »[4].

Dans les *Réflexions* sur l'ouvrage d'Eberhard, la déconstruction et la critique systématique des preuves de l'existence de Dieu demeure en retrait. Ce qui, en revanche, est thématisé à de multiples reprises, c'est la *quaestio vexata* du rapport entre la preuve ontologique et la preuve cosmologique. L'alternative est énoncée dans la *Réflexion* 6252 : soit nous commençons par l'*ens realissimum* soit par l'*ens necessarium* et nous concluons soit du premier au second soit du second au premier[5].

La *Réflexion* 6247 livre un survol de la problématique théologique :

> Toutes les preuves de l'existence de Dieu et de la détermination de son concept reposent finalement sur la proposition transcendantale : que l'être absolument parfait est un *ens originarium* (*possibilitas originaria* et *existentia originaria*) ou que, inversement, l'*ens originarium* est un être absolument parfait, que par conséquent il ne peut pas y en avoir plusieurs, également que tout le reste est déduit de lui [6].

Kant fait allusion ici, comme le montre la suite, d'une part à la thèse centrale de l'ontothéologie, d'autre part à celle de la cosmo-théologie. Il conclut que « toute théologie est construite sur le concept transcendantal de l'*entis realissimi* »[7]. Ceci vaut également pour la physico-théologie qui

1. Cf. *Réflexion* 6283, Ak. XVIII 549 ; *Réflexion* 6293, Ak. XVIII 561 *sq.*
2. Cf. *Réflexion* 6299 ; Ak. XVIII 566.
3. Cf. *Réflexion* 6282 ; Ak. XVIII 549.
4. *Réflexion* 6292, Ak. XVIII 561.
5. Cf. *Réflexion* 6252, Ak. XVIII 531.
6. *Réflexion* 6247, Ak. XVIII 526.
7. *Ibid.*

transforme le déisme en théisme en concluant à une intelligence suprême[1]. La théologie morale, enfin, ajoute l'idée d'un règne des fins et d'un chef, faisant ainsi de l'être suprême le souverain Bien[2].

L'auteur aborde également dans ces *Réflexions* la question du statut épistémique du discours théologique. Dès les paragraphes introductifs, il est question de la *foi rationnelle* (*Vernunftglaube*) qui concerne précisément ce qui est nécessaire à l'accomplissement de la série des raisons. Qu'il s'agisse d'une *foi* signifie que le premier terme, tout en étant subjectivement nécessaire, ne saurait être prouvé[3]. L'affirmation de l'hypothèse subjectivement nécessaire relève également de cette foi rationnelle[4]. On constate que Kant envisage, dans ces *Réflexions*, la foi davantage sous l'angle de la foi *doctrinale* rencontrée dans la *Critique de la raison pure* que sous celui de la foi morale[5]. C'est dans la *Réflexion* 6203 qu'il est question des *affaires de foi* (*Glaubenssachen*) – le même terme se retrouvera dans la *Critique de la faculté de juger*[6] – à savoir Dieu et la vie future qui, eu égard à la spéculation, sont de fort peu d'importance, mais qui, pour ce qui est de la morale, sont des hypothèses indispensables quant à l'exécution[7].

Dans le contexte de cette réflexion sur le statut épistémique du discours théologique, on peut renvoyer également aux quelques remarques concernant la connaissance par analogie[8] qui reprennent en substance les thèses déjà connues.

Un dernier mot concerne la théologie morale. S'il est vrai qu'elle constitue « le but final »[9] (de la métaphysique ?), on est étonné que Kant ne prenne guère la peine de lui consacrer un exposé détaillé. La preuve morale est dite être une hypothèse nécessaire ayant un intérêt spéculatif et pratique[10] La *Réflexion* 6235 énonce la thèse de la nécessité d'un être moral absolument parfait qui est en même temps auteur de la nature pour

1. Dans la *Réflexion* 6237, on retrouve toutefois une remarque déroutante : le « déisme physico-théologique » est dit être indéterminé et constitue la source d'erreurs théologiques contraires à la religion (cf. Ak. XVIII 520 *sq.*).

2. Cf. *Réflexion* 6247, Ak. XVIII 527.

3. Cf. *Réflexion* 6217, Ak. XVIII 507 ; *Réflexion* 6219, Ak. XVIII 509.

4. Cf. *Réflexion* 6283, Ak. XVIII 550.

5. Cf. *Réflexion* 6216, Ak. XVIII 506 ; *Réflexion* 6219, Ak. XVIII 509.

6. Cf. *CFJ*, § 91, Ak. V 469 note ; OP II 1279 note. La traduction parle malencontreusement d'« affaires de *croyance* ».

7. Cf. *Réflexion* 6203, Ak. XVIII 580.

8. Cf. *Réflexion* 6286, Ak. XVIII 556 ; *Réflexion* 6300, Ak. XVIII 567 ; *Réflexion* 6301, Ak. XVIII 567 *sq.*

9. *Réflexion* 6243, Ak. XVIII 523.

10. Cf. *Réflexion* 6214, Ak. XVIII 502.

conférer de la force (*Kraft*) aux lois morales[1]. Celles-ci, tout en étant absolument nécessaires, ne peuvent devenir pratiques sans cette présupposition de Dieu[2].

LA THÉOLOGIE DANS LA *MÉTAPHYSIQUE K2*

La *Métaphysique K2* a été éditée en 1894 par Heinze; la datation demeure incertaine, comme on l'a déjà signalé plus haut (1791-92; 1792-93 voire 1794). L'édition de Heinze comporte, en ce qui concerne les prolégomènes, l'ontologie, la cosmologie et la psychologie empirique, de grandes parties qui consistent en des résumés de la plume même de Heinze; les chapitres sur la psychologie rationnelle et la théologie, en revanche, sont édités d'après des manuscrits originaux.

Comme dans la *Métaphysique Volckmann*, Kant insiste dès l'introduction sur l'intérêt pratique ou moral de la théologie; c'est celui-ci qui nous pousse à fonder la métaphysique. « Dieu, la liberté, l'immortalité sont les trois objets qui s'accompagnent d'un intérêt pratique et à cause desquels la métaphysique est entreprise »[3]. Aucun homme ne peut exister sans se poser la question de sa destination. L'objet de la moralité est le souverain bien. C'est à propos de la réalisation de celui-ci que surgit la problématique théologique : la cause du souverain bien ne peut résider que dans l'auteur du monde, c'est-à-dire en Dieu[4].

Ce qui est toutefois remarquable, c'est la thèse qu'on arrive à la théologie par une voie *théorique*. Kant développe à ce propos deux arguments de type cosmologique qui convergent, mais qui ont des points de départ différents. Le premier repose sur la nécessité d'affirmer l'existence d'une condition inconditionnée en partant de l'existence conditionnée des choses dans le monde. Or, le concept correspondant à une telle condition est celui de l'être nécessaire[5], compris comme être originaire dont il est dit qu'il est *un* « parce qu'il n'y a qu'*un* espace et *un* temps »[6]. Cet être est appelé Dieu. Le second argument part du concept de *changement*. Tous les changements du monde et toutes les causes efficientes doivent pouvoir se

1. *Réflexion* 6235 Ak. XVIII 519.
2. Cf. *Réflexion* 6236, Ak. XVIII 519.
3. *Métaphysique K2*, Ak. 28.2.1.776.
4. *Ibid.*
5. *Métaphysique K2*, Ak. 28.2.1.777.
6. *Ibid.*

ramener à *une* cause. Rappelant à ce propos la thèse aristotélicienne du Premier moteur, Kant soutient que celui-ci ne peut pas être corporel[1].

C'est en présentant différents *concepts* de Dieu que Kant en déduit différents types de théologie[2] : a) Dieu compris comme *ens entium* est l'objet de l'ontothéologie ou de la théologie transcendantale à laquelle se rattache la cosmo-théologie comme partie et comme conséquence ; b) Dieu comme *être suprême* et intelligence suprême est l'objet de la physico-théologie ; c) Dieu comme souverain bien conduit à la théologie morale.

Dès cette partie introductive, Kant prend soin de signaler à ses auditeurs que le terme de *Gotteswissenschaft* est présomptueux : « La théologie n'est [...] rien d'autre que la critique de notre raison eu égard aux concepts que nous nous formons de Dieu »[3].

Le chapitre sur la théologie se poursuit par une section intitulée « Concept de Dieu »[4] ce qui correspond à la division de la quatrième partie de la *Metaphysica* de Baumgarten. Ce que Kant y présente – et ceci constitue une nouveauté par rapport à d'autres exposés de la théologie – c'est une version condensée de la doctrine de l'idéal transcendantal de la *Critique de la raison pure*. La question qui guide cette argumentation est bien entendu celle du concept fondamental de la théologie : « Nous devons admettre un concept qui soit originaire afin de nous forger un concept de l'être originaire »[5]. Celui-ci est le concept de l'*ens realissimum* qui ne contient que des réalités. Or – et c'est ici que Kant fait intervenir une première critique – nous considérons la nécessité d'un tel *concept* comme une nécessité de la chose[6]. En fait, de la première ne découle pas l'affirmation de son existence. C'est bien évidemment Wolff qui est visé par cette critique.

Kant en vient ensuite à s'interroger sur la question déjà rencontrée dans la *Métaphysique Volckmann*, à savoir celle de l'*ens realissimum* compris comme fondement et comme agrégat[7]. Il est intéressant de noter comment il envisage maintenant la cohabitation de ces deux aspects : en tant que fondement de toute réalité, l'*ens realissimum* n'est pas à comprendre comme si toutes les réalités en étaient des prédicats.

1. *Métaphysique K2*, Ak. 28.2.1. 777.

2. On aura remarqué la différence avec la *Métaphysique Pölitz* qui partait de différents *besoins* de la raison.

3. *Métaphysique K2*, Ak. 28.2.1. 778.

4. *Métaphysique K2*, Ak. 28.2.1. 778 *sq.*

5. *Métaphysique K2*, Ak. 28.2.1. 778.

6. *Cf.* aussi, *Métaphysique Dohna-Wundlacken*, Ak. 28.2.1. 693.

7. Cf. *Réflexion* 6323, Ak. XVIII 643.

Penser Dieu comme agrégat signifie «déterminer soi-même les réalités»[1] à partir de soi. Or, une telle démarche conduit à l'anthropomorphisme dans la mesure où les déterminations en question contiennent des limitations et donc aussi des négations. Même si l'on fait abstraction de celles-ci, «je n'ai pas pensé complètement la réalité»[2]. Le piège de l'anthropomorphisme disparaît du moment que l'on pense Dieu comme *fondement* de toute réalité. Il est vrai qu'il demeure alors inconnaissable dans sa nature. Il est inexplorable en tant que fondement « Ce qu'il est, nul entendement humain ne peut le dire »[3].

Ces pages nous montrent encore une fois en quel sens le discours théologique doit être entendu : le concept de l'être originaire *n'épuise pas* ce qu'est l'être originaire, mais permet de nous protéger en quelque sorte contre la tentative de soumettre l'être originaire aux conditions de l'entendement fini.

La *Métaphysique K2* contient un long paragraphe sur les *propriétés de Dieu*[4]. Kant y distingue entre des attributs naturels et des attributs moraux[5]. D'une manière générale, il est dit que la théologie qui attribue à Dieu des propriétés *sensu proprio* et pense avoir une connaissance déterminée de la nature divine est une théosophie et donc anthropomorphique[6]. Contre ce danger de l'anthropomorphisme, Kant allègue la connaissance par analogie. Il reprend à ce sujet les thèses déjà connues, à savoir que l'analogie dit l'égalité de deux rapports. L'inconnaissance de Dieu est ainsi rendue compatible avec la propriété de penser son concept. Cette connaissance par analogie n'a cependant pas d'utilité théorique, mais, en ce qui concerne la pratique, la « connaissance de Dieu comme noumène est d'une grande importance »[7]. Le texte en présence renferme toutefois à ce sujet une certaine incohérence. En effet, il est dit dans la suite que si je connais Dieu comme être moral, il n'est pas nécessaire de le penser par analogie[8]. Quelques lignes plus loin, cependant, on lit que la supposition qu'il y a un Dieu est de la plus haute importance pour notre moralité et « à cette fin, il est suffisant que nous le connaissions seulement per analogiam »[9].

1. *Métaphysique K2*, Ak. 28.2.1.780.
2. *Métaphysique K2*, Ak. 28.2.1.780.
3. *Métaphysique K2*, Ak. 28.2.1.781.
4. Cf. *Métaphysique K2*, Ak. 28.2.1.794-808.
5. Cf. *Métaphysique K2*, Ak. 28.2.1.802.
6. Cf. *ibid.*
7. *Métaphysique K2*, Ak. 28.2.1.800.
8. *Ibid.*
9. *Ibid.*

Pour ce qui est plus particulièrement des propriétés *morales* de Dieu, à savoir la sainteté de Dieu comme législateur, de sa bonté comme gouverneur et de sa justice comme juge, Kant pense qu'elles se résument dans le concept de la *sagesse* qui est considérée comme étant la propriété de la volonté de rendre tous ses objets conformes au but final [1].

Dans la *Métaphysique K2* se rencontre un bref paragraphe, intitulé « L'argument dogmatico-pratique » [2] qui porte sur la théologie morale. Ce qu'il faut relever ici – et c'est là une thèse qui rejoint évidemment celle des textes publiés – c'est que l'argument en question n'a pas pour but de démontrer l'existence d'un être suprême, *mais le caractère raisonnable de notre foi en l'existence d'un tel être*, « que nous avons une foi en un Dieu comme *summum bonum* » [3].

À l'opposé d'exposés précédents qui s'étaient concentrés sur la question de la dignité d'être heureux au moyen de la moralité et de la réalisation de ce bonheur laquelle présuppose (au titre d'un postulat) l'existence de Dieu, l'argumentation de la *Métaphysique K2* introduit, à côté de la moralité comme condition de la dignité du bonheur, la thèse que « la nature concourt [...] au bonheur en conformité avec la dignité » [4]. La formulation, il est vrai, demeure énigmatique et l'explication incomplète. Le sens en est que le législateur moral est en même temps législateur de la nature et donc à même de promouvoir les meilleures fins [5].

Ce qui est remarquable dans cet exposé des années 90, c'est la thèse d'après laquelle c'est la foi en un auteur du bonheur qui constitue le *mobile* de promouvoir le bonheur [6]. En effet, on sait que depuis les grands écrits sur la philosophie pratique, la question du mobile, donc du principe d'exécution de la loi morale connaît une autre réponse : c'est la loi morale elle-même qui doit être le principe déterminant objectif et subjectif de l'action [7].

Dans ce cours encore, on l'aura constaté, c'est en définitive la question de la destination de l'homme qui importe. Il n'est pas nécessaire de connaître les fins de la nature, mais il est nécessaire de savoir quelle est la fin morale, même si sa réalisation, le souverain bien n'est pas dans les mains de l'homme.

1. *Métaphysique K2*, Ak. 28.2.1. 805.
2. *Métaphysique K2*, Ak. 28.2.1. 790 *sq.*
3. *Métaphysique K2*, Ak. 28.2.1. 791 ; cf. *Réflexion* 6451, Ak. XVIII 723.
4. *Métaphysique K2*, Ak. 28.2.1. 791.
5. Cf. *Métaphysique K2*, Ak. 28.2.1. 792.
6. Cf. *ibid.*
7. Cf. *CRPrat.*, Ak. V 72 ; OP II 695.

CHAPITRE IV

ASPECTS DE LA THÉOLOGIE TARDIVE DE KANT

Dans ce chapitre, nous nous proposons d'enquêter sur la problématique théologique dans différents documents des années 90 et du début des années 1800, à savoir les textes édités sous le titre *Quels sont les progrès réels de la métaphysique en Allemagne depuis le temps de Leibniz et de Wolf*; ensuite les *Réflexions* de la phase ω; enfin quelques textes de l'*Opus postumum.*

LA THÉOLOGIE DANS LES ESQUISSES SUR LES VÉRITABLES PROGRÈS DE LA MÉTAPHYSIQUE EN ALLEMAGNE DEPUIS LE TEMPS DE LEIBNIZ ET DE WOLFF ? [1]

Les manuscrits réunis sous ce titre ont été conçus à l'occasion de la question mise au concours par l'Académie des sciences de Berlin en janvier 1788 pour l'année 1791 – la date limite du 1er janvier 1792 pour la remise des manuscrits ayant toutefois été repoussée jusqu'en juin 1795. G. Lehmann pense que Kant entendait utiliser l'occasion de ce concours pour une confrontation avec son adversaire J.A. Eberhard[2]. Le texte *ut iacet*[3] est un collage de trois manuscrits ou projets (suivis de suppléments) et fut publié en 1804 par F. Th. Rink. Sa rédaction aurait été entamée seulement en novembre 1793[4]. S'il garde toutes les traces de l'inachevé, il

1. Le traducteur des *Progès* dans la Pléiade a curieusement omis de traduire le terme « wirklich ».
2. *Cf.* G. Lehmann, « Einleitung » dans Ak. XX 487.
3. *Cf.* Ak. XX 255 *sq.*
4. *Cf.* Lehmann, « Einleitung » dans Ak. XX 480.

constitue, du point de vue de la thèse centrale qui y est formulée, un écrit programmatique, ceci surtout en raison du fait qu'il donne l'occasion à Kant, d'interpréter le tracé de sa propre pensée critique en la situant par rapport à l'histoire de la métaphysique et à montrer quelle en est l'intention décisive. Il est peut-être exagéré de qualifier les *Progrès* d'étude en grande partie théologique [1] – il s'agit bien plutôt d'une histoire philosophique de la raison [2] –, il n'en reste pas moins que c'est effectivement le discours théologique sous la forme d'un discours pratico-dogmatique qui permet de montrer de quelle manière il convient de penser la phase finale de cette histoire.

La métaphysique est le discours qui correspond au but final de la raison; elle est la « "science qui consiste, à progresser grâce à la raison de la connaissance du sensible à celle du suprasensible" » [3] qui est soit dans le monde (la nature spirituelle de l'*âme*) soit hors du monde (*Dieu*) [4]. Kant distingue, en ce qui concerne cette histoire, trois stades, celui du dogmatisme, du scepticisme et du criticisme de la raison pure [5]. En un autre endroit il est question de la division de la raison en trois stades, la « doctrine de la science, comme progrès assuré, la doctrine du doute, comme suspension, et la doctrine de la sagesse, comme dépassement vers la fin ultime de la métaphysique » [6], qui sont alors qualifiés de « doctrine théoriquement dogmatique », de « discipline sceptique » et de « discipline pratiquement dogmatique » [7] ou de « *progrès* théoriquement dogmatique », de « *suspension* sceptique » et « d'*accomplissement* pratiquement dogmatique » [8]. Le premier, le plus ancien, qui part des philosophes antérieurs à Platon et à Aristote et s'étend jusqu'à Leibniz et à Wolff, est dit être le « plus naturellement conforme au but de la raison et à sa conviction illusoire que tout ce qu'elle entreprend par analogie avec le procédé qui lui a réussi doit lui réussir tout aussi bien » [9]. Ce stade « suit son cours uniquement à l'intérieur des limites de l'ontologie » [10]. Le second stade, presque aussi ancien que le premier, se fonde sur l'insuccès des tentatives en métaphysique. Kant le

1. *Cf.* M. Kühn, *Immanuel Kant. Eine Biographie*, *op. cit.*, p. 440.
2. Cf. *Feuilles détachées*, Ak. XX 341 ; OP III 1284.
3. *Progrès*, Ak. XX 260 ; OP III 1216.
4. *Progrès*, Ak. XX 292 ; OP III 1246.
5. Cf. *Progrès*, Ak. XX 264 ; OP III 1220.
6. *Progrès*, Ak. XX 273 ; OP III 1227.
7. *Ibid.*
8. *Progrès*, Ak. XX 281 ; OP III 1235.
9. *Progrès*, Ak. XX 262 ; OP III 1218.
10. *Progrès*, Ak. XX 281 ; OP III 1235.

qualifie aussi de stade de la « cosmologie transcendantale »[1] parce que dans la démarche de la raison vers l'inconditionné « se trouvent engendrées les contradictions, vraies ou seulement apparentes, de la raison avec elle-même dans la connaissance théoriquement dogmatique d'un univers donné »[2]. Cette antinomie de la raison provoque la suspension sceptique. Le troisième stade est celui de la *théologie* « avec toutes les connaissances *a priori* qui y conduisent et la rendent nécessaire »[3].

Cette ultime remarque doit retenir notre attention Le passage au troisième stade est compris comme passage à une métaphysique pratico-dogmatique[4] qui est à entendre comme *accomplissement* de l'histoire de la métaphysique. Comment Kant pense-t-il cet accomplissement? D'une part, il est répété qu'aucune connaissance théorique (« théorético-dogmatique »[5]) du suprasensible n'est possible[6]. Il prend toutefois soin de souligner à ce propos – ce en accord avec ce qu'il a soutenu dans la *Critique de la raison pure* et dans les *Prolégomènes* – que les concepts auxquels ne correspond aucune intuition et par conséquent aucune réalité objective, donc les idées, peuvent néanmoins être *présentées* (*dargestellt*) indirectement dans leurs conséquences, ce qu'il qualifie alors de « symbolisation du concept »[7]. Ce procédé est qualifié de « Nothilfe », d'aide dans le besoin[8], pour les concepts suprasensibles dont il est dit qu'ils *appartiennent nécessairement à une connaissance*, « ne serait-elle possible qu'à titre pratique »[9]. Le symbole d'une idée est « la représentation de l'objet suivant l'analogie »[10]. La thèse formulée par Kant dans ces lignes lui est certes propre, mais l'idée d'une connaissance symbolique se retrouve également au § 5 de la *Vorbereitung zur natürlichen Theologie* d'Eberhard. Nous y lisons en effet que la vraie connaissance de Dieu doit être suprasensible et symbolique, mais qu'elle peut être combinée avec la connaissance intuitive

1. *Progrès*, Ak. XX 281 ; OP III 1235 ; *cf.* aussi, *ibid.*, Ak. XX 286 ; OP III 1240.

2. *Progrès*, Ak. XX 288 ; OP III 1241 *sq.*

3. *Progrès*, Ak. XX 281 ; OP III 1235.

4. Le terme de "dogmatique" doit s'entendre dans ce contexte dans le sens de "sur la base de principes *a priori*" (*cf.* Ak. XX 274; OP III 1228). Il n'est pas à confondre avec le dogmatisme du premier stade de la métaphysique qui consiste précisément à avancer dans le domaine du suprasensible sans une critique préalable de la raison (cf. *CRP*, B 791).

5. On constate que Kant utilise dans les *Progrès* le terme de connaissance « dogmatique » pour qualifier ce qui, dans les écrits "canoniques", est appelé connaissance « objective » ou connaissance d'« expérience ».

6. Cf. *Ergänzungen zu den Fortschritten der Metaphysik*, Ak. XXIII 471.

7. *Progrès*, Ak. XX 279 ; OP III 1234.

8. *Ibid.*

9. *Progrès*, Ak. XX 280 ; OP III 1234.

10. *Ibid.*

voire qu'elle le doit du moment qu'elle a à être pratique[1]. Le terme même de « symbolisation » constitue un *hapax* chez Kant.

Si aucune connaissance au sens théorique n'est possible à propos du suprasensible, « il semble donc qu'un dépassement pratiquement dogmatique de la métaphysique de la nature soit contradictoire et que son troisième stade soit impossible »[2]. Remarque étonnante, à première vue, si l'on se souvient de l'hypothèse (qui a ensuite été corroborée), formulée dans la *Critique de la raison pure*, où il a été dit que la raison pure pressent des objets ayant pour elle un grand intérêt et qu'elle entend approcher sur la voie de la spéculation, « mais [qui] fuient devant elle. Vraisemblablement, on peut espérer pour elle un plus heureux succès sur la seule voie qui lui reste encore, celle de l'usage *pratique* » (B 824).

Quel est donc le concept qui permet ce dépassement? Il s'agit en l'occurrence du concept d'une finalité ou téléologie *de* la nature dont il est précisé qu'il n'est pas véritablement un concept donnant lieu à une connaissance "dogmatique", mais qu'il est néanmoins d'un usage *immanent*. Si donc, au moyen de raisonnements – Kant utilise le terme *vernünfteln* qui comporte somme toute une connotation dépréciative[3] – on introduit l'idée d'une finalité dans la nature, cette interprétation n'autorise pas à y introduire celle d'un but final, c'est-à-dire d'un but inconditionné dans la série des fins de la nature. Seule l'exception dans le tissu des êtres du monde, l'être doué de liberté, donc d'une causalité non conditionnée de façon sensible[4] – l'homme considéré comme noumène comme disait la troisième *Critique*[5] – permet voire oblige de penser un tel but final, car dans l'optique de la raison pratique, c'est en lui que se pense l'objet complet de la raison pratique dont le nom est « souverain Bien »[6] – « pour autant qu'il est possible dans le monde »[7] – vers lequel il est du devoir de l'homme de progresser. Nous retrouvons à ce propos les arguments bien connus. La restriction précédemment alléguée (« pour autant ... ») – récurrente d'ailleurs dans l'œuvre de Kant – signifie en premier lieu que la *réalisation* de ce but final n'est pas complètement en notre pouvoir. La métaphysique, à son troisième stade, en expose le soubassement théorique qui repose sur

1. *Cf.* Eberhard, *Vorbereitung zur natürlichen Theologie*, § 5, Ak. XVIII 520; *cf.* aussi *Réflexion* 6234, Ak. XVIII 518.

2. *Progrès*, Ak. XX 293; OP III 1246.

3. *Cf.* J. und W. Grimm, *Deutsches Wörterbuch*, article « vernünfteln ».

4. Cf. *Progrès*, Ak. XX 294; OP III 1247.

5. Cf. *CFJ*, § 84, Ak. V 435; OP II 1239.

6. Cf. *CRPrat.*, Ak. V 108; OP II 739.

7. *Progrès*, Ak. XX 294; OP III 1247.

les trois idées transcendantales qui, dans l'optique systématique d'une connaissance pratico-dogmatique s'organisent selon l'ordre suivant : Dieu – la liberté – l'immortalité.

Comment faut-il concevoir le *statut épistémique* de cette connaissance ? La réponse à cette question nous renvoie à la notion centrale – déjà rencontrée dans la *Critique de la raison pure* et dans la *Critique de la faculté de juger* – de la *foi*. Dans les *Feuilles détachées*, Kant note qu'il s'agit d'un « passage à un tout autre genre d'assentiment par la raison » [1]. Il qualifie la foi comme « une adhésion, une supposition (hypothèse) qui n'est nécessaire que parce qu'elle sert de fondement à une règle de conduite objectivement pratique posée comme nécessaire » [2]. Plusieurs aspects sautent aux yeux : 1) la foi est un acte (adhésion), c'est-à-dire qu'elle relève de la liberté du sujet ; 2) elle est une supposition, c'est-à-dire qu'elle relève d'une *exigence* de la raison qui, de ce fait, est nécessaire ; 3) le contenu de cette supposition est un fondement qui relève de la nécessité objective de la poursuite du souverain Bien comme objet complet de la raison pratique.

À titre d'exemple, Kant allègue l'affirmation qu'il y a un Dieu. Celle-ci est la condition ou la supposition sous laquelle seule le but final de la raison pratique est pensable. L'auteur dit que nous sommes contraints *a priori* d'admettre l'existence de Dieu, rejoignant par là d'ailleurs les affirmations de la première et de la troisième *Critique*. Il insiste toutefois dans les *Progrès* sur le fait que cette adhésion est un acte *libre* [3], car autrement elle perdrait sa valeur morale.

Si la *Critique de la faculté de juger* avait distingué entre *Glaubenssachen* (affaires de foi) et *Glaubensartikel* (articles de foi) [4], ces derniers relevant d'une *profession de foi*, les *Progrès* n'hésitent pas à parler d'un *credo* – en allusion directe, nous semble-t-il, à la connotation religieuse de ce terme – en trois articles :

> je crois en un seul Dieu [...] ; je crois à la possibilité de s'accorder à [la] fin ultime, le souverain bien dans le monde, autant qu'il est au pouvoir de l'homme ; je crois à une vie future éternelle comme à la condition permettant au monde de se rapprocher sans cesse du souverain bien possible en son sein [5].

1. *Feuilles détachées*, Ak. XX 342 ; OP III 1285.
2. *Progrès*, Ak XX 297 ; OP III 1250.
3. Cf. *Progrès*, Ak. XX 298 ; OP III 1251.
4. Cf. *CFJ*, § 91, Ak. V 469 ; OP II 1279.
5. *Progrès*, Ak. XX 298 ; OP III 1251.

Dans la suite de son exposé, Kant donne une indication importante quant au sens à donner à ce *credo*. L'argument concernant sa justesse n'a pas de pertinence théorique, mais constitue une instruction suffisante pour agir « *comme si* nous savions que ces objets existaient effectivement »[1]. Cette formule qui va se rencontrer encore une fois dans une *Réflexion* de la phase ω[2], n'est pas sans rappeler l'interprétation de la fonction des idées transcendantales comme principes régulateurs dans le cadre de l'organisation systématique des connaissances. Serait-ce dès lors d'une manière analogue qu'il faudrait concevoir la pratique, à savoir que l'objet complet de la volonté qu'est le souverain bien reçoit un *complément de fondation* quant à sa possibilité grâce à l'affirmation de l'existence de Dieu et de l'immortalité de l'âme? Kant va même plus loin en affirmant que le fait d'admettre ces idées « produit en retour sur les principes subjectifs de la moralité et sur leur confirmation, par suite sur la conduite elle-même, un effet qui est à son tour moral dans l'intention »[3]. On retrouve ici en filigrane la thèse rencontrée à plusieurs reprises d'après laquelle l'existence de Dieu et de l'immortalité n'est pas seulement inséparablement liée à la morale, mais serait ce qui confère aussi la *force* aux lois morales.

Dans les *Progrès*, Kant insiste sur la stérilité et l'insuccès de la philosophie dogmatique à atteindre le « but final » de la métaphysique, à savoir le suprasensible. C'est dans le cadre d'un paragraphe intitulé « théologie transcendante »[4] qu'il l'entend montrer. L'exposé se décompose en deux parties dont la première constitue une discussion de la démarche "ontologique" de la pensée quant à la question de Dieu. Elle part d'une critique de la position de Leibniz pour qui la simple non-contradiction du concept de l'être absolument réel est déjà considérée comme étant identique à une chose possible[5] – un point sur lequel « la raison guidée par la critique, pourrait bien hocher la tête »[6]. Kant concède – en inscrivant en quelque sorte sa propre thèse au sujet de l'idéal transcendantal dans ce type de réflexion ontologique – que la possibilité ontologique d'un concept d'une chose présuppose que nous prenions pour base dans notre pensée le

1. *Progrès*, Ak. XX 298; OP III 1251 (nous soulignons); cf. *Feuilles détachées*, Ak. XX 341; OP III 1285.

2. Cf. *infra*, p. 277.

3. *Progrès*, Ak. XX 299; OP III 1251.

4. *Progrès*, Ak. XX 302 *sq.*; OP III 1254 *sq.*

5. Le troisième manuscrit dira de façon plus générale que « la chose dont le concept est possible n'est pas pour autant une chose possible », Ak. XX 325; OP III 1273.

6. *Progrès*, Ak. XX 302; OP III 1254.

concept originaire d'un être absolument réel[1]. Il ajoute que si nous faisons de cette condition *subjective* de la pensée une condition *objective* de la possibilité des choses mêmes, toutes les choses sont à considérer comme dérivées de l'être absolument réel.

Ce qui est remarquable dans cette argumentation, c'est l'observation concernant la condition sous laquelle il est permis de parler d'une *dérivation* des choses laquelle requiert une interprétation des conditions subjectives de la pensée comme conditions ontologiquement objectives des choses mêmes. C'est en vertu de cette interprétation que le fond indifférencié de ce que la *Critique de la raison pure* avait appelé l'ensemble de toute réalité[2] est compris comme un *être* absolument réel. Or, on se souvient que la *Critique* avait déjà qualifié de *bloße Erdichtung* (pure fiction)[3] ce passage de l'ensemble de toute réalité à *un être* et à sa conception comme réalité objective. Aussi Kant note-t-il dans les *Progrès* – et cela en conformité avec la remarque de la *Critique* – que cet *un* (*dieses Eine*) « dont la métaphysique s'est ensorcelée, on se demande bien comment, c'est le souverain bien métaphysique »[4], qualifié quelques lignes plus bas de « *Dieu métaphysique* »[5], dont il est dit qu'il « peut fort bien être soupçonné d'être identique au monde (en dépit de toutes les protestations contre le spinozisme) en tant que totalité des êtres existants »[6]. On voit comment le vieux problème, présent dès les premiers écrits, n'est toujours pas évacué de manière satisfaisante. Faut-il en conclure qu'en définitive la question demeure indécidable au niveau de la raison théorique ?

La seconde partie de l'exposé porte, quant à elle, sur les « prétendues preuves de l'existence d'un tel être »[7]. Il s'agit, en l'occurrence des preuves ontologique et cosmologique, qualifiées d'ontologiques, toutes les deux. La critique se limite au point crucial dégagé dès *L'unique argument*, à savoir que la preuve cosmologique est ultimement reconductible à la

1. Dans une note marginale, Kant précise que l'*ens realissimum* n'est pas effectivement réel (*wirklich*) pour nous parce que nous ne pouvons pas connaître toutes les réalités. « Nous admettrons donc qu'il y a un *ens realissimum* en tant que fondement, et de ce fait, il peut être représenté comme un être qui nous est totalement inconnaissable quant à son contenu », *Progrès*, Ak. XX 330 ; OP III 1277.

2. Cf. *CRP*, B 601.

3. Cf. *CRP*, B 608.

4. *Progrès*, Ak. XX 302 ; OP III 1255 (trad. mod.).

5. *Ibid.*

6. *Progrès*, Ak. XX 303 ; OP III 1255.

7. *Ibid.*

preuve ontologique dont la nullité est démontrée en fonction de la thèse classique que l'existence n'est pas un prédicat[1].

Kant considère ce stade de la métaphysique, exposé dans la première partie, comme dépassé. Ce constat revêt dans le cadre de cet écrit une signification programmatique. D'un côté il est vrai, on voit mal comment concilier ce dépassement de la métaphysique dogmatique avec le fait que Kant y a en quelque sorte inscrit sa propre thèse au sujet de la nécessité de la raison d'affirmer un fondement originaire (sous la forme de l'idée d'un être absolument réel), telle que l'envisage le premier manuscrit[2], mais d'un autre côté, plus qu'en amont, il importe de lire l'intention de Kant en aval : la connaissance pratico-dogmatique – en fait une éthico-théologie – ouvre d'une manière nouvelle sur l'espace discursif des questions incontournables de la raison concernant l'existence de Dieu et l'immortalité de l'âme qui leur donne sens eu égard au but final que « l'homme moral a et doit avoir »[3]. Dans ce sens, il peut dire que l'argument moral n'est pas un argument « purement et simplement »[4], mais un argument *kath'anthrôpon* à l'opposé d'une manière de penser *kath'alètheian* qui affirme plus que l'homme ne peut savoir[5].

LA THÉOLOGIE DANS LES *RÉFLEXIONS* DE LA PHASE Ω

Les *Réflexions* de cette phase (ω^1 – ω^4) couvrent les années 1790-91 à 1796-98. Elles sont donc en partie parallèles aux textes préparatoires des *Progrès*. Les remarques concernant la problématique théologique les plus pertinentes datent de 1793, donc de la période durant laquelle Kant a également travaillé à la rédaction des *Progrès*. Dans ce qui suit, nous n'allons pas renvoyer expressément aux parallèles existants.

À propos de ces *Réflexions*, nous découvrons une nouvelle fois le Kant "expérimentateur", l'auteur pour qui – même après avoir publié ses textes

1. Dans les *notes marginales*, Kant revient sur la problématique. Il y insiste sur la question de la réciprocité des concepts de l'être nécessaire et de l'être absolument réel. Une telle réciprocité est indispensable si l'on affirme que l'être nécessaire n'est déterminable que d'une seule et unique manière. Si le concept de l'*ens realissiumum* est plus large que celui de l'absolument nécessaire, il serait possible d'admettre encore d'autres êtres nécessaires (*cf.* Ak. XX 332; OP III 1276). Dans les *Réflexions* de la phase ω, Kant évoque également ce problème de la réciprocité (cf. *infra*, p. 277 *sq.*).

2. Cf. *Progrès*, Ak. XX 280 ; OP III 1234.

3. *Progrès*, Ak. XX 305 ; OP III 1257.

4. *Ibid.*

5. Cf. *Progrès*, Ak. XX 306 ; OP III 1258.

canoniques – les problèmes qu'il a découverts et discutés ne sont pas résolus une fois pour toutes.

Nous nous attarderons brièvement sur des thèses qui confirment le lieu et l'orientation générale de la théologie dans l'ensemble du projet de la raison. Ainsi il sera dit que la raison humaine demeure inlassablement préoccupée par trois objets suprasensibles, Dieu, l'immortalité et la liberté[1]. Explorer le suprasensible est une tâche inévitable de la raison afin de savoir ce qui doit être admis comme nécessairement existant, sinon d'un point de vue théorique, du moins dans une perspective morale[2]. La véritable métaphysique consiste dans « l'application de la philosophie transcendantale à des concepts donnés dans la raison (qui lui sont nécessaires, mais auxquels ne peuvent être donnés des objets correspondants dans l'expérience) »[3]. Ces concepts sont l'expression de l'inconditionné qui est la seule idée théorique de la raison[4]. De cette idée, il est dit (il est vrai sans référence directe à la théologie) qu'elle est un concept subjectivement nécessaire de la totalité absolue des conditions[5]. Cette idée est reprise dans la *Réflexion* 6448 où nous lisons que les idées transcendantales concernent la totalité de la série des conditions *a parte priori*, donc « l'absolument inconditionné dans la synthèse »[6] – une expression qui rappelle une des thèses exposées au début de la *Dialectique transcendantale* dans la *Critique de la raison pure*[7]. Ces idées ne peuvent être utilisées dans l'explication des phénomènes, « mais elles n'ont de signification que dans le système pur de la raison »[8].

La *Réflexion* 6317 débute par un petit paragraphe intitulé « De la Critique eu égard à la théologie »[9]. Kant y expose la nécessité pour la raison d'admettre l'existence de Dieu selon un concept suffisant aussi bien pour la raison théorique que pratique en tant qu'elle porte sur des principes *a priori* ultimes. À cette fin, il lui fallait démontrer « que la raison spéculative n'est pas en mesure de produire le concept de Dieu d'une façon cohérente (*mit sich selbst einstimmig*) ni de prouver son existence ni même seulement d'exposer la réalité de ce concept »[10].

1. Cf. *Réflexion* 6317, Ak. XVIII 629.
2. Cf. *Réflexion* 6358, Ak. XVIII 685; cf. *Réflexion* 6343, Ak. XVIII 667.
3. *Réflexion* 6414, Ak. XVIII 709.
4. Cf. *ibid.*
5. *Réflexion* 6424, Ak. XVIII 711.
6. *Réflexion* 6448, Ak. XVIII 721.
7. Cf. *CRP*, B 364.
8. *Réflexion* 6448, Ak. XVIII 721.
9. *Réflexion* 6317, Ak. XVIII 623.
10. *Ibid.*

Cette remarque inscrit le programme proprement critique à l'égard de la raison spéculative dans le contexte plus large de la fondation de la nécessité (subjective) d'admettre l'existence de Dieu. En d'autres termes, ce n'est plus, comme cela a été le cas dans la *Critique de la raison pure*, à partir de la théorie critique de la raison qu'est pensée la critique des preuves de l'existence de Dieu, mais inversement la nécessité d'une déconstruction de la démarche théologique dans sa forme classique sert de prémisse pour fonder l'affirmation théologique critique.

En ce qui concerne la question de la production d'un concept cohérent de Dieu, Kant ne s'en explique pas, mais on peut penser que le problème auquel il songe ici porte sur tenants et les aboutissants de la preuve cosmologique longuement discutés dans plusieurs *Réflexions* de l'année 1793[1]. Nous y reviendrons plus loin.

Quant au second point allégué dans la citation précédente, à savoir l'exposition de la réalité du concept, il en précise le sens dans la suite de la *Réflexion*. Montrer la réalité ou la réalisation du concept de Dieu aurait pour conséquence, soit d'interpréter les objets de l'expérience comme des choses en soi, ce qui conduit à des antinomies et donc à un échec de la raison spéculative et, en ce qui concerne Dieu, à sa « sensification » et à l'anthropomorphisme, soit de n'envisager que des phénomènes *à l'exception de Dieu*, considéré comme la seule chose en soi qui serait à déterminer au moyen de concepts ontologiques, mais demeurerait inconnaissable. Ainsi c'est l'impuissance de la raison théorique qui a dû être montrée *sans que par là naisse une contradiction avec l'idée de Dieu et avec son existence*. C'est sur la fonction préservatrice de cet exercice qu'insiste Kant afin de sauver la "pensabilité" de Dieu[2]. La question évidemment qui se pose à ce sujet est de savoir comment il faut concevoir cette pensée de Dieu s'il demeure que toute pensée humaine repose, en dernière instance, sur les concepts purs de l'entendement. Ces concepts demeurent donc de simples formes (vides) quand elles sont appliquées à du non-sensible. Dans la *Réflexion* 6319, Kant revient sur ce problème. Il y parle de deux difficultés dans la *Critique de la raison pure* dont la seconde porte précisément sur la question « comment nous pouvons parler de l'intelligible, p. ex. de Dieu au moyen de catégories, sans considérer que celles-ci ne valent que pour des *phaenomena* pour donner lieu à une connaissance, donc d'un être qui ne peut pas du tout être représenté comme *phaenomenon* »[3].

1. Cf. *Réflexions* 6320-6325, Ak. XVIII 634-648.
2. Cf. *Réflexion* 6317, Ak. XVIII 623 *sq*.
3. *Réflexion* 6319, Ak. XVIII 633.

Jusque dans les *Réflexions* de l'année 1797, Kant s'interroge sur la possibilité de propositions synthétiques *a priori* au sujet du suprasensible[1] pour répondre qu'elles le sont (!) en tant que principes régulateurs de la connaissance pratique, mais non pas en tant que principes constitutifs de la connaissance théorique. La *Réflexion* 6357 dira que les idées de Dieu et de l'immortalité n'ont de *réalité pratique* que par et pour la loi morale[2] : fonction régulatrice et réalité pratique ne s'excluent pas : il faut agir *comme s'il* y avait un Dieu et une vie future[3] – nous avons déjà rencontré cette thèse dans les *Progrès*.

Qu'en est-il du premier point précédemment évoqué, à savoir l'impossibilité de produire un concept cohérent de Dieu ? Comme nous l'avons signalé plus haut, nous pensons que c'est à propos de la preuve cosmologique que Kant développe cette question. Sa discussion touche à deux points : a) la relation entre l'absolument nécessaire et l'absolument réel ; b) l'impossibilité d'affirmer que l'absolument nécessaire existe sur la base du concept de l'absolument réel.

Ad a. Kant ne s'intéresse point dans ces *Réflexions* au problème inhérent à l'origine empirique de la preuve cosmologique, notamment en ce qui en concerne le caractère hypothétique tel que nous l'avons découvert dans le *Leçons* ; il ne s'intéresse pas non plus à la déduction des prédicats de l'être absolument nécessaire, mais à la question de la détermination du concept de l'absolument nécessaire comme absolument réel et de l'aspect antinomique inhérent à la solution qui est envisagée à ce propos.

Le concept de l'absolument nécessaire est un concept singulier, ce qui est également le cas pour celui de l'absolument[4] réel, de telle sorte que « ces concepts se rencontrent et doivent se rencontrer »[5] étant donné que le concept de l'être absolument nécessaire en tant que concept singulier doit être complètement déterminé. Mais que signifie exactement « se rencontrer » ? C'est dans la *Réflexion* 6322 que nous obtenons des éclaircissements à cet égard. La proposition d'après laquelle l'être nécessaire a toutes les réalités devrait être un jugement analytique[6] étant donné que le prédicat est déduit du concept de l'absolument nécessaire. Le prédicat est donc identique à celui du sujet, mais l'inverse n'est pas vrai, « car

1. Cf. *Réflexion* 6345, Ak. XVIII 670 ; *Réflexion* 6351, Ak. XVIII 678 ; *Réflexion* 6356, Ak. XVIII 681.

2. Cf. *Réflexion* 6357, Ak. XVIII 682.

3. Cf. *Réflexion* 6358, Ak. XVIII 683.

4. *Réflexion* 6320, Ak. XVIII 636 ; *Réflexion* 6321, Ak. XVIII 637.

5. *Réflexion* 6320, Ak. XVIII 635.

6. *Réflexion* 6322, Ak. XVIII 637.

autrement ils devraient être des *conceptus reciproci*»[1]. Kant avance maintenant d'un pas pour conclure: «Donc ce n'est pas le concept de tous les prédicats qui conviennent au nécessaire»[2]. Par conséquent le concept de l'absolument nécessaire n'est pas celui qui contient la détermination complète, ce qui est pourtant requis dans la preuve.

Cette analyse contient un nouvel éclairage de la preuve cosmologique, en comparaison par exemple avec la critique dans la *Critique de la raison pure* où Kant avait établi, en vue de ramener la preuve cosmologique à la preuve ontologique, la *réciprocité* de l'absolument nécessaire et de l'absolument réel[3].

Kant ajoute: l'affirmation "être nécessaire = être absolument réel" est en fait un jugement synthétique, c'est-à-dire que le concept de l'absolument nécessaire signifie seulement que sa non-existence est impossible quelle que soit sa détermination[4].

Ad b. Kant discute également dans les *Réflexions* en question l'affirmation contenue dans la preuve cosmologique d'après laquelle l'être absolument nécessaire en tant qu'être absolument réel doit exister en raison de son concept. Il dénonce la fausseté de cette affirmation en développant plusieurs arguments: d'abord en recourant à la thèse d'après laquelle l'existence n'est pas une détermination d'un concept: «[…] le concept de la chose n'est pas du tout déterminé par (le concept de) l'existence […], mais seulement qu'elle est donnée en dehors de mon concept»[5]. «Le concept (complètement déterminé) ne donne aucune existence»[6]. Mais il est encore un autre argument qu'il formule à l'encontre de l'affirmation d'existence, à savoir qu'il est impossible de se faire un concept de l'absolument nécessaire, car ce concept devrait être tel que la non-existence d'un tel être serait impossible, c'est-à-dire contradictoire[7]. Dans la *Réflexion* 6324, il note dans un sens analogue: «Si je puis démontrer à partir du simple (*bloß*) concept d'une chose qu'elle existe, je ne peux jamais connaître son existence comme nécessaire; car c'est précisément la connaissance *a priori* qui démontre la nécessité»[8]. Il n'est pas exclu que l'on puisse *penser* un être absolument nécessaire, mais on ne peut pas le

1. *Réflexion* 6322, Ak. XVIII 637.
2. *Ibid.*
3. Cf. *CRP*, B 636.
4. Cf. *Réflexion* 6322, Ak. XVIII 639.
5. *Ibid.*
6. *Réflexion* 6325, Ak. XVIII 648.
7. *Réflexion* 6320, Ak. XVIII 636.
8. *Réflexion* 6324, Ak. XVIII 645.

connaître[1]. Enfin, il est dit que si l'*omnitudo realitatis* découle du concept de l'être nécessaire, l'affirmation de l'existence d'un tel être ne devrait pas être fondée sur l'expérience[2].

Aux deux points qui ont trait plus directement à la preuve cosmologique, il convient d'en ajouter encore deux autres qui sont abordés dans ces *Réflexions*, à savoir : c. la question du statut épistémique de l'affirmation théologique ; d. la problématique de la théologie morale.

Ad c. En ce qui concerne le *statut épistémique de l'affirmation théologique*, nous retrouvons pour l'essentiel les thèses déjà connues. Dans le cadre d'une esquisse de réponse à ceux qui pensent qu'il est difficile de rendre compréhensible le contenu et l'intention de la *Critique* à partir d'un seul principe, ainsi qu'à ceux qui, tout en n'en méconnaissant point cette intention, considèrent comme une « chicane tout à fait superflue les démonstrations spéculatives des idées les plus sublimes »[3], étant donné que la *Critique* les établit finalement comme des affaires de foi, Kant répond – en ce qui concerne ce dernier point – que la *Critique* a précisément pour but de démontrer que ces objets sont beaucoup trop élevés pour la raison spéculative et qu'il faut se satisfaire à cet égard de la *foi* qui est quelque chose de commun à tous les hommes[4].

Dans la *Réflexion* 6317a, il revient brièvement sur la question de la foi en Dieu et insiste sur le fait qu'elle n'a rien à voir avec le doute, mais avec le fait qu'il ne nous est pas possible de nous faire un « concept objectivement déterminé d'un tel être »[5] et – comme corollaire – que sa représentation suivant des conditions subjectives de notre raison n'autorise à aucune extension théorique de notre connaissance. Par ailleurs, cette foi en l'existence de Dieu n'est pas de l'ordre de la simple probabilité[6].

On aura constaté que dans ces *Réflexions* succinctes, la *foi* n'est pas directement thématisée en fonction de l'approche pratique de l'affirmation théologique mais bien dans l'optique de la *foi doctrinale* dont parlait la *Critique de la raison pure*.

Ad d. Dans le cadre des *Réflexions* portant sur le sens et les intentions de la *Critique de la raison pure*, Kant évoque à plusieurs reprises le thème de

1. *Réflexion* 6436, Ak. XVIII 716.
2. *Réflexion* 6322, Ak. XVIII 639.
3. *Réflexion* 6317, Ak. XVIII 628.
4. Cf. *ibid*.
5. *Réflexion* 6317a, Ak. XVIII 630.
6. Cf. *Réflexion* 6430, Ak. XVIII 713 ; *Réflexion* 6438, Ak. XVIII 717.

la connaissance *pratique* de Dieu. Il y affirme – en conformité avec des idées développées dès l'ouvrage de 1781 – que la loi morale et « la présomption désintéressée d'un état des choses, qui, dans sa totalité [concorde] avec la moralité »[1], nous conduisent à l'idée d'un Dieu qui gouverne le monde avec sagesse.

La *Réflexion* 6317a précise que le concept d'un être qui est « la cause de la possibilité de l'exécution et de l'obtention (*Erreichung*) de toutes les fins morales qui nous sont imposées par la raison »[2] convient aux conditions subjectives de l'usage théorique mais avant tout pratique de la raison.

Dans la *Réflexion* 6451, intitulée « De la théologie morale »[3], Kant esquisse le programme d'une telle théologie. La thèse centrale est que le but final de toutes les choses est moral, à savoir le souverain bien contingent dont l'idée conduit au souverain bien originaire, c'est-à-dire à celui d'un auteur moral du monde. Ce concept est supérieur à celui de la physico-théologie parce qu'il signifie un être absolument parfait tandis que la physico-théologie ne conclut qu'à un être d'une grande perfection. Kant précise que la morale ne donne pas de preuve objective de Dieu mais qu'elle conduit à une supposition subjectivement nécessaire des conditions sous lesquelles le souverain bien, dans ce qui en lui ne dépend pas de l'homme, est possible.

Sur fond de ces considérations, deux grandes étapes sont à développer dans une théologie morale : a) la considération téléologique du monde et de l'homme d'un point de vue *physique* laquelle conduit à l'idée d'un être originaire intelligent, mais non encore à l'idée de Dieu ; b) la considération téléologique *morale* qui repose sur l'idée que l'homme découvre en lui-même le principe d'une liaison finale supérieure en vertu de laquelle il parviendra à considérer cet être originaire comme auteur du souverain bien. Par là même, on parvient à la supposition d'un Dieu vivant « comme être moral et par là aussi comme être omnisuffisant »[4].

La *Réflexion* 6454, intitulée elle aussi « théologie morale »[5] développe une argumentation qui, tout en se concentrant sur l'idée d'un souverain bien originaire, élargit le concept de Dieu dégagé dans ce contexte vers l'idée d'un juge juste dont la sainteté est à craindre vu l'incertitude concernant la pureté morale de nos actions. Il n'en reste pas moins qu'en vue du souverain bien, notre raison législatrice doit vouloir que la vertu

1. *Réflexion* 6314, Ak. XVIII 617.
2. *Réflexion* 6317a, Ak. XVIII 630.
3. *Réflexion* 6451, Ak. XVIII 723.
4. *Ibid.*
5. *Réflexion* 6454, Ak. XVIII 724.

rende heureux et que le vice soit puni ce qui rend nécessaire la supposition d'un Dieu vivant, auteur moral du monde et gouverneur. Kant ajoute ici une remarque importante en parlant d'une hésitation (*Schwanken*) quand on prend en considération d'une part l'aspect théorique de cette question et d'autre part le besoin de nos mobiles pratiques[1]. Impossibilité théorique donc en même temps que nécessité pratique de l'affirmation d'existence de *Dieu*.

ASPECTS DE LA THÉOLOGIE DANS L'*OPUS POSTUMUM*

Les textes réunis sous ce titre constituent les esquisses d'une œuvre projetée mais demeurée inachevée qui devait porter sur le *passage des premiers principes métaphysiques de la science de la nature à la physique*. F. Marty a rendu attentif à deux textes qui en présentent un plan[2] : le premier, datant de septembre/octobre 1798, est *binaire* : « 1re partie du système élémentaire de la matière (par analyse); 2e partie du système du monde »[3]; le second, datant de décembre 1800 à février 1803, comporte une division *quadripartite* :

> 1) Passage des principes métaphysiques de la science de la nature à la physique. 2) passage de la physique à la philosophie transcendantale. 3) passage de la philosophie transcendantale au système entre nature et liberté. 4) conclusion (*Beschluss*) de la liaison universelle des forces vives de toutes les choses dans le rapport réciproque (*Gegenverhältnis*) Dieu et le monde[4].

F. Marty note à propos de ces deux divisions :

> Le rapprochement de ces deux divisions, séparées par un long temps de travail, fait toucher du doigt une des difficultés de l'*Opus postumum*. Comme toute œuvre en élaboration, des variations peuvent se produire, au niveau même de son projet, la question étant alors de savoir dans quelle mesure la cohérence demeure par rapport au projet initial À cela s'ajoute le caractère de notation marginale de ces deux indications. Elles permettent cependant deux remarques importantes. La division quadripartite introduit une notion qui semble étrangère au « passage » annoncé par le titre d'ensemble, qui devient d'ailleurs celui d'une des parties seulement, la

1. *Réflexion* 6454, Ak. XVIII 725.
2. *Cf.* F. Marty, « La pensée tardive de Kant » dans *Années 1796-1803. Kant. Opus postumum*, éd. par I. Schüssler, Paris, Vrin, 2001, p. 28.
3. *Op. post.*, Liasse IV, Ak. XXI 359.
4. *Op. post.*, Liasse I, Ak. XXI 17.

notion de « philosophie transcendantale ». La nouveauté est soulignée par la présence de la « liberté » dans la troisième partie. Mais il faut relever aussi que la quatrième partie implique dans son projet une jonction entre le domaine physique et celui qui va jusqu'aux questions, métaphysiques, de Dieu et du monde. L'ensemble du manuscrit vient vérifier ces remarques [1].

Nous voyons apparaître, dans le second plan, un *triple passage* qui aboutit à l'idée d'un *système entre nature et liberté* dont nous les premières formulations se rencontrent au chapitre sur le *Canon de la raison pure* dans la *Critique de la raison pure*. Que celui-ci aboutisse à une « conclusion » portant sur ce qui est qualifié de « liaison universelle des forces vives de toutes les choses » fondée dans un rapport théo-cosmologique devra retenir notre attention. En ce qui concerne précisément ce dernier point, Kant le commente quelques lignes plus loin de la manière suivante : « Dieu et le monde : le suprasensible et l'être sensible dans l'univers des choses (*universum*) représenté l'un par rapport à l'autre dans le rapport synthétique du système » [2].

Nous allons, dans ce qui suit, nous concentrer sur cet aboutissement du « passage » et tenter d'y situer la réflexion théologique [3] en nous interrogeant plus particulièrement sur le sens possible de sa fonction fondatrice. À cette fin, nous allons procéder de façon chronologique. C'est surtout dans les Liasses VII et I que Kant traite de théologie. La Liasse VII est datée par Adickes d'avril à décembre 1800, la Liasse I de décembre 1800 à février 1803 [4].

a) *La Liasse VII*

Ce qui est commun aux esquisses de la Liasse VII en matière de théologie, c'est la quasi-exclusivité de l'approche *éthico-théologique* et, dans ce contexte, une réflexion approfondie – non dépourvue d'ailleurs

1. F. Marty, « Note sur l'Opus postumum » dans OP III 1304.

2. *Op. post.*, Liasse I, Ak. XXI 17.

3. Parmi les différentes études sur la théologie de l'*Opus postumum*, citons A. Cortina, H. d'Aviau du Ternay, A. Grandjean, A. Lamacchia, L. Langlois, F. Marty, H. Marzolf, V. Mathieu, R. Wimmer.

4. Chaque Liasse (*Konvolut*) contient plusieurs feuillets (*Bogen*), chacun étant divisé en quatre pages écrites recto/verso. En plus des feuillets, on trouve des *Lose Blätter* (*cf.* pour ce qui est de l'état du manuscrit Ak. XXII 773-789).

V. Mathieu met en évidence la structure cellulaire du manuscrit, ce qui signifie que le texte continu de Kant ne dépasse jamais les limites d'un feuillet voire presque jamais celui d'une seule page (*cf.* V. Mathieu, *Kants Opus postumum*, Frankfurt, Klostermann, 1989, p. 62).

d'hésitations voire de contradictions[1] – sur le lien entre l'impératif catégorique et l'idée de Dieu.

Ce que Kant appelle « théologie transcendantale » est considéré comme le point le plus élevé de la philosophie transcendantale, « c'est-à-dire de la connaissance synthétique à partir de concepts purs »[2]. Deux problèmes y seront abordés : 1) qu'est-ce que Dieu ? 2) Y a-t-il un Dieu ?[3] Alors que la *Critique de la raison pure* avait interprété la théologie transcendantale comme ontothéologie au sens d'une théorie du fondement même du pensable (l'idéal transcendantal), les textes de la Liasse VII de l'*Opus postumum* font apparaître sous ce terme une orientation vers la morale qui culmine dans l'affirmation « Il y a un Dieu, car il y a dans la raison morale et pratique un impératif catégorique »[4].

Comment Kant conçoit-il le lien entre l'impératif catégorique et l'affirmation théologique? Une formule récurrente dit que l'impératif catégorique présente les devoirs humains comme (*als*) commandements divins[5]. Cette interprétation en modifie-t-elle le statut par rapport à ce qui était soutenu dans les écrits sur la philosophie pratique, à savoir que l'impératif catégorique est un principe issu de la raison pratique autonome, l'unique « fait de la raison »[6] obligeant sans contexte? La formule des devoirs comme/en tant que commandements divins, en revanche, caractérise la religion[7]. Or, dans la Liasse VII, Kant ne parle qu'une seule fois de religion en relation avec l'interprétation de l'impératif catégorique compris comme devoirs *en tant que* commandements divins : « Le principe qui consiste à obéir à tous les devoirs en tant que/comme commandements divins est la religion »[8]. Obéir aux devoirs comme commandements divins signifie *vénérer* Dieu[9]. Cette idée rejoint celle que Kant avait déjà formulée dans *La Religion dans les limites de la simple raison* au sujet du « vrai culte moral de Dieu » qui doit être un « culte du cœur »[10] Dans ce sens

1. Mathieu cite à ce propos le poète R.M. Rilke qui parlait de Dieu comme d'une « forêt de contradictions » (cf. *Kants Opus postumum*, *op. cit.*, p. 260).

2. *Op. post.*, Liasse VII, Ak. XXII 63.

3. Cf. *ibid.*

4. *Op. post.*, Liasse VII, Ak. XXII 104 *sq.*

5. *Cf.* par exemple, *Op. post.*, Liasse VII, Ak. XXII 51 ; 53 ; 57 ; 104 ; 108 ; 120 ; 126.

6. Cf. *CRPrat.*, Ak. V 31 ; OP II

7. Cf. *Op. post.*, Liasse VII, Ak. V 129 ; OP II ; *CFJ*, Ak. V 481, OP II 1294 ; *Religion*, Ak. VI 153 ; OP III 183.

8. *Op. post.*, Liasse VII, Ak. XXII 111.

9. Cf. *Op. post.*, Liasse VII, Ak. XXII 61.

10. Cf. *Religion*, Ak. VI 192 ; OP III 231.

l'autonomie de la raison pratique n'est pas incompatible avec la référence à Dieu : l'agir moral *est* vénération de Dieu.

Il existe un certain nombre de réflexions où le lien entre l'impératif catégorique et l'idée de Dieu est encore plus radical. Ainsi l'impératif catégorique est qualifié de « voix de Dieu »[1]. Cette affirmation constitue la conclusion d'une réflexion dans laquelle Kant soutient qu'aucun commandement (ou interdit) n'a été réellement adressé à l'homme (au sens d'une *parole* divine), et même au cas où il en aurait été ainsi, les hommes n'auraient pas été en mesure de percevoir la voix divine, de telle sorte qu'il ne reste que nos devoirs en tant que commandements divins qui, en l'absence même d'une révélation, ne perdent rien de leur autorité : « L'impératif moral peut donc être considéré comme la voix de Dieu »[2].

La pensée de Kant tourne inlassablement dans ces réflexions autour de cette question du sens ultime de l'impératif catégorique. Ainsi celui-ci est dit être

> la sentence d'une volonté morale et sainte commandant absolument, qui est en même temps toute-puissante et sans avoir besoin de mobiles, ou même seulement sans leur laisser trouver place, est indépendante et unit en elle liberté et loi. – Son idée est celle d'une substance, qui est unique dans son concept, et n'est pas soumise à une différence de classe venant de la raison humaine. – *Ens summum*, *summa intelligentia*, *summum bonum* est un *ens rationis* et pensé, ou plutôt imaginé (*gedichtet*), comme être de la nature, substance comprenant tout, insondable, mais comme être moral un principe du pratique[3].

L'impératif catégorique est décrit ici en des termes théologiques (sainteté, toute-puissance) ce qui doit d'abord s'entendre au sens d'un *principe* ayant valeur *inconditionnelle* – Kant n'affirme pas que la loi morale aurait été mise en nous par Dieu, même si, dans une formule énigmatique, il dit qu'il faut la considérer comme partant (*ausgehend*) d'un être tout-puissant[4]. L'impératif catégorique *produit* le concept (moral) de Dieu[5] ou *conduit* à ce concept[6]. Ceci doit s'entendre en un double sens :

1. *Op. post.*, Liasse VII, Ak. XXII 64.
2. *Ibid.*
3. *Op. post.*, Liasse VII, Ak. XXII 123 *sq.* (trad. Marty 175 – trad. mod.).
4. Cf. *ibid.*
5. Cf. *Op. post.*, Liasse VII, Ak. XXII 112 ; 117.
6. Cf. *Op. post.*, Liasse VII, Ak. XXII 116. J. Castaing (« Dieu, la création et l'homme » dans *Kant. Opus postumum*, éd. par I. Schüßler, Paris, Vrin, 2001, p. 221) renvoie à un texte de la *Religion dans les limites de la simple raison* où Kant dit que chaque homme se fait un

a) ce concept dit adéquatement le sens de l'impératif catégorique – Kant note que Dieu est « l'idée de l'impératif catégorique »[1] –, à savoir d'être *législateur*, d'être autoposition absolue ; b) l'impératif catégorique comme fait de la raison *symbolise* l'idée de Dieu. On se souvient que l'écrit sur les *Progrès* avait discuté le problème de la « symbolisation d'un concept »[2]. Celle-ci a lieu à propos d'objets suprasensibles qui ne peuvent être présentés à proprement parler, « mais relèvent pourtant nécessairement d'une connaissance, ne serait-elle possible qu'à titre pratique »[3]. Le symbole d'une idée, poursuit Kant, est une représentation de l'idée suivant l'analogie »[4]. L'adéquation entre l'impératif catégorique et l'idée de Dieu relève de cet ordre de la symbolisation. En effet, si la représentation d'un objet suivant l'analogie signifie « un rapport à certaines conséquences identique à celui qui rattache l'objet en lui-même à ses propres conséquences, quoique les objets eux-mêmes soient d'une espèce toute différente »[5], on comprend que c'est dans l'impératif catégorique que cette analogie trouve son expression la plus complète. La raison humaine ne peut pas atteindre ce que Dieu est en lui-même ; sa nature demeure insondable pour nous et « ce n'est que le rapport moral qui le désigne »[6]. C'est aussi sur la base de cette considération qu'il faut comprendre l'affirmation d'après laquelle *Dieu est personne*[7], en l'occurrence un être qui a des droits – qui commande[8] – sans avoir de devoirs[9].

La Liasse VII contient un certain nombre de remarques où Kant réfléchit à la signification à donner à l'affirmation « il y a un Dieu » (*Es ist ein Gott*). La thèse à ce propos demeure constante : un objet correspondant au concept de Dieu n'est pas *dabile*, mais seulement *cogitabile*[10] ; il n'y a pas de passage possible de ce qui est simplement pensable à ce qui peut être donné. L'affirmation « il y a un Dieu » ne doit dès lors pas s'entendre comme portant sur un être extérieur à la pensée. Une preuve directe de son

Dieu lui-même, bien plus que, « d'après des concepts moraux, chacun doit s'en faire un lui-même » (Ak. VI 168 ; OP III 202).

1. *Op. post.*, Liasse VII, Ak. XXII 123.
2. *Progrès*, Ak. XX 279 *sq.* ; OP III 1233 *sq.*
3. *Progrès*, Ak. XX 280 ; OP III 1234.
4. *Ibid.*
5. *Ibid.*
6. *Op. post.*, Liasse VII, Ak. XXII 57.
7. Cf. *Op. post.*, Liasse VII, Ak. XXII 48 ; 49 ; 52 ; 53 ; 108.
8. Cf. *Op. post.*, Liasse VII, Ak. XXII 120.
9. Cf. *Op. post.*, Liasse VII, Ak. XXII 49.
10. Cf. *Op. post.*, Liasse VII, Ak. XXII 63 ; 79 ; 104 ; 120.

existence serait même une contradiction[1]; il ne reste qu'une preuve *indirecte*,

> en admettant que quelque chose d'autre soit possible : à savoir d'un point de vue non pas théorique mais pratique pur, que la connaissance de nos devoirs *comme* (*tanquam*) des commandements divins soit authentifiée et mandatée comme principe de la raison pratique[2].

Si donc une preuve de l'existence de Dieu demeure impossible, comment faut-il entendre l'affirmation récurrente « il y a un Dieu » ? Elle constitue une formulation abrégée pour « Est Deus in nobis »[3] ou : « Il y a un Dieu dans l'âme de l'homme »[4], ce qui est authentifié par le fait de la raison qu'est l'impératif catégorique, ce qui permet alors également de dire : « Il y a un Dieu, car il y a un impératif catégorique »[5].

On aura remarqué, à travers l'exposé précédent, que la pensée théologique de Kant est traversée par une *tension* entre une tendance consistant à identifier purement et simplement la raison pratique à Dieu (la raison *est* son Dieu)[6] et par l'idée d'un Dieu qui serait présent dans la raison sur le mode d'une *trace*, comme l'autre dans le même – l'impératif catégorique comme symbole de la « présence de la divinité en l'homme »[7].

1. Cf. *Op. post.*, Liasse VII, Ak. XXII 121

2. *Op. post.*, Liasse VII, Ak. XXII 121 ; *cf.* aussi, Ak. XXII 60.

3. *Op. post.*, Liasse VII, Ak. XXII 130.

4. *Op. post.*, Liasse VII, Ak. XXII 120.

5. *Op. post.*, Liasse VII, Ak. XXII 106.

6. R. Wimmer (« Die Religionsphilosophie des "Opus postumum" » dans *Kant über Religion*, éd. par F. Ricken et F. Marty, Stuttgart-Berlin-Köln, Kohlhammer, 1992, p. 225) parle à ce sujet d'une théologie transcendantalo-anthropologique. Ce propos nous semble plus approprié que celui d'une « théologie athée » (*cf.* H. Marzolf, « L'athéisme philosophique de la théologie de l'Opus postumum », dans *Kant anti-kantien*, éd. par J. Robelin, Publications de l'Université de Rouen, 2004, p. 59 *sq.*).

7. *Op. post.*, Liasse VII, Ak. XXII 108. J. Kopper (« Kants Gotteslehre », *Kant-Studien*, 47, 1955-56, p. 58) note que l'homme est la présence de Dieu. Dans une étude récente, A. Grandjean décrit fort bien la tension qui traverse les esquisses de l'*Opus postumum* quand il note d'une part que Dieu est compris comme l'autre de soi (*Critique et réflexion. Essai sur le discours kantien*, Paris, Vrin, 2009, p. 235) avec, comme conséquence, que la théologie devient « l'opérateur ultime de la réflexion du sujet moral sur lui-même » (*ibid.*, p. 241), et d'autre part que la « symbolisation de l'altérité à soi en immanence de l'autre est le dernier mot de cette réflexion qui va sans intuition et porte sur une présence sans apparaître" (*ibid.*, p. 244). Il nous semble toutefois que l'auteur revient quelque peu en deçà de cette interprétation quand il affirme que Dieu n'est que « l'hypostase symbolique de la qualité divine qui s'attache à la loi » (*ibid.*, p. 245). N'y a-t-il pas ici confusion entre le « theion » et le « theos » ?

b) *La Liasse I*

V. Mathieu soutient que le contenu de la première liasse est présenté de façon condensée sur les deux premières pages du premier feuillet[1]. F. Marty, à son tour, renvoie aux développements qu'on y trouve concernant « les voies d'une théologie qui, sans perdre jamais de vue celle de la première *Critique*, y produit un important déplacement »[2]. De façon générale, soutient Marty, « la théologie qualifiée [...] de "transcendantale", porte à l'achèvement ce qui était entrepris dans l'œuvre entière du "Passage" »[3]. Ce propos, pour être vrai, nous semble cependant trop imprécis quant à l'articulation précise ou, plus exactement quant aux articulations de la théologie dans le contexte de cette liasse. Il est vrai que Kant reprend en des tentatives répétées, le propos de la théologie considérée comme le point de vue le plus élevé de la philosophie transcendantale. Or, il y a lieu de constater comme une progression dans ces diverses esquisses ou, si l'on veut, comme une reformulation du questionnement. Au début de la Liasse, Kant soutient que

> dans l'ordre du système de la connaissance synthétique à partir de concepts *a priori*, c'est-à-dire dans la philosophie transcendantale, le principe qui fait le passage à l'achèvement du système est celui de la théologie transcendantale en deux questions : 1) Qui est Dieu ? ; 2) Y a-t-il un Dieu ?[4].

Or, ce questionnement ne sera plus repris *sous cette forme* dans la suite. En ce qui concerne plus particulièrement la seconde question, Kant dira : « On ne demande pas dans la philosophie transcendantale si un tel être existe »[5]. Quant à la première question, elle va être inscrite dans un contexte plus large qui est d'abord thématisé dans le binôme "Dieu – Monde"[6] qui semble se concentrer d'abord sur la formulation de l'affirmation qu'il y a *un* Dieu et *un* monde – ces formules n'étant évidemment pas à entendre au sens d'affirmations d'existence[7] – pour être ensuite étendue au trinôme « Dieu – Monde – Homme ? »[8] dont l'articulation systématique va constituer l'objet le plus élevé de la philosophie

1. Cf. *Op. post.*, Liasse I, Ak. XXI 9-15 ; *cf.* V. Mathieu, *Kants Opus postumum*, *op. cit.*, p. 256.
2. F. Marty, dans *Kant. Opus postumum*, trad. cit., p. 195.
3. *Ibid.*
4. *Op. post.*, Liasse I, Ak. XXI 9 (trad. Marty 196).
5. *Op. post.*, Liasse I, Ak. XXI 45.
6. Cf. *Op. post.*, Liasse I, Ak. XXI 10 ; 16.
7. Cf. *Op. post.*, Liasse I, Ak. XXI 20.
8. *Op. post.*, Liasse I, Ak. XXI 22.

transcendantale[1]. Aussi Kant projette-t-il une page de titre dont l'énoncé est le suivant : « Le point de vue le plus élevé de la philosophie transcendantale / (représenté) dans / le système des idées : *Dieu*, le *monde* et l'*homme* dans le monde se limitant lui-même au moyen de lois du devoir »[2].

Il est intéressant de renvoyer aux textes où s'opère le passage du binôme au trinôme : en Ak. XXI 34, Kant parle du point de vue le plus élevé de la philosophie transcendantale dans le système des *deux* idées de Dieu et du monde « et du sujet qui relie les deux objets », ce qui devient alors en Ak. XXI 38 le système des idées de Dieu et du monde et de l'homme en adéquation à son devoir.

Dans cette Liasse I, Kant est comme obsédé par la question d'une définition de la philosophie transcendantale. À presque toutes les pages, on retrouve des tentatives d'une telle définition[3], en partie concordantes, en partie contradictoires. À diverses reprises, il est question de la philosophie transcendantale comme d'une tâche de la raison ou comme d'une science problématique[4]. Si c'est d'abord autour du binôme Dieu-monde et ensuite du trinôme Dieu-monde-moi que se conçoit l'organisation d'un tel système, force est de constater que les formulations demeurent presque toujours elliptiques et que l'auteur ne réussit guère à en fournir une articulation détaillée.

En plusieurs endroits cependant, on trouve des exposés quelque peu plus détaillés. Le feuillet VI, p. 3 (Ak. XXI 78 *sq.*) présente, sous forme d'une introduction, un tel exposé. Après y avoir défini la philosophie transcendantale comme philosophie pure dans un système des idées de la raison spéculative et morale/pratique, en tant que celui-ci constitue un tout inconditionné, Kant poursuit qu'il y a un univers (*All*) des êtres que la raison pose comme un être de raison (*ens rationis ratiocinantis*), non comme un système des choses, mais comme n'appartenant que subjectivement à des idées. En d'autres termes, l'univers des êtres est un produit *nécessaire* de la raison sans être une fiction.

Dans la mesure donc où la raison (dans son usage théorique et pratique) est elle-même l'auteur des idées, la philosophie transcendantale ne s'occupe pas de quelque chose d'existant, mais uniquement de « l'esprit de l'homme »[5], de sa propre pensée. Kant dira qu'elle est l'acte de la

1. Cf. *Op. post.*, Liasse I, Ak. XXI, 23 ; 27 ; 32 ; 34 ; 38 …
2. *Op. post.*, Liasse I, Ak. XXI 59.
3. Cf. *Index* dans Ak. XXII 727 *sq.*
4. *Cf.* par exemple, *Op.post.*, Liasse I, Ak. XXI 104 ; 127.
5. *Op. post.*, Liasse I, Ak. XXI 78.

conscience, grâce auquel le sujet devient *auteur de lui-même*[1]. Cette idée de l'auto-constitution du Moi[2] dans et à travers la constitution du système des idées apparaît dans la Liasse I à partir de la page 78 et constitue une perspective jusque là inédite.

Nous avons dit plus haut que dans le système des idées, c'est le moi qui relie les idées de Dieu et du monde. Kant recourt à ce propos à différentes formulations, par exemple à la structure du jugement S est p, où le moi figure au titre de copule[3]. Un certain nombre de remarques convergent à ce sujet vers l'idée de l'homme en tant qu'être moral ou en tant que personne – l'homme en adéquation à son devoir[4], considéré comme lieu de l'unité synthétique entre Dieu et le monde.

Mais comment penser celle-ci? Dieu et le monde sont considérés d'abord comme des idées en soi hétérogènes[5] tout en se rapportant l'une à l'autre[6]; l'homme, en revanche, est inscrit d'une part dans le monde phénoménal – « je suis, moi, l'homme, un être du monde (*Weltwesen*) et un phénomène dans l'espace et le temps »[7] –, d'autre part il transcende ce monde et est à considérer comme noumène[8]. Dans cette dernière perspective, il s'agit de l'homme en tant qu'être moral en qui la loi morale constitue la trace de Dieu – voire est le Dieu en moi[9]. Dans ce sens, on pourrait dire alors que c'est à travers la présence de l'homme dans le monde sous la forme de son agir en conformité avec la loi morale que Dieu s'incarne en quelque sorte dans le monde parce qu'il y a, à travers la pratique morale, quelque chose d'inconditionné qui se réalise.

S'il y a dans la Liasse I une réponse sans appel quant à la question si la raison peut connaître qu'il y a un Dieu, à savoir qu'une telle réponse dépasse nos concepts[10], que la proposition ne peut être démontrée ni par la raison pure ni à partir de concepts empiriques[11] et qu'il faut dès lors considérer cette affirmation comme un principe subjectif de la pensée[12],

1. Cf. *Op. post.*, Liasse I, Ak. XXI 78; *cf.* aussi, *ibid.*, Ak. XXI 96.

2. *Cf.* à ce sujet V. Mathieu, *Kants Opus postumum*, *op. cit.*, p. 162 *sq*; *cf.* C. Piché, « L'auto-constitution du sujet connaissant dans l'*Opus postumum* » dans *Années 1796-1803. Kant, Opus postumum*, éd. par I. Schüssler, Paris, Vrin, 2001, p. 127-134.

3. Cf. *Op. post.*, Liasse I, Ak. XXI 27.

4. Cf. *Op. post.*, Liasse I, Ak. XXI 38.

5. Cf. *ibid.*

6. Cf. *Op. post.*, Liasse I, Ak. XXI 35.

7. *Ibid.*

8. Cf. *Op. post.*, Liasse I, Ak. XXI 61.

9. Cf. *Op. post.*, Liasse I, Ak. XXI 25.

10. Cf. par exemple, *Op. post.*, Liasse I, Ak. XXI 129; 130.

11. Cf. *Op. post.*, Liasse I, Ak. XXI 150.

12. Cf. *Op. post.*, Liasse I, Ak. XXI 147.

comme simple idée de la raison (l'idée Dieu [1]), il n'en reste pas moins qu'on rencontre aussi à deux reprises au moins, une allusion à la preuve ontologique classique :

> Un *jugement synthétique* a priori *à partir de concepts* qui *postule* donc l'existence d'un être, et précisément de l'être unique [...] est assurément seulement une idée, mais qui doit subjectivement être pensée comme la règle de la perfection suprême d'un être (comme *Ens a priori omnimodo determinatum*) [*cujus Essentia per ipsum sui conceptum involvit existentiam*] [2].

Quelques pages plus loin, nous retrouvons une argumentation qui reprend la même thèse forte de l'argument ontologique :

> La proposition : il y a un Dieu est une hypothèse nécessaire de la raison pratique pure. C'est aussi le principe suprême de la philosophie transcendantale [...] / Que son existence *a priori* est déjà identiquement liée à son concept [3].

Comment interpréter ces thèses ? L'affirmation qu'il y a un Dieu est à mettre en relation avec la première des questions qui constitue le point de vue le plus élevé non seulement de la *philosophie* transcendantale, mais de la *théologie* transcendantale : Y a-t-il un Dieu ? Or, si toute la conception de la raison tend vers la thèse que l'idée Dieu n'est rien d'autre que ma propre pensée et qu'il est dès lors « déplacé de se demander *s'il y a un Dieu* » [4], il n'en reste pas moins que la question de la possibilité d'une affirmation dépassant la nécessité simplement subjective de la pensée est ce à quoi se heurte la pensée : le système de la philosophie transcendantale demeure de toute évidence incomplet, inachevé sans une réponse à cette question. Mais comment sortir du concept et aller vers l'être, vers le synthétique *a priori* à partir de simples concepts ? À quelle condition une telle argumentation *a priori* serait-elle envisageable ? Elle le serait si la raison disposait du concept complètement déterminé de cet être. Or, la pensée humaine demeure une pensée qui pose asymptotiquement ce concept (*ens a priori omnimodo determinatum*) sans pour autant être à même d'en penser la complétude. Les multiples tentatives de Kant pour déterminer ce concept (*ens summum*, *summa intelligentia*, *summum bonum* etc.) peuvent se lire comme autant de tentatives pour penser ce concept complet. L'argument

1. Cf. *Op. post.*, Liasse I, Ak. XXI 153.
2. *Op. post.*, Liasse I, Ak. XXI 140 (trad. Marty 244).
3. *Op. post.*, Liasse I, Ak. XXI 151 (trad. Marty 254).
4. *Op. post.*, Liasse I, Ak. XXI 153 (trad. Marty 256).

ontologique n'est pas vraiment validé, comme le soutient H. d'Aviau de Ternay [1], mais constitue la *tâche* nécessaire, mais en définitive *irréalisable* pour la pensée humaine.

Déjà dans la *Nova dilucidatio*, au moment initial donc de la confrontation kantienne avec l'argument ontologique, il était apparu qu'il n'excluait nullement la validité de la déduction de l'existence à partir du concept, à la condition toutefois que le concept de Dieu soit *vrai*[2]. Mais nous n'avons précisément jamais de certitude qu'il en soit ainsi.

Ceci nous conduit maintenant à une dernière remarque. Si la philosophie transcendantale en son point le plus élevé est théologie transcendantale qui se focalise dans les deux questions : « Qu'est-ce que Dieu » ? et « Y a-t-il un Dieu ? », cette théologie aboutit à son achèvement là où, à partir de la réponse complète à la première des questions, elle sera en mesure de répondre à la seconde. Cette dernière est à chercher en premier lieu en recourant au champ de la pratique et ici, au noyau même qui la fonde, à savoir la loi morale : c'est la conception de Dieu comme personne – « Dieu est idéal suprême en tant que personne » [3] – qui se manifeste à travers la loi morale laquelle constitue, non point la réponse, mais le *fil conducteur* vers ce concept suprême. Dans ce sens, on peut dire alors que la théologie transcendantale, en son achèvement, culmine dans un *argument ontologique singulier*, à savoir *pratique* – une connaissance synthétique *a priori* à partir du concept de Dieu compris comme *personne*. Mais un tel développement demeure dans les Liasses de l'*Opus postumum* de l'ordre de l'inachevé – et peut-être le demeure-t-il nécessairement pour l'être fini ?

1. *Cf.* H. d'Aviau de Ternay, « Réflexions sur la question de Dieu dans l'*Opus postumum* » dans *Années 1796-1803. Kant. Opus postumum*, *op. cit.*, p. 231.

2. Cf. *Nova dilucidatio*, Ak. I 394 *sq.* ; OP I 125 ; cf. *Unique argument*, Ak. II 156.

3. *Op. post.*, Liasse I, Ak. XXI 30.

CONCLUSION

Arrivés au terme de notre parcours analytique, il convient d'y jeter un regard synthétique et de s'interroger sur la signification systématique de la réflexion théologique dans la pensée de Kant.

Nul n'est besoin, nous semble-t-il, d'insister sur le fait de la *constance* de cette réflexion dans l'œuvre de notre auteur. Des premiers écrits jusque dans les dernières Liasses de l'*Opus postumum*, Kant ne cesse de *travailler* ce thème. Il est vrai que la confiance "dogmatique" des premières publications laquelle consistait à dire que la plus importante de toutes nos connaissances, à savoir celle qu'« il y a un Dieu »[1] fait place à la question théoriquement insoluble de l'*Opus postumum* « Y a-t-il un Dieu ? », mais en même temps aussi à une nouvelle affirmation qu'« il y a un Dieu ». Force est de constater également que ce que nous lisons dans les toutes dernières lignes de *L'unique argument*, à savoir qu'il n'est pas nécessaire de démontrer l'existence de Dieu, mais qu'il est nécessaire que l'on soit *convaincu* de son existence[2], demeurera présent jusque dans ces mêmes ultimes liasses de l'*Opus postumum* où on lit que la pensée de Dieu est en même temps la *foi* en lui[3]. La preuve et la foi (conviction) cheminent d'abord ensemble, pour ensuite se séparer sans que l'abandon de la possibilité de la première fasse chanceler la seconde. Au contraire! Faut-il rappeler la thèse emblématique de la Préface B de la *Critique de la raison pure* où il est dit dans cette expression remarquable qu'il faut « *aufheben* » le savoir, le mettre de côté, l'annuler pour faire place à la foi ?[4] Faut-il rappeler la thèse rencontrée entre autres dans les *Leçons de métaphysique*

1. Cf. *Unique argument*, Ak. II 65.
2. Cf. *ibid.*, Ak. II 163.
3. Cf. *Op. post*, Liasse VII, Ak. XXII 62.
4. Cf. *CRP*, B XXX (trad. mod.)

d'après Pölitz comme quoi la fermeté de cette certitude subjective est tout aussi assurée que la démonstration objective de type mathématique ?[1]

La réflexion théologique des premiers écrits des années 50 et 60 – mais encore, comme nous avons pu le montrer, *au-delà*, jusqu'à la *Dissertation* de 1770[2] – s'inscrit d'abord dans des configurations de nature théorique. C'est dans ces contextes que la recherche sur l'existence de Dieu et sur son concept avait pour fonction d'assurer un fondement absolu, soit dans l'ordre de l'être (ontologie) soit dans celui de la nature (cosmologie). Ce qui sous-tendait cette approche, c'était la conception – non thématisée d'ailleurs – d'une raison considérée comme capable d'accéder affirmativement à des connaissances absolues qui soient en mesure, non simplement de décrire le réel, mais de l'expliquer, ce qui veut dire en l'occurrence, à l'affirmation de l'existence d'un être nécessaire, *Realgrund* de ce qui est (possible et actuel), dont le concept théoriquement adéquat est celui de *l'omnisuffisance*[3]. Certes, il ne faut perdre de vue la manière dont ce concept s'élabore : sur ce point, Kant innove par rapport à ses prédécesseurs dans la mesure où il a conscience de la *finité* (pour reprendre la suggestion de G. Lebrun[4]) de la pensée humaine. Le concept de Dieu ne saurait être supérieur à l'être dont il est le concept, et dans ce sens, l'existence ne peut jamais être déduite par nous du concept.

Le passage d'une pensée de souche dogmatique, tournée vers l'exploration de l'être au sens de sa fondation explicative, à une pensée de type transcendantal, tournée vers les conditions de possibilité de l'exploration de l'être, n'abolit aucunement la question du fondement. Pourquoi ? La réflexion transcendantale comme auto-réflexion de la raison, est, comme on le sait, sous la forme d'une critique, une analyse de la raison pure quant à ses compétences synthétiques *a priori*. Or, de cette analyse se dégage que la raison, comprise comme « pouvoir des principes »[5] n'est en adéquation complète avec son concept que là où elle est comprise comme source de principes *inconditionnés*. Or, c'est à ce niveau que le discours théologique fait son entrée, et ceci au titre d'un discours privilégié sur l'inconditionné dans la mesure où en lui se dit en quelque sorte l'inconditionné dans son absoluité.

Il y a lieu, nous semble-t-il, de distinguer entre deux strates où ce discours se tient en tant que discours fondateur. D'une part, celle qui relève

1. Cf. *Métaphysique Pölitz*, 267.
2. Cf. *Dissertation*, § 9, Ak. ; OP I 642 *sq.*
3. Cf. *Unique argument*, Ak. II 151 *sq.*
4. G. Lebrun, *Kant et la fin de la métaphysique*, *op. cit.*, p. 54.
5. *CRP*, B 355.

de la réflexion sur l'idéal de la raison pure, d'autre part celle qui relève de la réflexion sur l'unité systématique des choses – les deux strates tendant d'ailleurs à se réunir dans l'unité d'un seul concept. Si la première renvoie à l'ontologie, la seconde est d'ordre cosmologique. Il peut paraître téméraire d'introduire ici des concepts à connotation "dogmatique"; il va sans dire qu'il faut les entendre en référence à l'acquis fondamental de l'*Analytique*, à savoir que « toute notre connaissance se rapporte en définitive à des intuitions possibles » [1] qui sont toujours de l'ordre du sensible. Ce que nous voulons suggérer par là, c'est l'idée que la réflexion transcendantale entraîne une optique métaphysique. Parler d'ontologie et de cosmologie dans ce contexte, et plus particulièrement en référence à Dieu, exige évidemment une redéfinition du sens même de l'entreprise signifiée par ces concepts, non leur mise entre parenthèses pure et simple.

On dira donc que l'idéal transcendantal (voire le concept de Dieu au sens transcendantal) est fondement ontologique dans ce sens qu'il désigne l'unité de la totalité des conditions, *non de l'étant*, mais de la *pensée de l'étant* en général [2]. La réflexion transcendantale conduit à ce fondement qui ne réside que dans la raison, donc à un *ens rationis*. Il en va de même pour ce qui est de la *cosmologie* ou de l'unité systématique des choses. Là encore, il n'est point possible de supposer *en soi* ce que Kant appelle l'objet de l'idée d'une *cause omnisuffisante* [3], mais il n'est pas possible non plus de penser l'unité systématique sans la penser *comme si* elle était issue d'une telle cause.

On s'aperçoit ainsi que le geste fondateur demeure le même en passant d'une de pensée de type dogmatique à une pensée de type transcendantal. Dans ce sens, la réflexion transcendantale n'inaugure pas véritablement une autre pensée, mais ne fait que révéler ce qui constitue la vérité même de la pensée – une vérité qui demeurait précisément cachée à la pensée dogmatique en l'absence de critique de la raison. En d'autres termes, la pensée du fondement n'a jamais été autre chose que *pensée* du fondement; la pensée, en pensant en direction du fondement n'a jamais atteint – n'ayant jamais pu atteindre – autre chose que soi-même. Dans la *Métaphysique Pölitz*, on peut lire cette remarque – déroutante au premier abord – que la connaissance de Dieu n'a jamais été autre chose qu'une hypothèse nécessaire de la raison théorique et pratique [4]. Dès *L'unique argument*, on peut se rendre compte

1. *CRP*, B 747.
2. Cf. *CRP*, B 391.
3. Cf. *CRP*, B 714.
4. Cf. *Métaphysique Pölitz*, Ak. 28.1. 304.

d'un *soupçon* qui va dans ce sens – nous avons rendu attentif au lexème de la "présupposition" qui y apparaît à plusieurs reprises.

Dans ce sens, on pourra dire alors que la *Critique*, en posant ce qui est le point d'achèvement de la pensée lequel constitue en même temps son fondement – l'idéal sans défaut qui « termine et couronne toute la connaissance humaine » [1] –, affirme par là même de la façon la plus radicale – bien plus radicalement que le constat que toute notre connaissance provient de deux souches [2] – la *finité de la raison*, à savoir que celle-ci, en accédant à ce qui en elle se dit "principe", demeure inévitablement en deçà de l'être même qu'elle signifie dans le concept même de principe – l'idée Dieu (pour reprendre la terminologie de l'*Opus postumum*) [3]. En l'occurrence, Dieu demeure transcendant par rapport au principe qui le signifie dans le discours. De cela ne résulte aucun agnosticisme, mais une exigence de la raison à l'égard de son projet *immanent*. Parler des idées transcendantales et, à leur point le plus élevé, de l'idée de Dieu comme de *tâches* de la raison renvoie, comme l'explique Kant, à l'expérience du *monde* telle qu'elle se constitue sur la base des principes constitutifs de l'entendement; elle consiste à lire cette expérience comme n'étant pas le dernier mot quand il est question de sens, même si la raison ne saurait esquisser ce sens qu'asymptotiquement.

Son élargissement au « système de la liberté » à côté du « système de la nature » tel que l'introduit la deuxième section du *Canon de la raison pure* portant sur l'Idéal du souverain bien dans la *Critique de la raison pure* s'inscrit d'abord dans le cadre de la réflexion sur l'unité finale de toutes les choses qui renvoie alors au principe même de la "pensabilité" de cette unité, à savoir l'idéal transcendantal [4].

Mais ce qui se joue à travers cet élargissement, est encore autre chose, à savoir l'instauration de ce que la *Critique de la raison pratique* appellera la « *suprématie* de la raison pure pratique dans sa liaison avec la raison pure spéculative » [5]. Quelle en est la signification et comment interpréter dans ce cadre la présence du moment théologique?

Si l'affirmation de l'existence de Dieu peut s'y lire d'abord comme une *issue* à l'impasse dogmatique en matière de *connaissance* du suprasensible [6], et le fait que le discours éthico-théologique qui s'impose

1. *CRP*, B 669.
2. Cf. *CRP*, B 29.
3. Cf. *Op. post.*, Liasse I, Ak. XXI 153.
4. *CRP*, B 844.
5. *CRPrat.*, Ak. V 119; OP II 754 (nous soilignons).
6. Cf. *CRP*, B 823 *sq.*

progressivement à partir de là pour devenir même le stade ultime de l'histoire de la raison et comme l'accomplissement de la métaphysique le confirme[1], il importe de comprendre le sens de cette démarche : il y va, au-delà de la compréhension spéculative du réel, sous le terme du « but final » (*Endzweck*)[2], du sens même de l'existence humaine. Or, ce sens se dit à travers l'idée de la *destination complète de l'homme* qui consiste à tendre au Souverain bien[3]. C'est par rapport à cette question que se construit la théologie morale dont l'affirmation centrale sera, à travers les attributs de législateur saint, gouverneur bon et juge juste, celle d'un scrutateur des cœurs – comprise comme la condition ultime de la réalisation du Souverain bien.

On a vu, comment dans l'*Opus postumum*, la théologie s'inscrit au point le plus élevé du système de la philosophie transcendantale, ceci au titre d'une double tâche: 1) qu'est-ce que Dieu? 2) Y a-t-il un Dieu?[4] Cette tâche (science problématique) a pour but de fonder l'ensemble du système des idées de Dieu et du monde à partir de l'homme, être libre (personnalité) et habitant du monde (*cosmotheoros*)[5]. La théologie transcendantale dans ce système est une théologie pratico-morale.

Or, ce qui est remarquable dans cette construction, c'est le *déplacement* qui consiste à asseoir la réflexion théologique, non plus *en priorité*, comme cela est le cas dans les écrits antérieurs, dans le contexte de la problématique de la réalisation du souverain bien – le Dieu-postulat –, mais de la centrer sur fait de la raison même qu'est *l'impératif catégorique*. Dans l'absolu de l'impératif catégorique *resplendit* désormais encore autre chose qu'un « tu dois » inconditionnel; il devient le lieu privilégié de la *manifestation* de l'absolu divin comme personne. Serait-ce là le sens ultime de la destination de l'homme? « Il y a un Dieu » revêtirait alors une toute nouvelle signification.

1. Cf. *Progrès*, Ak. XX 293 *sq.*; OP III 1246 *sq.*
2. *CRP*, B 868.
3. Cf. *CRPrat.*, Ak. V 146; OP II 786.
4. Cf. *Op. post.*, Liasse VII, Ak. XXII 63.
5. Cf. *Op. post.*, Liasse I, Ak. XXI 101.

BIBLIOGRAPHIE

Sources

Kant's gesammelte Schriften, herausgegeben von der Preußischen Akademie der Wissenschaften u. Nachfolger, Berlin, Walter de Gruyter, 1910 *sq.*

Traductions :

Emmanuel Kant. Œuvres philosophiques I-III, publiées sous la direction de Ferdinand Alquié, Paris, Gallimard 1980.

L'unique argument possible pour une démonstration de l'existence de Dieu, introd., trad. et notes de Robert Theis, Paris, Vrin, 2001.

Le manuscrit de Duisbourg. Choix de Réflexions, introd., trad. et notes de François-Xavier Chenet, Paris, Vrin, 1984.

Réflexions métaphysiques 1780-1789, prés., trad. et annotations de Sophie Grapotte, Paris, Vrin, 2011.

Leçons de métaphysique, prés., trad. et notes de Monique Castillo, Paris, Librairie générale française, 1992 (Livre de poche 4167).

Leçons sur la théorie philosophique de la religion trad. de William Fink, Paris, Librairie générale française, 1993 (Livre de poche 4618).

Opus postumum, trad., prés. et notes par François Marty, Paris, PUF, 1986.

Autres sources

BAUMGARTEN (Alexander Gottlieb), *Metaphysica* (1739), Halle, 1779, 7e édition (réimpr. Hildesheim, Olms, 1982).

– *Acroasis logica*, Halle, 1761, (réimpr. Hildesheim, Olms, 1983).

CRUSIUS (Christian August), *Die philosophischen Hauptwerke*, Hildesheim, Olms, 1964.

HUME (David), *Enquête sur l'entendement humain*, Paris, Flammarion, 1983.

LEIBNIZ (Gottfried Wilhelm), *Die philosophischen Schriften* 1-6 (1876), éd. par C. I. Gerhardt (Réimpr. Hildesheim, Olms, 1978).

NEWTON (Isaac), *Opera quae exstant omnia* (Lonolini, 1779 *sq.*); (réimpr., Stuttgart-Bad Cannstatt, Frommann-Holzboog, 1964).

WOLFF (Christian), *Gesammelte Werke*, éd. par Jean École e.a., Hildesheim, Olms, 1962 *sq.*

Études

ADICKES (Erich), *Kant als Naturforscher*, Berlin, De Gruyter, 1924.
– *Kants Opus postumum*, Berlin, Reuther & Reichard, 1920.
ALLISON (Henry E)., *Kant's Transcendental Idealism*, New Haven and London, Yale University Press, 2004.
ANDERSEN (Svend), *Ideal und Singularität*, Berlin-New York, De Gruyter, 1983.
ARNOLDT (Emil), « Charakteristik von Kants Vorlesungen über Metaphysik und möglichst vollständiges Verzeichnis aller von ihm gehaltener oder auch nur angekündigter Vorlesungen » dans *Gesammelte Schriften*, éd. par O. Schöndörffer, vol. V. 2, Berlin, Bruno Cassirer, p. 3-343.
BARTH (Ulrich), « Gott als Grenzbegriff der Vernunft. Kants Destruktion des vorkritisch-ontologischen Theismus », dans *Gott als Projekt der Vernunft*, Tübingen, Mohr, 2005, p. 235-262.
BENNETT (Jonathan), *Kant's Dialectic*, Cambridge, Cambridge University Press, 1974.
BILLOUET (Pierre), « Théologie kantienne et théologie critique », *Archives de philosophie*, 63, 2000, p. 31-62.
BOYER (Alain), *Hors du temps. Un essai sur Kant*, Paris, Vrin, 2001.
BÜTTNER (Manfred), « Theologie und Klimatologie im 18. Jahrhundert », *Neue Zeitschrift für systematische Theologie und Religionsphilosophie*, 6, 1964, p. 154-191.
– « Zum Gegenüber von Naturwissenschaft (insbesondere Geographie) und Theologie im 18. Jahrhundert. Der Kampf um die Providentiallehre innerhalb des Wolffschen Streites », *Philosophia Naturalis*, 14, 1973, p. 95-123.
– « Zum Übergang von der teleologischen zur kausalmechanischen Betrachtung der geographisch-kosmologischen Fakten », *Studia Leibnitiana*, V, 1973, p. 177-195.
– « Kant and the Physico-theological Consideration of Geographical Facts », *Organon*, 11, 1975, p. 231-249.
– *Geographie und Theologie. Zur Geschichte einer engen Beziehung*, Frankfurt-Berlin, P. Lang, 1998.
CALINGER (Ronald), « Kant and Newtonian Science : The Pre-Critical Period », *Isis*, 70, 1979, p. 349-362.
CAMPO (Mariano), *Cristiano Wolff e il razionalismo precritico*, Milano, Vita e pensiero, 1939 (réimpr. : Hildesheim, Olms, 1980).
– *La genesi del criticismo kantiano*, Varese, Editrice Magenta, 1953.
CAROPRESO (Paolo), *Von der Dingfage zur Frage nach Gott*, Berlin-New York, De Gruyter, 2003.
CASTAING (José), « Dieu, la création et l'homme » dans *Années 1796-1803. Kant. Opus postumum*, *cf.* Schüssler, I. (dir.), p. 217-224.
CASULA (Mario), *La Metafisica di A.G. Baumgarten*, Milano, Mursia, 1973.
– « A.G. Baumgarten entre G.W. Leibniz et Chr. Wolff », *Archives de Philosophie*, 42, 1979, p. 547-574.

CIAFFARDONE (Raffaele), « Sul rapporto Kant-Crusius », *Il Pensiero*, 12, 1967, p. 86-104.

CONRAD (Elfriede), *Kants Logikvorlesungen als Schlüssel zur Kritik der reinen Vernunft*, Stuttgart-Bad Cannstatt, Frommann-Holzboog, 1994.

CORTINA (Adela), « Die Auflösung des religiösen Gottesbegriffs in Kants OP », *Kant-Studien*, 75, 1984, p. 280-293.

CRAMER (Wolfgang), *Gottesbeweise und ihre Kritik*, Frankfurt, Klostermann, 1967.

D'AVIAU DE TERNAY (Henri), « Réflexions sur la question de Dieu dans l'*Opus postumum* » dans *Années 1796-1803. Kant. Opus postumum*, *cf.* Schüssler, I. (dir.), p. 225-231.

DEKENS (Olivier), « De Dieu qui vient à l'idée. Note sur la réduction du divin dans l'*Opus postumum* » dans *Années 1796. Kant. Opus postumum*, *cf.* Schüssler, I. (dir.), p. 233-239.

DELL'ORO (Regina O.M.), *From Existence to the Ideal. Continuity and Development in Kant's Theology*, New York, P. Lang, 1994.

DÜSING (Klaus), *Die Teleologie in Kants Weltbegriff*, Bonn, Bouvier, 1968.

ÉCOLE (Jean), « Les preuves wolffiennes de l'existence de Dieu », *Archives de philosophie*, 42, 1979, p. 381-396.

– *Introduction à l'Opus metaphysicum de Christian Wolff*, Paris, Vrin, 1985.

– *La métaphysique de Christian Wolff I et II*, (Christian Wolff, Gesammelte Werke III 12.1 – 12.2), Hildesheim, Olms, 1990.

– « Des rapports de l'essence et de l'existence selon Wolff », dans *Aufklärung und Skepsis. Studien zur Philosophie und Geistesgeschichte des 17. und 18. Jahrhunderts*, éd. par Lothar Kreimendahl, Stuttgart-Bad Cannstatt, Frommann-Holzboog, 1995, p. 72-79.

ENGFER (Hans-Jürgen), « Zur Bedeutung Wolffs für die Methodendiskussion der deutschen Aufklärungsphilosophie. Analytische und synthetische Methode bei Wolff und beim vorkritischen Kant » dans *Christian Wolff 1679-1754*, éd. par W. Schneiders, Hamburg, Meiner, 1983, p. 48-65.

ENGLAND (Frederick E.), *Kant's Conception of God*, New York, Humanities P., 1968.

ERDMANN (Benno), *Martin Knutzen und seine Zeit. Ein Beitrag zur Geschichte der wolfischen Schule und insbesondere zur Entwicklungsgeschichte Kants*, Leipzig, Voss, 1876 (Réimpr. : Hildesheim, Gerstenheim, 1973).

ESPOSITO (Costantino), « Introduzione » in *Immanuel Kant, Lezioni di filosofia della religione*, Napoli, Bibliopolis, 1988, p. 11-95.

FERRARI (Jean), « Das Ideal der reinen Vernunft », dans *Immanuel Kant. Kritik der reinen Vernunft*, éd. par Georg Mohr et Marcus Willaschek, Berlin, Akademie Verlag, 1998 (klassiker auslegen 17/18), p. 491-522.

– « La critique kantienne de la preuve ontologique », dans *L'argomento ontologico*, éd. par Marco M. Olivetti, Padova, Cedam, 1990, p. 247-254.

FERRETTI (Giovanni), *Ontologie et théologie chez Kant*, Paris, Beauchsene, 2001.

FISCHER (Kuno), *Immanuel Kant und seine Lehre, Teil I, Entstehung und Grundlegung der kritischen Philosophie* (1860), Heidelberg, Winter, 1928.

FISCHER (Norbert), FORSCHNER (Maximilian), (éd.), *Die Gottesfrage in der Philosophie Immanuel Kants*, Freiburg, Herder, 2010.

FLEISCHER (Margot), *Mensch und Unbedingtes im Denken Kants. Eine kritische Darlegung*, Freiburg-München, Alber, 2009.

FÖRSTER (Ekhart), « Die Wandlungen in Kants Gotteslehre », *Zeitschrift für philosophische Forschung*, 52, 1998, p. 341-362.

FRAISSE (Jean-Claude), « Téléologie et théologie d'après la "Dissertation" de 1770 et la "Critique du jugement" », *Revue de métaphysique et de morale*, 78, 1973, p. 487-495.

FRANKENBERGER (Horst), *Kant und die Frage nach der göttlichen Allgenugsamkeit*, (Europäische Hochschulschriften, Série 20, vol. 153), Frankfurt-Bern, P. Lang, 1984.

GALLOIS (Laurent), *Le souverain bien chez Kant*, Paris, Vrin, 2008.

GAWLICK, (Günter), KREIMENDAHL (Lothar), *Hume in der deutschen Aufklärung. Umrisse einer Rezeptionsgeschichte*, Stuttgart-Bad Cannstatt, Frommann-Holzboog, 1987.

GEBLER (Fred), *Die Gottesvorstellungen in der frühen Theologie Immanuel Kants*, Würzburg, Königshausen & Neumann, 1990.

GRANDJEAN (Antoine), *Critique et réflexion. Essai sur le discours kantien*, Paris, Vrin, 2009.

GUTTMANN (Julius), *Der Gottesbegriff Kants. I. Teil*, (thèse) Breslau, 1903.

– *Kants Gottesbegriff in seiner positiven Entwicklung*, Berlin, Reuther & Reichard, 1906.

HEIDEGGER (Martin), « Kants These über das Sein » dans *Wegmarken*, Frankfurt, Klostermann, 1967, p. 273-307.

HEIDEMANN (Dietmar H.), « Appearence, Thing-in-itself and the Problem of Skeptical Hypothesis » dans *Kant's Idealism*, éd. par D. Schulting et J. Verburgt, Springer, 2011, p. 195-210.

HEIDEMANN (Ingeborg), « Das Ideal des höchsten Guts. Eine Interpretation des Zweiten Abschnittes im ‚Kanon der reinen Vernunft' » dans *Beiträge zur Kritik der reinen Vernunft*, éd. par I. Heidemann et W. Ritzel, Berlin-New York, De Gruyter, 1981, p. 233-305.

HEIMSOETH (Heinz), *Transzendentale Dialektik. Ein Kommentar zu Kants Kritik der reinen Vernunft*, Berlin, De Gruyter, 1969, 3e partie.

– « Christian Wolffs Ontologie und die Prinzipienforschung I. Kants », dans *Studien zur Philosophie Immanuel Kants I*, Bonn, Bouvier, 1971, 2e éd., p. 1-92.

– « Metaphysik und Kritik bei Chr. A. Crusius », dans *ibid.*, p. 125-188.

HENRICH (Dieter), *Der ontologische Gottesbeweis. Sein Problem und seine Geschichte in der Neuzeit*, Tübingen, Mohr, 1960.

– « Kants Denken um 1762-63 » dans *Studien zu Kants philosophischer Entwicklung*, éd. par H. Heimsoeth, D. Henrich und G. Tonelli, Hildesheim, Olms, 1967, p. 9-38.

HILDEBRANDT (Kurt), « Kants Verhältnis zu Leibniz in der vorkritischen Periode », *Zeitschrift für philosophische Forschung*, 8, 1954, p. 3-29.

HINSKE (Norbert), *Kants Weg zur Transzendentalphilosophie. Der dreißigjährige Kant*, Stuttgart, Kohlhammer, 1970.

– « Kants Anverwandlung des ursprünglichen Sinnes von Idee » dans *Idea. Lessico intelletuale Europaeo. VI° Colloquio internazionale* 1989. Atti a cura di M. Fattori e M. L. Bianchi, Roma, Ed. dell'Ateneo, 1990, p. 317-327.

– « Die Wissenschaft und ihre Zwecke. Kants Neuformulierung der Systemidee » dans *Akten des Siebenten Internationalen Kant-Kongresses 1990*, éd. par G. Funke, Bonn, Bouvier, 1991, 157-177.

HÖFFE (Otfried) (éd.), *Immanuel Kant. Kritik der Urteilskraft*, Berlin, Akademie Verlag, 2008.

JÜSTEN (Wilhelm), *Ontotheologie und Gottesbeweiskritik bei Kant*, (thèse dact.), Bonn, 1983.

KEMP-SMITH (Norman), *A Commentary to Kant's Critique of Pure Reason* (1918), London, MacMillan, 1923, 2ᵉ édition.

KERSZBERG (Pierre), « Le problème cosmologique dans la "Théorie du ciel" de Kant », *Annales de l'Institut de Philosophie (Bruxelles)*, 1978, p. 39-73.

KLEIBER (M.), « Le problème de l'objectivité de Dieu chez Kant » dans *Procès de l'objectivité de Dieu*, éd. par J. Colette e.a., Paris, Cerf, 1969, p. 7-35.

KLIMMEK (Nikolai F.), *Kants System der transzendentalen Ideen*, Berlin-New York, De Gruyter, 2005.

KNUDSEN (Harald), *Gottesbeweise im deutschen Idealismus. Die modaltheoretische Begründung des Absoluten dargestellt an Kant, Hegel und Weisse*, Berlin-New York, De Gruyter, 1972.

KOCH (Lutz), *Naturphilosophie und rationale Theologie. Interpretationen zu Kants vorkritischer Philosophie*, (thèse), Köln, 1971.

KOPPER (Joachim), « Kants Gotteslehre », *Kant-Studien*, 47, 1955-56, p. 31-61.

KOTSUKA (Shinichiro)., *Die Gottesbeweise in der Philosophie Kants*, (thèse), Borna-Leipzig, 1931.

KREIMENMDAHL (Lothar), *Kant – Der Durchbruch von 1769*, Köln, Dinter, 1990.

KÜHN (Manfred), *Kant. Eine Biographie*, München, Beck, 2003.

LABERGE (Pierre), *La théologie kantienne précritique*, Ottawa, Éditions de l'Université d'Ottawa, 1973.

– « La physicothéologie de l'*Allgemeine Naturgeschichte und Theorie des Himmels* (1755) », *Revue philosophique de Louvain*, 70, 1972, p. 541-572.

LAMACCHIA (Ada), *La filosofia della Religione in Kant. Dal dogmatismo teologico al teismo morale (1755-1783)*, Manduria, Lacaita, 1969.

– « Dio persona nel'opus postumum di Kant », *Annali della Facoltà di Lettere e Filosofia, Bari*, VII, 1962, p. 29-48.

LANGLOIS (Luc), « De l'autonomie du "Dieu qui est en nous" dans l'*Opus postumum de Kant* » dans *Années 1796. Kant. Opus postumum*, *cf.* Schüssler, I. (dir.), p. 241-248.

– « La fin des choses et la fin de la liberté : l'Idée de Dieu dans la *Critique de la raison pure* » dans *Les philosophes et la question de Dieu*, éd. par L. Langlois et Ch. Y. Zarka, Paris, Puf, 2006, p. 187-206.

LEBRUN (Gérard), *Kant et la fin de la métaphysique*, Paris, A. Colin, 1970.

– « La “troisième Critique” ou la théologie retrouvée » dans *Kant sans kantisme*, Paris, Fayard, 2009, p. 197-230.

LIENHARD (F.), *Die Gottesidee in Kants Opus Postumum*, Bern, 1923 (thèse).

LICHT (Paulo), « Logical and pure concepts in Kant's *Inaugural Dissertation* » (à paraître dans les Actes du X e congrès international Kant, Pise 2010)

LÜTHJE (Hans), « Christian Wolffs Philosophiebegriff », *Kant-Studien*, 30, 1925, p. 39-66.

MALTER (Rudolf), « L'analyse comme procédé de la métaphysique. L'opposition à la méthodologie wolffienne dans la *Preisschrift* en 1763 (1764) », *Archives de philosophie*, 42, 1979, p. 575-591.

MANN (Helmut), *Dasein und Wesen Gottes in Kants frühen Schriften. Teil 1, Kants Physikotheologie*, (thèse dact.), Köln, 1969.

MARTY (François), *La naissance de la métaphysique chez Kant. Une étude sur la notion kantienne d'analogie*, Paris, Beauchesne, 1980.

– « L'Argument ontologique dans l'Opus postumum et l'influence de la Critique de la Faculté de Juger dans l'Opus postumum », *Kant-Studien*, 83, 1992, p. 50-59.

– « La pensée tardive de Kant » dans *Années 1796-1803. Kant. Opus postumum*, *cf.* Schüssler I. (éd.), p. 23-34.

– *L'homme, habitant du monde. À l'horizon de la pensée critique de Kant*, Paris, H. Champion, 2004.

MARZOLF (Hedwig), « L'athéisme philosophique de la théologie de l'Opus postumum » dans *Kant Anti-kantien*, éd. par J. Robelin, Publications de l'Université de Rouen, 2004.

MATHIEU (Vittorio), *Kants Opus postumum*, éd. G. Held, Frankfurt, Klostermann, 1989.

MICHAELIS (Anneliese), *Der ontologische Sinn des complementum possibilitatis bei Christian Wolff*, Berlin, 1937.

MOREAU (Joseph), *Le Dieu des philosophes*, Paris, Vrin, 1969.

MYLIUS (Irmgard), *Das transzendentale Ideal in der transzendentalen Frage Kants, dargestellt im Ausgang von der Wolffschen Metaphysik*, (thèse dact.), Freiburg, 1941.

OBERHAUSEN (Michael), *Das neue Apriori : Kants Lehre von einer “ursprünglichen Erwerbung” apriorischer Vorstellungen*, Stuttgart-Bad Cannstatt, Frommann-Holzboog, 1997.

OBERHAUSEN (Michael), Pozzo (Ricardo), *Vorlesungsverzeichnisse der Universität Königsberg* (1720-1804), Stuttgart-Bad Cannstatt, Frommann-Holzboog, 1999.

O'FARRELL (Francis), « Kant's Transcendental Ideal I + II », *Gregorianum*, 63, 1984, p. 127-150 et 635-656.

PANETH (Friedrich Adolf), « Die Erkenntnis des Weltbaus durch Thomas Wright und Immanuel Kant », *Kant-Studien*, 47, 1955-56, p. 337-349.

PAOLINELLI (Marco), *Fisico-teologia e principio di ragion sufficiente. Boyle-Maupertuis-Wolff-Kant*, Milano, Ed. Vita e pensiero, 1971.

PAULSEN (Friedrich), *Versuch einer Entwicklungsgeschichte der Kantischen Erkenntnistheorie*, Leipzig, Fues, 1875.

PHILIPP (Wolfgang), *Das Werden der Aufklärung in theologiegeschichtlicher Sicht*, Göttingen, Vandenhoeck & Ruprecht, 1957.

PICHÉ (Claude), *Das Ideal. Ein Problem der kantischen Ideenlehre*, Bonn, Bouvier, 1984.

– « L'auto-constitution du sujet connaissant dans l'*Opus postumum* » dans *Années 1796-1803. Kant, Opus postumum*, *cf.* Schüssler I., (dir.), p. 127-134.

PICHLER (Hans), *Über Christian Wolffs Ontologie*, Leipzig, Dürr'sche Buchhandlung, 1910.

PICHT (Georg), *Kants Religionsphilosophie*, Stuttgart, Klett Cotta, 1983.

PINDER (Tilman), *Kants Gedanke vom Grund aller Möglichkeit*, (thèse dact.), Berlin, 1969.

PUECH (Michel), *Kant et la causalité*, Paris, Vrin, 1990.

REARDON (Bernard M.G.), *Kant as Philosophical Theologian*, Totowa-New Jersey, MacMillan, 1988.

REDMANN (Horst-Günter), *Gott und Welt. Die Schöpfungstheologie der vorkritischen Periode Kants*, (Forschungen zur systematischen und ökumenischen Theologie, Band 11), Göttingen, Vandenheock & Ruprecht, 1962.

REICH (Klaus), *Kants einzig möglicher Beweisgrund zu einer Demonstration des Daseins Gottes. Ein Beitrag zum Verständnis des Verhältnisses von Dogmatismus und Kritizismus in der Metaphysik*, Leipzig, Meiner, 1937.

– « Der einzig mögliche Beweisgrund im Lichte von Kants Entwicklung zur Kritik der reinen Vernunft » dans *Immanuel Kant, Der einzig mögliche Beweisgrund zu einer Demonstration des Daseins Gottes*, (Phil. Bibl. 47 II), Hamburg, Meiner, 1963, p. VII-XXIX.

RENAUT (Alain), *Kant aujourd'hui*, Paris, Aubier, 1997.

REUSCHER (John A.), « A Clarification and Critique of Kant's *Principiorum Primorum Cognitionis Metaphysicae Nova Dilucidatio* », *Kant-Studien*, 68, 1977, p. 18-32.

RIEHL (Alois), *Der philosophische Kritizismus. Erster Band. Geschichte und System*, Leipzig, Engelmann, 1908, 2e éd.

RIGOBELLO (Armando), *I limiti del trascendentale in Kant*, Milano, Silva, 1963.

RÖD (Wolfgang), *Der Gott der reinen Vernunft. Die Auseinandersetzung um den ontologischen Gottesbeweis von Anselm bis Hegel*, München, Beck, 1992.

RUMORE (Paola), L'ordine delle idee. La genesi del concetto di ‚rappresentazione" in Kant attraverso le sue fonti wolffiane, Firenze, Olschki, 2007.

RUSSO (François), « Théologie naturelle et sécularisation de la science au 18e siècle », *Recherche de Science religieuse*, 66, 1978, p. 27-62.

SALA (Giovanni B.), *Kant und die Frage nach Gott*, (Kant-Studien Erg.heft 122), Berlin-New York, De Gruyter, 1990.

SASSAO (Kumetaro), *Prolegomena zur Bestimmung des Gottesbegriffs bei Kant* (1900) ; (réimpr., Hildesheim, Olms, 1980).

SCHMUCKER (Josef), « Der Einfluss des Newtonschen Weltbildes auf die Philosophie Kants », *Philosophisches Jahrbuch*, 65, 1951, p. 52-58.

– « Die Gottesbeweise beim vorkritischen Kant », *Kant-Studien*, 54, 1963, p. 445-463.

– « Die Originalität des ontotheologischen Argumentes Kants gegenüber verwandten Gedankengängen bei Leibniz und in der Schulphilosophie der Zeit », dans *Kritik und Metaphysik. Heinz Heimsoeth zum 80. Geburtstag*, Berlin, De Gruyter, 1966, p. 120-133.

– « Die Frühgestalt des kantischen ontologischen Arguments in der Nova Dilucidatio und ihr Verhältnis zum "einzig möglichen Beweisgrund" von 1762 », dans *Studien zu Kants philosophischer Entwicklung*, éd. par. H. Heimsoeth, D. Henrich et. G. Tonelli, Hildesheim, Olms, 1967, p. 39-55.

– « On the Development of Kant's Transcendental Theology », dans *Proceedings of the Third International Kant Congress at the University of Rochester, March 30th – April 14th 1970*, éd. par L.W. Beck, Dordrecht, Reidel, 1972, p. 495-500.

– *Die Ontotheologie des vorkritischen Kant*, Berlin-New York, De Gruyter, 1980.

– *Kants vorkritische Kritik der Gottesbeweise*, Abhandlungen der geistes- u. sozialwissenschaftlichen Klasse der Akademie der Wissenschaften und der Literatur, Mainz, Mainz-Wiesbaden, F. Steiner, 1983.

– *Das Weltproblem in Kants Kritik der reinen Vernunft*, Bonn, Bouvier, 1990.

SCHROLL-FLEISCHER (Niels Otto), *Der Gottesgedanke in der Philosophie Kants*, Odense, 1981.

SCHÜßLER (Ingeborg), « Ethique et théologie dans la *Critique de la faculté de juger* de Kant », *Revue de théologie et de philosophie*, 118, 1986, p. 337-372.

– (dir.) : *Années 1796-1803. Kant. Opus postumum*, Paris, Vrin, 2001.

SCHWEITZER (Albert), *Die Religionsphilosophie Kants von der Kritik der reinen Vernunft bis zur Religion innerhalb der Grenzen der bloßen Vernunft* (1899) ; (réimpr. Hildesheim, Olms, 1990).

SHAPIN (Steven), *The Scientific Revolution*, Chicago/London, University of Chicago Press, 1988.

SULLIVAN (William J.), « Kant on the existence of God in the *Opus postumum* », *The Modern Schoolman*, 48, 1970-71, p. 115-138.

THEIS (Robert), « Le silence de Kant. Etude sur l'évolution de la pensée kantienne entre 1770 et 1781 » dans *Approches de la Critique de la Raison pure*, Hildesheim, Olms, 1991, p. 1-31.

– « De l'illusion transcendantale » dans *Approches de la Critique de la Raison pure*, Hildesheim, Olms, 1991, p. 130-148.

– *Gott. Untersuchungen zur Entwicklung des theologischen Diskurses in Kants Schriften zur theoretischen Philosophie bis hin zum Erscheinen der Kritik der reinen Vernunft*, Stuttgart-Bad Cannsatt, Frommann-Holzboog, 1994.

– « Kants Theologie der bloßen Vernunft in der Kritik der reinen Vernunft », *Philosophisches Jahrbuch*, 104, 1997, p. 19-51.

– « Kant über den Optimismus um die Mitte der 1750er Jahre. Gottes Spur in der Welt ? » dans *Vernunftkritik und Aufklärung. Studien zur Philosophie Kants und seines Jahrhunderts*, éd. par M. Oberhausen e.a., Stuttgart-Bad Cannstatt, Frommann-Holzhboog, 2001, p. 351-363.

– « Le moment humien dans la critique kantienne de l'argument physico-théologique » dans *Les sources de la philosophie kantienne aux XVIIe et XVIIIe siècles. Actes du 6e congrès de la Société d'études kantiennes de langue française*, éd. par R. Theis et L.K. Sosoe, Paris, Vrin, 2005, p. 125-133.

– « De la critique de l'ontothéologie à l'ontothéologie critique » dans *Idéalisme et religion*, éd. par Ph. Soual et M. Vetö, Paris, L'Harmattan, 2008, p. 25-43.

– « La physico-théologie du jeune Kant » dans *Nature et surnaturel. Philosophie de la nature et Métaphysique aux XVIe-XVIIIe siècles*, éd. par V. Alexandrescu et R. Theis, Hildesheim, Olms, 2010, p. 179-189.

– « Du savoir, de la foi et de l'opinion de Wolff à Kant », *Archives de philosophie*, 73, 2010, p. 211-228.

– « Science et système » dans *Kant. La science, les sciences. Actes du 9e Congrès de la Société d'Etudes Kantiennes de Langue Française*, éd. par S. Grapotte et M. Lequan, Paris, Vrin, 2011.

THOMÉ (J.) « Kants Stellung zu den Gottesbeweisen in seiner vorkritischen Periode », *Philosophisches Jahrbuch*, 28, 1915, p. 380-396.

TONELLI (Giorgio) *Elementi metodologici e metafisici in Kant dal 1745 al 1768*, Torino, Edizioni di "Filosofia", 1959.

– « Die Umwälzung von 1769 bei Kant », *Kant-Studien*, 54, 1963, p. 369 *sq.*

– « The Evolution of Kant's Plan for a System of Philosophy and the Instituional Situation of the *Critique of Pure Reason* » dans *Kant's Critique of Pure Reason within the Tradition of Modern* Logic, Hildesheim, Olms, 1994, p. 225-341.

VOLLRATH (Ernst), « Die Gliederung der Metaphysik in eine metaphysica generalis und eine metaphysica specialis », *Zeitschrift f. philosophische Forschung*, 16, 1962, p. 258 *sq.*

VORLÄNDER (Karl), *Immanuel Kant. Der Mann und das Werk*, Hamburg, Meiner, 1992, 3e éd.

WASCHKIES (Hans-Jürgen), *Physik und Physikotheologie des jungen Kant. Die Vorgeschichte seiner Allgemeinen Naturgeschichte und Theorie des Himmels* (Bochumer Studien zur Philosophie 8), Amsterdam, B.R. Grüner, 1987.

WEIL (Eric), *Problèmes kantiens*, Paris, Vrin, 1970.

WIMMER (Reiner), « Die Religionsphilosophie des "Opus Postumum" » dans *Kant über Religion*, éd. par F. Ricken et F. Marty, Stuttgart-Berlin-Köln, Kohlhammer, 1992, p. 195-229.

WOOD (Allen), *Kant's Rational Theology* (1978), Ithaca, Cornell University Press, 2009.

WUNDT (Max), *Kant als Metaphysiker* (1924), (réimpr., Hildesheim, Olms, 1984).

– *Die deutsche Schulmetaphysik des 17. Jahrhunderts* (1939), (réimpr., Hildesheim 1992).

– *Die deutsche Schulphilosophie im Zeitalter der Aufklärung* (1945), (réimpr., Hildesheim, Olms, 1992).

INDEX RERUM

INDEX NOMINUM

TABLE DES MATIÈRES

Imprimerie de la Manutention à Mayenne (France) - Février 2012 - N° 832183S
Dépôt légal : 1er trimestre 2012